Le Marketing olympique

MANAGEMENT& SPORT

Tournée vers le **management du sport et des organisations sportives**, cette collection s'adresse tant aux étudiants suivant un cursus du type « Management du sport » qu'aux personnes en formation continue dans ce domaine. Au-delà des milieux académiques, elle intéressera également les praticiens, comme les **managers des différentes parties prenantes composant les systèmes sportifs.**

Elle est composée d'**ouvrages pratiques ou de réflexion**. Les auteurs sont « sur le terrain » du management du sport, que ce soit dans leur activité professionnelle quotidienne ou au niveau de leurs centres d'intérêt et d'action dans un environnement académique et de recherche.

En phase avec les **réalités du management du sport d'aujourd'hui**, *Management & Sport* se veut le reflet de la **dynamique des systèmes sportifs.**

W. Andreff, *Mondialisation économique du sport*

É. Barget, J.-J. Gouguet. *Événements sportifs. Impacts économique et social*

E. Bayle, J.-L. Chappelet, A. François, L. Maltese. *Sport & RSE. Vers un management responsable ?*

P. Bouchet, D. Hillairet. *Marques de sport. Approches stratégiques et marketing*

M. Desbordes, A. Richelieu. *Néo-Marketing du sport. Regards croisés entre Europe et Amérique du Nord*

A. Ferrand, J.-L. Chappelet, B. Séguin. *Le Marketing olympique. Co-création de valeur entre acteurs*

A. Ferrand, S. McCarthy, Th. Zintz. *Marketing des organisations sportives. Construire les réseaux et les relations*

M. A. Hums, J. C. MacLean, Th. Zintz. *La Gouvernance au cœur des politiques des organisations sportives*

MANAGEMENT&
SPORT

Le Marketing olympique

CO-CRÉATION DE VALEUR ENTRE ACTEURS

Alain FERRAND
Jean-Loup CHAPPELET
Benoît SÉGUIN

Préface de Richard POUND
Avant-propos de Thierry ZINTZ

de boeck

Pour toute information sur notre fonds et les nouveautés dans votre domaine de spécialisation, consultez notre site web : **www.deboeck.com**

Rue des Minimes 39, B-1000 Bruxelles

1re édition

Imprimé en Belgique

Dépôt légal :
Bibliothèque nationale, Paris : avril 2012
Bibliothèque royale de Belgique, Bruxelles : 2012/0074/007

ISSN 2030-8639
ISBN 978-2-8041-6668-7

Préface

Voici un livre qui arrive à point nommé, et qui devait être écrit.

Beaucoup de livres disent comment s'y prendre, racontent ce qui s'est passé ou prétendent que rien n'aurait pu arriver sans leur auteur. Il y a aussi ceux qui présentent le sport, ses structures et sa gouvernance, ses possibilités d'exploitation financière ou autres et le succès, ou l'échec, d'initiatives dans ce domaine. Beaucoup de ces livres sont partiaux, se contentent de raconter des faits historiques (ou parfois imaginaires) et ne développent aucune analyse sérieuse. Il n'est plus possible de nier l'importance du sport dans le monde actuel, aussi bien en termes économiques que sociaux, ni la nécessité de comprendre comment le sport fonctionne en tant que sous-ensemble de l'ordre social. Une telle compréhension exige néanmoins une approche différente, qui ne peut être déduite d'un simple compte rendu narratif.

Les multiples dimensions du sport sont le reflet d'une évolution empirique déduite de ce qui, sous de nombreux aspects, s'apparente à des séries d'expériences par tâtonnements, au fil des ans, certaines ayant réussi (souvent au-delà de toute espérance), d'autres ayant échoué, parfois de façon tout aussi spectaculaire. Comme les premiers territoires étaient vierges, il n'y avait pas de plan à appliquer et les pionniers, en fait, traçaient leurs propres cartes, ne pouvant suivre le chemin d'autres qui les auraient précédés. Ils étaient bien moins préoccupés d'établir des principes que d'avancer et, avec un peu de chance, d'améliorer leurs résultats. Une sorte de darwinisme organisationnel et économique a aidé les plus analytiques d'entre eux à reconnaître des configurations qui pouvaient fonctionner ou pas. Mais les pionniers n'avaient jamais le temps ni les compétences qui leur auraient permis de déduire des principes fiables pour des situations futures, ou même d'établir des matrices rudimentaires pour les guider dans l'immédiat.

Une analyse fonctionnelle de l'importance de celle développée dans cet ouvrage nécessite une approche exhaustive et systématique, pour extraire de la masse énorme d'informations les éléments qui sont cruciaux, identifier ceux qui sont déterminants et ceux qui peuvent être vus comme des constantes dans toutes sortes de situations extrapolées. Le sujet est traité scientifiquement par trois experts universitaires, un Suisse, un Français et un Canadien, chacun ayant sa propre perspective sur le sport. Mais celles-ci, fusionnées en une seule par la combinaison de leurs talents résultant de leur collaboration, a abouti à un travail remarquable, qui mérite la plus grande attention de la part des chercheurs, des étudiants et des praticiens, autant que des régulateurs et des législateurs du sport.

Il est sans doute juste d'affirmer que l'approche thématique qui sous-tend ce travail est dérivée, dans une certaine mesure, de la contribution séminale de Jean-Loup Chappelet dans *Le Système olympique* (1991), que le président du CIO Juan Antonio Samaranch m'a une fois présenté comme la meilleure analyse indépendante du mouvement olympique qu'il eut jamais lue. Le rôle qui revient pleinement à des chercheurs bien informés est de prendre du recul par rapport à l'inévitable cacophonie ambiante, d'identifier les éléments essentiels de chaque composante, de déterminer la responsabilité et la place de chacun, d'évaluer l'efficacité de diverses réponses, de suggérer des approches analytiques, de juger des résultats et de découvrir des questions additionnelles, qui pourraient (ou devraient) être considérées. Cet ouvrage démontre combien un tel rôle peut être parfaitement joué et pourquoi les contributions académiques à l'étude du sport sont si importantes.

Cet ouvrage est bien organisé et ne comporte aucune lacune évidente pour l'étude du sport d'aujourd'hui et dans l'avenir prévisible. Son traitement du sujet est complet en ce qu'il fait une revue d'analyses antérieures, heureusement sans tomber dans la déplorable tendance académique actuelle consistant à montrer qu'on a tout lu sur tout ce qui a été écrit à propos du sujet, même le plus trivial. Les publications importantes sont suffisamment identifiées pour guider le chercheur qui souhaiterait suivre certaines directions particulières et pour démontrer un niveau adéquat de rigueur académique. La langue est claire et précise ; le lecteur n'a pas besoin d'un doctorat en philologie pour comprendre ce qui est dit, ce qui encore une fois est en fort contraste avec l'essentiel de la littérature académique contemporaine.

Ce livre fournira incontestablement une base durable pour l'étude des principales questions qui affectent le sport de notre époque et servira de modèle pour l'évaluation, non seulement des tendances et défis futurs, mais aussi pour des analyses historiques, y compris une compréhension raisonnée de ce qui a fonctionné ou pas, et pourquoi.

Je félicite les auteurs pour la conception d'un livre de cette nature, pour leur application à préparer une analyse aussi sérieuse, pour leur reconnaissance (au travers de leurs collaborations internationales) de la nature universelle du sport et pour la façon dépassionnée avec laquelle ils ont atteint et formulé leurs conclusions.

Montréal, octobre 2011

Richard W. Pound
Membre du CIO au Canada
Vice-président du CIO (1987-1991 et 1996-2000)
Président de la commission marketing du CIO (1982-2001)
Premier président de l'Agence mondiale antidopage (1999-2007)

Avant-propos

Le Comité international olympique précise qu'un de ses rôles est de [1] « *coordonner les programmes de marketing olympique en poursuivant les objectifs suivants* :

- *Assurer la stabilité financière indépendante du mouvement olympique et, de la sorte, soutenir la promotion mondiale de l'olympisme (...)*
- *Profiter des actions réussies que développe chaque comité d'organisation des Jeux Olympiques, de façon à éviter de devoir reconstruire un système de marketing à l'occasion de chacun des Jeux Olympiques (...)*
- *Garantir une redistribution équitable des revenus à l'ensemble des composants du mouvement olympique (...) et offrir un soutien financier au développement du sport dans les pays émergents (...)*
- *Protéger l'équité qui est inhérente à l'image et à l'idéal olympique (...).* »

Alors que le monde du sport devient de plus en plus complexe, en raison de la professionnalisation de ses principaux acteurs, il apparaît clairement qu'il est indispensable que tous les acteurs du sport développent leurs connaissances en matière de marketing olympique et, particulièrement, soient capables d'intégrer les principes et les règles qui sont exploitées dans ce contexte.

Alain Ferrand, Jean-Loup Chappelet et Benoît Seguin sont de vrais spécialistes du sujet. À leurs connaissances académiques approfondies, ils associent une expertise de terrain solide et reconnue, dans les domaines du management et du marketing des grands événements sportifs.

En écrivant cet ouvrage, ils proposent au lecteur une meilleure compréhension du système olympique, de ses caractéristiques et des garde-fous qu'il se donne. Ils montrent toute la complexité du modèle du marketing olympique, qui doit tenir compte de parties prenantes aux intérêts parfois communs, parfois divergents, qu'il s'agisse du Comité international olympique, des Comités d'organisation des Jeux Olympiques, des Comités nationaux olympiques et des partenaires commerciaux, ...

---

1. Traduction de SN, « Olympic Marketing Fact File », IOC, édition 2010, page 5.

Ils montrent, au fil des chapitres de leur ouvrage, l'importance des aspects relationnels du marketing qui se développe autour de cette marque exceptionnelle que sont les cinq anneaux olympiques.

En tant que directeur du programme MEMOS, qui est un master exécutif en management des organisations sportives olympiques développé par douze universités dans le monde et soutenu par la Solidarité olympique, ce livre m'apparaît comme un ouvrage de référence pour qui veut comprendre le marketing olympique. Il devrait, dès lors, être considéré comme un livre de chevet pour les étudiants en sciences du sport, pour les managers au sein des organisations sportives olympiques et pour les chercheurs qui se penchent sur le Mouvement olympique.

Prof. Thierry ZINTZ
Chaire olympique Henri de Baillet-Latour & Jacques Rogge en management des organisations sportives
Université catholique de Louvain (Belgique),
Vice-président du Comité olympique et interfédéral belge,
Directeur du MEMOS.

MEMOS

Remerciements des auteurs

À tous ceux qui, à l'instar de Kurt Lewin, croient que « rien n'est plus pratique qu'une bonne théorie ».

À Victoire, ma petite fille.

Alain FERRAND

Je suis reconnaissant à tous ceux qui m'ont aidé à comprendre le système olympique et son marketing depuis que j'ai assisté, pour la première fois, aux Jeux Olympiques à Munich, il y a 40 ans, et en particulier à l'auteur de la préface de ce livre. Je voudrais également remercier ma famille, pour m'avoir soutenu pendant les mois et les week-ends de l'été 2011 durant lesquels j'ai écrit mes chapitres.

Jean-Loup CHAPPELET

À ma famille – Chantal, Geneviève, Marc-André et Alexandre. Je suis reconnaissant à Alain Ferrand et Jean-Loup Chappelet pour avoir partagé leur connaissance et leur expertise concernant le mouvement olympique et le management du sport, pendant mon année sabbatique à l'IDHEAP.

Benoît SÉGUIN

Liste des abréviations

AIOWF	Association des fédérations internationales olympiques de sports d'hiver
AACNO	Association des comités nationaux olympiques
ACNOA	Association des comités nationaux olympiques d'Afrique
ASOIF	Association des fédérations internationales olympiques de sports d'été
TAS	Tribunal arbitral du sport
CIFP	Comité international pour le fair-play
COE	Comités olympiques européens
FI	Fédération internationale
AIO	Académie internationale olympique
CIO	Comité international olympique
CIP	Comité international paralympique
FN	Fédération nationale
CNO	Comité national olympique
OSN	Organisation sportive nationale
CO	Charte olympique
OCA	Olympic Council of Asia (Conseil olympique d'Asie)
COJO	Comité d'organisation des Jeux Olympiques
JO	Jeux Olympiques
OGKS	Olympic Games Knowledge Services
ONOC	Oceania National Olympic Committees (Comités nationaux olympiques d'Océanie)
PASO	Pan-American Sports Organisation (Organisation sportive pan-américaine)
AMA	Agence mondiale antidopage
WOA	World Olympians Association (Association mondiale des olympiens)

Le point de vue d'une professionnelle

Ce livre est le fruit d'une démarche collaborative, dans laquelle des acteurs de terrain et des chercheurs travaillant pour articuler des concepts avec l'action marketing. Cette démarche praxéologique fournit au praticien des outils opérationnels permettant de déterminer les actions à entreprendre en fonction des objectifs, des ressources et de l'environnent dans lequel opère l'organisation. Elle permet de répondre à deux questions fondamentales : « Comment penser ? » et « Que faire ? », en vue d'augmenter l'efficacité de la pratique.

C'est pourquoi nous avons souhaité initier cet ouvrage en donnant la parole à un professionnel reconnu dans le mouvement olympique. Nous avons demandé à Lisa Baird, directrice marketing du Comité national olympique des États-Unis (USOC), de nous faire part de sa grande expertise dans ce domaine. Ce faisant, nous sommes convaincus qu'une telle contribution fournira aux lecteurs une analyse précieuse concernant la stratégie et le fonctionnement interne d'une organisation qui est l'un des acteurs majeurs du système olympique. Nous pensons que ces informations donneront plus de consistance au cadre et aux principes d'action que nous présentons dans les chapitres de ce livre. Nous avons souhaité que Lisa Baird nous présente son expérience, tout en soulignant les facteurs clés de succès, ainsi que les défis relevés par son organisation et les acteurs avec lesquels elle construit des relations créatrices de valeur au sein du système olympique.

Nous la remercions pour cette contribution, qui montre que la réflexion dans l'action est un dialogue continuel entre le praticien et les événements de sa pratique professionnelle, afin d'améliorer l'efficacité de l'action marketing.

1. LE MARKETING DE L'USOC : STRATÉGIE ACTUELLE ET ENJEUX

Lisa Baird a été nommée directrice marketing du Comité national olympique des États-Unis (USOC) en janvier 2009. À ce poste, elle dirige la division ventes et marketing et supervise le développement des divisions marketing et sponsoring des événements, ainsi que des produits de consommation. Depuis qu'elle a rejoint l'USOC, elle a signé plus de 100 millions de dollars en nouveaux contrats, avec 14 nouveaux partenaires commerciaux, dans un des marchés les plus concurrentiels des dernières années.

De 2005 à 2007, Lisa Baird a été vice-présidente exécutive marketing et produits de consommation pour la Ligue nationale de football américain (NFL), où elle dirigeait les programmes concernant les produits de consommation, le marketing direct, l'e-commerce, le marketing du spectacle et la publicité. Elle a supervisé l'activité de licences, totalisant 3 milliards de dollars, pour les ventes dans le commerce de détail. De 1999 à 2005, Lisa Baird a travaillé pour IBM, d'abord en tant que vice-présidente publicité, puis ensuite en tant que vice-présidente senior communications et marketing pour le monde entier. Avant IBM, elle a occupé une série de postes dans le domaine du marketing, à General Motors, Warner Lambert, Johnson & Johnson et Procter & Gamble.

1.1 Contexte

Les États-Unis ont une longue et riche histoire au sein du mouvement olympique. Ce pays a envoyé une équipe en compétition à presque tous les Jeux Olympiques d'été et d'hiver. Il a eu le privilège d'accueillir sept éditions des Jeux Olympiques, depuis St. Louis au tournant du XXe siècle jusqu'aux récentes années. Grâce à la diffusion télévisée, les Jeux sont devenus un des événements sportifs les plus puissants et regardés en Amérique, attirant une audience de plus de 130 millions d'Américains. L'attrait et la popularité des Jeux Olympiques sont en croissance continue. Cependant, au cours des dernières années, le marché du sponsoring aux États-Unis est devenu particulièrement concurrentiel, en raison de l'impact de la récession de 2008 et du redressement inégal qui a impacté le marché du sponsoring. De plus, l'intérêt pour les sports professionnels que sont le basket-ball, le football américain, le hockey et le football (soccer) n'a cessé de croître et, en parallèle, celui pour les sports olympiques.

La mission de l'USOC est de soutenir les athlètes olympiques et paralympiques en atteignant l'excellence compétitive durable, tout en préservant les idéaux olympiques et en inspirant de cette façon tous les Américains. En novembre 1978, la loi sur le sport amateur a désigné spécifiquement l'USOC comme organisation de coordination pour l'activité athlétique aux Etats-Unis, en relation directe avec la compétition au sein de la famille olympique internationale. En tant qu'organisation à but non lucratif, elle est soutenue presque entièrement par des contributions de personnes privés et des sponsors. L'USOC ne reçoit pas de subventions gouvernementales, sauf pour des fonds spécifiques destinés au soutien des initiatives militaires paralympiques sélectionnées. Par mandat, dans le cadre de la loi sur les sports amateurs, l'USOC a été désignée comme la seule autorité responsable des marques olympiques et paralympiques sur le territoire américain, avec la capacité de commercialiser des licences sur les marques afin de générer des revenus pour soutenir le mouvement olympique.

1.2 Vue d'ensemble

Le territoire américain est un des marchés sportifs les plus compétitifs du monde. Les Etat-Unis sont le pays de la NFL, de la PGA (Professional Golf Association), de la NBA, de la NHL ainsi que d'événements de classe mondiale tels que l'US Open de tennis, les Masters et les X-Games, qui ciblent les consommateurs les plus jeunes. Compte tenu du fait que le marché sportif est à la fois très développé et mûr, le marché des médias sportifs américain est un des plus profitables au monde, avec des télédiffuseurs majeurs qui sont en compétition pour l'acquisition des droits télévisés. Alors que chaque propriété sportive cible un fan de sport spécifique, la concurrence pour les dollars du sponsoring est très forte. Au sein de ce marché concurrentiel, les Jeux Olympiques et l'équipe des Etats-Unis détiennent un attrait très caractéristique. Une recherche récente effectuée par l'USOC a confirmé l'existence d'un important et vital segment de fans olympiques, avec des superfans olympiques très engagés, les « Fangelists [1] ». L'implication avec les Jeux Olympiques est motivée par une proposition de valeur qui se distingue par rapport aux autres sports professionnels — le nationalisme, un respect pour les valeurs centrales du mouvement olympique, l'intérêt pour les Américains qui ont participé aux épreuves olympiques et une grande considération et attention pour les athlètes olympiques.

Figure 1 - Base totale des « Olympic fans »

1. Il s'agit de fans qui agissent en tant qu'avocats du sport olympique.

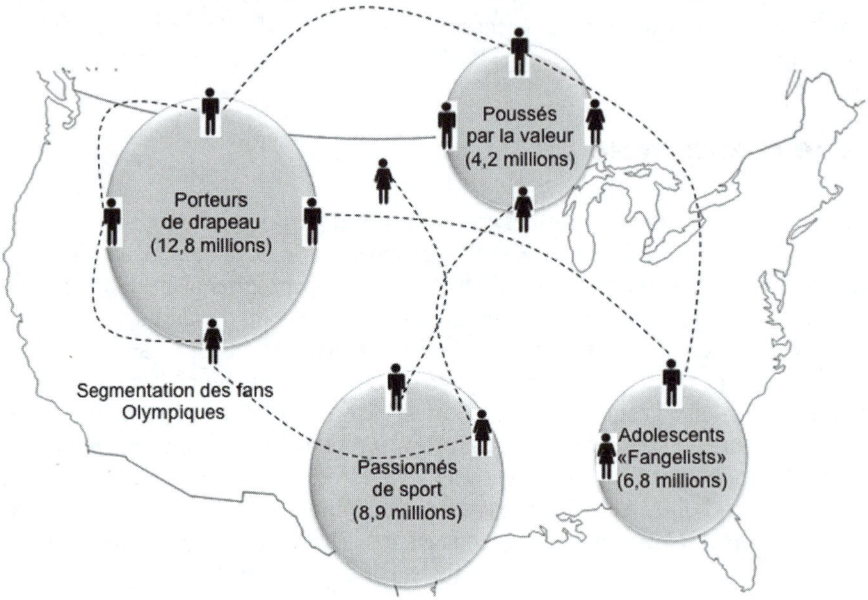

Figure 2 - Segmentation des fans de l'olympisme : Segments clés des « Fangelists » et relations d'influence

1.3 La marque olympique

La force et la stature de la marque olympique sont parmi les plus importantes dans le marché du sport aux Etats-Unis. La stature de la marque est conduite par une haute considération pour les athlètes olympiques et paralympiques qui sont vus comme des ambassadeurs remarquables et des modèles par les Américains. La recherche montre que la considération pour les athlètes et les équipes olympiques des Etats-Unis est plus forte que pour les autres athlètes sur presque chaque indicateur, sauf pour la reconnaissance.

En 2009, l'USOC a complètement reconçu les marques olympiques, ainsi que leur architecture, sur le territoire des États-Unis. Cette démarche s'est effectuée avec la volonté de se conformer à la charte olympique. Cette reconception était aussi une opportunité pour renforcer les marques et introduire une hiérarchie et une architecture à la fois modernes, intemporelles et standardisées. Il s'agissait également d'utiliser le drapeau américain, icône la plus reconnaissable des États-Unis, et de traiter au même niveau les marques paralympiques et olympiques. Les marques constitueront la base pour une importante ligne de produits dérivés capitalisant sur l'attrait de l'équipe américaine tout au long de l'année, chez les principaux distributeurs aux États-Unis. En plus de fournir une nouvelle source de revenus pour l'USOC, le *licensing* consitue un point de contact essentiel entre les marques et les fans olympiques américains.

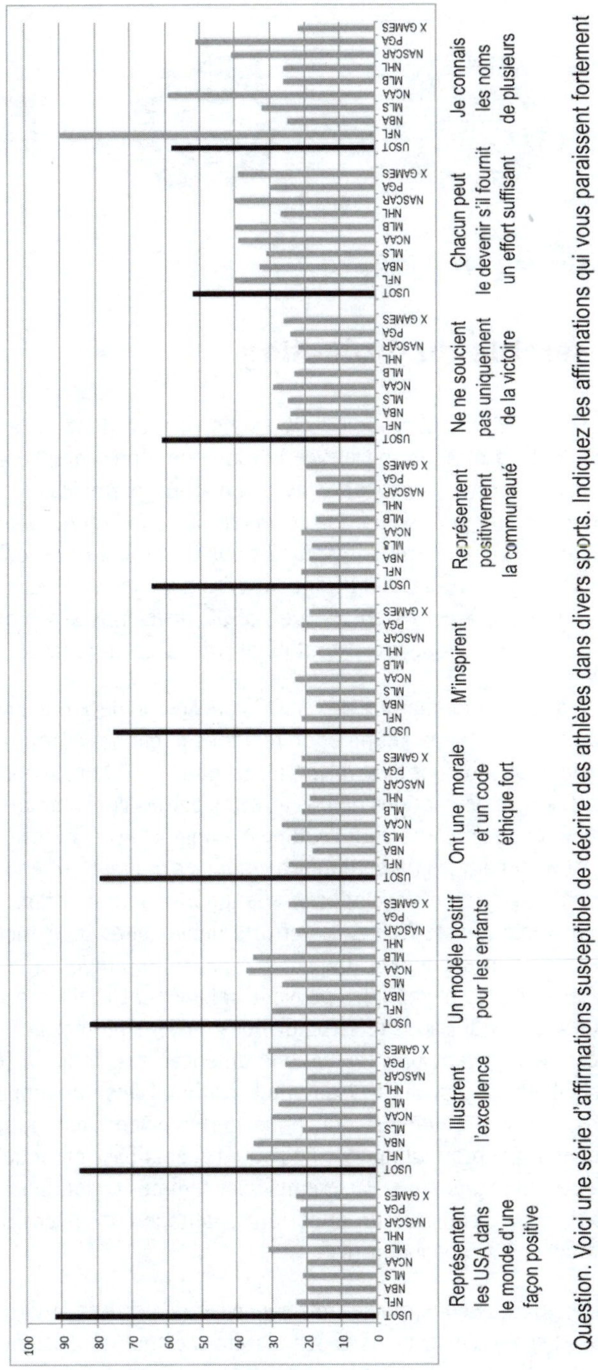

Figure 3 - Associations relatives aux athlètes olympiques aux USA (source : USOC Brand Tracker 2010)

Figure 4 - Logo des marques de l'USOC

1.4 Vue d'ensemble du marketing

Le cœur de la stratégie marketing de l'USOC est construit autour de la force de marque. Bien que la connaissance de la marque soit élevée, presque omniprésente, l'objectif principal de l'USOC est de faire croître l'intérêt et l'implication avec la marque, parmi les fans actuels et futurs. La recherche montre que l'intérêt pour la marque est déterminé par l'intérêt pour les athlètes, leur histoire, les récits de leurs vies et leurs réussites. Tandis que le partenaire télédiffuseur de l'USOC, Comcast/NBC, joue un rôle considérable en attirant l'attention sur les athlètes en tant que moyen de promouvoir la télédiffusion, il est essentiel que l'USOC développe ses propres plateformes, pour provoquer de l'intérêt et un engagement tout en attirant ses futurs fans.

Le deuxième pilier de la stratégie de marque de l'USOC concerne le développement de l'image de marque. En augmentant les efforts marketing et de relations publiques autour des athlètes américains participant aux Jeux Olympiques et paralympiques, nous cherchons à nous différencier des autres, en nous fondant sur les perceptions de nos athlètes par les consommateurs. Les épreuves olympiques, les événements qualificatifs pour l'équipe olympique, les plateformes médias digitales et les programmes développant les thématiques olympiques qui mettent en vedette les espoirs olympiques : tous jouent un rôle en développant le supportérisme des fans et en renforçant l'image de la marque olympique américaine. Les efforts publicitaires pour mettre en valeur les athlètes olympiques constituent également une activité marketing importante, particulièrement au moment des Jeux. Les athlètes olympiques peuvent uniquement éveiller la fierté nationaliste chez les Américains. C'est pourquoi nous recherchons des moyens permettant de lier les espoirs olympiques à des événements ayant une thématique américaine, comme la fête de l'Indépendance des États-Unis le 4 Juillet, jour anniversaire de la nation. Dans nos propositions commerciales, nous insistons sur les éléments qui nous différencient par rapport aux sports professionnels, en soulignant le profil unique de nos athlètes et la base étendue et diversifiée des fans des Jeux Olympiques aux États-Unis. Par exemple, les femmes constituent plus de la moitié de notre noyau de fans, ce qui consitue un important avantage concurrentiel pour attirer des sponsors souhaitant toucher les consommatrices.

Construire la valeur de la marque constitue le troisième pilier de notre stratégie marketing, ce qui signifie que nous avons besoin d'investir dans des plateformes qui bénéficient uniquement aux sponsors et organismes nationaux. Ceci est important pour nous, afin de rester compétitifs au sein du marché par rapport aux sports professionnels, qui continuent d'innover. Nous faisons cela en révolutionnant nos pratiques concernant les licences et en impliquant nos organismes nationaux dans des programmes d'activation qui bénéficient à toutes les parties impliquées.

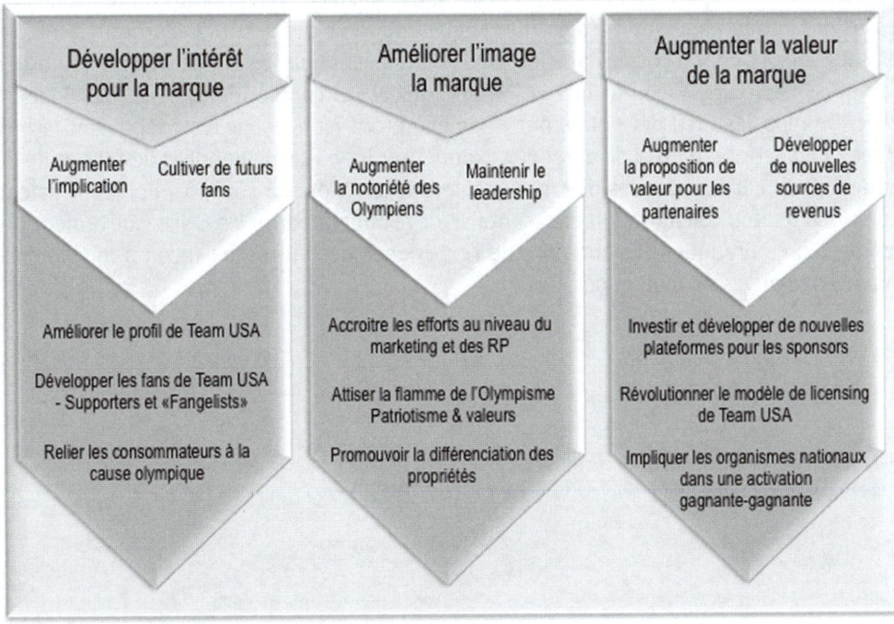

Figure 5 - Objectifs marketing et stratégies 2011-2012 de l'USOC

1.5 Synthèse et futurs défis

Faire le marketing de la proposition de valeur olympique aux États-Unis demande une stratégie aux multiples facettes. Il est essentiel de comprendre et de définir la base de fans, ainsi que les opportunités au sein du marché. Non seulement cela définit le cœur de notre public, pour nos efforts marketing, mais aussi les cibles potentielles pour les donateurs et les sponsors, de sorte que nous pouvons faire une proposition commerciale pour aider les entreprises à atteindre leur public cible. Développer la force de marque est un impératif au niveau du marketing. Le management de la marque – les logos, les messages, les licences et le contrôle des marques – est la pierre angulaire de toute propriété sportive réussie. Un sponsor ou télédiffuseur partenaire paie pour avoir le privilège d'être associé avec nos marques, et investit dans la construction de la force et de la signification de cette marque. Une telle approche apportera des dividendes à long terme dans n'importe quel pays. Tout en investissant dans la construction des marques, il est impératif d'avoir un programme fort de protection de la marque, incluant de puissantes mesures anti-marketing d'embuscade. Finalement, les stratégies et programmes de marketing qui ont un effet de levier sur la marque et produisent la croissance de notre base de fans attireront les partenaires commerciaux et feront croître nos nouvelles sources de revenus, telles que les médias numériques et le *licensing* des produits de consommation.

Regarder vers l'avenir nous permet d'entrevoir les tendances suivantes pour les CNO dans le marché olympique. Ils continueront d'innover en identifiant de nouvelles sources de revenus, au-delà des accords traditionnels de sponsoring et de télédiffusion. C'est important pour couvrir les coûts concernant les équipes en compétition. De plus en plus de pays investiront dans des plateformes et des programmes de médias numériques qui leur permettront d'attirer de nouveaux fans et sponsors. Le coût d'entrée dans le monde digital est faible, ce qui permet à n'importe quel pays de présenter d'une façon attractive les athlètes et les compétitions, et de développer son audience. De plus, les CNO développeront et amélioreront leurs capacités concernant le marketing direct. Cela leur permettra de gérer et de monétiser les bases de données de fans et de développer des offres ciblées pour les divers supporters et sponsors du sport olympique. Finalement, nous pensons qu'une collaboration croissante se développera parmi les CNOs qui veulent partager les meilleures pratiques et apprendre de l'expérience des autres, de façon à améliorer leurs compétences relatives au marketing.

Introduction générale

Les Jeux Olympiques sont devenus une icône globale du sport. Alternant entre Jeux d'été et Jeux d'hiver, tous les deux ans, ce spectacle multisports draine des milliers d'athlètes, les meilleurs mondiaux, des millions de fans et touristes et des milliards de téléspectateurs, partout dans le monde. Des audiences d'une telle importance attirent les entreprises et les autres parties prenantes, qui souhaitent être associées avec l'une des marques les plus puissantes au monde. Par conséquent, des entreprises multinationales investissent dans l'olympisme en sponsorisant les Jeux Olympiques, les athlètes olympiques, le relais de la flamme olympique, les CNO et les autres propriétés disponibles dans le système olympique. Depuis 1984, les programmes de marketing olympique ont généré des milliards de dollars en numéraire, en biens en nature et en publicité. Il s'agit d'un remarquable accomplissement, au regard des nombreux défis auxquels ont dû fait face le CIO et le mouvement olympique depuis son commencement en 1894. Ce chapitre fournit une perspective historique du développement du marketing olympique, principalement à travers la télévision et le sponsoring. Il analyse également le pouvoir du marketing olympique et situe sa place au sein du système olympique. Un modèle multiniveaux du marketing olympique est introduit et, finalement, la structure de l'ouvrage est présentée.

1. LE MARKETING OLYMPIQUE : 1896-2004

En faisant revivre les Jeux Olympiques, le baron Pierre de Coubertin espérait établir un mouvement social de grande ampleur qui, à travers la médiation du sport, célébrerait la culture et l'art, promouvrait la compréhension internationale et inspirerait les gens pour atteindre le plus haut, le plus loin et le plus fort niveau de l'esprit et du corps (Muller, 1986). Il était convaincu que l'idée olympique aiderait à promouvoir des valeurs universelles telles que la compréhension mutuelle, l'amitié, la tolérance qui, en retour contribueraient à construire un monde meilleur et plus paisible (Muller, 1986). Coubertin avait compris que le succès d'une telle entreprise était largement dépendant de sa capacité à obtenir l'accord de diverses parties prenantes. Par conséquent, il se concentra sur le recrutement de personnes influentes en tant que membres du CIO, l'obtention de l'adhésion de leaders sportifs et de fédérations sportives dans divers pays, l'obtention du soutien des gouvernements pour organiser les Jeux et développer les sports à travers l'éducation ; l'implication d'organisations et de personnes (privées, publiques ou individuelles) pour financer ; le soutien des médias, en leur fournissant des informations augmentant leur intérêt pour les Jeux ; l'implication des athlètes de premier plan, tout en respectant la règle du « statut amateur » et en rendant l'idée olympique attrayante pour le public. Tandis que Coubertin n'avait pas pensé ses efforts en termes de marketing, le concept de marketing, sous une forme ou une autre, jouait un rôle important dès le début. Les premiers Jeux tenus à Athènes, en 1896, furent organisés avec de nombreuses sources de financement, incluant des timbres, des ventes de billets, des médailles commémoratives, des programmes de publicité et des dons privés (McMahon, 1996). Le philanthrope grec George Averoff donna 390 000 $ pour la restauration du Stade panathénaïque et le gouvernement grec créa les premières séries de timbres commémoratifs des Jeux Olympiques (O'Reilly et Séguin, 2009).

Il est généralement admis que le début du vrai marketing, pour le mouvement olympique, coïncida avec l'organisation des Jeux Olympiques de Stockholm (Landry et Yerlès, 1996). Les revenus du COJO provinrent de diverses sources : les aides publiques (i.e. l'État et la ville de Stockholm), les programmes de sponsoring et le lancement d'une loterie organisée par l'Association centrale suédoise pour la promotion des athlètes (Landry et Yerlès, 1996). Un ajout notable au programme marketing du COJO fut la vente de « droits exclusifs » pour prendre les photos et pour les programmes de souvenirs (O'Reilly et Séguin, 2009). En dépit du succès des Jeux de 1912, Coubertin restait attentif à la forte augmentation du coût pour l'accueil des Jeux, ainsi qu'à leur (sur)commercialisation et à l'usage excessif du nom « Jeux Olympiques » dans de nombeux pays (Martyn, 1996). Il fait adopter de nouvelles règles par le CIO en 1913, visant à protéger l'appellation Jeux Olympiques : « le nom « Jeux Olympiques » pourra seulement être utilisé en lien avec les Jeux Olympiques du CIO et les Jeux intermédiaires d'Athènes, organisés entre les Jeux de la troisième et de la quatrième Olympiade. » (Martyn, 1996 : 108) Évidemment, Coubertin était bien conscient de la valeur (symbolique et monétaire) croissante liée aux Jeux Olympiques, d'où la nécessité de protéger son usage « exclusif ». Il introduisit au même moment (1913) les cinq anneaux comme le symbole officiel du mouvement olympique. Le logo fut adopté en 1914, mais il a été présent pour la première fois seulement aux Jeux Olympiques d'été d'Anvers, en Belgique, et a été depuis partie intégrante de chaque célébration des Jeux (CIO, 2009).

Le COJO pour les Jeux de Paris en 1924 fit un pas supplémentaire vers la commercialisation en introduisant la publicité dans les enceintes, pour la première et la dernière fois de l'histoire des Jeux Olympiques modernes (CIO, 2009). La même année, la France accueillit de manière séparée des « Semaines du sport international d'hiver » sous le patronage du CIO, à Chamonix. Cet événement fut une extension naturelle des « Jeux nordiques », un événement multidisciplinaire pour les sports d'hiver organisé par le général Viktor Balck en Suède en 1901, 1903, et 1905, puis ensuite tous les quatre ans jusqu'en 1926. Balck, membre dès l'origine du CIO et ami proche de Coubertin et des autres membres, n'était pas en faveur des Jeux Olympiques d'hiver (Schantz, 1996). Cependant, le CIO décida en 1925 de créer de manière séparée des Jeux Olympiques d'hiver, et Chamonix fut rétroactivement désignée pour héberger la première édition de ces Jeux. Dans une perspective de marque, la création des Jeux Olympiques d'hiver fut comparable à une « extension de gamme », puisque le CIO introduisit des éléments additionnels (i.e. des sports d'hiver) dans la même catégorie de produits (l'événement multisports), sous le même nom de marque (Jeux Olympiques).

Aux Jeux d'Amsterdam, en 1928, les revenus de la vente des billets, de la cession des droits et différents contrats permirent de couvrir plus de 60 % des coûts totaux des Jeux (Landry et Yerlès, 1996). Le *merchandising* olympique émergea aussi comme une nouvelle source de revenus (Preuss, 2000). En fait, les nombreuses requêtes du monde des affaires pour associer ses produits aux Jeux Olympiques d'Amsterdam poussèrent le COJO à enregistrer certains noms (Jeux Olympiques, olympiade 1928) et logos (un dessin des cinq anneaux), soumis à copyright par les autorités gouvernementales, afin de protéger et d'exploiter commercialement ces marques (Landry et Yerlès, 1996).

La relation fructueuse entre le monde des affaires et les Jeux Olympiques continua aux Jeux de 1932, à Los Angeles. Pour les hommes d'affaires, les hôtels et les agences de voyage, les Jeux Olympiques fournissaient une plateforme temporaire pour stimuler le tourisme dans l'État de Californie. Plusieurs agences de publicité contactèrent le comité d'organisation pour le droit d'utiliser les symboles et les emblèmes olympiques pour une variété de campagnes publicitaires (Trumpp, 1998). Comme le succès des Jeux et leur notoriété continuaient de s'amplifier, ce fut aussi le cas pour leur commercialisation, et pour l'abus des mots « olympique » et « olympiade » par différentes entités (O'Reilly et Séguin, 2009). Un exemple notable fut celui de Helms Bakeries qui, en 1932, gagna le droit de fournir le village olympique en pain. Helms utilisa extensivement les marques olympiques en faisant de la publicité, en marketant son affiliation et en capitalisant sur son « affiliation olympique » (e.g. Helms Olympic Bread) (Martyn, 1996). Alors que « l'activation » par Helms de ses droits marketing sur les Jeux Olympiques de 1932 semblait légitime durant les Jeux, le problème commença quand cette société se mit à utiliser les emblèmes olympiques sur ses produits des années après la fin des Jeux. Cela attira l'attention d'un membre américain du CIO, Avery Brundage, qui, en 1938, insista sur le fait que si les emblèmes olympiques restaient sans protection, cela pourrait causer une sérieuse menace au mouvement olympique :

> Évidemment, si les équimentiers et les vendeurs de chaussures, de vêtements et des différentes sortes d'équipements que les athlètes utilisent, et si les marques de ce qu'ils mangent et boivent utilisent tous le mot « olympique », les cinq cercles emblématiques et la mention [...] dans leur publicité perdront bientôt leur signification (Preuss, 2000 : 132).

Après plusieurs essais infructueux afin de persuader Helms d'arrêter son exploitation de l'olympisme, Brundage frustré décida de poursuivre la firme en justice, en 1949. C'était une importante bataille pour Brundage, dans la mesure où cela servait de signal pour tous les utilisateurs futurs : « Il vole nos insignes et construit une fortune, puis donne quelques dollars au sport amateur et tout le monde pense que c'est un ange. » (Martyn, 1996 : 109) Alors que le cas fut finalement réglé en 1953, le CIO fit face à d'énormes défis quant à la commercialisation des Jeux Olympiques. En fait, le règne de 20 ans de Brundage en tant que président du CIO (1952-1972) fut marqué par ses nombreuses tentatives pour laisser les intérêts commerciaux en dehors du mouvement olympique. Il croyait fortement que les intérêts privés auraient un impact excessif sur le pouvoir de décision du CIO et seraient incompatible avec les idéaux du mouvement olympique (Schantz, 1995). Le début de sa présidence coïncida avec l'émergence d'une nouvelle et puissante partie prenante, la télévision. La montée en puissance de la télévision dans les années 1950 mena à de grandes tensions au sein du CIO lui-même (membres), et avec beaucoup de ses parties prenantes clés (compagnies publicitaires, COJO, CNO, fédérations internationales ou FI, athlètes).

Tandis que Brundage reconnaissait l'énorme potentiel de la télévision pour la promotion et l'expansion du mouvement olympique dans le monde entier, il était gêné par l'objectif commercial des responsables de chaînes de télévision et par leur désir d'utiliser les Jeux Olympiques pour faire des profits (O'Reilly et Séguin, 2009). Quand les responsables de chaînes se rendirent compte que les Jeux Olympiques attiraient plus de téléspectateurs que les autres programmes, leur capacité à vendre de la publicité aux entreprises désireuses de toucher de larges audiences augmenta d'autant. Le concept de vendre des « droits exclusifs » pour la diffusion des Jeux Olympiques prit sens en termes commerciaux, puisque les chaînes de télévision cherchaient à renforcer leur position au sein du marché et à construire des audiences (Slater, 1998). Ce fut un « point de rupture clé » dans l'histoire des Jeux Olympiques, car la couverture télévisuelle glissa de l'information au spectacle. À partir de ce point, les Jeux Olympiques devinrent une propriété à forte valeur de spectacle et furent vendus comme tel par les COJO (avec l'agrément du CIO) aux acheteurs les plus offrants. Les Jeux Olympiques d'hiver ont grandement bénéficié de la télévision du fait que beaucoup de sports d'hiver étaient déjà « hautement commercialisés ». Il s'agissait d'une question douloureuse pour Brundage qui, tout au long de sa présidence, s'est interrogé sur la pertinence des Jeux Olympiques d'hiver et sur leur contribution à la diffusion des idéaux olympiques (Schantz, 1995).

L'émergence des satellites pour la communication constitue le pas le plus important dans la relation entre la télévision et les Jeux Olympiques (Wenn, 1994, Downing, 1996, Landry et Yerlès, 1996, Slater, 1998). Cette nouvelle technologie améliora la production et la transmission des images olympiques et rendit possible la retransmission « en direct » des Jeux Olympiques sur tous les continents (Downing, 1996). Cela signifiait que des millions de gens partout dans le monde pouvaient suivre les Jeux, au même moment et en dépit des décalages horaires, et consommer l'événement tel qu'il se déroulait dans le confort de leurs domiciles. Étant donné que l'une des attractions majeures de la compétition sportive est son imprévisibilité, ce fut une percée majeure pour la retransmission des Jeux Olympiques, qui ajouta à l'expérience du spectacle procurée par la télévision. Au même moment, la chaîne américaine ABC décida de faire des sports (football américain, Jeux Olympiques, etc.) une pièce centrale de sa programmation (Slater, 1998). Le résultat fut que la qualité de la programmation sportive augmenta significativement, ce qui en retour améliora la valeur du spectacle en termes d'audiences. Par conséquent, à la rapide expansion des audiences, les responsables des télévisions répondirent en montrant plus de sports.

Pour beaucoup au sein du CIO, ce fut une formidable nouvelle. L'intérêt grandissant pour le contenu sportif permit d'augmenter le nombre de pays diffusant les Jeux, ainsi que le nombre d'heures dévolues aux Jeux Olympiques et aux sports olympiques. La popularité des Jeux Olympiques conduisit à de fortes audiences, ce qui mena à de grosses recettes publicitaires, ce qui en retour apporta de confortables profits pour les chaînes (O'Reilly et Séguin, 2009). En 1968, la chaîne américaine ABC fit un énorme bénéfice après avoir vendu pour plus de 20 millions de dollars en publicité et avoir payé seulement 4,5 millions de dollars pour les droits de rediffusion. Comme la demande pour le contenu sportif augmentait, les droits olympiques commencèrent à augmenter significativement. À partir de 1972, les droits télévisés devinrent la principale source de revenus des Jeux (Wenn, 1995).

En 1967, le CIO créa une Commission des finances dont la principale responsabilité était de déterminer la véritable valeur des droits télévisés. Alors que peu de choses étaient connues à ce sujet à ce moment-là, la Commission consulta des spécialistes des médias et de l'industrie du spectacle pour bénéficier de leur expertise concernant les droits télévisés et le processus de négociation (Wenn, 1995). En poursuivant une politique de « profit maximum », la Commission des finances permit de faire progresser le montant des droits de diffusion des Jeux. Cependant, l'influence grandissante exercée par les intérêts économiques (télévision, publicitaires, etc.) et politiques était, selon Brundage, menaçante pour l'autonomie du CIO (Schantz, 1996). Sa forte opposition à la commercialisation et à la professionnalisation des Jeux Olympiques mena à des divisions au sein du mouvement olympique. Brundage était un avocat de l'idéologie traditionnelle de l'olympisme et était mécontent de l'application molle des règles de l'amateurisme adoptées par beaucoup de FI (e.g. football, ski, patinage artistique, basket-ball). Il était aussi convaincu que les Jeux Olympiques d'hiver devaient être supprimés (Schantz, 1996).

Mais la télévision contribua à faire des athlètes dans certains sports d'énormes célébrités et il devint très difficile, pour les athlètes et les organisations sportives, de résister à la tentation de gagner de l'argent grâce à leur succès et à leur popularité. Par conséquent, un groupe étoffé de membres du CIO fit un appel pour une véritable ouverture à la nouvelle réalité du marketing et du sponsoring, présente au sein du monde olympique lui-même. Alors que Brundage fit plusieurs tentatives « désespérées » pour laisser les intérêts commerciaux en dehors du mouvement olympique, les nouvelles réalités du business sportif et olympique étaient en place, prêtes à être exploitées. Le CIO intégra graduellement l'influence du marketing et des changements furent réalisés dans l'ère post-Brundage, prenant ainsi le chemin de la commercialisation des Jeux. Par exemple, le CIO décida d'accorder au COJO des Jeux de Montréal, en 1976, le droit d'utiliser les emblèmes olympiques pour de la publicité ou des finalités commerciales (Landry et Yerlès, 1996). Ce fut suivi par un vaste programme marketing, incluant un programme innovant de sponsoring à trois niveaux (Landry et Yerlès, 1996). Un total de 628 entreprises, avec des connections dans 47 pays partout dans le monde, signèrent des accords de « sponsoring » avec le COJO. 42 entreprises furent reconnues comme des « sponsors officiels » (Landry et Yerlès, 1996). Approximativement 20 millions de dollars (7 millions en liquide et 13 millions en mise à disposition de produits et de services) furent générés par le programme de sponsoring (Landry et Yerlès, 1996). Les organisateurs montréalais ont exploité le potentiel du marketing seulement an et demi avant les Jeux, et l'on peut estimer que les montants auraient pu être bien plus élevés (Stauble, 1994).

Les Jeux de Los Angeles, en 1984, ont marqué une nouvelle ère du marketing et du sponsoring olympique. Sous la direction de l'homme d'affaires Peter Ueberroth, ces Jeux furent considérés comme un point de rupture pour le mouvement olympique, car ils marquaient la mise en œuvre d'un partenariat structuré entre le business et le sport » (McMahon, 1996). Pour la première fois de leur histoire, les Jeux étaient totalement organisés, administrés et financés par une entreprise privée. La télévision et les sponsors devinrent les deux piliers de l'organisation des Jeux Olympiques. Le Comité d'organisation des Jeux Olympiques de Los Angeles (Los Angeles Olympic Organizing Committee, LAOOC) aligna ses programmes de sponsoring avec ceux du monde de l'entreprise, et développa des stratégies qui visaient à satisfaire ses besoins. En d'autres termes, ils découvrirent quels objectifs et/ou bénéfices les grandes compagnies recherchaient, et ils mirent au point des programmes visant à créer de la valeur pour les deux parties. Certains des bénéfices offerts incluaient : l'amélioration de l'image publique et du moral des employés, une augmentation de la notoriété du nom du produit et l'exclusion des concurrents de toute association avec les Jeux (LAOOC, 1984). Une nouvelle forme de sponsoring fut mise en œuvre par le LAOOC. L'offre d'exclusivité pour des catégories de produits spécifiques fut une caractéristique unique pour la commercialisation. Cela signifiait qu'aucun des concurrents ne pouvait acheter les droits associés aux Jeux Olympiques dès qu'une catégorie avait été vendue. De manière intéressante, cela mène à une autre forme de marketing, connue sous le nom d'*ambush marketing* (marketing d'embuscade). Nous aborderons ce sujet plus loin. Les accords précédents avec Coca-Cola et Anheuser-Busch s'élevant à plus de 20 millions de dollars servirent de *benchmark* pour d'autres négociations et furent aussi une indication que des Jeux Olympiques financés sur fonds privés étaient possibles (LAOOC, 1984). Au total, les organisateurs signèrent des contrats avec 35 grands sponsors, 64 fournisseurs officiels et 65 détenteurs de licences (LAOOC, 1984). Le programme marketing du LAOOC généra 157 millions de dollars. C'était près de 10 fois le montant généré à Montréal en 1976. Les revenus de la télévision avaient aussi atteint un nouveau sommet, avec un revenu de 236 millions de dollars, à comparer aux 35 millions à Montréal. Le résultat final généra un profit sans précédent de 222,7 millions de dollars (Landry et Yerlès, 1996). Los Angeles démontra clairement qu'avec des pratiques de business assumées, les Jeux Olympiques pouvaient générer un profit. Ces Jeux, combinés avec la décision du CIO de développer stratégiquement des partenariats avec le secteur privé (principalement des sponsors et la télévision), menèrent à une explosion des revenus pour le CIO et le mouvement olympique. Le CIO lança le programme de partenariat TOP I à temps pour les Jeux Olympiques d'été et d'hiver (Séoul et Calgary), ce qui augmenta approximativement les revenus de 100 millions de dollars.

En 1986, le CIO décida d'alterner les Jeux d'été et d'hiver. Il fut décidé que 1992 serait la dernière année au cours de laquelle les Jeux Olympiques d'hiver et d'été seraient organisés en même temps. Ce fut principalement le résultat du lobbying des chaînes de télévision, qui voulaient maximiser leurs revenus publicitaires (car il était difficile de vendre du temps de publicité pour deux Jeux la même année), et du désir du CIO d'avoir plus de contrôle sur les revenus générés par les Jeux (Whallen, 1992). En fait, après les Jeux de 1988, le CIO prit le contrôle de toutes les négociations de droits de télévision (Preuss, 2000), et l'organisation des Jeux tous les deux ans permettait de fournir plus de valeur aux sponsors et de maximiser les revenus. Il était évident qu'après les Jeux de 1988, le CIO cherchait à négocier directement les contrats de télévision et sponsoring, afin d'avoir plus de contrôle sur la marque olympique. Cela sera analysé plus en détail dans le chapitre 5.

Au cours des dernières années, les divers programmes de marketing olympique ont pris une telle ampleur qu'ils sont aujourd'hui considérés comme étant les plus grands programmes de marketing sportif du monde. Le marketing olympique englobe tous les aspects du financement privé (les droits de radiodiffusion et de retransmission télévisée et multimédias : Internet, téléphones portables), les programmes de parrainage et des fournisseurs, le programme de licences, le programme numismatique, les revenus provenant de la vente des billets pour les Jeux, etc.). Ces ressources sont complétées par un financement gouvernemental qui s'effectue par le biais de subventions nationales ou locales. Les programmes de marketing olympique ont été conçus pour contribuer au financement de l'organisation des Jeux et des activités quotidiennes du mouvement olympique, le CIO distribuant la majorité des revenus générés aux COJO, aux FI et aux CNO.

2. LE POUVOIR DU MARKETING OLYMPIQUE

La marque olympique est devenue l'une des marques les plus connues au monde avec, en moyenne, une notoriété assistée de 94 % (figure 0.1). Elle possède également une combinaison unique d'attributs : être le meilleur, respect, loyauté, dynamisme, effort, amitié, participation, éternité, paix, célébration, inspiration, fair-play, patriotisme, détermination, égalité, politique, commercialisation, événement mondial, tradition et unité. Dans un effort pour soutenir l'essence de la marque, trois plateformes de communication ont été développées par le CIO, fondées sur trois valeurs : excellence, amitié et respect.

Les Jeux Olympiques d'hiver et d'été sont maintenant l'événement sportif le plus attractif au niveau mondial. Il est estimé que 4,3 milliards d'individus ont regardé une minute au moins des Jeux Olympiques 2008 de Pékin à la télévision, et 3,8 milliards d'individus une minute au moins des Jeux de Vancouver en 2010. Les Jeux de Pékin 2008 furent les premiers complètement digitaux, retransmis par Internet et les téléphones mobiles partout dans le monde. Une audience supérieure à 21 millions de personnes sur la chaîne digitale du CIO à travers l'Afrique, l'Asie et le Moyen-Orient. Plus de 6 millions d'individus aux États-Unis ont regardé la couverture des Jeux sur leurs téléphones mobiles. Un record de plus de 5 000 heures de télévision en direct a été enregistré.

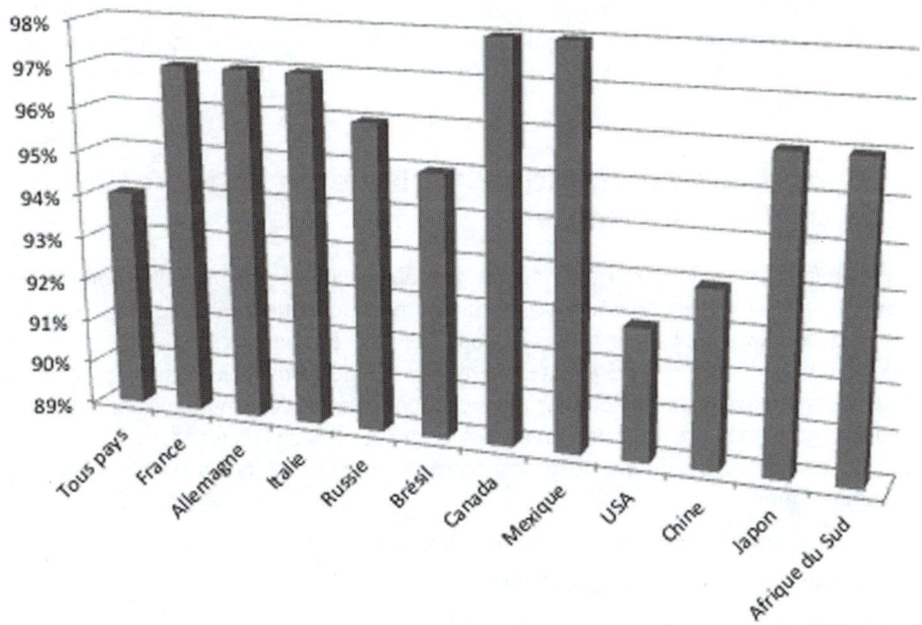

Figure 0.1 - Notoriété assistée de la marque olympique (CIO, 2008)

Les revenus en relation avec le sponsoring et les droits télévisés ont progressé de manière exponentielle. Les revenus liés aux droits de télévision s'élevaient à 2,2 milliards de dollars pour la période 2002-2004 ; 2,6 milliards de dollars pour la période 2006-2008 ; ils s'élèvent à 3,8 milliards de dollars pour la période 2010-2012. Le programme de partenariat TOP est passé de 663 millions de dollars pour le TOP V (2001-2004) à 883 millions de dollars pour TOP VI (2005-2008), et peut-être à plus de 1 milliard de dollars pour TOP VII (209-2012), alors que les négociations sont toujours en cours. Cependant, deux crises économiques et financières majeures ont impacté le sport et le CIO. Cette situation l'a conduit à créer, à partir de 2001, un fonds de réserve permettant de compenser une chute prolongée de ses revenus, par exemple en cas d'annulation des Jeux.

L'importante crise de 2008 a conduit le CIO à faire des économies dans les dépenses courantes et à augmenter fortement ses revenus de marketing et de télévision. Le programme TOP VIII (2013-2016) a déjà généré 563 millions de dollars avec cinq sponsors. Pour les droits de télévision, le CIO a adapté sa stratégie en rapport avec les nouveaux développements du monde audiovisuel.

L'ensemble des droits n'est plus cédé exclusivement à un seul partenaire, de même que certains droits seront négociés en Europe par une agence. Dans tous les cas, le CIO continuera d'exiger une couverture gratuite prioritaire. Cette stratégie a non seulement permis de maximaliser l'audience des Jeux Olympiques, mais également de développer son attrait auprès d'un jeune public sur de nouvelles plateformes, comme la téléphonie mobile et Internet.

3. LE MARKETING DANS LE SYSTÈME OLYMPIQUE

Le marketing au sein du système olympique possède 4 caractéristiques fondamentales. Il concerne un système de parties prenantes spécifique. Il est fondé sur l'exploitation de propriétés et de droits marketing exclusifs. Il s'appuie sur des marques fortes et il vise à coproduire une constellation de valeur au sein du système de parties prenantes. Nous allons développer l'ensemble de ces aspects.

3.1 Le marketing olympique implique un système de parties prenantes

Selon les termes de la Charte olympique, le mouvement olympique est l'action concertée, organisée, universelle et permanente, placée sous l'autorité suprême du CIO, de tous les individus et entités qui sont inspirés par les valeurs de l'olympisme. Il couvre les cinq continents. Il atteint son pic avec le rassemblement des athlètes du monde lors du formidable événement sportif que constituent les Jeux Olympiques. Son symbole est constitué par les cinq anneaux entrelacés. Il rassemble un grand nombre de parties prenantes, ce qui au sens de Freeman (1984) correspond à n'importe quel individu, ou groupe, qui peut affecter, ou être affecté, par la réalisation des objectifs de l'organisation.

Les parties prenantes au sens large du système olympique sont :

- le Comité international olympique (CIO),
- 35 Fédérations sportives internationales (FI) ;
- les associations de FI (SportAccord, ASOIF, AIOWF, ARISF) ;
- 205 [1] Comités nationaux olympiques (CNO) ;
- l'ACNO (l'association mondiale des CNO) ;
- les cinq associations continentales des CNO (ACNOA, COE, PASO, OCA, ONOC) ;
- les Comités d'organisation des Jeux Olympiques (COJO) ;
- l'Agence mondiale antidopage (AMA) ;
- le Tribunal arbitral du sport (TAS) ;
- les organisateurs de compétitions internationales (les championnats mondiaux et européens, les coupes, etc.) ;
- les organisateurs de jeux continentaux et multisports ;
- les ligues sportives professionnelles ;
- les sponsors olympiques nationaux et internationaux ;

1. Il y a 205 Comités nationaux olympiques reconnus par le CIO. Le CNO du Koweït est suspendu.

- les diffuseurs et les détenteurs des droits média ;
- la presse écrite et autres non-détenteurs des droits média ;
- les fédérations nationales (FN) ;
- les olympiens ;
- les clubs et les athlètes ;
- l'entourage des athlètes ;
- les juges, les arbitres, les entraîneurs et les autres officiels et techniciens sportifs ;
- les pratiquants de sport loisir ou sport pour tous ;
- les fans de sport - les jeunes sportifs ;
- les professeurs d'éducation physique et de sport (EPS) ;
- les équipementiers sportifs ;
- les Organisations non gouvernementales (ONG) ;
- l'ONU, l'UNESCO, l'Union européenne et les autres organisations intergouvernementales ;
- les cours suisses et internationales.

Ces parties prenantes constituent le système olympique (Chappelet et Kubler-Mabbott, 2008), qui est constitué d'un réseau de relations au sein duquel s'inscrit le marketing. Cette situation concorde avec l'analyse de Bhattacharya et Korschun (2008 : 113), qui met en exergue le fait qu'« une grande partie de la pensée actuelle sur la théorie des parties prenantes est toujours conditionnée par le modèle classique « hub-and-spoke » [une structure en forme de soleil], dans lequel les parties prenantes sont distinctes et mutuellement exclusives. Cependant, il y a un consensus grandissant sur le fait que les parties prenantes de la firme sont en fait immergées dans des nœuds de relations interconnectées, à travers lesquels les actions d'une firme réverbèrent avec à la fois des conséquences directes et indirectes ».

3.2 Le marketing olympique est fondé sur l'exploitation de propriétés et de droits marketing exclusifs

Les activités marketing sont fondées sur les propriétés et droits du CIO. La Charte olympique gouverne l'organisation, les actions et l'opération du mouvement olympique et fixe les conditions de la célébration des Jeux Olympiques. Elle définit aussi les droits et les obligations réciproques des trois principales parties prenantes du mouvement olympique, le CIO, les CNO et les COJO. Les règles de la Charte olympique conditionnent la stratégie marketing et les programmes des acteurs dans le système olympique.

Chaque niveau de parrainage donne aux entreprises l'accès à différents droits marketing dans diverses zones géographiques, à des catégories de produits et en matière d'exclusivité et d'utilisation des images et marques olympiques désignées. Le programme mondial des partenaires olympiques (programme TOP) est géré et négocié par le Comité international olympique. Il s'agit du plus haut niveau de parrainage olympique, qui donne aux sponsors des droits marketing mondiaux pour les Jeux d'hiver, les Jeux d'été et les Jeux Olympiques de la jeunesse. Les entreprises partenaires du TOP sont des multinationales capables de fournir un soutien direct, des services de parrainage ou leur expertise afin d'organiser les Jeux. Outre leur soutien au CIO et aux comités d'organisation, les partenaires soutiennent les Comités nationaux olympiques et leurs équipes.

Les COJO négocient, directement sous la direction du CIO, leurs propres programmes marketing. Ils sont destinés à soutenir l'organisation des Jeux, sont limités généralement à la période quadriennale et s'appliquent à l'intérieur du pays hôte (dans des catégories de produits non concurrentes de celles des sponsors TOP).

Les CNO gèrent des programmes de parrainage locaux, dans des catégories non concurrentes de celles des sponsors TOP, programmes qui soutiennent le développement de leurs activités ainsi que leurs équipes olympiques. Ces programmes de parrainage donnent des droits de marketing olympique exploitables uniquement sur le pays ou le territoire du CNO.

3.3 Le marketing olympique est lié au modèle du capital de marque des parties prenantes et au système de marque

Pour le CIO, le marketing de la marque est devenu une priorité absolue du management. Les anneaux olympiques représentent l'une des marques les plus fortes dans le monde du sport. Il s'agit aussi d'un des actifs intangibles les plus facilement valorisables que l'organisation possède. Le cœur de la marque olympique est constitué d'un ensemble d'idéaux qui ont été promus comme ses valeurs centrales. Au cours des années, ces idéaux ont été « packagés » et « communiqués » à une audience de masse via une vaste couverture télévisuelle et des programmes d'activation des sponsors au niveau mondial. En plus des anneaux olympiques, d'autres symboles olympiques, comme le relais de la torche, la trêve olympique, etc. sont bien reconnus et acceptés dans les différents continents. Ces symboles sont des extensions de la marque olympique et ont contribué à faire des Jeux une célébration de valeurs et d'aspirations ayant un attrait et un pouvoir universel. Cela a rendu la marque olympique attractive pour une multitude d'entreprises (y compris médias du monde entier), de gouvernements (locaux et nationaux), de ligues sportives professionnelles et d'autres souhaitant tirer des bénéfices en s'associant à la marque olympique. Cela a conduit à de nombreuses alliances de marques vouées à cocréer de la valeur. Aujourd'hui, la marque possède un capital de marque (*brand equity*) très élevé, ce qui génère en retour de nombreux bénéfices, tels qu'un renforcement de la fidélité des parties prenantes et une vulnérabilité moindre aux actions marketing des concurrents, ainsi qu'aux crises ; un plus grand soutien des sponsors et des médias ; un plus grand nombre de villes candidates ; une augmentation de l'efficacité de la communication intégrée au marketing ; et des opportunités en termes de licences et d'extension de marque. Le CIO doit gérer sa marque avec attention et de façon stratégique, afin de la protéger et de la développer. Il importe de plus en plus de mettre en œuvre un système de management qui prenne en compte toutes les parties prenantes en relation avec la marque.

3.4 Le marketing olympique implique de multiples parties prenantes dans la création de valeur

Le marketing olympique a pour but de créer de la valeur dans la constellation des parties prenantes. Normann et Ramirez (1993) font référence à la création d'une « constellation de valeur ». Ils ont montré qu'au lieu « d'ajouter » de la valeur l'un après l'autre, les partenaires créent de la valeur ensemble, lorsqu'ils produisent une offre à travers divers types de relations « coproductrices » (Normann et Ramirez, 1998). Cette idée permet de concevoir des programmes collaboratifs fondés sur la coproduction de valeur. Dans ce contexte, il est impératif de se demander comment il convient de configurer et de coordonner les activités des différents acteurs, de façon à générer une valeur optimale. Ce processus conduit à répondre aux questions suivantes : qui fait quoi, quand, où, et avec qui ? (Normann et Ramirez, 1998).

Ce réseau de parties prenantes est activé par divers événements et des programmes variés sous l'égide de la marque olympique. Les diverses parties prenantes composant ce système peuvent prendre l'initiative de développer des relations ou de mettre en œuvre des actions qui concernent le marketing des Jeux Olympiques, ou l'utilisation des Jeux Olympiques dans leur marketing. En bref, le marketing développe des réseaux et des relations fondées sur trois sous-systèmes présentés en figure 0.2 (le marché, le réseau et l'interne).

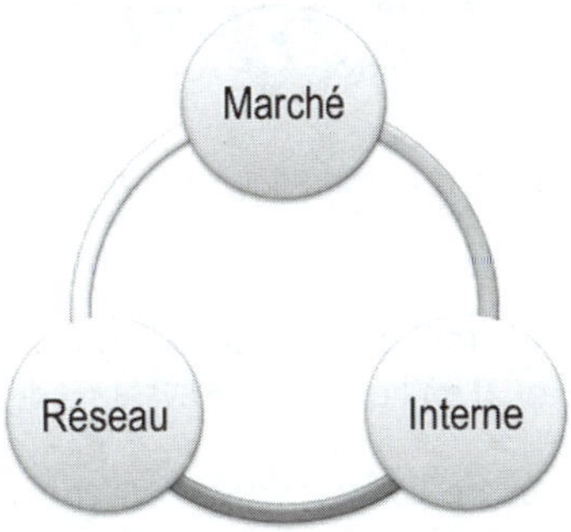

Figure 0.2 - Les trois sous-systèmes du marketing olympique

Le marketing au sein du système olympique permet aux multiples parties prenantes de créer de la valeur. Ce résultat peut être atteint dans le cadre du marketing relationnel à orientation réseau, ainsi que dans celui du marketing des parties prenantes [2]. Ces deux approches sont basées sur la cocréation de valeur. Le premier cherche à développer des relations à long terme, sources de valeur au sein du réseau de parties prenantes. Le marketing des parties prenantes va au-delà de la seule prise en compte des intérêts des consommateurs cibles. Il s'intéresse également aux parties prenantes qui peuvent être affectées par les actions de l'entreprise (Bhattacharya et Korschun, 2010). Il inclut de ce fait les individus, les employés, les institutions, les groupes, les communautés, les publics, les gouvernements et la société au sens large (Gundlach et Wilkie, 2010).

4. UN MODÈLE MULTINIVEAUX DU MARKETING OLYMPIQUE

Les stratégies de marketing au sein du système olympique prennent explicitement en compte les intérêts et les relations entre les acteurs dans l'analyse, le design et la mise en œuvre de leurs programmes. Il est nécessaire pour cela de gérer les relations entre quatre niveaux (figure 0.3). Les parties prenantes constituant le système olympique (niveau 1) mettent en œuvre

2. « Stakeholder marketing »

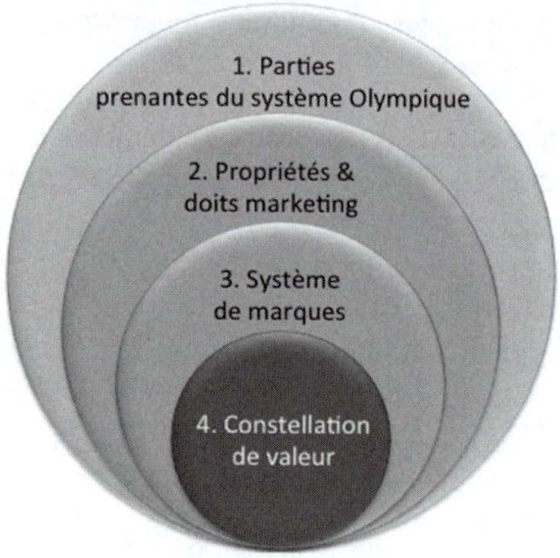

Figure 0.3 - Un modèle multiniveaux du marketing olympique

des stratégies marketing visant à coproduire une constellation de valeur (niveau 4), en exploitant des propriétés et des droits (niveau 2) en lien avec un système de marques fortes (niveau 3).

Le marketing des Jeux Olympiques de Londres 2012 s'inscrit dans ce modèle. Ainsi, selon les termes de la Charte Olympique, l'organisation des Jeux Olympiques a été confiée par le CIO à la British Olympic Association (BOA), qui est le CNO du pays de la ville hôte, ainsi qu'à la ville hôte même. La BOA a été responsable de la mise en place du comité d'organisation, le London Organising Committee of the Olympic Games (LOCOG), qui doit rendre compte directement à la commission exécutive du CIO. Compte tenu de l'accord entre le CIO et l'International Paralympic Committee (IPC), il est également responsable de l'organisation des Jeux paralympiques.

Plusieurs accords font que le LOCOG commercialise le sponsoring des équipes britanniques olympiques et paralympiques (« Team GB » et « Paralympics GB ») jusqu'en 2012, et a obligation, auprès de la British Olympic Association (BOA) et de la British Paralympic Association (BPA), de protéger les droits marketing pour les équipes. Ainsi, le LOCOG intervient directement en soutenant les équipes britanniques dans leur course vers 2012 et au-delà (« London 2012's UK statutory marketing rights », 2010). Le LOCOG se situe au sein d'un système de parties prenantes qui ont des relations d'influence (e.g., le marketing du COJO se fait sous le contrôle du CIO) et de dépendance (e.g., le LOCOG dépend de l'implication des sponsors de son programme national), et qui agissent dans le cadre des règles de la Charte olympique.

Le LOCOG est une entreprise privée à responsabilité limitée, avec approximativement seulement 3 % de son revenu issu du secteur public (ce qui représente les subventions pour les Jeux paralympiques). Les 97 % restants sont levés de manière privée, principalement à travers le sponsoring, les ventes de produits dérivés, les ventes de billets et les revenus télévisuels. Le LOCOG doit augmenter ses recettes en commercialisant les droits d'association aux Jeux 2012 pour des sponsors, en vendant les produits dérivés officiels et des billets. Afin de maximiser les revenus du sponsoring, il est essentiel que les sponsors bénéficient d'une association exclusive avec la marque olympique. Les règles de la Charte olympique, l'Acte de protection du symbole olympique (Olympic Symbol

Protection Act, OSPA) et le Droit d'association aux Jeux Olympiques de Londres (London Olympics Association Right, LOAR) confèrent au LOCOG des droits spécifiques.

Le marketing du LOCOG est fondé sur le capital de la marque « Londres 2012 ». Le « London 2012's UK brand protection » (LOCOG, 2010a : 7) stipule que « le symbole olympique et les trois virgules du mouvement paralympique soutiennent la marque Londres 2012 et sont au cœur des emblèmes de Londres 2012, les marques officielles des Jeux ». Le LOCOG, ses sponsors et les télédiffuseurs officiels, les titulaires de licences officielles pour les produits dérivés, les partenaires non commerciaux, la BOA et la BPA sont les seules organisations autorisées à utiliser la marque Londres 2012 et les marques protégées des jeux. De plus, le LOCOG a l'obligation contractuelle de protéger l'investissement des télédiffuseurs, des sponsors, des partenaires commerciaux et des licenciés officiels. Il doit également protéger l'intégrité des Jeux (LOCOG, 2010b).

Les propriétés et les droits du LOCOG au sein du système de parties prenantes lui permettent de mettre en œuvre un plan de marketing fondé sur un sponsoring au niveau national, une stratégie de licence et la vente de billets. La cocréation de valeur avec d'autres parties prenantes est liée à l'association avec la marque olympique, la diffusion télévisée, l'articulation du plan de sponsoring national avec le programme international TOP, la présence d'un public enthousiaste ainsi qu'une implication de différentes communautés britanniques.

5. FINALITÉS ET ORIENTATIONS DE L'OUVRAGE

L'objectif premier de cet ouvrage est de proposer un cadre marketing spécifique au système olympique, qui prend en compte à la fois les orientations du marketing relationnel à orientation réseau et celles du marketing des parties prenantes. Ces deux orientations impliquent de multiples parties prenantes dans la création de valeur. Selon Christopher, Payne et Ballantyne (2002 : xiii), le marketing relationnel « se focalise sur la création de relations avec des parties prenantes clés, incluant les clients, à travers l'échange de valeur ». Les relations essentielles concernent la cible marketing, la concurrence et l'organisation sportive. Les relations fondées sur le réseau fournissent une plateforme pour les relations concernant le marché. Elles se focalisent sur les alliances avec les parties prenantes, la concurrence et les régulations institutionnelles dans l'environnement de l'organisation. Afin de mettre en application sa stratégie marketing, l'organisation doit par ailleurs engager, organiser et coordonner les ressources et les compétences de ses parties prenantes internes.

Selon Smith, Palazzo et Bhattacharya (2010), le marketing des parties prenantes implique la conception, la mise en œuvre et l'évaluation des initiatives marketing pour procurer un bénéfice maximum à toutes les parties prenantes. Cela concerne les bénéficiaires directs, les organisations sans but lucratif, l'environnement et la société en général.

Dans le système olympique, le marketing relationnel à orientation réseau et le marketing des parties prenantes sont des catalyseurs de la coopération entre toutes les parties, afin de coproduire de la valeur et de créer un avantage compétitif fondé sur leurs relations. Cet ouvrage montre, par ailleurs, comment les stratégies et les principes du marketing olympique peuvent être appliqués au marketing sportif. En bref, ce livre à une portée praxéologique en présentant, d'une part, les principes du marketing olympique et en montrant, d'autre part, comment ceux-ci peuvent être appliqués avec succès au sein d'un contexte sportif.

6. STRUCTURE DE L'OUVRAGE

Le premier chapitre donne une vue d'ensemble des parties prenantes olympiques et décrit leurs principales responsabilités. Plusieurs modèles de ces parties prenantes proposés par le Comité international olympique (CIO) sont analysés, pour arriver à un modèle total du « système olympique » qui montre les fortes interactions entre ses parties prenantes. Il servira pour analyser, dans la suite de l'ouvrage, le marketing des parties les plus centrales du système olympique.

Le second chapitre identifie les propriétés olympiques, c'est-à-dire les artefacts qui permettent d'identifier les Jeux Olympiques et les différentes organisations qui contribuent à leur organisation. Ce sont ces propriétés qui participent de la marque olympique et servent de support au marketing des organisations du système olympique. Les sponsors, les fournisseurs, les licenciés et les médias titulaires de droits de diffusion des Jeux achètent le droit d'utiliser tout ou partie de ces propriétés, pour un territoire donné et pour une durée déterminée. Les sommes ainsi récoltées servent à financer en partie le système olympique.

Le troisième chapitre analyse le système marketing de la marque olympique. La première section présente l'histoire de la marque olympique. La deuxième analyse le capital de la marque olympique, au regard des six dimensions suivantes : les fondations, les parties prenantes, la protection, la connaissance, l'expérience procurée et les relations source de valeur. La section finale présente la stratégie de marque du CIO concernant son positionnement, son marketing, sa performance, sa croissance et son management stratégique.

Le quatrième chapitre considère la stratégie marketing des parties prenantes, afin de créer de la valeur au sein du réseau. La première section discute des fondations théoriques du marketing relationnel à orientation réseau et du marketing des parties prenantes. Ces deux orientations cherchent à coproduire une constellation de valeur pour les parties prenantes au sein du marché, du réseau de partenaires et internes à l'organisation. La deuxième section présente les fondements théoriques fondés sur la théorie des parties prenantes, la théorie de l'acteur-réseau (*actor network theory*, ANT[3]) et la théorie de la traduction. La dernière section présente un cadre stratégique et opérationnel pour analyser la stratégie et les programmes des parties prenantes du système olympique.

Les chapitres suivants examinent les actions marketing des principales parties prenantes. Le chapitre 5 analyse le marketing du CIO. La première section présente la stratégie marketing actuelle du CIO. La deuxième section considère les partenariats de diffusion télévisuelle, le programme de sponsoring mondial TOP et le programme officiel du CIO pour les fournisseurs officiels et les détenteurs de licences. Le chapitre 6 est consacré au marketing du Comité d'organisation des Jeux Olympiques. Il s'agit d'organisations ayant une durée de vie limitée, qui sont créées par le CNO du pays accueillant les Jeux Olympiques. Les activités marketing des CNO s'effectuent sous le contrôle du CIO et sont destinées à l'organisation des Jeux et au développement de la marque olympique. Dans ce contexte, la relation entre le CIO et le COJO est cruciale. Le chapitre 7 concerne le marketing des Comités nationaux olympiques. Il existe aujourd'hui 205 Comités nationaux olympiques, répartis sur les cinq continents, qui mettent en œuvre un marketing afin de développer l'olympisme dans leur pays, ou sur leur territoire. La nature et l'importance de leurs programmes de marketing varient en fonction de leurs objectifs, de leur taille, des

3. L'ANT permet d'expliquer comment les réseaux d'acteurs se forment, se développent ou s'effondrent.

ressources engagées et de l'environnement dans lequel ils opèrent. Le dernier chapitre analyse le marketing des sponsors olympiques. Cela concerne les partenaires du programme mondial TOP, les sponsors et les fournisseurs officiels gérés par les COJO et les CNO. Les perspectives concernant l'évolution du marketing olympique sont présentées dans la conclusion.

Alain FERRAND,
Jean-Loup CHAPPELET,
Benoît SÉGUIN

Références

Bhattacharya, C.B. & Korschun, D., (2008), « Stakeholder Marketing : Beyond the Four Ps and the Customer », *Journal of Public Policy & Marketing*, 27 (Spring), 113-16.

Chappelet, J.L. & Kubler-Mabbott, B., (2008), *The International Olympic Committee and the Olympic System : The Governance of World Sport*, London : Routledge.

Christopher, M., Payne, A. & Ballantyne, D., (2002), *Relationship marketing : Creating stakeholder value*, Oxford : Elsevier Butterworth-Heinemann.

Downing, T., (1996), « A historical perspective. *Olympic Message – The Olympic Movement and the Mass Media, 1* », (26-30), Lausanne, IOC.

Freeman, R.E., (1984), *Strategic Management : A Stakeholder Approach*, Boston : Pitman.

Gundlach, G.T. & Wilkie, W.L., (2010), « Stakeholder Marketing : Why « Stakeholder » Was Omitted from the American Marketing Association's Official 2007 Definition of Marketing and Why the Future Is Bright for Stakeholder Marketing », *Journal of Public Policy & Marketing*, 29 (1), 89-92.

CIO, (2008), *Enquête CIO tous pays*, Lausanne : CIO.

CIO, (2009), *Opening Ceromony of the Games of the Olympiad*, International Olympic Committee, Lausanne : CIO.

Landry, F. & Yerlès, M., (1996), *The International Olympic Committee. One Hundred Years. The Idea – The President – The Achievements. Vol. 3*, Lausanne : IOC.

LAOCC, (1984), *Official report of the organizing committee of the Games of Los Angeles 1984*, vol. 1, Los Angeles : LAOCC.

LOCOG, (2010a), *The London 2012's UK brand protection*, London : LOCOG.

LOCOG, (2010b), « London 2012's UK statutory marketing rights – Brand protection », London : LOCOG.

Martyn, S., (1996), « Making Dough : The Helms Bakery Company vs. the United States Olympic Committee on the issue of commercializing Olympic symbols, 1932 to 1953 », *North American Society for Sport History. Proceedings & Newsletter*, 57-58.

McMahon, E.A., (1996), « The evolution of Olympic commercial partnerships », *Olympic Message – Sources of financing sports*, 3, Lausanne, 14-18.

Muller, N., (1986), (Dir.), *Pierre de Coubertin. Textes choisis. Tome II : Olympisme*, Zürich :Hildesheim, New York : Weidmann.

Normann, R. & Ramirez, R., (1993), « From Value Chain to Value Constellation : Designing Interactive Strategy », *Harvard Business Review*, 71 (July/August), 65-77.

Normann, R.A. & Ramirez, R., (1998), *Designing interactive strategy : From value chain to value constellation*, Hoboken : John Wiley & Sons.

O'Reilly, N. & Séguin, B., (2009), *Sport Marketing : A Canadian Perspective*, Nelson Education Ltd : Toronto.

Preuss, H., (2000), *Economics of the Olympic Games*, Sydney, Australia : Walla Walla Press.

Schantz, O., (1996), La présidence d'Avery Brundage (1952-1972), *in* : Gafner, R., Müller, N., (éds.), *1894-1994 Un siècle du Comité International Olympique*, volume II : Lennartz, K., Schantz, O., « La présidence de S. Edström et la présidence de A. Brundage », Lausanne : IOC, 72-200.

Slater, J., (1998), « Changing partners : The relationship between the mass media and the Olympic Games », *International Centre for Olympic Studies : Fourth International Symposium for Olympic Research*, London : ON, 49-68.

Smith, C., Palazzo, G. & Bhattacharya, C.B., (2010), « Marketing's Consequences : Stakeholder Marketing and Supply Chain Corporate Social Responsibility Issues », *Business Ethics Quarterly* 20(4), 617-641.

Stauble, V.B., (1994), « The significance of sports marketing and the case of the Olympic Games », *in* P.J. Graham, (éd.), *Sport Business – Operational and theoretical aspects*, Dubuque, IA : WCM Brown & Benchmark, 14-21.

Trumpp, E., (1998),. « Les enjeux des Jeux : L'impact des Jeux Olympiques de 1932 sur la ville de Los Angeles », *in* J.-F. Loudcher & C. Vivier, (éds.), *Le sport dans la ville* (29-38), Paris, France : L'Harmattan.

Wenn, S., (1994), « An Olympic squabble : The distribution of Olympic television revenue », 1960-1966, *Olympika*, 3, 27-47.

Wenn, S., (1995), « Growing pains : The Olympic movement and television, 1966-1972 », *Olympika*, 4, 1-22.

Ressources Internet

Organisations	Sites Internet
Comité international olympique	www.olympic.org
London Organising Committee of the Olympic and Paralympic Games (*LOCOG*)	www.london2012.com

Chapitre 1

Le système olympique

SOMMAIRE

RÉSUMÉ

Ce chapitre donne une vue d'ensemble des parties prenantes olympiques et décrit leur principales responsabilités. Plusieurs modèles de ces parties prenantes, proposés par le Comité international olympique (CIO), sont analysés pour arriver à un modèle total du « système olympique », qui montre les fortes interactions entre ses multiples parties prenantes. Il permettra d'explorer dans la suite de l'ouvrage le marketing des parties les plus centrales du système olympique.

Introduction

« Le mouvement olympique est l'action concertée, organisée, universelle et permanente, exercée sous l'autorité suprême du CIO, de tous les individus et entités inspirés par les valeurs de l'olympisme. [...] L'appartenance au Mouvement olympique exige le respect de la Charte olympique et la reconnaissance par le CIO. » (Principes fondamentaux 3 et 7 de la Charte olympique, 2011 : 10-11). Telle est la définition du mouvement olympique que donne le Comité international olympique (CIO). Le CIO est l'organisation non gouvernementale qui édicte la Charte olympique et supervise la tenue régulière des Jeux Olympiques d'été, d'hiver et de la jeunesse. Il a été fondé en 1894, sous la forme d'un club dont les membres étaient une quinzaine de connaissances de Pierre de Coubertin. Aujourd'hui, il s'agit d'une association sans but lucratif de droit suisse, avec un maximum de 115 membres, qui sont des personnalités provenant des cinq continents. Le CIO est l'organisme central du mouvement olympique.

Toutes les entités et individus mentionnés dans la définition du mouvement olympique sont potentiellement des parties prenantes *(stakeholders)* du CIO, au sens de Freeman (1984). Elles participent du marketing olympique, qui peut être défini comme l'ensemble des activités visant à développer les marques, possessions et « propriétés » olympiques (cf. chapitre 2), et vendent leurs droits d'utilisation pour financer les diverses activités du mouvement, en particulier l'organisation des Jeux Olympiques.

Si certaines de ces parties prenantes, comme les athlètes olympiques, les fédérations sportives internationales (FI), les Comités nationaux olympiques (CNO) ou les Comités d'organisation des Jeux Olympiques (COJO) sont relativement évidentes et connues, beaucoup d'autres le sont moins, et peuvent pourtant avoir une importance certaine en matière de marketing relationnel. De plus, leur impact marketing varie beaucoup selon leur nature, même au sein d'un groupe homogène de parties prenantes. Par exemple, la FI qui contrôle l'athlétisme au niveau mondial (IAAF) a sûrement une plus grande importance que celle qui contrôle le pentathlon moderne (UIPM), même si ces sports sont tous les deux au programme des Jeux d'été. Le Comité olympique des États-Unis (USOC) a un poids marketing autre que celui de Monaco, au-delà de la taille de leurs marchés nationaux [1]. Les Comités d'organisation des Jeux Olympiques d'été sont plus écoutés que ceux des Jeux d'hiver, car les Jeux d'été sont plus médiatiques. Toutes ces entités, et aussi tous les athlètes, officiels et fans olympiques, ont un rôle à jouer sur la vaste scène du marketing olympique, dans leur pays ou

1. La loi américaine donne la propriété des anneaux olympiques au CNO américain (USOC). Le CIO ne peut donc vendre de droits de diffusion ou de commercialisation des Jeux aux États-Unis sans l'accord (rémunéré) de l'USOC.

au niveau international. On peut même affirmer que les Jeux Olympiques n'existeraient pas sans l'étroite coopération de toutes ces parties prenantes, chacune dans le rôle qui lui est assigné.

Dès lors, l'objectif de ce chapitre est d'identifier les parties prenantes olympiques et de présenter un modèle qui permette de distinguer les plus centrales des plus périphériques, pour se concentrer sur les premières, conformément à la définition originale du Stanford Research Institute (1963) : « Ces groupes sans le soutien desquels l'organisation cesserait d'exister. » (cité par Freeman & Reed, 1983) Dans une première section, les parties prenantes olympiques seront énumérées et brièvement décrites. Quatre modèles élaborés par le CIO seront analysés dans la section 2. La section 3 est consacrée à la présentation du modèle du système olympique total, qui servira de base au reste de l'ouvrage.

1. LES PARTIES PRENANTES OLYMPIQUES

Pour appliquer la théorie des parties prenantes, il convient de se centrer sur une organisation, ici le CIO. Même si, pour une longue part de l'histoire des Jeux modernes, l'importance du CIO était secondaire par rapport à celle des comités d'organisation des Jeux, il est devenu central en matière de marketing olympique depuis les années 1980. Il s'agit donc d'identifier les entités et les individus qui affectent ou sont affectées par les objectifs (marketing) du CIO.

Nous commençons par les parties prenantes internes pour aller vers les parties prenantes externes, dans cet ordre : administration du CIO, organes du CIO, COJO, CNO, athlètes olympiques et leur entourage, volontaires et spectateurs olympiques, FI, ligues professionnelles, médias, sponsors, organisations reconnues liées au sport, autres ONG, gouvernements, grand public. Chacune de ces grandes catégories seront disséquées en catégories plus fines, pour mieux comprendre leur rôle éventuel dans le marketing olympique. Nous nous fondons essentiellement, pour cette identification fine des parties prenantes du CIO, sur le site internet du CIO (www.olympic.org), le répertoire olympique (CIO 2010) et l'ouvrage de Chappelet & Kübler (2008).

1.1 L'administration du CIO

Depuis le début de la présidence de Juan Antonio Samaranch (1981-2001), le président du CIO est un président exécutif qui travaille à plein temps pour l'organisation, même s'il reste un bénévole non rémunéré (dont les frais de résidence et les dépenses liées à ses activités sont généreusement prises en charge par le CIO). Il est, en 2012, à la tête d'une administration d'environ quatre cent cinquante personnes, basée à Lausanne (Suisse), sous l'autorité d'un directeur général (Chappelet et Kübler, 2008 : 32). Le président du CIO est un membre du CIO élu par la session (assemblée générale des membres du CIO), pour une durée de 8 ans renouvelable une fois pour 4 ans. Jusqu'en 1999, il n'y avait pas de limite au renouvellement de son mandat. Les trois prédécesseurs du président actuel, Jacques Rogge (2001-2013), sont restés en place respectivement 21 ans, 8 ans et 20 ans. Officiellement, les pouvoirs du président sont limités : il doit soumettre la plupart de ses décisions à la commission exécutive, sorte de gouvernement collégial du CIO élu par ses membres. Mais, en pratique, son influence opérationnelle et stratégique est considérable, du fait de son pouvoir sur l'administration qu'il dirige au quotidien, en s'appuyant sur un directeur général.

D'un point de vue organisationnel, l'administration du CIO est divisée en une quinzaine de départements tels que ceux des Jeux Olympiques, des sports, du marketing, de la communication, des relations avec les CNO, de la technologie, ou encore de la solidarité olympique et du Musée olympique. À la tête de chacun des 15 départements se trouve un directeur, qui est subordonné au directeur général. Deux directeurs sortent du lot, le chef du cabinet du président, qui est en charge des questions politiques et des relations avec les membres du CIO, et le directeur exécutif des Jeux Olympiques, qui supervise la production du principal « produit » du CIO. En 2011, les fonctions de chef de cabinet et de directeur général ont été fusionnées.

1.2 Les organes du CIO

Dans cette catégorie on peut distinguer : les membres du CIO, qui se cooptent (avant les Jeux de Londres, le CIO possède 109 membres, dont 17 femmes, venus de 77 pays) ; la session dirigée par le président du CIO (assemblée générale annuelle des membres, qui est l'organe suprême pour toutes les décisions importantes et les élections) ; la commission exécutive (15 membres élus par la session, qui se réunissent 4 à 5 fois par an sous l'égide du président) ; les commissions statutaires et thématiques (au nombre d'environ 25, pour étudier des questions soumises aux membres) ; la solidarité olympique (un département du CIO directement supervisé par la commission éponyme, et qui gère la redistribution des revenus revenant aux CNO). Certaines commissions sont plus importantes que d'autres : athlètes, éthique, finance (Chappelet & Kübler, 2007). On peut rattacher aux organes du CIO quatre autres parties prenantes qui, bien que juridiquement séparées, sont néanmoins contrôlées par des membres de la commission exécutive : la Fondation du Musée olympique (qui possède les murs du Musée) ; la Fondation olympique (qui recueille et gère la fortune du CIO) ; IOCTMS ou IOC Television & Marketing Services (société anonyme qui fournit des services aux télédiffuseurs et sponsors du CIO), et qui fait office de département marketing interne du CIO ; OBS ou Olympic Broadcasting Services (société anonyme qui produit pour le CIO et le COJO le signal télévisé acheté par les télédiffuseurs détenteurs de droits).

1.3 Les comités d'organisation des Jeux Olympiques (COJO)

Les COJO sont des organismes temporaires avec personnalité juridique, qui sont créés dans une ville dès qu'elle se voit attribuer par la session du CIO une édition des Jeux d'été ou d'hiver – principaux ou de la jeunesse – à la suite d'une candidature préparée par un comité *ad hoc*. Ils ont une durée de vie d'une dizaine d'années, durant lesquelles ils préparent les Jeux, et ensuite se dissolvent. Ils sont fondés par les autorités publiques et les CNO des différents villes et pays hôtes, qui signent avec le CIO un « Contrat ville hôte » qui précise tous les droits et obligations des parties, et auquel le COJO doit adhérer lors de sa création. Le CIO attribue les Jeux sept ans à l'avance (cinq ans pour les Jeux de la jeunesse), et traite ainsi toujours avec trois ou quatre COJO (plus deux ou 3 COJOJ) qui organisent localement les Jeux, sous la supervision du CIO. On doit distinguer, du point de vue des priorités managériales : le COJO des prochains Jeux (qui prépare fébrilement la prochaine quinzaine olympique) ; les autres COJO (qui préparent des éditions futures déjà attribuées) ; les comités de candidature (qui espèrent obtenir une future édition). Les COJO et ses organisations satellites sont en principe une émanation des villes, régions et pays qui accueillent les Jeux (communautés hôtes), ou en étroit partenariat avec elles. Ils se préoccupent de plus en plus de l'héritage *(legacy)* des Jeux.

1.4 Les comités nationaux olympiques (CNO)

Les CNO sont les représentants territoriaux du CIO, mais ils sont juridiquement indépendants de celui-ci (en général, ce sont des associations sans but lucratif, selon la loi de leurs pays). En 2012, le CIO en reconnait 205, soit plus que de pays aux Nations Unies. Leur principale tâche est d'organiser une équipe d'athlètes pour participer aux Jeux Olympiques (et parfois aux jeux continentaux), et de défendre et promouvoir l'olympisme dans leur territoire. Ils reçoivent indirectement une partie des droits de télédiffusion et de commercialisation des Jeux, via la solidarité olympique. Les CNO ont pour membres au moins cinq fédérations sportives nationales (FN), qui regroupent les clubs et les athlètes de leur sport dans un territoire national donné. On peut distinguer (Chappelet & Kübler, 2008 : 54) quatre types de CNO, en vertu de leur possession de ressources financières propres (hors solidarité olympique) et de leur indépendance vis-à-vis de leur gouvernement : les CNO politiquement indépendants avec des ressources importantes (une vingtaine, dont le CNO des États-Unis ou *United States Olympic Committee*) ; les CNO politiquement indépendants, mais sans ressources significatives (principalement en Europe) ; les CNO contrôlés *de facto* par leur gouvernement (dans de nombreux pays en développement, bien que la Charte olympique exige qu'ils soient autonomes) ; les CNO de fantaisie (qui n'émergent que tous les quatre ansn en vue de participer symboliquement aux Jeux). On peut ajouter à ces quatre catégories celle des CNO provisoirement suspendus (Afghanistan en 2000, Irak en 2003, Koweït en 2010), ou non encore reconnus par le CIO (par exemple, Gibraltar ou Kosovo). Au niveau international, les CNO sont regroupés en une association mondiale (ACNO) et en cinq associations continentales (ANOCA, OCA, ODEPA, ONOC et EOC). Ces associations contrôlent des Jeux continentaux, respectivement africains, asiatiques, panaméricains, du Pacifique, et le Festival olympique de la jeunesse européenne pour le Comités olympiques de ce continent (EOC), en attendant la création envisagée de véritable Jeux européens.

1.5 Les athlètes olympiques et leur entourage

Les fédérations nationales et les clubs fournissent les athlètes potentiellement éligibles pour les compétitions olympiques. Ceux qui ont participé au moins une fois aux Jeux sont connus sous le nom d'olympiens (environ 11 000 pour une édition des Jeux d'été et 3 000 aux Jeux d'hiver). Depuis 2005, ils se réunissent au sein de la *World Olympians Association* (WOA). Il existe depuis 1999 une commission des athlètes au sein du CIO, dont douze membres sur une vingtaine sont élus par leurs pairs au village olympique, parmi les athlètes participants à l'édition des Jeux concernée ou à la précédente (dits « athlètes actifs »). Ceux qui concourent aux Jeux sont accompagnés par toute une série de techniciens du sport, connus sous le nom générique d'entourage. Pour mieux contrôler leur influence parfois négative, le CIO a créé en 2009 une Commission de l'entourage, qui traite des questions concernant les relations entre les athlètes, entraîneurs, managers, agents, sponsors et toutes autres partie prenantes qui soutiennent et assistent les athlètes. Les parents des jeunes athlètes et leurs enseignants d'éducation physique et sportive peuvent aussi être considérés comme des parties prenantes olympiques, dans la mesure où ils influent fortement sur les choix de ces éventuels futurs olympiens.

1.6 Les volontaires et spectateurs olympiques

À part les athlètes et leur entourage, deux autres catégories d'individus sont indispensables à la tenue des Jeux : 1) les volontaires (plusieurs dizaines de milliers pour chaque édition des Jeux) et autres collaborateurs salariés du COJO ; 2) les spectateurs (qui achètent un billet pour une compétition olympique). Ces deux catégories constituent le cœur des supporters *(fans)* olympiques, avec ceux qui achètent des souvenirs olympiques (et parfois les collectionnent), regardent une retransmission télévisée des Jeux ou font des recherches sur ce sujet multidisciplinaire (chercheurs olympiques), participant ainsi à la visibilité des Jeux. Certains de ces supporters pratiquent eux-mêmes du sport de loisir, aussi connu sous l'appellation coubertinienne de « sport pour tous ».

1.7 Les fédérations internationales (FI)

Les FI contrôlent, au niveau mondial, un sport ou un ensemble de disciplines ayant un lien commun (par exemple ski alpin, ski de fond, surf des neige, saut à ski, etc). Il s'agit d'associations à but non lucratif, dont une centaine sont réunies dans SportAccord (anciennement connu sous le nom d'AGFIS, Assemblée générale des FI sportives). Leur importance dépend beaucoup de l'impact médiatique de leur sport, du nombre de fédérations nationales en faisant partie, de la reconnaissance accordée ou non par le CIO et de leur participation aux Jeux d'été ou d'hiver (où elles sanctionnent les compétitions, avec leurs juges-arbitres). À partir de là, on distingue plusieurs catégories qui reflètent des disparités de ressources et d'influence : FI olympiques (dont le sport est au programme des Jeux d'été ou d'hiver, soit 35 en 2012) ; FI reconnues (qui espèrent voir leur sport admis un jour au programme des Jeux, soit une trentaine en 2012) ; autres FI (qu'elles soient membres de SportAccord, comme la Fédération mondiale de disque volant, ou pas, comme la Fédération internationale de tchoukball). Les FI olympiques sanctionnent les compétitions des Jeux grâce à des juges-arbitres qu'elles fournissent, et qui appliquent leurs règles. Elles supervisent l'organisation des compétitions internationales de leur sport (championnats, coupes, etc.) et, souvent, les possèdent. Elles se sont regroupées en deux associations, selon qu'elles participent aux Jeux d'été ou d'hiver (ASOIF, *Association of Summer Sports International Federations* et AIOWSF, *Association of International Olympic Winter Sports Federations*). Elles touchent une partie des revenus des Jeux directement du CIO, selon une clé de répartition convenue au sein de ces deux dernières associations. Au sein de ces groupements, il existe des disparités énormes. Certaines FI sont très puissantes, car elles possèdent de grands championnats du monde, telles que la Fédération Internationale de ski (FIS) ou la Fédération Internationale d'athlétisme (IAAF), alors que d'autres dépendent essentiellement de leur part des revenus des Jeux, telles que la Fédération Internationale de canoë (FIC) ou la Fédération Internationale de Luge (FIL). Le poids d'une FI dépend aussi beaucoup de l'éventuelle cooptation de son président comme membre du CIO.

1.8 Les ligues sportives professionnelles

Autrefois, selon les règles de l'amateurisme en vigueur jusqu'au début des années 1980, les athlètes professionnels individuels ou en équipe n'étaient pas admis aux Jeux. Ils participèrent pour la première fois officiellement aux Jeux de 1984 à Los Angeles, en tennis et en football. Depuis, ce phénomène s'est considérablement développé, puisque le CIO veut que les Jeux rassemblent les meilleurs athlètes du monde et qu'il en fait même un critère pour exclure des sports olympiques (baseball en 2005, qui n'avait pu s'assurer de la présence des meilleurs joueurs pros aux Jeux) ou en admettre de nouveaux (golf en 2009). C'est ainsi, par exemple, que des accords ont été passés entre les COJO, les FI concernées et certaines ligues, comme l'ATP *(Association of Tennis Professionals)* ou la NBA *(National Basketball Association)* pour que leurs athlètes participent aux Jeux, respectivement dès 1988 et 1992. En tant que parties prenantes du CIO, on peut distinguer les ligues professionnelles de sports olympiques (basketball, hockey sur glace, tennis...) des ligues dans des sports non olympiques (football américain, squash, baseball...). Ces ligues sont des organisations à but lucratif, comme les deux grandes catégories suivantes de parties prenantes.

1.9 Les médias

Le CIO a toujours cherché à avoir le reportage le plus massif et universel possible pour les Jeux Olympiques, afin de garantir leur notoriété (et indirectement leur valeur en termes de marketing). Ce fut d'abord par les journaux (dès 1896), puis par la radio (dès 1924) et la télévision (dès 1936, mais surtout à partir de 1960) et aussi, aujourd'hui, par les nouveaux médias (Internet et téléphonie mobile). Même si le COJO met à disposition de vastes centres médias ouverts à tous les journalistes accrédités, le CIO fait une différence fondamentale entre les médias qui ne lui achètent pas de droits de diffusion (journalistes et photographes de la presse écrite et des agences de presse), et ceux qui payent des sommes souvent faramineuses pour retransmettre électroniquement les Jeux à la télévision (et à la radio, ainsi que sur Internet), pour un territoire national donné, connus sous le nom de télédiffuseurs détenteurs de droits *(Right holding broadcasters)*. Parmi ces derniers, le réseau américain NBC *(National Broadcasting Corporation)* est actuellement le plus important média électronique olympique, puisqu'il a obtenu par contrat la retransmission exclusive des Jeux d'été depuis 1992 et d'hiver depuis 2002, sur le territoire des États-Unis d'Amérique, et ce jusqu'aux Jeux de 2020 (pour l'instant). NBC a ainsi versé plus de 1,2 milliard de dollars pour retransmettre les Jeux de Londres 2012 sur ses différentes chaînes aux États-Unis, ainsi que sur Internet (www.nbcolympic.org). La chaîne a versé la moitié du total des droits de télévision des Jeux de Beijing 2008, etc. À ces médias électroniques, qui sont autant de parties prenantes, on peut ajouter les unions de télédiffuseurs (par exemple l'UER, ou Union européenne de radio-télévision), qui jusqu'en 2006 a été le diffuseur exclusif du CIO en Europe, les agences de commercialisation des droits de retransmission (par exemple Sportfive) et les chaînes privées (comme Telepiú en Italie), qui ont conquis depuis ce marché, pour autant qu'elles garantissent deux cents heures de retransmission non codées des Jeux sur leur territoire. Des compagnies centrées sur l'Internet comme YouTube (de Google) et Terra (de Telefónica) ont également conclu des contrats avec le CIO pour diffuser des vidéos olympiques sur la toile, à partir des Jeux de Beijing 2008, vidéos géobloquées dans certains pays (comme les États-Unis) pour protéger les détenteurs de droits (qui souvent achètent de façon groupée les droits de télévision, radio et nouveaux médias).

1.10 Les sponsors

Les COJO, depuis les débuts des Jeux modernes, et le CIO, depuis les années 1980, ont cherché des sources de revenus supplémentaires au travers de la publicité et du sponsoring. En 1985, le CIO a fondé un programme de sponsoring destiné à des sociétés multinationales (Coca-Cola, Visa, McDonald's, Panasonic...), désormais connu sous le nom de TOP *(The Olympic Partners)*.

Le programme TOP VI (2005-2008) a rapporté US$ 866 millions, partagés avec les parties prenantes olympiques. Les COJO ont aussi leurs propres sponsors et fournisseurs, ainsi que des licenciés qui fabriquent et vendent, contre royalties, des objets frappés de l'emblème des Jeux. Le CIO touche une partie des revenus générés par ces partenaires commerciaux, qui sont limités au pays hôte. Il possède aussi, depuis les années 1990, des fournisseurs officiels en Suisse (Mercedes, Mizuno...) et un sponsor pour le Musée olympique (UBS). Les CNO, les FN et les athlètes ont aussi des sponsors, fournisseurs ou licenciés au niveau national (et parfois international pour les athlètes). Les équipementiers sportifs sont des sponsors ou fournisseurs qui jouissent d'une visibilité particulière sur les athlètes, notamment dans les enceintes olympiques, où toute publicité par affichage est interdite (politique de l'arène propre ou *clean venue policy*). On remarquera que les médias détenteurs de droits peuvent être vues comme des sponsors ou licenciés nationaux, dans la mesure où les droits de diffusion sont vendus par territoire et où ils dépassent peu les frontières de leurs pays. La chaîne Europort (qui diffuse les Jeux en plusieurs langues dans toute l'Europe) et le magazine international TIME (qui fut un sponsor TOP dans les années 1990) sont des exceptions.

1.11 Les organisations reconnues liées au sport

Les relations de plus en plus complexes entre le CIO et les olympiens, d'une part, et les acteurs économiques que sont les médias et les sponsors, d'autre part, ont nécessité la création d'organismes de régulation du phénomène sportif et de ses dérives, ou la reconnaissance d'organisations spécialisées. Parmi les plus importants, on peut citer principalement : le Tribunal arbitral du sport (TAS), fondé en 1983, qui examine des différents relatifs au sport qui lui sont volontairement soumis par deux parties adverses ; l'Agence mondiale antidopage (AMA), fondée en 1999, qui lutte contre le dopage à un niveau international, sur la base d'un financement paritaire entre le mouvement olympique et les États ; le Comité international paralympique (IPC), fondé en 1989, qui regroupe des organisations nationales et internationales organisant le sport pour les handicapés. Depuis 1988, les Jeux paralympiques se déroulent quelques jours après la clôture des Jeux d'été ou d'hiver, dans le cadre d'accords avec le CIO renforcés sous la présidence Rogge. Depuis 1999, le président de l'IPC est membre du CIO. Le CIO reconnait également plus d'une cinquantaine d'organisations liées à l'olympisme et spécialisées dans toutes sortes de domaines (éducation, sciences du sport, équipements, autres jeux multisports...), qui sont autant de parties prenantes, mais assez dépendantes du CIO, contrairement au trois citées auparavant. On peut citer, par exemple, le Comité international Pierre de Coubertin, l'Académie internationale olympique, la Fédération mondiale des médecins du sport, le comité international pour le fair-play, l'Association internationale des historiens olympiques, etc.

1.12 Autres ONG

Au-delà des organisations reconnues mentionnées au paragraphe précédent, le CIO doit de plus en plus traiter avec des organisations non gouvernementales (ONG), qui s'intéressent au sport depuis la fin du XXe siècle, notamment pour l'aide au développement ou le maintien de la paix. Certaines coopèrent avec le CIO (comme le Comité international de la Croix-Rouge ou *Right to Play*), d'autres beaucoup moins (comme Reporters sans frontières ou *Greenpeace*). À l'extrême se trouvent des groupes terroristes qui pourraient menacer la tenue des Jeux comme, autrefois, le groupe Septembre noir, qui massacra une grande partie de l'équipe israélienne aux Jeux de Munich 1972.

1.13 Les gouvernements

Depuis les années 1970, le CIO traite de plus en plus avec les gouvernements et les organisations intergouvernementales. Cette catégorie de parties prenantes comprend, au niveau national : les gouvernements locaux, régionaux et nationaux des villes hôtes des Jeux (qui s'impliquent fortement dans des questions d'infrastructure, de sécurité, de transport, d'héritage, etc.) ; les gouvernements de la ville de Lausanne, du canton de Vaud et de la Confédération suisse (sur les territoires desquels le siège du CIO est établi depuis 1915, et à l'ordre juridique et aux tribunaux desquels il est soumis) ; les autres gouvernements (hors Suisse et pays hôtes), qui parfois ne respectent pas l'autonomie des CNO ; les anciennes villes olympiques (réunies depuis 2008 dans une Union mondiale, fondée par Lausanne et Athènes). Au niveau intergouvernemental, il faut mettre en avant : les Nations Unies (dont l'assemblée générale adopte tous les deux ans une résolution pour la trêve olympique, et qui ont accordé en 2009 un statut d'observateur au CIO) ; les organisations spécialisées du système onusien (avec lesquelles le CIO à de nombreux accords de collaboration, comme l'UNESCO, l'OMS, l'UNICEF, le PNUE...) ; l'Union et la Commission européenne (dont le droit affecte de plus en plus le sport, considéré par l'Europe communautaire comme une activité économique, mais qui a récemment entrepris un dialogue avec le CIO sur la base de la reconnaissance de la nature spécifique du sport dans le traité de Lisbonne, en 2009), ainsi que le Conseil de l'Europe, qui est à l'origine de plusieurs recommandations et conventions internationales contre le dopage, la violence des spectateurs et les résultats sportifs manipulés.

1.14 Le grand public

Il convient là de distinguer : les communautés des villes et régions hôtes des Jeux (qui peuvent, dans le cadre de processus démocratiques, mettre en danger les COJO, comme lorsque la ville de Denver dut renoncer aux Jeux de 1976, à la suite d'un référendum négatif) ; la société civile nationale ou internationale, qui est à la fois consommatrice des images des Jeux et parfois très critique à l'égard du CIO (comme, par exemple, lors du scandale de corruption lié à l'attribution des Jeux d'hiver à Salt Lake City pour 2002) ; la jeunesse sportive du monde, les jeunes athlètes (qui sont une cible du CIO, tant du point de vue de la pratique sportive que de l'audience télévisée, qui baisse pour cette catégorie fort attirée par les médias sociaux) ; les téléspectateurs, qui sont friands d'images olympiques tous les quatre ans, et donc des cibles idéales pour les spots télévisés des sponsors vendus par les télédiffuseurs officiels (avec, néanmoins, une augmentation préoccupante de leur âge moyen).

On constate que l'on peut identifier de très nombreuses parties prenantes olympiques plus ou moins importantes. Il s'agit maintenant de les organiser en des modèles qui puissent faciliter la réflexion sur le marketing olympique.

2. TROIS MODÈLES DES PARTIES PRENANTES OLYMPIQUES

Le CIO a commencé à réfléchir formellement à ses parties prenantes sous la présidence de Jacques Rogge, élu en 2001 pour remplacer Juan Antonio Samaranch, qui avait une vision beaucoup plus politique que managériale de l'institution. C'est à partir de cette époque-là et à la suite de plusieurs audits internes et externes, ordonnés par le nouveau président, que plusieurs modèles successifs de parties prenantes sont apparus. Ils sont présentés chronologiquement dans cette section.

Le premier modèle date de 2002 (figure 1.1). Il montre une vision concentrique des parties prenantes. Le CIO est placé au centre, composé de ses membres, de son administration, de son président et de sa commission exécutive. Plus on s'éloigne du centre, moins les parties prenantes sont en lien direct avec le CIO. Cette modélisation suggère, dans la veine de Clarkson (1995), qu'il existerait des parties prenantes primaires, placées au centre du modèle et sur le cercle 1, et des parties prenantes secondaires, placées sur les cercles 2 à 3. (Pour les sigles, on se reportera à la section précédente de ce chapitre.) Il est intéressant de constater que les athlètes olympiques sont placés, avec les arbitres, entraîneurs et autres « officiels », au même niveau que les médias ou les sponsors (cercle externe 3) alors que, selon le discours officiel, ils sont au cœur des préoccupations du CIO. C'est sans doute pour cette raison que ce modèle a disparu du site Internet du CIO en 2004.

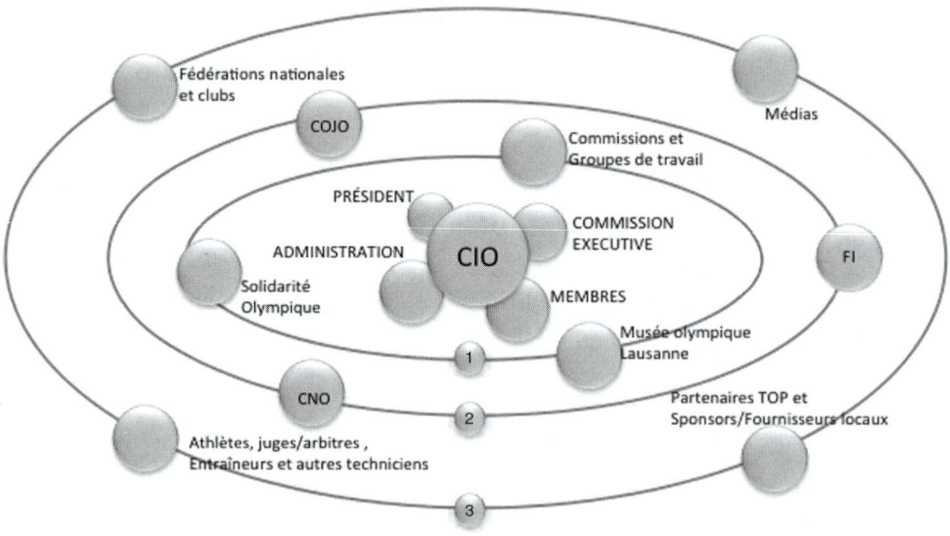

Figure 1.1 - Modèle 1 des parties prenantes du CIO (adapté du site Internet du CIO consulté le 1er septembre 2002 et de Robinson & Camy, 2008 : 3)

Le deuxième modèle date de 2005 (figure 1.2) et résulte d'un audit interne de l'administration du CIO, baptisé *Building On Olympic Strenghts* (CIO, 2005). Bien qu'il fasse partie du Guide de l'administration du CIO, il n'a jamais été publié officiellement dans un rapport ou sur le site Internet du CIO. Ce modèle reprend, comme le premier, une vision concentrique dite en soleil. Mais dans ce modèle, contrairement au précédent, la hiérarchie entre parties prenantes est faible. Certaines parties prenantes sont soulignées pour indiquer une plus grande importance par rapport aux autres, mais elles restent dans une sorte de couronne unique, qui entoure l'administration du CIO, c'est-à-dire ceux qui sont chargés de manager toutes ces parties prenantes y compris, pour ce modèle, le président et les membres du CIO. On remarque que les sponsors ne font pas partie des parties prenantes soulignées. Il en va de même des athlètes olympiques. Il est vrai que l'administration du CIO ne les gère pas directement, sauf pour quelques cas particulier (dopage, relations publiques, etc.). On remarque également que les relations entre l'administration et ses parties prenantes sont pour la plupart bilatérales (double flèche), donc plus fortes que les relations unilatérales du CIO vers certaines parties prenantes, apparemment donc moins importantes. On soulignera enfin que ce modèle 2 comporte un nombre plus élevé de parties prenantes (18) que le modèle 1 (qui en comporte 15), même si les associations sportives nationales et les clubs n'en font plus partie et que le Musée olympique et la solidarité olympique sont regroupés au sein de l'administration du CIO (ce qui est bien le cas, du point de vue du management opérationnel du CIO). On notera surtout un début de différenciation des parties prenantes au sein de chaque catégorie, certaines étant vues à l'évidence comme plus importantes que d'autres (par exemple les COJO par rapport aux villes requérantes et candidates à l'organisation des Jeux).

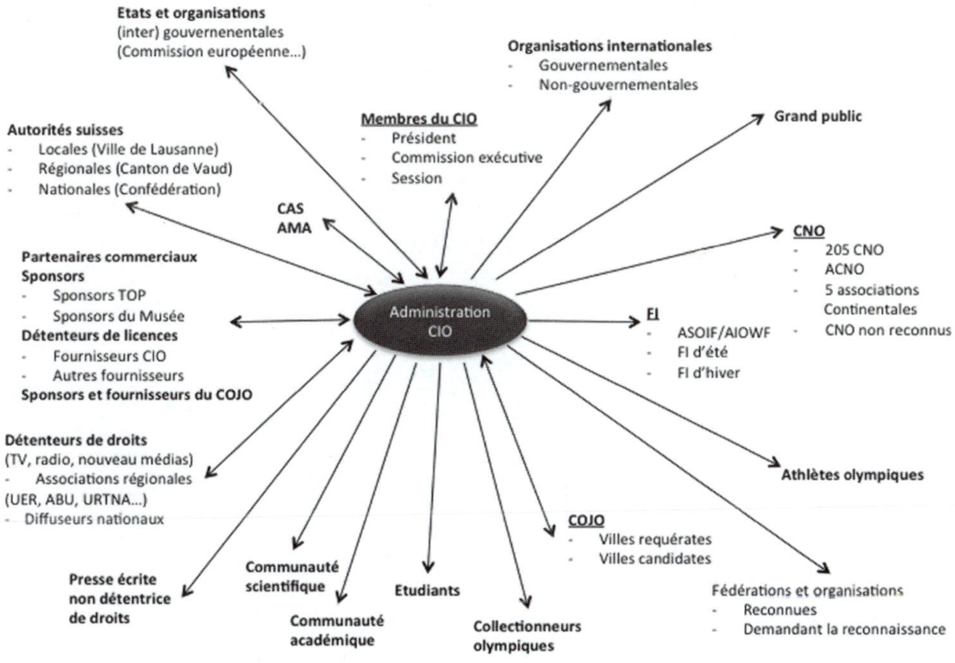

Figure 1.2 - Modèle 2 des parties prenantes du CIO (Source : CIO, 2005)

Le troisième modèle a été publié en 2007 (figure 1.3). Il est beaucoup plus hiérarchique et reprend un peu la vision pyramidale du sport proposée par Coubertin [2], étendue à la population mondiale (en particulier aux jeunes) qui pratique un sport et/ou regarde les Jeux Olympiques (spectateurs et téléspectateurs). Le CIO est à la pointe de la pyramide inversée, suivi des CNO, FI et COJO, puis

2. Selon le rénovateur des Jeux modernes, qui voulait aussi promouvoir ce qu'on appellerait aujourd'hui le sport pour tous : « Pour que cent se livrent à la culture physique, il faut que cinquante fassent du sport ; pour que cinquante fasse du sport, il faut que vingt se spécialisent ; pour que vingt se spécialisent, il faut que cinq soient capables de prouesses étonnantes. » (Chappelet, 1991 : 34)

des sponsors olympiques et des médias accrédités aux Jeux, en commençant par les télédiffuseurs détenteurs de droits. Nous sommes tentés de dire que les athlètes gagnent en importance par rapport au premier modèle car ils se situent au milieu de la pyramide, bien qu'après les sponsors et les médias. Mais il n'en est rien, puisque les parties prenantes qui se situent au-delà des « meilleurs athlètes du monde » ne sont pas répertoriés dans les deux autres modèles présentés ci-dessus (sauf sous l'expression vague de grand public). Cette vision très large des parties prenantes (jusqu'à y inclure la population mondiale et la « jeunesse du monde », selon une expression introduite par Coubertin) montre l'évolution de la pensée stratégique du CIO. Il estime en effet, depuis le début du XXIe siècle, devoir, d'une certaine façon, gérer ces masses d'individus comme réservoir potentiel de supporters olympiques (jeunes sportifs, athlètes, olympiens, volontaires, spectateurs, téléspectateurs et/ou consommateurs actuels ou futurs de produits olympiques).

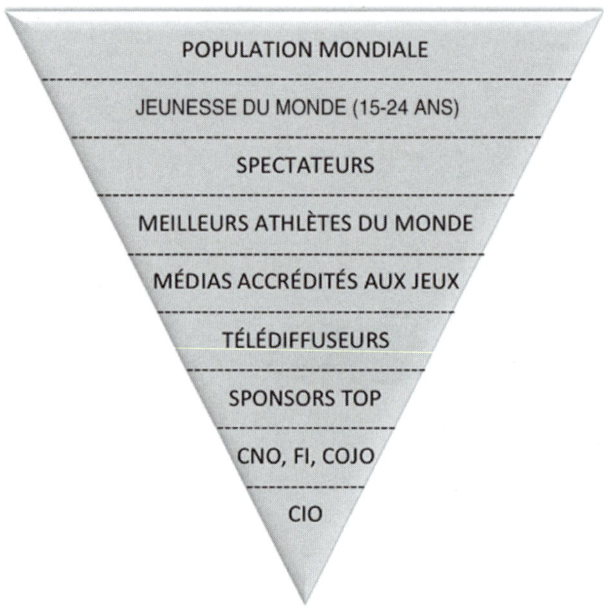

Figure 1.3 - Modèle 3 des parties prenantes du CIO (Source : CIO, 2007 : 11)

Depuis 2007, le Département des Jeux Olympiques du CIO a lancé une approche managériale à 360 degrés pour gérer tous les aspects des Jeux sur la base d'une perspective large, holistique et unifiée. Il a, pour ce faire, défini six communautés des Jeux, cross-fonctionnelles et interdépartementales, au sein de l'administration du CIO, qui organisent les parties prenantes internes : communauté du produit et de l'expérience olympique ; communauté des services à la clientèle ; communauté des installations et infrastructures ; communauté image, contexte et réputation ; communauté des opérations Jeux ; communauté commerciale et financière (CIO, 2009a : 714). Ces communautés sont représentées par six anneaux encerclant un anneau central représentant les Jeux Olympiques. Avec la maturation et le développement de ces communautés, il est espéré que leurs réseaux s'élargiront pour incorporer les parties prenantes olympiques, de façon à mieux tirer parti des réseaux de connaissance autour des Jeux.

En 2009, le CIO a proposé une carte de parties prenantes olympiques centrée uniquement sur les Jeux (figure 1.4) et leurs cinq dimensions : compétitions sportives, cérémonies d'ouverture/clôture/remise des médailles, relais de la flamme, programme culturel, animation de la ville *(live sites)*. On y retrouve certaines des parties prenantes déjà mentionnées dans les autres modèles, mais cette fois organisées sur une couronne circulaire, au sommet de laquelle se trouvent les athlètes, les CNO, les FI et les communautés hôtes, le CIO se situant lui-même en bas à gauche et aussi dans la deuxième couronne avec les organisateurs (COJO) et ses clients !

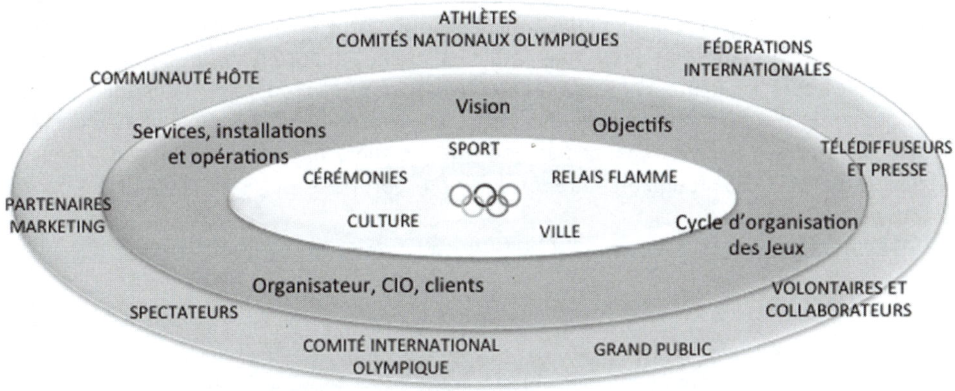

Figure 1.4 - Les parties prenantes des Jeux (source : CIO, 2009b : 7)

Bien que très révélateurs, les modèles présentés ci-dessus n'arrivent pas à donner une vue d'ensemble synthétique des parties prenantes olympiques. C'est ce que nous proposons dans la section suivante.

3. LE SYSTÈME OLYMPIQUE

Chappelet & Kübler (2008) proposent un modèle indépendant de ceux du CIO, déjà esquissé par Chappelet (1991). Il est fondé sur une vision systémique du mouvement olympique. En plus des principales parties prenantes représentées chacune de façon égale par un anneau de même taille, il met en avant leurs relations multiples créant un système d'interactions, qui s'est construit petit à petit avec l'évolution sociohistorique du CIO. Ce système a pour cœur les communautés hôtes et les comités d'organisation (COJO) des Jeux Olympiques, Jeux qui restent la raison d'être du système olympique « classique ». Au-delà des acteurs traditionnels que sont les CNO, les FI et les athlètes olympiques avec leurs FN, on y voit mises en évidence des parties prenantes aujourd'hui importantes comme les sponsors nationaux et internationaux (y compris les télédiffuseurs détenteurs de droits), les gouvernements, les ligues professionnelles dont certains athlètes participent aux Jeux (basketball, football, hockey sur glace, tennis...). Certaines de ces parties prenantes ne sont presque pas citées dans la Charte olympique. Par exemple, les télédiffuseurs ne sont mentionnés qu'une fois dans ce texte fondamental et les sponsors pas du tout (seulement les parrainages), alors que ces deux grands types de parties prenantes fournissent l'essentiel des revenus du CIO. Le Tribunal arbitral du sport et l'Agence mondiale antidopage, qui participent à la régulation du système olympique, couronnent le modèle.

La figure 1.5 présente l'ensemble du système olympique. Il est constitué par toutes les parties prenantes identifiées dans la section 1 qui avaient été en partie omises par Chappelet & Kübler (2008). Elles sont représentées par des disques gris foncé ou clair, selon leur proximité du cœur du système olympique, qui est représenté par les cinq disques en couleur [3] qui rappellent les anneaux olympiques, mais disposés différemment. On retrouve dans ce nouveau modèle les associations regroupant les FI (SportAccord) ou les CNO (ACNO), les organisateurs de Jeux continentaux ou de grandes compétitions internationales (championnats ou coupes du monde, championnats ou coupes continentales). Le « peuple sportif » est représenté par plusieurs disques : participants au sport pour tous, athlètes, clubs, supporters, jeunes sportifs et leurs parents, professeurs d'éducation physique et sportive. Le rôle de l'entourage et des agents comme parties prenantes est aussi reconnu. Le rôle particulier des équipementiers (comme Adidas, Nike, Puma...), de la presse écrite et des médias non titulaires de droits est souligné par la présence d'un disque gris près des pratiquants du sport loisir ou sport pour tous et des supporters (fans) et spectateurs.

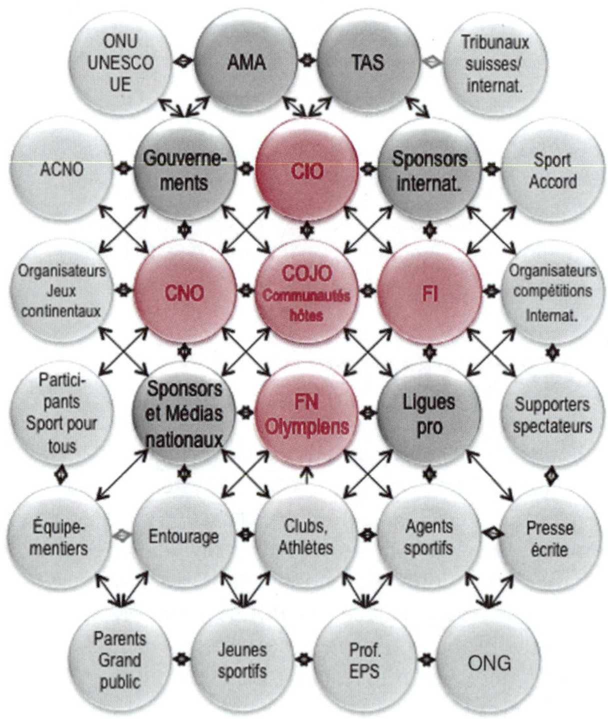

Figure 1.5 - Le système olympique total (d'après Chappelet & Kübler, 2008 : 18)

3. CIO, CNO, COJO, FI, FN Olympiens.

Conclusion

Sous son apparente simplicité, l'identification des parties prenantes olympiques pose la question de savoir qui sont vraiment les acteurs influents d'un mouvement social, économique et politique majeur comme le mouvement olympique. Nous avons adopté une vision large, qui a abouti à mettre en évidence 28 types de parties prenantes, sans compter les sous-types (figure 1.5). Grâce à cette vision d'ensemble, il sera maintenant possible de se concentrer sur le cœur du système olympique total pour mieux analyser le marketing olympique, dont le but est finalement de toucher toutes sortes de cibles situées en périphérie de ce système, y compris l'ensemble de l'humanité si l'on se réfère à la Charte olympique, qui proclame que « Le but de l'Olympisme est de mettre le sport au service du développement harmonieux de l'homme en vue de promouvoir une société pacifique, soucieuse de préserver la dignité humaine. » (Principe fondamental 2)

Le CIO se trouve certes en position centrale dans ce système, et donc dans la gestion et la distribution des revenus résultants des divers droits sur les Jeux. Il exerce une influence forte sur les CNO et le COJO, qui doivent exploiter les droits concédés et ne peuvent avoir de sponsors dans les catégories de produits réservées aux sponsors internationaux du programme TOP. Le COJO doit, en retour, développer un programme de marketing national qui doit prendre en compte les attentes de la ville hôte et des collectivités territoriales qui souhaitent construire un héritage des Jeux, dans le cadre d'un développement durable. Ces relations d'influence et de dépendance sont fondamentales pour la gouvernance du système, tout comme au niveau du marketing olympique.

Comme nous l'avons souligné dans l'introduction, les principales parties prenantes du système olympique sont insérées dans des réseaux fortement interconnectés. Ainsi, les actions marketing des différents acteurs ont un impact sur l'activité des autres. Les sponsors du programme TOP achètent des droits marketing auprès du CIO, qui reverse une partie de ces droits aux COJO pour leur permettre d'organiser des Jeux Olympiques de haute qualité, qui procurent une expérience unique. Ils effectuent aussi des prestations de service ou fournissent des produits pour organiser cet événement. La marque olympique combinée à l'expérience unique des Jeux facilite grandement les négociations avec les télévisions et amène un large public, qui contribue à améliorer cette expérience. Les programmes de marketing des CNO bénéficient de l'attractivité des Jeux d'été et d'hiver, ce qui permet à beaucoup d'avoir des sponsors ou, en tout cas, des fournisseurs pour leurs équipes olympiques. Les fédérations sportives nationales et les athlètes, organisés en ligue professionnelle ou non, ont aussi leurs sponsors. Nous sommes donc bien en présence d'une forme de marketing en réseau qui prend en compte les intérêts et les relations entre les différentes parties prenantes. Cette approche fondée sur le système olympique total entre dans le cadre du marketing des parties prenantes (Bhattacharya, 2008). Les managers olympiques doivent adopter une approche de l'extérieur vers l'intérieur (outside-in), qui part des défis impliquant nécessairement de multiples parties prenantes, plutôt que d'une démarche de l'intérieur vers l'extérieur (inside-out), qui se focaliserait sur les intérêts d'une seule organisation au sein de ce système, fut-elle le CIO.

POINTS CLÉS

- Le CIO (Comité international olympique) est la principale partie prenante olympique.
- Il ne saurait toutefois assurer la célébration régulière des Jeux Olympiques sans les COJO (Comités d'organisation des Jeux Olympiques), qui organisent chaque édition, les CNO (Comités nationaux olympiques), qui envoient chacun une équipe composée d'athlètes provenant des FN (fédérations nationales), ainsi que des FI (fédérations internationales), qui sanctionnent les compétitions olympiques dans leur sport.
- Depuis les années 1970, les gouvernements, notamment celui de la ville/région et du pays hôte, ont pris une importance certaine.
- À partir des années 1980, les sponsors et les télédiffuseurs olympiques ont largement financé le système olympique.
- À partir des années 1990, la plupart des athlètes professionnels ont pu participer aux Jeux et leurs ligues ont négocié avec le CIO, les FI et les COJO pour faciliter cette participation, qui a renforcé le succès des Jeux.
- Avec la croissance du système olympique, toutes sortes d'autres parties prenantes ont émergé et doivent être prises en compte pour mieux manager la marque olympique.
- Les athlètes participant aux Jeux (olympiens) restent la principale justification du système, mais sont aujourd'hui une partie prenante parmi bien d'autres.
- Le système est régulé par deux organismes externes, l'Agence mondiale antidopage et le Tribunal arbitral du sport.
- Les principales parties prenantes du système olympique sont insérées dans des réseaux qui sont fortement interconnectés, pour la gouvernance du système et pour son marketing.

Références

Bhattacharya, C. B., (2008), « Introduction to the Special Section on Stakeholder Marketing », *Journal of Public Policy & Maketing*, vol. 29, n° 1, 13-14.

Chappelet, J.L., (1991), *Le Système olympique*, Grenoble : PUG.

Chappelet, J.L. & Kübler, B., (2007), « The governance of the International Olympic Committee », *in International perspectives on the Management of Sport*, M. Parent & T. Slack, (éds), London : Elsevier, 207-228.

Chappelet, J.L. & Kübler, B., (2008), *The International Olympic Committee and the Olympic System : The Governance of World Sport*, London : Routledge.

CIO, (2005), BOOST *Building On Olympic Strength to Transition to a state-of-the-art*, Lausanne : Comité international olympique, document interne.

CIO, (2007), « Rapport intermédiaire du CIO 2005-2006 : catalyseur de collaboration », Lausanne : Comité international olympique.

CIO, (2009a), « The 360-degree Games Management Approach », *XIII Olympic Congress, Copenhagen 2009*, Lausanne : Comité international olympique, 713-715.

CIO, (2009b), *Technical Manual on Games Management*, Lausanne : International Olympic Committee.

CIO, (2010), *Répertoire olympique du Mouvement olympique*, Lausanne : Comité international olympique.

CIO, (2011), *Charte Olympique en vigueur au 8 juillet 2011*, Lausanne : Comité international olympique.

Clarkson, M.B.E, (1995), « A Stakeholder Framework for Analyzing and Evaluating Corporate Social Performance », *Academy of Management Review*, 20 (1), 92-117.

Freeman, R. E. & Reed, D. L., (1983), « Stockholders and Stakeholders : A new perspective on Corporate Governance », *California Management Review*, vol. 25, n° 3, 88-106.

Freeman, R.E, (1984), *Strategic management : A stakeholder approach*, Boston : Pitman.
Robinson, L. & Camy, J., (2008), *Managing Olympic Sport Organizations*, Champaign, IL. : Human Kinetics.

Ressources internet

CIO et mouvement olympique	www.olympic.org
Association des comités nationaux olympiques	www.acnolympic.org
SportAccord (ex-Association générale des fédérations internationales sportives)	www.sportaccord.cm
Comité d'organisation des Jeux Olympiques et paralympiques de Rio 2016	www.rio2016.org
Comité de candidature des Jeux Olympiques de PyeongChang 2018	www.pyeongchang2018.org
Agence mondiale antidopage (AMA)	www.wada-ama.org
Tribunal arbitral du sport (TAS)	www.tas-cas.org
Association mondiale des olympiens (WOA)	www.woaolympians.com
NBC Sports	www.nbcolympics.com
National Basketball Association (NBA)	www.nba.com
Association of Tennis Professionals (ATP)	www.atptennis.com
United States Olympic Committee (USOC)	www.teamusa.org
International Association of Athletics Federations (IAAF)	www.iaaf.org
Olympic Council of Asia (OCA) and Asian Games	www.ocasia.org

Chapitre 2

Les propriétés olympiques et leur protection

SOMMAIRE

RÉSUMÉ

Ce chapitre identifie les propriétés olympiques, c'est-à-dire les artefacts qui permettent d'identifier et de distinguer les Jeux Olympiques et les différentes organisations qui contribuent à leur organisation. Ces propriétés constituent le fondement même de la marque olympique et sont utilisées pour le marketing des organisations du système olympique. Les sponsors, fournisseurs, licenciés et médias titulaires de droits d'association avec les Jeux ou de diffusion des Jeux à la télévision, à la radio ou sur internet achètent la possibilité d'utiliser tout ou partie de ces propriétés, pour un territoire donné et pour une durée déterminée, souvent en exclusivité pour une catégorie de produits précise. Les sommes ainsi récoltées servent à financer l'ensemble du système olympique.

Introduction

Une grande partie de l'importance du système olympique et la quasi-totalité de ses revenus résultent du contrôle (et de la commercialisation) d'un certain nombre de symboles, objets, traditions et désignations, dont les plus universellement reconnus sont les anneaux olympiques entrelacés, qui symbolisent les cinq continents, et l'expression « Jeux Olympiques » elle-même. Ce chapitre identifie ces possessions ou, pour être au plus près du terme utilisé en anglais, « propriétés » olympiques, dont les diverses organisations du système olympique, notamment le CIO (Comité international olympique), se déclarent propriétaires. Il en retrace d'abord brièvement l'histoire. Il examine ensuite comment ces propriétés sont protégées au travers des droits à la propriété intellectuelle, et quels principes président à leur management. Des exemples seront donnés, notamment en relation avec les Jeux Olympiques de 2012 organisés à Londres. L'ouvrage *Olympic Image* (Wei, 1997) permet de se rendre compte de la richesse et de la diversité des possessions olympiques, qui ne peuvent être reproduites graphiquement ici, et de leur utilisation au fil des cent premières années qui suivirent la résurrection des Jeux, en 1896. On pourra aussi se référer à la brochure pédagogique éditée par le CIO et intitulée Les symboles olympiques (CIO, 2007).

La notion de propriété des Jeux (ou de toute autre manifestation) peut surprendre, mais peut simplement s'interpréter comme le droit exclusif d'exploitation de l'organisateur sur sa manifestation, droit qu'il peut concéder contre rémunération. C'est cette exclusivité qui a de la valeur en termes de marketing et de sponsoring. Pour le CIO, elle peut être justifiée par l'effort plus que centenaire qu'il a fait pour assurer la célébration régulière des Jeux, les développer considérablement au fil du XXe siècle et, finalement, réinventer une tradition millénaire qui remonte à la Grèce antique, même si les Jeux modernes n'ont pas grand-chose à voir avec ceux de l'Antiquité.

Comme nous le verrons, cette propriété intellectuelle du CIO sur « ses » Jeux, leurs images et leurs données, peut parfois entrer en concurrence avec les droits d'autres parties prenantes olympiques (cf. chapitre 1), notamment le droit à l'image des olympiens (athlètes participant aux Jeux), le droit d'auteur (de ceux qui produisent une œuvre pour une édition des Jeux), le droit à l'information du grand public (qui s'intéresse aux résultats des compétitions) ou le droit de la concurrence (qui protège aussi ceux qui ne sont pas des partenaires commerciaux olympiques). Depuis 2000, des lois spécifiques sont adoptées par les pays organisateurs des Jeux pour mieux cadrer ces aspects juridiques. Elles aboutissent à une consolidation de plus en plus forte des droits de propriétés olympiques, souvent au détriment d'autres droits.

1. LES PROPRIÉTÉS OLYMPIQUES

Les multiples propriétés olympiques sont présentées par ordre d'introduction, depuis le rétablissement des Jeux Olympiques en 1894.

Les **Jeux Olympiques** modernes sont une manifestation multisports organisée dans une ville tous les quatre ans, depuis la fin du XIXe siècle, et interrompus seulement par les deux guerres mondiales. Les premiers Jeux de l'ère moderne ont été attribués à Athènes en 1896, par le Congrès du rétablissement des Jeux Olympiques organisé à Paris, en 1894, à l'initiative du pédagogue français Pierre de Coubertin. Ce congrès a aussi fondé le Comité international olympique (CIO), qui a ensuite attribué les éditions successives des Jeux tous les quatre ans. À partir de 1924, le CIO a créé une version de sa manifestation pour les sports d'hiver, appelée « Jeux Olympiques d'hiver ». Ces Jeux avaient lieu en janvier ou février, la même année que les « Jeux de l'Olympiade », appellation officielle des Jeux d'été. À partir de 1994, ils ont eu lieu dans l'année paire entre deux éditions estivales. Les Jeux de la trentième olympiade se dérouleront à Londres, en juillet et août 2012. Les XXIe Jeux Olympiques d'hiver se sont déroulés à Vancouver en février 2010. À partir de 2007, le CIO a décidé d'organiser des Jeux Olympiques de la jeunesse tous les quatre ans, les années paires. Les premiers Jeux Olympiques de la jeunesse d'été ont eu lieu à Singapour, en août 2010. Les premiers Jeux Olympiques de la jeunesse d'hiver ont eu lieu à Innsbruck, en janvier 2012. Des « Jeux paralympiques », pour les athlètes souffrant d'un handicap physique, sont organisés une dizaine jours après les Jeux Olympiques d'été depuis 1988 et d'hiver depuis 1992, dans les mêmes sites de compétition. Ceci résulte d'accords entre le CIO et le Comité international paralympique (IPC), qui possède ces jeux.

La tradition des Jeux Olympiques est millénaire. Ils ont existé dans l'Antiquité, à Olympie (Grèce), durant plus de douze siècles (de 776 avant JC à 393 après JC, pour ce qui est de leurs traces historiques). Plusieurs tentatives de résurrection ont eu lieu au cours des temps modernes en Angleterre (Cotswold Olympick dès 1612, Much Wenlock Olympian Games dès 1850), en France (Olympiade de la République à Paris en 1796, Jeux du Rondeau à Grenoble dès 1832), en Suède (à Ramlösa en 1834), au Canada (à Montréal en 1844) et en Grèce (sous l'égide du mécène Zappas dès 1859). Les Jeux Olympiques d'hiver sont inspirés des Jeux nordiques organisés à Stockholm (et une fois à Oslo) de 1901 à 1926. Les Jeux Olympiques de la jeunesse se sont inspirés du Festival olympique de la jeunesse européenne (FOJE) organisé tous les deux ans par les Comités olympiques européens, aussi bien pour les sports d'été, depuis 1991, que d'hiver, depuis 1993.

L'**hymne olympique** est un chant composé par le musicien grec Spiros Samáras et dont les paroles ont été écrites par le poète grec Kostís Palamás. Il fut joué à l'ouverture des premiers Jeux Olympiques modernes à Athènes, en 1896. Ce n'est qu'à partir des Jeux de Rome en 1960 qu'il devint l'hymne officiel des Jeux et du CIO, d'autres morceaux étant utilisés dans les éditions intermédiaires. Une chanson officielle est aussi en général composée pour chaque édition des Jeux et jouée lors de leurs cérémonies. Les droits de diffusion appartiennent au CIO. La chanson officielle des Jeux de Pékin 2008, intitulée « vous et moi », était chantée par Sarah Brightman et Liu Huan.

Des **médailles olympiques** en bronze, argent et or (plus exactement en vermeil, c'est-à-dire en argent plaqué or) ont été attribuées dès les premiers Jeux de l'ère moderne. Leur taille et leur design a évolué au fil des olympiades. L'avers des médailles est propre à l'édition des Jeux d'été, tandis que le revers a représenté de 1928 à 2000 la déesse de la victoire grecque Nike assise sur un fond d'arches antiques (aucun lien avec le célèbre équipementier sportif). Ce revers a été remplacé à partir des Jeux d'Athènes 2004 par une statue de Nike debout avec le Parthénon en arrière-plan. Pour les Jeux d'hiver, le design du revers comme de l'avers varie d'une édition à l'autre. La présentation des médailles de Londres 2012 s'est effectuée lors de la cérémonie d'invitation des équipes à ces Jeux, un an avant leur ouverture.

La **devise olympique** est l'expression latine « citius, altius, fortius ». Elle est généralement traduite par « plus vite, plus haut, plus fort », bien que certains latinistes proposent des traductions plus subtiles, insistant sur la rapidité, la hauteur d'esprit et la force de caractère plutôt que sur les performances athlétiques. Elle a d'abord été proposée par le père Henri Didon à ses élèves, en 1891. Didon était proviseur du lycée Albert Le Grand d'Arcueil, après avoir été élève au séminaire du Rondeau à Grenoble. Pierre de Coubertin, un ami du père Didon, en fit la devise du CIO dès 1894, dans l'ordre : « citius, fortius, altius ». Selon la Charte olympique (règle 10), elle « exprime les aspirations du mouvement olympique ». Elle a été abondamment utilisée lors des diverses éditions des Jeux, y compris de façon prééminente dans l'image officielle des Jeux *(look of the Games)* d'Atlanta 1996 et de Sydney 2000. Elle figurait sur le papier à en-tête du CIO jusqu'en 2005, puis elle disparut subrepticement, sans doute parce qu'on la trouva trop empreinte de l'idée d'un progrès sans limites, peu compatible avec les préceptes du développement durable adoptés par le CIO dans les années 1990. Un des auteurs du présent ouvrage avait d'ailleurs proposé l'abandon de cette devise, ou le retour à son ordre originel lors du Congrès olympique de 1994 à Paris, qui a fait de l'environnement le « troisième pilier » de l'olympisme, après le sport et la culture (Chappelet, 1994).

Des affiches ont été créées pour les Jeux depuis leurs débuts, mais n'ont eu le caractère d'**affiche olympique** officielle qu'à partir des Jeux de Stockholm 1912, qui éditent un magnifique poster haut en couleurs symbolisant la parade des nations propre à toute ouverture des Jeux (Timmers, 2008 : 19). La collection des affiches officielles des Jeux d'été et d'hiver est fortement mise à contribution par le marketing et le *merchandising* olympique, tout comme par les rétrospectives médiatiques. Adidas, par exemple, en a fait la base de plusieurs séries d'articles *vintage*. L'affiche officielle est aujourd'hui complétée de dizaines d'autres réalisées par des artistes de renom. Douze artistes britanniques ont été retenus pour créer les posters officiels de Londres 2012. Le poster de Londres 1948 représente le discobole surmontant les anneaux olympiques avec, en arrière-plan, la tour de Big Ben et le Parlement britannique.

Le **symbole olympique**, c'est-à-dire les cinq anneaux entrelacés, a été créé en 1913 par Pierre de Coubertin pour être utilisé lors de la célébration du vingtième anniversaire du rétablissement des Jeux, à la Sorbonne, en 1914. Il s'agit d'abord d'un simple dessin à la plume, de la main de Coubertin, comportant cinq (trois en haut et deux en bas) anneaux entrelacés avec des feuilles d'olivier et un ruban, où est écrite la devise olympique. L'inspiration de ces anneaux provient très probablement du symbole de l'Union des sociétés française d'athlétisme, organisme dont il fut le secrétaire général et qui fut étroitement associé aux débuts de l'olympisme moderne. Ce symbole était composé de deux anneaux entrelacés, que l'on retrouve d'ailleurs aussi dans des archives, dessiné de la main de Coubertin d'une manière similaire. Les anneaux apparaissent ensuite stylisés et en couleurs sur du papier à lettre du CIO. Ce « modèle » est appliqué à un drapeau réalisé selon les spécifications précises de Coubertin au grand magasin « Le Bon Marché », situé dans le VIIe arrondissement de Paris, près de son domicile d'alors.

Le **drapeau olympique** est blanc avec, de gauche à droite, les anneaux en bleu, jaune, noir, vert et rouge. L'entrelacement a fait l'objet de variations au cours de l'histoire. Une version officielle est imposée aujourd'hui par le CIO à travers sa charte graphique. Coubertin explique dans la *Revue olympique* de 1914 que tous les drapeaux des pays du monde possèdent au moins une de ces cinq couleurs de base, et que les cinq anneaux représentent les cinq continents qui, pour la première fois, furent tous représentés à Stockholm 1912, grâce à la participation du Japon et, donc, de l'Asie. De plus, les jeux de 1912 étaient les cinquièmes organisés depuis les premiers en 1894. Certains continuent d'associer des couleurs à des continents (noir l'Afrique, rouge l'Amérique, jaune l'Asie...), mais ce n'était pas l'intention de Coubertin.

Le drapeau olympique a été utilisé pour la première fois aux Jeux d'Anvers en 1920 et, ensuite, à toutes les éditions des Jeux, de façon systématique et proéminente. Le symbole olympique est ainsi devenu le logo le plus connu au monde. Des enquêtes d'opinion ont montré qu'il est reconnu sans aide par plus de 90 % de la population mondiale, suivi d'assez loin par la coquille de Shell et l'étoile de Mercedes (CIO, 1997). Il vient aussi largement devant les symboles de la Croix-Rouge ou des Nations Unies. À partir des années 1990, le CIO a fait en sorte que le symbole olympique apparaisse en très grand dans les arènes olympiques, comme élément décliné à l'infini de l'image officielle des Jeux. À partir des Jeux de l'an 2000, une version géante orne un des sites spectaculaire de la ville olympique, comme le port de Sydney, le stade de marbre d'Athènes et le Tower Bridge à Londres, de même aux Jeux d'hiver, dès 2002.

Le CIO a redéfini une norme graphique pour les anneaux en 2011. Ils doivent désormais être toujours représentés selon la représentation qui se trouve dans la Charte olympique (IOC, 2011 : 21). Le symbole olympique est généralement représenté en couleurs ou en noir sur fond blanc.

Le **serment olympique** date de 1920. Il est prêté sur le drapeau olympique par un athlète et un juge-arbitre du pays hôte, ainsi que depuis 2010 par un officiel de l'équipe du CNO hôte. Les textes de ces serments ont évolué au fil des olympiades. Ils comprennent désormais, au-delà d'une promesse de fair-play et de lutte pour l'honneur des équipes et du sport, des engagements contre le dopage ou le trucage des compétitions. Les noms de l'athlète, de l'arbitre et de l'officiel britanniques qui prononceront ces serments seront dévoilés à la veille de l'ouverture des Jeux de Londres 2012.

Une flamme a été allumée au sommet des tours dominant les stades olympiques des Jeux d'Amsterdam 1928 et de Los Angeles 1932, pendant la durée des compétitions. Mais c'est à partir des Jeux de 1936 à Berlin que l'on peut vraiment parler de **flamme olympique**. Elle est allumée pour la première fois lors d'une cérémonie dans les ruines d'Olympie et transportée par un relais de coureurs à travers la Grèce et plusieurs pays de l'Est européen, avant d'atteindre la capitale allemande. Ce relais a été créé à l'instigation de Carl Diem, le secrétaire général des Jeux de 1936, qui s'inspira des Lampedromia, courses au flambeau dans la Grèce antique. Une torche métallique est fabriquée depuis 1936 pour porter la flamme sur de grandes distances. Les torches olympiques sont devenues des œuvres de design contemporain et constituent un des objets les plus emblématiques des Jeux. La torche de Londres 2012 a été dessinée par Edward Barber et Jay Osgerby, en partenariat avec le cabinet d'ingénieurs Tecosim à Basildon et les fonderies du Premier Group à Coventry.

Le **relais de la flamme/torche olympique** est organisé à chaque édition des Jeux de façon de plus en plus sophistiquée. Il implique de plus en plus de relayeurs, de moyens de déplacement (y compris satellite) et de pays. Le relais intercontinental des Jeux de Pékin en 2008 fut l'occasion de violentes manifestations à propos des droits humains en Chine et au Tibet, lors de plusieurs de ses étapes en Occident. Le CIO impose désormais que le relais se déroule uniquement en Grèce et dans le pays hôte. Le relais des Jeux de Londres a commencé le 18 mai 2012 à Olympie pour se terminer le 27 juillet 2012, après avoir parcouru tout le Royaume-Uni depuis Land's End (le point le plus occidental du Royaume-Uni) jusqu'au stade olympique à l'est de Londres. Plus de 90 % de la population britannique habite à moins d'une heure de son trajet. Pour les Jeux d'hiver, un relais est organisé à partir des Jeux d'Oslo en 1952, mais ne prend son départ depuis Olympie qu'à partir des Jeux d'hiver de 1964, à Innsbruck. En effet, le CNO grec n'a pendant longtemps pas trouvé les Jeux d'hiver dignes du feu olympique. Aujourd'hui, le relais de la flamme/torche olympique est un événement en soi, très important pour mettre le pays hôte dans l'ambiance olympique. Il fait l'objet d'un marketing particulier que certains jugent excessif, beaucoup des porteurs de la flamme olympique étant désignés par les sponsors des Jeux (MacAloon, 2011). Le nom du dernier relayeur de la flamme olympique (en général médaillé olympique exceptionnel du pays hôte) est un des secrets les mieux gardés de la cérémonie d'ouverture. Le relais de la flamme olympique de Londres 2012 est parrainé par Coca-Cola, Samsung et Lloyds TSB.

La **mascotte olympique** est un personnage imaginaire ou un animal propre à chaque édition des Jeux. La première mascotte olympique est le skieur Schuss pour les Jeux d'hiver de Grenoble 1968, bien que non officiellement reconnue par le CIO. Elle sera suivie du teckel Waldi pour les Jeux d'été de Munich 1972. Ces mascottes, sensées plaire aux enfants, ont été créées essentiellement dans un but de *merchandising*. La plus célèbre est sans doute le chien Cobi de Barcelone 1992, dessinée par Javier Mariscal et déclinée en des centaines de versions (en train de pratiquer les différents sports olympiques, comme volontaire, journaliste, policier, etc.). La mascotte la plus décriée fut celle d'Atlanta 1996, nommée « Izzy ». Celle initialement présentée pour Albertville 1992 (un bouquetin) fut retirée au profit du personnage « Magique ». À partir de 1994, les mascottes se sont dédoublées (souvent pour faire une part aux deux genres), voire démultipliées, comme pour les Jeux de Beijing 2008 qui ne possédaient pas moins de cinq animaux comme mascotte (dont une antilope du Tibet). Le nom des mascottes fait souvent l'objet d'un concours auprès de la population. Les deux mascottes de Londres 2012 s'appellent Wenlock et Mandeville, en mémoire des Wenlock Olympian Games (voir ci-dessus) et des Stoke Mandeville Games, ancêtres des Jeux paralympiques.

Un **emblème olympique** est la combinaison des anneaux olympiques avec un logo propre à un Comité d'organisation des Jeux Olympiques (COJO), un Comité national olympique (CNO) ou un sponsor principal du CIO ou d'un COJO. Les premiers emblèmes des COJO incorporant les anneaux olympiques datent des Jeux d'hiver à Lake Placid et d'été à Los Angeles, en 1932. À la suite des Jeux de Montréal 1976, dont l'emblème était composé d'un M rattaché au-dessus des anneaux, le CIO exige que les anneaux soient clairement séparés du reste de l'emblème. L'emblème du COJO est censé évoquer la ville et le pays organisateur ou l'année des Jeux. Les comités de candidatures aux Jeux peuvent aussi ajouter les anneaux à leur logo lorsque leur ville passe du statut de requérante à celui de candidate. L'emblème de la candidature de Londres 2012 était composé du nom de la capitale en noir, parcouru par un ruban aux couleurs olympiques symbolisant la Tamise, le tout surmontant les anneaux. L'emblème des Jeux de Londres 2012, dessiné par Wolff Olins et très controversé à son annonce, représente de façon stylisée les chiffres 20 et 12 superposés. Les anneaux olympiques sont inscrits en blanc dans le chiffre 0. L'emblème de Londres 2012 possède de nombreuses déclinaisons en faisant varier les couleurs de remplissage des chiffres 20 et 12. Pour la première fois, l'emblème des Jeux paralympiques est le même que celui des Jeux, simplement en remplaçant les anneaux par le symbole de l'IPC.

Le premier CNO à disposer d'un emblème fut sans doute celui des Etats-Unis, et ce dès les années 1920. Aujourd'hui, tous les CNO disposent d'un emblème incorporant en général le drapeau, un signe distinctif ou le nom de leur pays. Ils peuvent en avoir un deuxième à but commercial. Ainsi, le CNO américain *(United States Olympic Committee, USOC)* possède un logo historique pour son équipe avec le drapeau américain et un logo plus commercial, qui est simplement composé du drapeau américain et de l'expression « Team USA », les anneaux olympiques n'étant plus autorisés pour l'emblème commercial (cf. page 17). L'Association olympique britannique dispose d'un emblème représentant une tête de lion aux couleurs britanniques surmontant son nom (ou l'expression « Team GB ») et les anneaux. Les TOP sponsors du CIO et les principaux sponsors d'un COJO peuvent aussi juxtaposer les anneaux olympiques, généralement horizontalement, à leurs propres logos durant la durée de leurs contrats. Tous ces emblèmes doivent être approuvés par le CIO préalablement à leur utilisation.

Les **pictogrammes olympiques** sont des représentations graphiques pour chacun des sports au programme des Jeux, d'été comme d'hiver. Chaque COJO a fait créer les siens, y compris celui de Londres 2012. Ils sont utilisés de façon systématique depuis les Jeux de Rome 1960 et font aujourd'hui partie de l'image de marque des Jeux. Dans les années 1970, le CIO avait cru y voir une source de revenus potentiels, via une société qui voulait faire payer une licence pour leur utilisation aux médias. Les 38 pictogrammes de Londres 2012 ont été développés en consultation avec les fédérations internationales concernées. Ils existent sous deux formats inspirés par la carte du métro londonien : une version silhouette et une version « en mouvement ».

Les **images fixes olympiques** c'est-à-dire les photographies prises dans les sites olympiques pendant les Jeux sont considérées par le CIO comme des propriétés olympiques. Elles ont été exploitées dès les premiers Jeux modernes sous forme de cartes postales vendues par leurs éditeurs. Le COJO de Stockholm de 1912 fut le premier à vendre l'exclusivité de leur production et commercialisation sous forme de cartes postales officielles, qui montraient en noir et blanc athlètes et compétitions. Très populaires des années 1920 à 1950, avant l'avènement de la télévision et des magazines, les cartes postales ont aujourd'hui presque disparu du catalogue des souvenirs officiels. L'image fixe olympique reprend toutefois de l'importance avec les nouveaux médias (internet et téléphones portables).

Les **images animées olympiques,** c'est-à-dire les enregistrements audiovisuels des événements dans les sites olympiques officiels, notamment des compétitions, mais aussi au village olympique, sont également des propriétés olympiques du point de vue du CIO. Les enregistrements des compétitions produits par le producteur hôte (aujourd'hui Olympic Broadcast Services SA, une société anonyme de droit suisse possédée par le CIO) sont connus sous le nom de « signal international télévision et radio ». Le droit de diffuser ce signal de façon exclusive sur un territoire donné est vendu par le CIO à des chaînes ou réseaux de radiotélévision depuis les années 1960, et de plus en plus cher depuis Los Angeles 1984. Ainsi, le droit de retransmettre les Jeux de 2014, 2016, 2020 et 2022 sur le territoire américain a été vendu par le CIO au réseau NBC en 2011 au prix de 4,38 milliards de US$. Le total des droits de diffusion des Jeux de Londres dépasse les 2 milliards de US$, tous territoires confondus.

Les **données olympiques** sont toutes les informations chiffrées concernant les compétitions olympiques : listes de départs, d'arrivée, résultats intermédiaires et finals, tableaux de médailles, etc. Ce n'est qu'avec les Jeux de Sydney, en 2000, que le CIO a pris conscience de la valeur de ces données, en liaison avec le développement de l'Internet et des paris en ligne. Elles étaient autrefois considérées comme des « nouvelles » (news), reproductibles et transmissibles sans limite par les médias, en particulier la presse écrite. Les résultats détaillés des Jeux de Londres 2012 seront disponibles sur les sites des médias électroniques ayant acheté les droits de diffusion (par exemple, nbcolympic.com et BBC Sports/Olympics), mais par sur le site de Londres 2012, ni d'ailleurs sur le site du CIO, qui par contre met à disposition une base de données historique des médaillés.

On constate que la plupart des propriétés olympiques qui ne sont pas liées à une édition particulière des Jeux ont été créées de toute pièce par les fondateurs du système olympique, au premier rang desquels figure Pierre de Coubertin, à qui on doit les anneaux et le drapeau olympiques et l'essentiel du protocole olympique, qui est typiquement une tradition inventée, selon l'expression d'Eric Hobsbawm (1983). Ce sont ces propriétés qui ancrent les Jeux dans une tradition plus que centenaire, voire millénaire, et qui font, grâce à la puissance évocatrice de l'adjectif « olympique », la valeur des représentations des Jeux sous forme d'emblèmes, d'affiches, de photographies, de mascottes, de pictogrammes, d'enregistrements audiovisuels et de données olympiques.

2. LA PROTECTION DES PROPRIÉTÉS OLYMPIQUES

Par principe, le CIO affirme être le propriétaire exclusif des Jeux Olympiques et posséder tous les droits et aussi toutes les données en découlant. La règle 7 de la Charte Olympique (CIO, 2011 : 19) est particulièrement claire à ce sujet :

Droits sur les Jeux Olympiques et les propriétés olympiques

1. *En tant que chef de file du Mouvement olympique, le CIO est chargé de promouvoir les valeurs du Mouvement olympique, d'apporter un soutien matériel aux efforts visant à organiser et faire connaître les Jeux Olympiques, et d'assister les FI, les CNO et les athlètes dans leurs préparatifs pour les Jeux Olympiques. Le CIO détient tous les droits sur les Jeux Olympiques et les propriétés olympiques citées dans la présente Règle, lesquels droits sont susceptibles de générer des revenus pour les fins susmentionnées. Il est dans le meilleur intérêt du Mouvement olympique et des parties constitutives qui bénéficient de ces revenus que tous les droits et propriétés olympiques se voient accorder la meilleure protection possible par toutes les personnes concernées et que leur usage soit approuvé par le CIO.*
2. *Les Jeux Olympiques sont la propriété exclusive du CIO qui est titulaire de tous les droits et toutes les données s'y rapportant, notamment et sans restriction, tous les droits relatifs à leur organisation, exploitation, retransmission, enregistrement, représentation, reproduction, accès et diffusion, quelle qu'en soit la forme et par quelque moyen ou mécanisme que ce soit, existant ou à venir.*
3. *Le CIO fixera les conditions d'accès et d'utilisation des données relatives aux Jeux Olympiques et aux compétitions et prestations sportives intervenues dans le cadre de ces Jeux.*
4. *Le symbole olympique, le drapeau, la devise, l'hymne, les identifications (y compris, mais sans s'y restreindre, « Jeux Olympiques » et « Jeux de l'Olympiade »), les désignations, les emblèmes, la flamme et les flambeaux (ou les torches) olympiques, tels que définis aux Règles 8-14 ci-dessous, pourront, par commodité, être collectivement ou individuellement désignés comme « propriétés olympiques ». L'ensemble des droits sur toutes ou chacune des propriétés olympiques, ainsi que tous les droits d'usage y relatifs, sont la propriété exclusive du CIO, y compris, mais sans s'y restreindre, en ce qui concerne leur usage à des fins lucratives, commerciales ou publicitaires. Le CIO peut céder une licence sur tout ou partie de ses droits aux termes et conditions fixés par la commission exécutive du CIO.*

Cet article est suivi, dans la Charte olympique, d'une description précise d'un certain nombre de propriétés olympiques présentées ci-dessus (règles 8-14) sauf les médailles (règles 56), et d'un texte d'application pour les règles 7 à 14, qui précisent les principes de gestion de ces propriétés qui seront abordés dans la troisième section de ce chapitre.

On notera la définition très vaste du terme de « désignations olympiques » dans la règle 14 : « Une désignation olympique est une représentation visuelle ou sonore d'une association, relation, ou autre lien, avec les Jeux Olympiques, le Mouvement olympique ou l'une de ses parties constitutives. » (CIO, 2011 : 22). Ce langage très englobant employé par le CIO ne l'a pas empêché de devoir souvent se battre pour le contrôle de ses propriétés, à commencer par le symbole olympique.

La protection du symbole olympique est aujourd'hui assurée dans la plupart des pays du monde, mais pas de façon uniforme, et pas toujours au profit du CIO, mais plutôt des CNO. Historiquement, certains pays ont en effet adopté des lois nationales qui font de leur CNO les propriétaires ou dépositaires des anneaux. C'est le cas, par exemple, en Argentine, Australie, États-Unis, France et Royaume-Uni (Stupp, 2006). La loi américaine de 1978 *(The Olympic and Amateur Sport Act)* donne la propriété exclusive des anneaux olympiques (et de la terminologie olympique) à l'USOC. Cette loi est suffisamment stricte pour, le cas échéant, empêcher le CIO et ses sponsors d'utiliser les anneaux sur le territoire des États-Unis. C'est une des raisons pour laquelle l'USOC a reçu depuis 1984 une part importante des droits de diffusion (12,75 %) et des droits de sponsoring (20 %) négociés par le CIO pour son territoire avec des réseaux de télévision américains et des sponsors mondiaux. Des négociations ont lieu entre le CIO et l'USOC pour réduire cette part à partir de Jeux de 2022.

Pour mieux contrôler la situation relative aux anneaux, le CIO a sollicité à la fin des années 1970 la signature d'un traité *ad hoc* auprès de l'Organisation mondiale de la propriété intellectuelle (OMPI) : le traité de Nairobi sur la protection du symbole olympique. Ce traité signé en 1981 dans la capitale kenyane par 49 pays n'a toutefois été ratifié que par 32 pays (situation en 2012), dont les principaux sont le Brésil, la Grèce, l'Inde, l'Italie, le Mexique et la Russie. Les vastes marchés européens, nord-américains et asiatiques ne sont pas concernés. Un État partie au traité est obligé de refuser ou d'invalider toute marque contenant les anneaux olympiques et d'interdire son usage commercial sans l'autorisation du CIO, à moins qu'elle n'ait été enregistrée avant l'entrée en force du traité (article 1 et 2), et pour autant qu'un accord soit intervenu entre le CIO et le CNO de ce pays sur les conditions de cette autorisation et ses retombées financières pour le CNO (article 3).

Vu le succès très relatif du traité de Nairobi et le rôle important qu'il donne aux CNO, le CIO songea un instant à abandonner le symbole olympique (qui, selon certains, tombait dans le domaine public en 1987, cinquante ans après la mort de Coubertin), et d'en adopter un autre totalement protégé dès l'origine (Martyn, 1998). Le CIO préféra finalement se tourner, dans les années 1990, vers l'enregistrement du symbole olympique et de marques déposées sous forme de « marques verbales » (« word marks »), pour son propre compte. Étant basé en Suisse, le CIO dut attendre 1993, l'année d'entrée en vigueur d'une nouvelle loi suisse permettant l'enregistrement de marques de services (auparavant, seules les marques de fabrique et commerciales pouvaient l'être). Ces enregistrements doivent être renouvelés tous les dix ans et s'étendent, par accord internationaux, à tous les pays où le symbole n'est pas déjà protégé au profit d'autres entités (comme les CNO). Il protège également les emblèmes olympiques (qui contiennent obligatoirement les anneaux).

Aujourd'hui, le CIO est titulaire de plus de 80 marques verbales autour des mots « olympique » et « olympiques » et de leurs traductions dans plus de 60 pays, en plus des pays où ces marques sont enregistrées par les CNO dans les différentes langues (Lacotte & Stupp, 2010). La loi suisse a aussi servi à enregistrer internationalement des marques comme « Olympiade », « Jeux Olympiques », « citius, altius, fortius »... (et aussi « Coubertin », à la demande de ses héritiers). Il en va de même pour des marques verbales propres à une seule édition des Jeux comme « Torino 2006 », « Beijing 2008 » et « Vancouver 2010 ». La marque « London 2012® » a été enregistrée au profit du CIO et de l'USOC, tout comme « London Games » et « 2012 Games ». De même pour la marque « Pyeong-Chang 2018 », mais précédée des anneaux olympiques, en vue des Jeux d'hiver qui se dérouleront dans cette ville coréenne en 2018. Le CIO protège également de façon préemptive les éditions potentielles des Jeux en enregistrant systématiquement le nom des villes candidates accompagné de l'année en question dès qu'elles annoncent leurs intentions, par exemple « Annecy 2018 ».

Selon les pays, les lois nationales renforcent ces enregistrements. Ainsi, en France, l'article L.141-5 du code du sport établit que :

> Le Comité national olympique et sportif français est propriétaire des emblèmes olympiques nationaux et dépositaire de la devise, de l'hymne, du symbole olympique et des termes « Jeux Olympiques « et « Olympiade « .
>
> Le fait de déposer à titre de marque, de reproduire, d'imiter, d'apposer, de supprimer ou de modifier les emblèmes, devise, hymne, symbole et termes mentionnés au premier alinéa, sans l'autorisation du Comité national olympique et sportif français, est puni des peines [civiles et pénales] prévues aux articles L. 716-9 et suivants du code de la propriété intellectuelle.

En Grande-Bretagne, depuis 1995, la loi intitulée « The Olympic Symbol etc. (Protection) Act » (OSPA) protège les symboles et devises olympiques et paralympiques, ainsi que les mots : Olympic, Olympian, Olympiad, Paralympic, Paralympian, Paralympiad et leurs pluriels, traductions et autres mots similaires, par exemple : Olympix.

De plus, à la suite de l'attribution des Jeux de 2012 à Londres, le Parlement britannique a adopté en 2006 une loi intitulée « The London Olympic Games and Paralympic Games Act ». Cette loi permet au COJO de Londres (LOCOG) de s'opposer à tous ceux qui voudraient créer une association indue entre leurs produits et les Jeux Olympiques et paralympiques (le LOCOG organise aussi les Jeux paralympiques). Elle spécifie certaines « expressions listées » et indique qu'elles peuvent être prises en compte par un tribunal pour déterminer si une association a été créée. Les expressions listées sont celles formées de deux mots parmi : Games, Two Thousand and Twelve, 2012, Twenty-Twelve ; ou n'importe quelle expression avec un des mots ci-avant et un ou plusieurs parmi : London, medals, sponsors, summer, gold, silver, bronze. Des slogans comme « Venez à Londres en 2012 » (Come to London in 2012) et « Suivez les Jeux ici cet été » (Watch the Games here this Summer) pourraient aussi tomber sous le coup de la loi olympique. Cette loi a été considérée comme trop draconienne par le secteur de la publicité et comme menaçant la liberté d'expression (Blackshaw, 2009).

En fait, depuis les Jeux de Sydney 2000, des lois spécifiques ont été adoptées par tous les pays hôtes d'une édition des Jeux, afin de mieux protéger les propriétés olympiques et de lutter contre le marketing pirate (« ambush marketing »). Cela avait déjà été fait pour les Jeux de Montréal 1976, mais était ensuite tombé en désuétude. L'adoption d'une telle loi devient une garantie exigée par le CIO pour l'obtention des Jeux Olympiques d'été, d'hiver ou de la jeunesse. C'est ainsi que les anneaux olympiques et d'autres propriétés olympiques sont très bien protégés dans les pays hôte récents : Australie (2000), Brésil (2016), Canada (2010), Chine (2008), Grèce (2004), Italie (2006), Royaume-Uni (2012) et Russie (2014).

De plus, les mots « olympique », « olympiques », « olympiade », etc. dans différentes langues sont protégées par des lois nationales, notamment en Afrique du Sud, Argentine, Autriche, Belgique, Chili, Corée du Sud, Costa Rica, Égypte, Équateur, Espagne, États-Unis, France, Guatemala, Hongrie, Liban, Luxembourg, Mexique, Pologne, Portugal, Porto Rico, République tchèque, Roumanie, Slovaquie, Turquie, Uruguay et Venezuela.

Grâce à ces lois et marques déposées, le CIO et les CNO ont très souvent gagné des procès contre des tiers utilisant les propriétés olympiques. On citera, par exemple, le jeu « Légendes des cinq anneaux » (Legend of the five rings), l'orchestre « The Olympic Hopefuls » ou le vin français « Cuvée olympique », dont les producteurs durent abandonner ces appellations. Ou encore des cas contre Belmont Olympic (2000), Deutsche Telekom (2003), Alexandre SA Zurich (2004) et Benetton (2006).

Dans ce dernier cas, le photographe vedette Oliviero Toscani avait recréé pour une publicité choc les anneaux olympiques avec des capotes.

Toutefois, la protection du mot « olympique » et de ses dérivés n'est pas absolue, du fait d'exploitations antérieures aux protections mises en place par la loi ou aux dépôts de marque effectués par le CIO. Des sociétés connues l'utilisent : Olympic Air (autrefois Olympic Airways) (compagnie aérienne grecque, dont le motif sur l'empennage des avions est très proche des anneaux olympiques), Olympic (producteur de peintures américain, dont le logo est formé d'une brosse à peinture en forme de torche) et Olympic Banking System (logiciels bancaires suisses), etc. Il existe aussi de nombreuses PME qui incorporent l'adjectif « olympique » dans leur nom, notamment dans les villes qui ont organisé les Jeux. Depuis 1932, il y en a des dizaines à Los Angeles, souvent situées sur le très long Olympic Boulevard. Tout le monde connaît l'Olympique de Marseille, club de football fondé en 1899. Le CIO ne s'est pas non plus opposé à l'appellation « Olympique des Alpes SA », adoptée en 2003 par le club de la ville suisse de Sion. Le COJO des Jeux de Rio 2016 a essayé en 2010 d'empêcher la publication d'un ouvrage scientifique dont le titre contenait le mot « olympique », avant d'abandonner cette prétention devant la levée de boucliers de la communauté des chercheurs olympiques. Gageons que cet ouvrage ne subira pas le même sort !

La facilité d'enregistrer des noms de domaines sur Internet a rendu la protection des propriétés olympiques difficiles. En 2000, le CIO a déposé plainte auprès d'un tribunal de district américain contre 1800 noms de domaine (URL) contenant des marques olympiques ou des variations orthographiques fantaisistes (y compris *Olimpic* et *Olympix*), sur la base de la loi fédérale de protection des consommateurs contre l'appropriation abusive du cyberespace *(Anticybersquatting Consumer Protection Act)*, qui accorde une protection spéciale aux marques olympiques. Il a obtenu l'annulation ou pris le contrôle de presque tous les noms de domaine abusifs. Mais le cyberespace est très vaste et il faut y être vigilant. Par exemple, Chicago2016.com n'était pas détenu par le Comité de candidature de Chicago (qui détenait Chicago2016.org), mais par un particulier. Cela aurait pu être problématique si cette ville avait obtenu l'organisation des Jeux de 2016.

De plus, comme la plupart des détenteurs de marques, le CIO est totalement opposé à l'extension du système des noms de domaine génériques de haut niveau *(generic Top Level Domains* ou gTLD*)* au-delà de ceux qui existent déjà (.com,.org,.info,.aero, etc.) vers des domaines du type « .santé », « .médaille », « .flamme », par exemple (Lacotte & Stupp, 2010). Cette réforme des gTLD a été annoncée en 2011 par l'ICANN *(Internet Corporation for Assigned Names and Numbers)*, le principal régulateur de l'Internet. De tels domaines seront attribués par l'ICANN sur la base du « premier arrivé, premier servi », sous réserve d'un processus d'évaluation des demandes qui est facturé assez cher (environ 190 000 US$) et la garantie que ce domaine sera exploité par son nouveau propriétaire. Le CIO craint que certains opérateurs n'achètent des gTLD contenant des marques olympiques déposées et ne veut pas non plus réserver contre paiement le droit d'utiliser les gTLD « .olympique » et similaires. (C'est en effet d'habitude le CIO qui vend le droit d'utiliser ses marques déposées.) Il souhaite que les marques olympiques verbales soient ajoutées à la liste des marques déposées réservées, de la même façon que l'ICANN protège ses propres marques. Par ailleurs, il souhaite connaitre les intentions de l'ICANN à propos de l'éventuel gTLD « .sport », du fait de la mission qu'il s'est assigné comme organisme de référence pour le sport (règle 2 de la Charte olympique). En juin 2011, sur recommandation du comité consultatif « gouvernements » de l'ICANN qui soutenait la cause du CIO, l'ICANN a approuvé la réforme des gTLD avec une exception provisoire pour les marques olympiques et de la Croix-Rouge, par exemple « .redcross » and « .olympic » (ICANN, 2011). À la suite de cette importante victoire, le CIO souhaite maintenant que l'ICANN interdise les gTLD

« .olympic » et « .olympiad » en huit langues additionnelles, y compris dans quatre écritures non latines (russes, chinois, coréen et japonais), ainsi que des chaines de caractères qui « causent la confusion » comme « .olympics » (Bickoff, 2011). Ces revendications, étalées de façon transparente sur la toile par l'ICANN, ont soulevé des questions sur la pertinence de la propriété des mots olympiques par le CIO, notamment de la part de citoyens grecs. En 2012, SportAccord a déposé une demande auprès de l'ICANN pour gérer le gTDL « sport ».

Au-delà des marques olympiques verbales, le CIO a aussi combattu contre tous les événements et compétitions qui se prétendaient olympiques au travers de leur nom. Il a ainsi obtenu gain de cause contre les olympiques pour les seniors *(Senior Olympics)*, les chefs de cuisine (*Chef's Olympics*) ou les olympiques mondiaux *(World Olympics)*, etc. Le cas le plus célèbre est sans doute celui des Jeux Olympiques homosexuels *(Gay Olympic Games)*, qui ont été combattus avec succès par l'USOC dès leur fondation en 1982 et qui, désormais, s'intitulent « *The Gay Games* » (Simons & Warren, 2006). Le CIO a, en revanche, conclu des accords sous la présidence de Juan Antonio Samaranch avec les *Special Olympics Summer (or Winter) World Games* (Jeux multisports pour les handicapés mentaux) et le Comité international paralympique pour les *Paralympic Summer (or Winter) Games* (Jeux multisports pour les handicapés physiques). Le CIO n'a toutefois pas approuvé l'appellation « Olympiques des écoliers » (*School Olympics)*, relative à des compétitions scolaires lancées en Grande-Bretagne durant la préparation des Jeux de Londres, tandis qu'il la tolère en Belgique depuis de longues années. En 2007, après de difficiles négociations, il a refusé d'acheter à la FIDE (Fédération internationale des échecs) l'appellation « Olympiade des échecs » *(Chess Olympiad)*, qui désigne un tournoi mondial de ce jeu ayant lieu tous les deux ans depuis 1927. De même, l'appellation « Olymphilex », qui désignait une exposition de philatélie olympique organisée à de nombreuses reprises depuis 1985, notamment durant les Jeux, a dû être abandonnée au profit d'« Olympex » à partir des Jeux de Pékin, faute d'avoir été protégée à temps. Olympex a été enregistré par le CIO comme marque pour couvrir tous les objets collectionnables des Jeux *(memorabilia)*.

Par contre, le CIO n'est pas du tout regardant à propos du rituel utilisé par les événements sportifs multisports lors de leurs cérémonies d'ouverture, de clôture et de remise des médailles, même s'il s'inspire fortement du rituel olympique. La plupart des Jeux continentaux ou régionaux l'utilisent même sans vergogne, parfois de façon légèrement décalée. Ainsi, les Jeux du Commonwealth organisent un relais du bâton de la Reine (d'Angleterre), et les Jeux méditerranéens un relais d'amphores transportant de l'eau de cette mer.

Les créations artistiques faites à l'occasion des Jeux Olympiques (emblèmes des COJO, rapports, pictogrammes, etc.) sont aujourd'hui systématiquement protégées par copyright au nom du COJO, réversible sur le CIO quand le COJO se dissout. Mais ce ne fut pas toujours le cas. Ainsi, par exemple, les ayants droit de l'affiche officielle des Jeux d'Amsterdam 1928, qui montre un coureur devant un drapeau olympique, n'ont pas laissé le CIO l'utiliser à partir des années 1990. Plutôt que de racheter leurs droits, le CIO a préféré la remplacer dans la collection officielle par l'affiche d'un autre artiste hollandais (sans anneaux).

En revanche, à partir de 1995, le CIO s'est démené pour racheter les droits et restaurer toutes les séquences des compétitions olympiques et des films plus ou moins officiels produits par les COJO. À cet effet, il créa la société OTAB *(Olympic Television Archive Bureau)*, en étroite coopération avec la société commerciale Trans Word International. Aujourd'hui, l'OTAB, basé à Londres, gère plus de 30 000 heures d'images animées des Jeux, y compris le célèbre film *Olympia* de Leni Riefenstahl sur les Jeux de Berlin 1936. De plus, depuis 1988, le signal international de télévision et radio est protégé par un copyright au nom du CIO, qui apparaît au début et à la fin de toute diffusion.

Les images fixes des Jeux prises par les photographes du CIO sont également protégées par un copyright. De plus, le CIO a conclu un accord avec la société Getty Images pour la vente des droits des images olympiques prises par les photographes de cette société et d'autres, depuis 1894. Les dizaines de milliers de participants officiels aux Jeux (athlètes, officiels, volontaires, etc.) et spectateurs des Jeux prennent aussi des millions de photographies, souvent selon des angles très originaux. Leur formulaire d'accréditation ou le dos de leur billet précise, toutefois, qu'ils ne peuvent en faire un usage commercial sans l'accord du CIO.

Le contrôle de ces images fixes et animées est toutefois de plus en plus difficile, du fait de l'ubiquité des appareils de prise de vue et de la facilité de diffusion de ces images sur Internet, y compris via des réseaux sans fil depuis des sites olympiques. Le CIO a demandé en vain la suppression de plusieurs sites Internet de la séquence vidéo montrant la sortie de piste fatale d'un lugeur géorgien, aux Jeux de Vancouver 2010. Les responsables des sites en cause ont soutenu que la loi canadienne permet l'utilisation de séquences sous copyright dans un reportage d'information.

Pour ne pas laisser se créer une concurrence aux médias ayant acheté (cher) les droits de diffusion des Jeux, le CIO publie depuis 2002 des directives sur l'utilisation d'Internet par ses participants (athlètes, officiels, volontaires, etc.), afin de tenter de freiner le phénomène sans tomber dans une limitation de la liberté de parole. Les « Directives du CIO sur les réseaux sociaux, les blogs et Internet destinées aux participants et autres personnes accréditées aux Jeux Olympiques de 2012 à Londres » (CIO, 2010) autorisent la publication de photos, même prises dans des sites olympiques (ce qui n'était pas autorisé en 2004 et 2008), mais pas de vidéos (sauf si elles sont prises en dehors des sites olympiques). Les commentaires textuels doivent respecter l'esprit olympique, le bon goût, être non commerciaux, écrits à la première personne (sous forme de bloc-note personnel) et ne pas pouvoir être considérés comme un reportage sur des compétitions ou d'autres activités des Jeux (ce qui est réservé aux journalistes). Des restrictions supplémentaires s'appliquent aux images et commentaires sur le village olympique, notamment pour des questions de vie privée. En rechanche, les participants aux Jeux (accrédités ou spectateurs) autorisent que leur image soit photographiée et/ou filmée sur les sites de compétition en signant leur formulaire d'accréditation ou les conditions générales de vente des billets olympiques, ceci afin qu'aucun spectateur ou participant (notamment un athlète) ne puisse s'opposer à la diffusion d'une photo ou séquence olympique où il/elle apparaît, au nom du droit à l'image ou à la vie privée.

Comme on a pu le constater, le CIO protège de façon de plus en plus sophistiquée les propriétés olympiques, au travers des possibilités offertes par le droit de la propriété intellectuelle au niveau du pays hôte des Jeux et à l'international (via le droit suisse). Il ne peut néanmoins pas adopter une attitude trop agressive vis-à-vis des athlètes et des médias.

3. LES PRINCIPES DE MANAGEMENT DES PROPRIÉTÉS ET DROITS OLYMPIQUES

Ces principes sont décrits dans un texte d'application des règles 7 à 14 de la Charte olympique (CIO, 2011 : 23). On voit qu'ils nécessitent une étroite collaboration entre le CIO, les CNO et les COJO, ainsi que d'autres parties prenantes olympiques, notamment les sponsors, fournisseurs, licenciés et radiotélédiffuseurs (ci-après télédiffuseurs, par souci de simplification et pour inclure les nouveaux médias).

1. *Protection juridique*

1.1 Le CIO peut prendre toutes les mesures appropriées pour obtenir à son profit la protection juridique des droits sur les Jeux Olympiques et sur toute propriété olympique.

1.2 Chaque CNO est responsable envers le CIO du respect, dans son pays, des Règles 7-14 et des TAR 7-14. Il prendra des mesures pour interdire tout usage des propriétés olympiques qui serait contraire à ces Règles ou leurs Textes d'application. Il entreprendra aussi d'obtenir, au bénéfice du CIO, la protection des propriétés olympiques du CIO.

1.3 Lorsque le droit national ou le dépôt d'une marque ou tout autre acte juridique accorde à un CNO la protection juridique du symbole olympique ou de toute autre propriété olympique, ce CNO ne peut exercer les droits qui en découlent qu'en accord avec la Charte olympique et les instructions reçues du CIO.

1.4 Un CNO peut en tout temps requérir l'assistance du CIO pour obtenir la protection juridique de toute propriété olympique et pour le règlement de tout différend qui pourrait se présenter à cet égard avec des tiers.

1.5 Le CIO peut en tout temps requérir l'assistance d'un CNO pour obtenir la protection juridique de toute propriété olympique et pour le règlement de tout différend qui pourrait se présenter à cet égard avec des tiers.

2. *Utilisation des propriétés olympiques par le CIO ou par des tiers autorisés ou sous licence du CIO*

2.1 Le CIO peut créer un ou plusieurs emblèmes olympiques qu'il peut utiliser à sa discrétion.

2.2 Le symbole olympique, les emblèmes olympiques et toute autre propriété olympique du CIO peuvent être exploités par le CIO ou une personne autorisée par le CIO, dans le pays d'un CNO, pour autant que les conditions suivantes soient respectivement remplies :

2.2.1 pour tous les contrats de parrainage et de fournisseur et toutes les initiatives commerciales autres que celles auxquelles il est fait référence au paragraphe 2.2.2 ci-dessous, cette exploitation ne doit porter aucun préjudice sérieux aux intérêts du CNO concerné et la décision sera prise par le CIO en consultation avec ce CNO qui recevra une part du produit net provenant de cette exploitation ;

2.2.2 pour tout contrat de licence, le CNO doit recevoir la moitié de tous les revenus nets d'une telle exploitation, après déduction de toutes les taxes et débours qui s'y rapportent. Le CNO sera informé à l'avance d'une telle exploitation.

2.3 Le CIO, à sa seule discrétion, peut autoriser les radio-télédiffuseurs des Jeux Olympiques à utiliser le symbole olympique, les emblèmes olympiques ou d'autres propriétés olympiques du CIO et du COJO pour promouvoir les retransmissions des Jeux Olympiques. Les dispositions des paragraphes 2.2.1 et 2.2.2 de ce Texte d'application ne s'appliquent pas à cette autorisation.

3. *Utilisation du symbole, du drapeau, de la devise et de l'hymne olympiques*

3.1 Sous réserve du paragraphe 2.2 de ce Texte d'application, le CIO peut utiliser le symbole, le drapeau, la devise et l'hymne olympiques à sa discrétion.

3.2 Les CNO ne peuvent utiliser le symbole, le drapeau, la devise et l'hymne olympiques que dans le cadre de leurs activités non lucratives, pour autant que cette utilisation contribue au développement du Mouvement olympique et ne porte pas atteinte à sa dignité et pour autant que les CNO concernés aient obtenu l'accord préalable de la commission exécutive du CIO.

4. *Création et utilisation d'un emblème olympique par un CNO ou un COJO*

4.1 Un emblème olympique peut être créé par un CNO ou un COJO moyennant l'approbation du CIO.

4.2 Le CIO peut approuver le dessin d'un emblème olympique pour autant qu'il considère que cet emblème se distingue des autres emblèmes olympiques.

4.3 La surface couverte par le symbole olympique inclus dans un emblème olympique n'excédera pas le tiers de la surface totale de cet emblème. Le symbole olympique inclus dans un emblème olympique doit apparaître dans sa totalité et ne pas être modifié d'une quelconque façon.

4.4 En plus de ce qui précède, l'emblème olympique d'un CNO doit remplir les conditions suivantes :

4.4.1 l'emblème doit être dessiné de telle sorte qu'il soit clairement identifié comme étant lié au pays du CNO concerné ;

4.4.2 l'élément distinctif de l'emblème ne peut se limiter au seul nom — ou àl'abréviation dudit nom — du pays du CNO concerné ;

4.4.3 l'élément distinctif de l'emblème ne doit pas faire référence aux Jeux Olympiques ou à une date ou manifestation particulière qui lui conférerait une limite dans le temps ;

4.4.4 *l'élément distinctif de l'emblème ne doit pas contenir de devises, désignations ou autres expressions génériques qui donnent l'impression d'être de caractère universel ou international.*

4.5 *En plus des dispositions contenues aux paragraphes 4.1, 4.2 et 4.3 ci-dessus, l'emblème olympique d'un COJO doit remplir les conditions suivantes :*

4.5.1 *l'emblème doit être dessiné de telle sorte qu'il soit clairement identifiable comme étant lié aux Jeux Olympiques organisés par le COJO concerné ;*

4.5.2 *l'élément distinctif de l'emblème ne peut être limité au seul nom – ou à l'abréviation dudit nom – du pays du COJO concerné ;*

4.5.3 *l'élément distinctif de l'emblème ne doit pas contenir de devises, désignations ou autres expressions génériques qui donnent l'impression d'être de caractère universel ou international.*

4.6 *Tout emblème olympique qui a été approuvé par le CIO avant l'entrée en vigueur des dispositions qui précèdent conservera sa validité.*

4.7 *Chaque fois que et partout où cela est possible, l'emblème olympique d'un CNO doit être susceptible d'enregistrement, c'est-à-dire de protection juridique, dans son pays. Le CNO doit procéder à cet enregistrement dans les six mois suivant l'approbation de cet emblème par le CIO et fournir au CIO la preuve de cet enregistrement. L'approbation d'emblèmes olympiques par le CIO peut être retirée si les CNO concernés ne prennent pas toutes les mesures possibles pour protéger leurs emblèmes olympiques et informer le CIO de cette protection. De même, les COJO doivent protéger leurs emblèmes olympiques conformément aux instructions du CIO. Aucune protection obtenue par les CNO et les COJO ne peut être invoquée contre le CIO.*

4.8 *L'utilisation d'un emblème olympique à des fins publicitaires, commerciales ou lucratives, quelles qu'elles soient, doit être conforme aux conditions fixées aux paragraphes 4.9 et 4.10 ci-dessous.*

4.9 *Tout CNO ou COJO qui désire utiliser son emblème olympique à des fins publicitaires, commerciales ou lucratives, quelles qu'elles soient, soit directement ou par l'intermédiaire de tiers, doit respecter ce Texte d'application et le faire respecter par ces tiers.*

4.10 *Tous les contrats et les arrangements, y compris ceux conclus par un COJO, seront signés ou approuvés par le CNO concerné et seront régis par les principes suivants :*

4.10.1 *l'utilisation de l'emblème olympique d'un CNO ne sera valable que dans le pays dudit CNO ; cet emblème tout comme tous les autres symboles, emblèmes, marques ou désignations d'un CNO qui font référence à l'Olympisme ne peuvent être utilisés à des fins publicitaires, commerciales ou lucratives, quelles qu'elles soient, dans le pays d'un autre CNO sans le consentement préalable écrit de ce CNO ;*

4.10.2 *de même, l'emblème olympique d'un COJO, ainsi que tous les autres symboles, emblèmes, marques ou désignations d'un COJO qui font référence à l'Olympisme ne peuvent être utilisés à des fins publicitaires, commerciales ou lucratives, quelles qu'elles soient, dans le pays d'un CNO sans le consentement préalable écrit de ce CNO ;*

4.10.3 *dans tous les cas, la durée de validité de tout contrat conclu par un COJO ne doit pas aller au-delà du 31 décembre de l'année des Jeux Olympiques concernés ;*

4.10.4 *l'utilisation d'un emblème olympique doit contribuer au développement du Mouvement olympique et ne doit pas porter atteinte à sa dignité ; l'association sous quelque forme que ce soit entre un emblème olympique et des produits ou des services est interdite si cette association est incompatible avec les principes fondamentaux de l'Olympisme ou le rôle du CIO tel qu'il est fixé par la Charte olympique ;*

4.10.5 *à la demande du CIO, tout CNO ou COJO fournira une copie de tout contrat auquel il est partie.*

5. *Philatélie*

Le CIO encourage, en collaboration avec les CNO des pays concernés, l'utilisation du symbole olympique sur les timbres postaux émis en liaison avec le CIO par l'autorité nationale compétente, sous réserve des conditions fixées par le CIO.

6. *Œuvres musicales*

Le COJO et le CNO de la ville et du pays hôtes s'assureront que la procédure ayant pour but de désigner le CIO en tant que titulaire des droits d'auteur de toute œuvre musicale commanditée spécialement à l'occasion des Jeux Olympiques se déroule à la satisfaction du CIO.

On voit qu'à travers ces textes d'application, le CIO fait une différence fondamentale entre ses propriétés permanentes, qu'il contrôle directement, et celles liées à un CNO dans son territoire ou à une édition des Jeux et son COJO.

Les relations entre le CIO et le COJO sont réglées par le « contrat ville hôte », qui est signé par le CIO, la ville élue et son CNO dès l'annonce du choix du CIO. Il est contresigné par le COJO dès que celui-ci est formé, en principe au maximum quatre à six mois après l'élection de la ville. Ce contrat contient des clauses qui assurent que les copyrights sur les propriétés liées à ces Jeux (emblème, mascotte, poster, pictogrammes, médailles, torches, etc.) sont soit attribuées au CIO dès l'enregistrement, soit au COJO, mais avec retour au CIO après la fin des Jeux (quand le COJO se dissout). Ainsi, le CIO enregistre internationalement pour son compte l'emblème d'un COJO au frais de ce COJO, sauf dans le pays hôte, où ce travail est fait par le COJO lui-même et pour son propre usage (jusqu'à sa dissolution quand l'enregistrement revient au CIO).

Toutes ces précautions sont prises pour pouvoir vendre le droit de s'associer au CIO, aux CNO et/ou au COJO à des sociétés qui veulent devenir leurs sponsors exclusifs pour une catégorie de produit donnée. Ces systèmes de sponsoring sont décrits plus loin dans cet ouvrage (chapitre 5-7). Un COJO peut ainsi attribuer l'identification « partenaire, sponsor, fournisseur ou licencié officiel) des Jeux Olympiques de [nom de la ville année] ».

Le programme TOP *(The Olympic Partners)* a été conçu par le CIO pour permettre à des sociétés multinationales de s'associer avec un seul contrat au CIO, à tous les CNO reconnus (205 en 2012) et aux deux COJO des Jeux d'hiver et d'été qui se suivent. Ces contrats permettent aux partenaires TOP d'utiliser les propriétés olympiques, y compris le symbole olympique, avec leurs marques, sous réserve de l'approbation préalable du CIO. Il n'est ainsi plus possible d'avoir deux sponsors différents pour un COJO et un CNO/équipe olympique dans une même catégorie (cf. le célèbre cas de Kodak, qui sponsorisa l'équipe olympique américaine aux Jeux de Los Angeles 1984, tandis que son concurrent Fuji sponsorisait le COJO). Pour Londres 2012, les 11 sociétés suivantes font partie du programme TOP : Coca- Cola (qui a signé jusqu'en 2020 et a le droit par contrat d'être listé en premier, aussi du fait de sa très longue association avec les Jeux, que la société fait remonter à 1928), Acer, Atos Origin, Dow Chemicals, General Electric, McDonald's, Omega, Panasonic, Procter & Gamble, Samsung, Visa.

Aux sponsors TOP, qui peuvent proclamer leur association avec tout le système olympique pendant quatre ans dans tous les pays du monde, viennent s'ajouter de nombreux sponsors et fournisseurs du COJO, dont le contrat n'est valable que pour le territoire du pays hôte et pour une édition des Jeux. Selon les montants versés, ces « partenaires nationaux » (qui peuvent néanmoins être des sociétés provenant de divers pays) ont le droit d'utiliser certaines des propriétés olympiques liées à l'édition des Jeux à laquelle ils se sont associés. Les partenaires officiels *(official partners)* de Londres 2012 (plus haute catégorie de partenaires nationaux) sont : Adidas, BMW, British Petroleum, British Airways, British Telecom, EDF, Lloyds TSB. Londres 2012 a aussi 7 supporters officiels *(official supporters)* et 25 fournisseurs officiels *(official suppliers and providers).*

Le relais de la flamme olympique fait l'objet d'un sponsoring supplémentaire acheté en général par un ou deux sponsors TOP et un sponsor national, par exemple Coca-Cola et Samsung, ainsi que Lloyds TSB pour Londres 2012. Aucun sponsor ne dispose de panneaux de publicité sur les sites olympiques. Seul le chronométreur officiel des Jeux (Omega pour 2012) bénéficie d'une présence sur les lignes d'arrivée et à l'écran. En revanche, les produits et services des sponsors doivent obligatoirement être utilisés aux Jeux par le COJO sur les sites olympiques et les autres sponsors (dans leurs pavillons sur le parc olympique, par exemple). Le relais de la flamme olympique est accompagné par la caravane publicitaire de ses sponsors particuliers.

Les timbres postes olympiques (depuis Athènes 1896) et monnaies olympiques (depuis Helsinki 1952) ont été historiquement une source importante de revenus pour les COJO et/ou les pays hôte, ainsi que des souvenirs appréciés. Ils reproduisent le symbole olympique (depuis 1928 sur les timbres) et/ou l'emblème du COJO (depuis 1948). Le CIO, conformément à la règle d'application des règles 7-14, point 5 (ci-dessus), autorise volontiers ces reproductions, moyennant des royalties sur les ventes. Un tel accord ne fut toutefois pas trouvé pour les timbres émis par le Service postal américain pour les Jeux de Lake Placid 1980 et Los Angeles 1984. Les anneaux furent alors remplacés par cinq étoiles de couleurs, disposées comme les anneaux. Les postes britanniques *(Royal Mail)* ont imprimé 30 timbres-poste pour les Jeux de la XXXe olympiade à Londres.

Depuis 1952, des monnaies olympiques ont été frappées par le pays hôte (et d'autres pays) avec les anneaux olympiques. Dans les années 1970-1990, ces séries de monnaies olympiques en or, argent et platine ont été des sources de revenus importants pour le COJO (et le CIO). Ce n'est plus le cas aujourd'hui, même si la tradition demeure. Le CIO a organisé la frappe de monnaies en or par cinq pays autour de son centenaire en 1994. La monnaie britannique *(The Royal Mint)* a frappé 8 pièces de 50 *pences* et 14 pièces d'une ou plusieurs livres en argent pour les Jeux de Londres 2012. Toutes ces monnaies arborent le symbole olympique seul ou l'emblème des Jeux.

Il arrive de plus en plus que certaines sociétés, qui n'ont pas acheté de droits de sponsoring des Jeux, veuillent faire croire qu'elles y sont associées d'une façon ou d'une autre. Elles pratiquent ainsi le marketing pirate ou parasite *(ambush marketing)*, autrement dit, elles n'utilisent pas directement des propriétés olympiques (ce qui les ferait condamner par les tribunaux), mais un faisceau d'éléments ou de références qui, tous ensemble, créent un lien avec les Jeux Olympiques ou le système olympique (Seguin & O'Reilly, 2008). Un exemple fameux est celui d'American Express, qui faisait de la publicité avant les Jeux d'Athènes avec une image de l'acropole et le slogan : *« You don't need a Visa to come to Greece »* (Vous n'avez pas besoin de visa pour venir en Grèce). La carte de paiement Visa est un TOP sponsor depuis 1988.

De façon à combattre et pour tenter de gérer le marketing pirate, qui n'est limité que par l'imagination des publicitaires, le CIO a mis sur pied des campagnes de protection de sa marque, qui expliquent que les sponsors légitimes des Jeux contribuent à leur organisation et au financement du COJO et du système olympique au profit de athlètes, et que les sociétés qui essayent de profiter des Jeux sans droits sont des parasites (appellation moins attrayante que pirate). Pendant la période des Jeux, le CIO et le COJO mettent en place un suivi avec des sociétés spécialisées. En cas d'exemples trop flagrant, le CIO va faire pression auprès de la société qui pratique ces méthodes en la menaçant de la dénoncer publiquement, au cas où elle persiste. Cette façon de faire est connue sous l'appellation de « citation pour faire honte » *(Naming and Shaming procedure)*. Sur les sites de compétitions olympiques, des responsables *(ambush officers)* vérifient que des spectateurs ou participants n'affichent pas de façon trop voyante (à l'écran) d'autres marques que celles des sponsors officiels. Aux Jeux d'Atlanta 1996, la première médaillée d'or olympique du Costa Rica (en natation) a failli être disqualifiée car elle portait durant sa finale un bonnet de bain aux couleurs et avec un logo de Pepsi-Cola (adversaire acharné de Coca-Cola), qui ressemblent au drapeau de son pays (Payne, 2005 : 20).

Certains nouveaux médias (sites Internet et téléphones portables) non titulaires de droits essayent aussi de montrer quelques séquences des Jeux au profit de leur audience et annonceurs. La diffusion illicite d'images animées (vidéos) des Jeux s'est beaucoup multipliée sur Internet. Grâce à la technologie Fingerprint de Philips, utilisée pendant les Jeux de Beijing 2008, 8 085 incidents ont pu être identifiés sur des sites tels que YouTube, Dailymotion, Livevideo, Myspace et Veoh (Chappuis, 2010 : 9). Par ailleurs, le CIO a passé en 2008 un accord avec YouTube pour que des séquences vidéo officielles des Jeux de Pékin puissent être vues sans publicité dans des territoires où aucun droit de diffusion sur Internet n'avait été signé, soit 77 pays d'Afrique, d'Asie et du Moyen-Orient tels que l'Inde, le Nigéria ou l'Indonésie. Les internautes des autres pays étaient bloqués par un système de géolocalisation de leur adresse Internet, de façon à ce que ceux qui avaient acheté ces droits (en général ceux déjà titulaires des droits de retransmission télévisée) puissent bénéficier de l'exclusivité pour leur territoire.

La lutte contre le marketing pirate fonctionne aujourd'hui assez bien sur le territoire du pays hôte (notamment du fait de la « loi olympique » très sévère, qui a été rédigée à cet effet) mais, en dehors de ce territoire, il faut recourir à d'autres lois, notamment sur la concurrence, moins sévères ou inadaptées.

Le CIO compte aussi sur les CNO pour protéger sur leur territoire les propriétés olympiques et leurs propres sponsors. Certains le font plus que d'autres. Ainsi, par exemple, le CNOSF a gagné un procès en 2004 contre la chaine de supermarchés Leclerc, qui avait utilisé dans des campagnes promotionnelles le titre « transporteur officiel des olymprix » sur leurs caddies. Le tribunal français a affirmé que le néologisme « olymprix » imitait trop le mot « olympique ». Par contre, le CNO américain a dû lutter pendant plus de vingt ans (1932-1954) pour que la boulangerie industrielle Helm's arrête de commercialiser son « pain olympique Helm's » avec les anneaux olympiques, en tant qu'ancien fournisseur officiel du COJO de Los Angeles 1932. C'était une époque où les droits entre COJO et CNO étaient mal délimités, la propriété des anneaux aux États-Unis pas clairement établie au profit de l'USOC (et les avocats moins prudents).

Les CNO ne peuvent pas autoriser leurs sponsors (sauf TOP sponsors) ou fournisseurs d'utiliser les propriétés olympiques d'une édition des Jeux ou du CIO. Ils peuvent, en revanche, leur attribuer le titre de « sponsor (ou fournisseur) officiel de l'équipe olympique de [nom du pays du CNO] », en liaison avec leur emblème ou un emblème de leur équipe (par exemple le logo *Team GB* pour l'Association olympique britannique).

Les athlètes (olympiens) et leurs fédérations nationales (FN) et internationales (FI) sont aussi des parties prenantes importantes pour la gestion des propriétés olympiques. La question devient vite délicate, car ces parties prenantes sont éminemment visibles et médiatisés durant les Jeux. De plus, elles ont leurs propres propriétés intellectuelles. Des interférences entre ces différents droits sont possibles.

Selon la Charte olympique (texte d'application 2.3 des règles 27-28) :

> [Les CNO] ont le pouvoir unique et exclusif de prescrire et de déterminer les tenues et les uniformes à porter et l'équipement à utiliser par les membres de leurs délégations à l'occasion des Jeux Olympiques et en relation avec toutes les compétitions et cérémonies qui y sont liées. Ce pouvoir exclusif ne s'étend pas à l'équipement spécialisé utilisé par les athlètes de leurs délégations durant les compétitions sportives. À cet effet, on entend par équipement spécialisé l'équipement reconnu par le CNO concerné comme ayant une incidence matérielle sur la performance des athlètes, en raison de ses caractéristiques techniques. Toute publicité en relation avec tout équipement spécialisé doit être soumise à l'approbation du CNO concerné s'il y est fait référence, expressément ou implicitement, aux Jeux Olympiques.(CIO, 2011 : 62).

La détermination de ce qui constitue les équipements spécialisés peut s'avérer difficile, et des conflits peuvent exister entre le sponsor d'un athlète, d'une fédération nationale et d'un CNO. La cycliste française Jeannie Longo, participante à de nombreuses éditions des Jeux, avait par exemple un sponsor pour ses pédaliers différent de celui de la fédération française de cyclisme. Lors des Jeux de Barcelone 1992, pour la cérémonie de remise des médailles, le joueur de basketball Michael Jordan dut couvrir avec le drapeau américain le logo de Reebok sur son uniforme officiel fourni par l'USOC, afin de ne pas déplaire à son sponsor personnel Nike.

De toute façon, les athlètes et leur entourage (y compris CNO et NF) n'ont pas le droit d'utiliser avant ou après les Jeux les propriétés olympiques dans des buts commerciaux, y compris les éventuelles médailles olympiques qu'ils peuvent gagner et les images (fixes ou animées) de leurs exploits. Selon le texte d'application de la règle 41 de la Charte olympique, il en va de même de leur personne (nom, photo ou performances) pendant la durée des Jeux. Le CIO a néanmoins établi des critères pour l'utilisation commerciale de l'image des athlètes avec leur consentement par les sponsors des Jeux.

Les FI olympiques sont souvent encore plus frustrées que les athlètes. Elles n'ont pas le droit d'utiliser les propriétés olympiques, sauf éventuellement l'emblème des Jeux dans des buts non commerciaux. De plus, elles ne peuvent que parcimonieusement utiliser leurs propres logos sur les sites des compétitions, de façon à ne pas contrevenir à la politique des sites propres *(clean venue policy)* du CIO. La Fédération internationale de volleyball (FIVB), qui avait largement affiché son logo sur les filets, ballons et dossards des athlètes et l'uniforme des arbitres du volleyball aux Jeux d'Athènes, a dû renoncer à ces possibilités d'exposition télévisée aux Jeux de Beijing 2008.

La gestion des propriétés olympiques est complexe, du fait de leur grande diversité de forme et de la multiplicité des parties prenantes impliquées. Mais c'est aussi cette diversité et cette multiplicité qui font la richesse et l'énorme potentiel du marketing relationnel olympique, comme nous le découvrirons dans les chapitres suivants.

Conclusion

Les propriétés olympiques sont multiples et variées. Elles appartiennent principalement à trois parties prenantes : le CIO, les CNO et les COJO. Elles résultent d'une invention de la tradition olympique moderne, à partir de la résurrection des Jeux par Pierre de Coubertin, sur la base d'une image millénaire et d'anneaux entrelacés inventés en 1913 et universellement reconnus, qui symbolisent les cinq continents. Depuis les années 1980, en parallèle au développement du marketing olympique, le CIO a veillé à systématiquement protéger les propriétés olympiques, d'abord les anneaux, puis les mots et adjectifs évoquant les Jeux dans toutes sortes de langues. Aujourd'hui, ces propriétés bénéficient de protections étendues au travers d'un traité international, de lois nationales et de contrats commerciaux, au profit du CIO, des CNO et des COJO. La Charte olympique fixe les principes de management de ces propriétés au profit de ces trois parties prenantes. Les athlètes, les FI et les FN olympiques ne peuvent utiliser ces propriétés que de façon très limitée.

POINTS CLÉS

- Le symbole olympique (anneaux entrelacés) a été inventé par Pierre de Coubertin. Il est le logo le plus connu du monde.
- En plus des Jeux Olympiques eux-mêmes, les propriétés olympiques recouvrent des représentations graphiques (logos, images fixes et animées), des mots et des objets qui ont été développés historiquement par les COJO, les CNO et le CIO depuis la résurrection des Jeux en 1896 et tout particulièrement dans l'entre-deux guerres (1920-1936).
- Les propriétés olympiques reproduisent les anneaux et/ou le mot olympique sous diverses formes et langues. Elles peuvent être permanentes ou concerner une seule édition des Jeux.
- Un emblème olympique est l'association d'un dessin ou logo particulier avec le symbole olympique. Tous les COJO et CNO ont un emblème.
- Les propriétés olympiques permanentes appartiennent au CIO et aux CNO (notamment pour ce qui est de leurs emblèmes et propriétés associées).

- Les COJO ont une propriété provisoire des propriétés olympiques qu'ils commissionnent pour leurs Jeux. Cette propriété revient au CIO après les Jeux.
- Ce droit de propriété se traduit concrètement par la possibilité, pour les trois principales parties prenantes olympiques, de commercialiser l'utilisation des propriétés olympiques par des sponsors, des licenciés et des médias.

Références

Bickoff, J., (2011), *Protecting the Olympic words in the new gTLDs*, Letter from James Bickoff to Kurt Pritz dated 1st July 2011, www.icann.org/en/correspondence/bikoff-to-pritz-01jul11-en.pdf (consulté le 23 juillet 2011).

Blackshaw, I., (2009), « Protecting Major Sporting Events with Particular Reference to the 2012 Olympic Games », *Entertainment and Sports Law Journal*, January.

Chappelet, J.L., (1994), « Olympism, nature and culture », *Centenial Olympic Congress. Texts and abstacts*, Lausanne : IOC, 39-40.

Chappuis, M., (2010), « La protection des propriétés olympiques », *in Sport et Propriété intellectuelle* (sous la direction de J. de Werra), Genève : Schulthess, 1-12.

CIO, (2007), Les symboles olympiques, www.olympic.org/Documents/Reports/FR/fr_report_1303.pdf (consulté le 23 juillet 2011).

CIO, (2011), *Charte Olympique, état en vigueur au 8 juillet 2011*, Lausanne : Comité international olympique.

Hobsbawm, E. & Ranger, T., (Éds.), (1983), *The Invention of Tradition*, Cambridge : Cambridge University Press.

ICANN, (2011), *Approved Board Resolutions*, Singapore, 20 June, www.icann.org/en/minutes/resolutions-20jun11-en.htm (consulté le 23 juillet 2011).

IOC, (1997), *Olympic Market Research : Analysis Report*, Lausanne : International Olympic Committee internal publication.

CIO, (2010), « Directives du CIO sur les réseaux sociaux, les blogs et internet destinées aux participants et autres personnes accréditées aux Jeux Olympiques de 2012 à Londres », www.olympic.org/Documents/Games_London_2012/IOC_Social_Media_Blogging_and_Internet_Guidelines-London.pdf (consulté le 23 juillet 2011).

Lacotte, U. & Stupp, H., (2010), *Letter of the IOC to ICANN « Special Trademark Issues Review Team Recommandations »*, dated 26 January 2010, http://docs.google.com/viewer?a=v&q=cache :UB__upjjsJ:www.icann.org/en/correspondence/lacotte-to-beckstrom-16mar10-en.pdf+international+olympic+committee+Special+Trademark+Issues+Review+Team+Recommandations&hl=fr&gl=ch&pid=bl&srcid=ADGEEShbtMnXIQFyjtNhIPviYRSB139ye6QGsclobwZhwRXYGmzjXmWY9juNY58O-y0Wf46AovUWgCaOj1HY6MEv9kQMceqlmGXoqUEsWJ72uauiPGVfjlb1CI4k3WB6pkwS4UzzxtmZ&sig=AHIEtbQC2J8W3NfFJqur1IAEupBt898IMw (consulté le 23 juillet 2011).

MacAloon, J., (2011), *The Flame Relay and the Olympic Movement*, London : Routledge.

Martyn, S.G., (1998), « An uncomfortable Circle of Knowledge : An examination of the Nairobi Treaty on the Protection of the Olympic Symbol », *Proceedings of the Fourth International Symposium on Olympic Research* (Barney, Robert et al, éds.), University of Western Ontario, 87-98.

Payne, M., (2005), « Reinventing the Rings », *Business Strategy Review*, Spring, 14-21.

Seguin, B. & O'Reilly, N.J., (2008), « The Olympic brand, ambush marketing and clutter », *International Journal of Sport Management and Marketing*, volume 4, number 1, 62-84.

Simons, C. & Warren, I., (2006), « David v. Goliath : The Gay Games, the Olympics, and the Ownership of Language », *Entertainment and Sports Law Journal*, April.

Stupp, H., (2006), *General Overview of the Intellectual Property Rights of the International Olympic Committee*, World Federation of Sporting Good Industry International Yearbook 2006, Lausanne : WFSGI, 29-33.

Timmers, M., (2008), *A century of Olympic posters*, London : V&A Publishing.

Wei, Y., (1997), *The Olympic Image : The First 100 Years*, Books Nippan.

Ressources internet

Protection de la marque London 2012	www.london2012.com/documents/brand-guidelines/guidelines-for-non-commercial-use.pdf
Traité de Nairobi sur la protection du symbole olympique	www.wipo.int/treaties/en/ip/nairobi
Loi olympique *ad hoc* pour Londres 2012 (The London Olympic Act 2006)	www.legislation.gov.uk/ukpga/2006/12/contents
Directives du CIO sur les réseaux sociaux, les blogs et internet destinées aux participants et autres personnes accréditées aux Jeux Olympiques de 2012 à Londres	www.olympic.org/Documents/Games_London_2012/Social_Media_Blogging_and_Internet_Guidelines_fre.pdf

Chapitre 3

Le marketing de la marque olympique

SOMMAIRE

RÉSUMÉ

Le présent chapitre examine les concepts marketing relatifs à la marque, ainsi que leurs relations avec la marque olympique. En nous fondant à la fois sur des approches traditionnelles et nouvelles concernant la marque, nous présenterons un modèle qui considère que les parties prenantes sont des acteurs essentiels dans le processus de management de la marque olympique. Ce modèle intègre différentes théories concernant le capital marque et montre comment les parties prenantes participent à la création de la valeur pour la marque olympique.

Introduction

La marque olympique composée de cinq anneaux est reconnue de par le monde comme le symbole des Jeux Olympiques. En fait, cette marque est associée avec les Jeux depuis près de 100 ans et incarne à ce jour les principes fondamentaux établis par Pierre de Coubertin en 1894. En termes de marque, les idées et valeurs associées à ces principes, contenus dans le concept de l'olympisme, permettent de différencier la marque olympique des autres marques et contribuent à faire de cette marque une des plus fortes au monde.

Une marque est plus qu'un nom ou un symbole qui permet de différencier un produit d'un autre (Aaker, 1991). C'est aussi une promesse de livrer un ensemble d'éléments, d'avantages, de services ou d'expériences aux consommateurs, sur une base constante (Kotler, Armstrong & Cunningham, 2005). Alors que les spécialistes en commercialisation ont utilisé les stratégies de marque pendant plus de 100 ans (Aaker, 1994 ; de Chernatony, 2001 ; Kapferer, 1998), son utilisation dans le contexte du sport est plutôt récente. Très peu de domaines d'activité ont généré autant de passion chez leurs clients (supporters) que le sport (Richelieu, 2004), et peu de secteurs ont eu la possibilité de créer des liens émotionnels profonds avec leurs marques (O'Reilly et Séguin, 2009). Il faut penser notamment à des marques telles que Manchester United (football), les New York Yankees (baseball), les All Blacks (rugby), ou à la récente marque Nike Bleeds Blue, élaborée pour l'équipe indienne participant à l'ICC Cricket World Cup 2011. Le seul fait de mentionner ces noms réactive, dans les esprits de millions de consommateurs, une image, un souvenir, certains attributs, un sens d'appartenance, et d'autres produits et services connexes associés à la marque. On pourrait dire la même chose de la marque olympique et de ses cinq anneaux entrelacés. Cette marque est sans aucun doute l'une des plus importantes dans le sport international. La marque représente un ensemble d'idéaux établis depuis 1894, et le tout est promu à l'aide de valeurs fondamentales (Séguin, Richelieu et O'Reilly, 2008). De plus, les symboles et les propriétés olympiques tels que le « relais de la flamme olympique », la cérémonie d'allumage de la flamme, la trêve olympique et le serment des athlètes sont tous des « bénéfices » de la marque olympique, qui activent des liens émotionnels forts avec les personnes à l'échelle de la planète. De plusieurs façons, ils contribuent à faire des Jeux la célébration d'un certain nombre de valeurs et d'aspirations ayant un attrait et un pouvoir universels. Tout cela a permis à la marque olympique de devenir une entité attrayante pour une multitude de parties prenantes (diffuseurs, sponsors, gouvernements, fédérations internationales, ligues professionnelles de sport, etc.), souhaitant que de telles associations de marque puissent se refléter sur leurs propres marques. De manière remarquable, en collaborant avec ses nombreuses parties prenantes, le CIO a été en mesure de regrouper et de communiquer ces idéaux à un auditoire de masse, par l'entremise d'une couverture télévisée étendue à l'échelle de la planète, de l'Internet et d'autres moyens, comme les programmes d'activation de sponsoring (O'Reilly et Séguin, 2009).

Au cours des dernières années, un certain nombre d'études (IOC, 2002, 2006 ; Séguin, Richelieu & O'Reilly, 2008) ont démontré que les « idéaux et valeurs » olympiques sont au cœur de la marque olympique. Ils ont créé « l'aura » qui offre un point de différenciation entre le système olympique et les autres systèmes de sport professionnel, ce qui confère en retour une position attrayante pour ancrer de fortes associations. Les actions concernant la marque olympique exigent la mise en œuvre d'un management stratégique. La décision du CIO d'adopter une telle approche dans la dernière partie des années 1990 a transformé l'organisation et ses liens avec les parties prenantes (Séguin, Richelieu et O'Reilly, 2008). Le succès de la commercialisation olympique dépend grandement de son réseau de relations avec et entre les parties prenantes (commercialisation des liens), et nous démontrerons dans le cadre du présent ouvrage comment ces parties prenantes créent conjointement de la valeur.

Dans ce chapitre, nous présentons les composantes clés qui constituent la marque olympique et introduisons la notion de capital de marque (brand equity), et la façon dont ces principes s'appliquent à la marque olympique. Par la suite, nous examinons l'importance stratégique des alliances de marques dans le processus de management de la marque, ainsi que dans la création de valeur pour la marque olympique. Ceci nous amène à une discussion sur le rôle de la protection de la marque et le besoin de contrôler la marque, afin de maintenir un capital de marque élevé. Nous terminons le chapitre en démontrant comment les parties prenantes olympiques sont interreliées au niveau de la marque olympique et contribuent ultimement à la création commune de sa valeur.

1. LA MARQUE OLYMPIQUE

Le symbole des Jeux Olympiques se compose de cinq anneaux entrelacés conçus à l'origine par Pierre de Coubertin, afin de représenter le Congrès mondial de 1914. Mais Coubertin l'a utilisé avant le Congrès, alors qu'il accueillait les délégués du 20e anniversaire du CIO, avec une présentation de drapeaux qui exposait le symbole des cinq anneaux (Barney, 1992). Alors que le Congrès a été suspendu à cause de la Première Guerre mondiale, le symbole (et le drapeau) ont été plus tard adoptés et ont fait leurs débuts lors des Jeux Olympiques de 1920 à Anvers en Belgique (Barney, 1992). Depuis ce temps, le symbole a été abondamment diffusé et il est reconnu comme l'une des marques les plus influentes au monde. Selon le CIO (2006), le cœur de la marque comprend trois piliers essentiels : « Le premier de ces piliers : **S'efforcer** d'obtenir des succès est fondé sur les idéaux inhérents au sport — effort, excellence, détermination, être le meilleur. Le deuxième pilier : **célébration de communauté**, démontre les Jeux Olympiques à titre de festival mondial — tels que global, participation, célébration, unité, festivité. Le troisième pilier : **Valeurs humaines positives**, comprend des attributs qui assurent la compréhension, l'aspiration, les idéaux universels : optimisme, respect, inspiration. Ces trois piliers appuient une marque puissante, émotionnelle qui transcende le sport et vibre fortement au niveau des peuples de la terre ».

Dans un effort visant à renforcer l'essence de la marque (figure 3.1), trois plates-formes de communication ont été élaborées par le CIO :

- **Excellence :** Les Jeux Olympiques offrent des exemples de sommet dans la réalisation sportive, nous inspirant à être et à faire de notre mieux dans nos vies quotidiennes.
- **Amitié :** Les Jeux Olympiques offrent des exemples, montrant comment l'humanité peut surmonter les préjudices politiques, économiques, religieux et raciaux et forger l'amitié malgré ces différences.
- **Respect :** Les Jeux Olympiques présentent des exemples du sens profond du mot « respect », au titre d'une leçon de vie pour l'humanité : respect pour vous-même, respect pour les autres et respect pour les règlements.

Ces plates-formes de communication représentent ce que la marque promet d'offrir aux consommateurs. Le tout contribue aussi à distinguer la marque olympique des autres événements sportifs internationaux majeurs (amateurs ou professionnels). De plus, son positionnement en tant qu'événement culturel (en plus du sport) permet à la marque de se raccorder à son héritage, tout en se distinguant des autres. Avec 204 Comités nationaux olympiques (CNO), des milliers d'athlètes qui participent aux Jeux et des milliards de personnes qui les regardent à la télévision, les Jeux Olympiques sont véritablement un événement global, permettant de regrouper le monde entier. Les Jeux sont l'apogée de la réalisation sportive — une célébration des sports, des cultures et de l'humanité. Les valeurs et les idéaux associés à la marque olympique rendent le tout unique. Par conséquent, plusieurs groupes et organisations examinent la possibilité de s'associer à la marque (de manière légitime ou illégitime), afin d'en tirer un certain bénéfice. Mais en alignant sa marque avec des parties prenantes stratégiques, le CIO a élaboré un système en vertu duquel les parties prenantes deviennent une partie intégrale de la marque, contribuant ainsi à sa valeur et à son capital.

Dans un tel système, la gestion de la marque devient un processus complexe, qui tient compte de la contribution individuelle de chaque intervenant à la marque, ainsi que de leurs relations au sein d'un réseau. Cette démarche exige un niveau élevé d'intégration, de gestion et de discipline, étant donné que le positionnement du marché et l'identité de la marque doivent être renforcés sur une base cohérente. En définissant et en communiquant l'essence de la marque olympique (ex : valeurs, idéaux), la gestion, consciemment ou inconsciemment, doit s'engager au niveau de certaines valeurs. Ainsi, toute action des managers et/ou des parties prenantes clés qui est perçue comme diluant, brouillant ou trahissant les idéaux ébranlera et endommagera inévitablement la marque olympique.

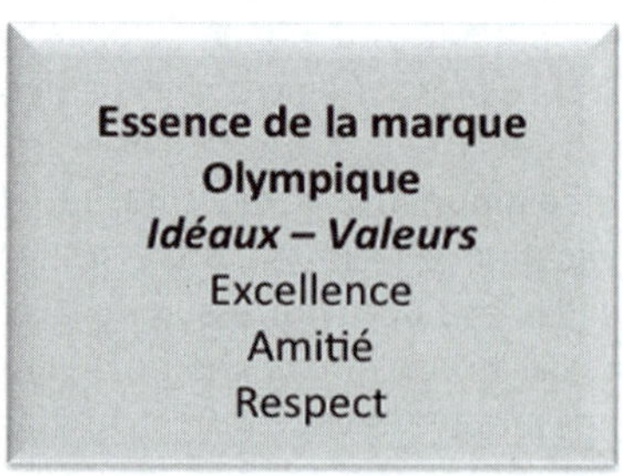

Figure 3.1 - Essence de la marque olympique

2. CAPITAL DE LA MARQUE OLYMPIQUE

Au cours des années, la marque olympique a établi des liens forts et source de valeur avec un certain nombre de parties prenantes. Lorsque ces relations sont entretenues au cours des années, ces liens entraînent une fidélité à la marque (de Chernatomy, 2001) et, par conséquent, deviennent un actif important qui ajoute de la valeur à la marque. Les aspects négatifs qui peuvent aussi être liés à la marque (dopage, scandales, etc.) sont considérés comme « passifs » et amoindrissent le tout (Aaker, 1991). Ces actifs et passifs sur lesquels le capital de marque se fonde varieront d'un contexte à un autre. Le modèle de capital de marque élaboré par Aaker (1991) suggère que les actifs de la marque englobent *la fidélité, la notoriété, la qualité perçue, les associations de marques,* et autres *atouts liés à la marque* (les brevets, les marques de commerce, les liens préférentiels, etc.).

Un autre concept important pour construire le capital de marque concerne l'« identité de marque », qui se définit comme suit : « Un jeu unique d'associations de marque que le stratège aspire à créer ou maintenir. Ces associations représentent ce que signifie la marque et impliquent une promesse aux clients de la part des membres de l'organisation. L'identité de la marque devrait aider à établir un lien entre la marque et le client en générant une proposition de valeur impliquant des avantages fonctionnels, émotionnels ou vecteurs d'expression personnelle. » (Keller, 2003 : 763)

Selon Keller (2003), ces associations de marque doivent être *fortes, favorables et uniques* pour générer un capital de marque fort. La croyance communément partagée veut que le capital de marque offre une valeur substantielle au client et à l'entreprise. La marque offre une valeur aux clients en facilitant le décodage et le traitement de l'information la concernant, en rehaussant la confiance dans la décision d'acheter et, à la fin, en augmentant la satisfaction dans le produit. Ainsi, le capital de marque offre une valeur à l'entreprise en rehaussant l'efficience et l'efficacité des programmes de commercialisation, augmentant la fidélité envers la marque et en augmentant les marges de prix. Le tout facilite aussi les occasions d'extension de la marque, peut offrir un levier dans le commerce et, à la fin, le capital de marque offre un avantage concurrentiel à l'entreprise (Aaker, 1991).

Voici un bref sommaire de la valeur de la marque olympique, en utilisant le modèle du capital de marque d'Aaker :

Notoriété de la marque : Le symbole des cinq anneaux entrelacés jouit d'une notoriété incroyable à l'échelle de la planète. Conformément à diverses études menées par le CIO depuis 1998, auprès des consommateurs et des parties prenantes, il apparaît que la marque olympique est le symbole le plus reconnu dans un groupe de sigles commerciaux et non commerciaux (y compris d'autres symboles internationaux de sport) étudiés. Le tout pourrait résulter de l'incroyable couverture médiatique offerte aux Jeux Olympiques, qui est à la taille de la planète, combinée aux activités des parties prenantes qui utilisent la marque dans leurs programmes de communication.

Associations à la marque : Les associations les plus souvent faites au niveau des anneaux olympiques englobent le succès, les normes élevées, la collaboration internationale, l'excellence, la paix mondiale et une source de fierté nationale (CIO, 2006). De plus, on allègue que les associations de marques sont fortes principalement à cause de leur pertinence pour les consommateurs et de leur constance sur une longue période de temps (Jeux modernes depuis 1896, mais aussi les Jeux anciens). De façon intéressante, les plus forts attributs de la marque olympique vont au-delà du sport, afin de mettre en évidence les valeurs olympiques. Les attributs définis par les consommateurs se résument comme suit : « un forum pacifique et festif pour l'échange culturel et l'esprit sportif » et « des idéaux d'égalité, de tradition, d'honneur et d'excellence » (CIO, 2006). Ces attributs de marque possèdent de multiples dimensions, augmentant ainsi la portée et la profondeur de leur valeur. Par exemple, la dimension d'amitié comprend l'amitié entre les athlètes, entre les cultures et entre les nations. De manière similaire, la dimension de paix englobe des événements pacifiques, des spectateurs pacifiques et des hôtes pacifiques. L'étude conclut que la marque olympique tire son pouvoir de sa capacité à combiner les idéaux du mouvement olympique avec l'intensité de ses valeurs sportives (CIO, 2006). Ces considérations d'équité ressemblent étroitement aux principes de base de la charte olympique, créée en 1894.

La recherche suggère que la marque offre des avantages qui sont désirés (c.-à-d. favorables) par les consommateurs (c.-à-d. rêves, excitation, divertissement, festival, paix, esprit sportif, etc.), et offre des associations à des idéaux/valeurs (cœur de la marque) qui sont uniques, et qui ne se trouvent pas dans d'autres propriétés sportives (Séguin *et al.*, 2008).

Qualité perçue de la marque : Les Jeux Olympiques offrent de nombreux exemples de réalisations sportives extraordinaires. Les meilleurs athlètes du monde participent aux Jeux et la qualité de la performance continue d'inspirer sur tous les continents. Les consommateurs croient que de gagner une médaille d'or olympique représente la plus grande réalisation pour un athlète (CIO, 2006). La haute qualité perçue de la marque est renforcée par ses parties prenantes, grâce à la qualité irréprochable de la diffusion télévisée, à son association à des entreprises internationales qui sont des chefs de file mondiaux en matière de marques, au cout élevé des billets, aux programmes d'hospitalité très recherchés offerts lors des Jeux, aux produits dérivés olympique vendus à un prix élevé, etc.

Fidélité à la marque : Au cours des 30 dernières années, le CIO a réussi à bâtir et entretenir des liens avec une variété de parties prenantes qui sont restées fidèles à la marque. Par exemple, un certain nombre de partenaires institutionnels (TOP & diffuseurs) sont fidèles aux Jeux Olympiques depuis plusieurs décennies. Certains (ex : Coca-Cola, VISA) ont signé des accords avec le CIO jusqu'en 2020. De même, le nombre des téléspectateurs et des spectateurs présents continuent de croître d'une présentation olympique à une autre. Cela témoigne du fort intérêt des spectateurs olympiques pour les Jeux et concernant l'achat de produits dérivés durant l'année des Jeux.

Avantages des autres actifs de la marque : Tout comme il est décrit dans le chapitre 2, d'autres symboles/propriétés, tels que le serment olympique, la flamme olympique et le relais de la flamme olympique, constituent des avantages qui sont étroitement liés à la marque olympique. Ces éléments sont reconnus dans le monde entier comme représentant la paix, l'unité et l'espoir. En réalité, le relais de la flamme olympique est devenu un élément important (si ce n'est essentiel) de la marque olympique. Le plus récent exemple concerne le parcours associé aux Jeux Olympiques d'hiver 2010 de Vancouver. Pendant une période de quelques semaines, des millions de Canadiens ont fait l'expérience de cette magie, alors que la flamme olympique a parcouru plus de 3 000 km dans 10 provinces, trois territoires et des centaines de communautés dans tout le Canada. Le relais de la flamme olympique s'est avéré être un moyen unique pour les citoyens canadiens de s'associer et de faire l'expérience du pouvoir de la flamme olympique, en transportant la torche et en la transmettant à d'autres personnes sur le parcours. Le tout est souvent considéré comme l'expérience d'une vie.

Valeur pour les clients : En atteignant un niveau élevé de capital de marque, la marque olympique profite aux consommateurs de plusieurs façons. Par exemple, en tant que l'une des parties prenantes clés (et clients) de la marque olympique, un télédiffuseur bénéficiera de la valeur ajoutée d'une marque olympique de qualité. En premier lieu, lorsque l'on prend la décision de concourir pour les droits de télédiffusion des Jeux Olympiques, la chaîne peut être assurée que les spectateurs et les annonceurs auront un grand intérêt pour les Jeux. On peut de plus compter sur plusieurs histoires humaines/dramatiques qui surviendront durant les Jeux et offriront d'uniques occasions au réseau de présenter celles-ci aux téléspectateurs. Le télédiffuseur peut aussi comprendre que, lors de la présentation des Jeux au niveau de son réseau, les téléspectateurs reconnaîtront l'événement (Jeux Olympiques versus rugby ou Coupe du monde d'athlétisme), apprécieront le niveau des compétitions athlétiques (meilleurs athlètes au monde), les enjeux (médaille olympique) et le caractère unique de l'événement (seulement une fois tous les quatre ans). Par conséquent, le réseau peut prédire avec un niveau élevé de confiance que la retransmission des Jeux Olympiques générera un pourcentage d'écoute élevé, une part du marché importante, la vente de publicité à un prix élevé, des revenus importants et aidera l'entreprise à atteindre ses objectifs stratégiques. Nous pourrions dire la même chose des sponsors, spectateurs et autres parties prenantes associées à la marque olympique.

Pour les partenaires olympiques, la combinaison d'un attrait constant et universel pourrait conférer un avantage fort pour la commercialisation. En réalité, le recentrage au niveau des valeurs olympiques permet à un message unique d'être intéressant dans de multiples marchés à l'échelle de la planète, et présente simultanément un fort attrait au niveau de divers segments démographiques.

Valeur pour le CIO : Le capital de marque offre aussi un grand bénéfice au CIO en rehaussant l'efficience et l'efficacité des programmes de commercialisation des Jeux Olympiques. Par exemple, lorsque le CIO a élaboré sa campagne « Célébrons l'Humanité », visant à renforcer les valeurs olympiques partout dans le monde, il a été en mesure de présenter les mêmes annonces dans toutes les régions du monde. Le seul changement requis a été la langue utilisée. De plus, le CIO a été en mesure d'utiliser le pouvoir de sa marque en demandant aux parties prenantes (média, sponsors, etc.) de présenter et de mettre en valeur les annonces par l'entremise de leurs différents canaux de communication, sans devoir assumer les coûts reliés à une telle publicité. Le capital de marque olympique peut aussi offrir une valeur aux sponsors lorsqu'ils créent une publicité commune et des programmes d'activation (un thème pour tous les marchés) qui font un lien avec les valeurs de la marque (ex : VISA, campagne « GO WORLD ») et offrent des avantages à leurs membres au niveau mondial. Une telle création de valeur pour les sponsors se reflète dans les coûts élevés liés au droit de sponsoring.

Ainsi, en définissant et en communiquant l'essence de la marque olympique (ex : valeurs et idéaux), et par l'entremise de programmes de commercialisation stratégiques, le CIO a été en mesure de créer une marque qui a atteint un niveau élevé de capital de marque (figure 3.2).

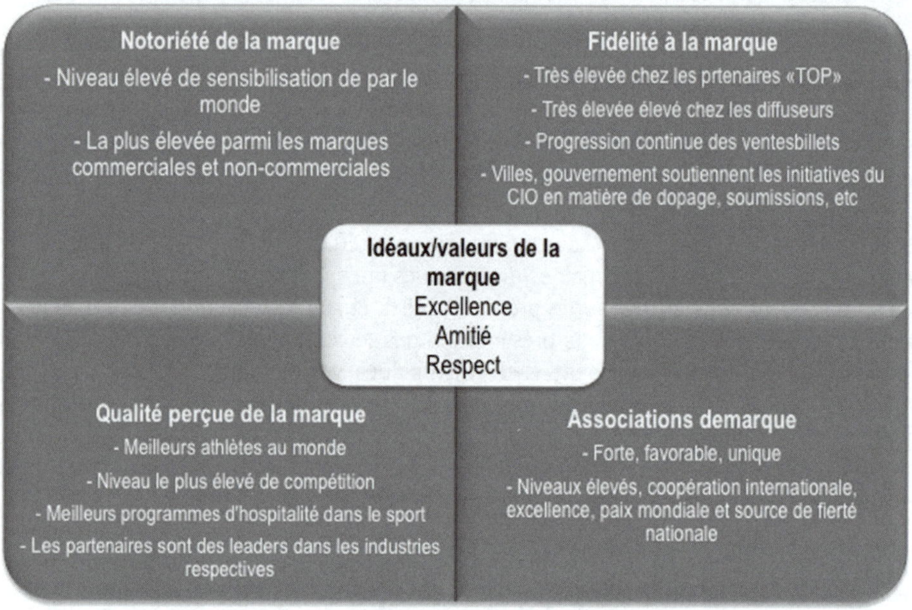

Figure 3.2 - Les dimensions du capital de la marque « olympique »

3. SYSTÈME DE LA MARQUE OLYMPIQUE

Tel qu'illustré ci-dessus, la marque olympique a atteint un capital de marque fort. Nous suggérons que ce capital de marque découle d'un système qui a été habilement bâti et géré au cours des années. Ce système repose sur diverses parties prenantes qui collaborent ensemble, afin de créer globalement la valeur de la marque olympique. La valeur est créée grâce aux stratégies de marque conjointes ou à des alliances de marques. Tel qu'illustré au chapitre 2, le CIO gère un certain nombre de propriétés et de droits et tous ces éléments doivent être consistants et cohérents avec la marque. Par conséquent, une structure de gouvernance de la marque est nécessaire afin de gérer, protéger et contrôler les avantages liés à cette marque.

3.1 Alliances de marques

Les alliances de marques existent depuis de nombreuses années au sein du mouvement olympique. En réalité, à compter du moment où Pierre de Coubertin a ressuscité les Jeux Olympiques en 1896, les alliances de marques se sont formées entre les Jeux Olympiques et diverses entités privées (ex : Kodak) ; publiques (ex : ville d'Athènes et État grec) et individuelles (ex : un philanthrope tel que George Averoff). Alors que les alliances de marque peuvent revêtir diverses formes (marque conjointe, extension de marque composite, co-branding), l'expression « alliance de marques » sera utilisée dans le présent chapitre comme une expression générique qui englobe toutes les formes d'action marketing associant deux marques de manière visible et significative pour les consommateurs. En formant des alliances de marques avec les bons partenaires, les entreprises peuvent être en mesure d'obtenir de nombreux avantages, y compris une augmentation de leur notoriété, la facilitation de l'introduction d'un nouveau produit, l'entrée dans de nouveaux marchés, la diminution du risque et des coûts et le renforcement du positionnement concurrentiel sur les marchés actuels (Desi et Keller, 2002 ; Park *et al.*, 1996). Pour tirer parti de ces bénéfices, il convient d'inscrire cette stratégie dans le temps, afin de construire un lien durable. C'est souvent le cas lorsqu'il s'agit de la marque olympique. Par exemple, le lien entre la marque Coca-Cola et la marque olympique débuta en 1928 (CIO, 2009), il a évolué en partant d'une simple fourniture de produits au COJO (ex : caisses de bouteilles de Coca-Cola) vers un lien qui est maintenant beaucoup plus stratégique et implique des centaines de millions de dollars de produits, services et activités de valorisation et de commercialisation (activation de sponsoring, parcours de la flamme olympique, course olympique, etc.). En conséquence, il est important de prendre en considération les diverses activités de marketing qui soutiennent des alliances de marque à court terme (ex : COJO, CNO, villes candidates, etc.), ou à long terme (partenaires « TOP »), ainsi que le nombre de marques qui composent des alliances, car ces aspects affectent la valeur créée par une alliance (Voss et Gammoh, 2004).

Suite à un examen de la littérature, Rao (2011) suggère un cadre organisateur qui incorpore plusieurs des concepts importants sur la les alliances de marques. Le cadre comprend trois catégories principales : les éléments qui existent avant l'alliance, l'évaluation de l'alliance et les conséquences de l'alliance (Rao, 2011). En premier lieu, avant de se lancer dans une alliance, chaque marque possède un certain nombre d'avantages, tels que la réputation de la marque, l'image de la marque, les attitudes des consommateurs face à la marque et la familiarité envers la marque (Rao, 2011). Essentiellement, ces avantages contribuent à la valeur de la marque et à ce qui rend une éventuelle alliance intéressante pour les partenaires. En deuxième lieu, l'évaluation de l'alliance consiste à déterminer l'effet et l'impact de l'alliance sur les réactions, ainsi que les perceptions des consommateurs. Par conséquent, l'alliance peut être évaluée à titre d'entité statique (ex : réactions des consommateurs face à une alliance proposée ou véritable entre deux marques), en plus d'une entité dynamique (selon que les alliés vis-à-vis des marques se comportent bien ou se conduisent mal de manière imprévue, ce bon ou ce mauvais comportement pouvant avoir un impact sur les perceptions des consommateurs). Finalement, les conséquences de l'alliance font référence aux attitudes favorables face à l'alliance et au résultat souhaité pour les marques individuelles qui forment l'alliance. Ainsi, nous pouvons résumer en affirmant qu'une alliance de marque fructueuse (ou co-branding) survient lorsque les deux marques ajoutent une valeur au partenariat (Leuthesser, Kohli et Suri, 2003). La valeur ajoutée éventuelle découlant d'une alliance de marques devrait être évaluée en examinant les éléments complémentaires entre les deux marques et la base éventuelle de consommateurs découlant de l'alliance. Essentiellement, les spécialistes de la commercialisation devraient comprendre comment les alliances de marques éventuelles peuvent contribuer à l'équité de la marque.

Les alliances de marques peuvent se transmettre physiquement en utilisant deux ou plusieurs marques sur un produit (ex : Coca Lightet NutraSweet), ou symboliquement en associant des noms, sigles de marques ou autres avantages de la marque dans les efforts de communication et de commercialisation ex : Coca-Cola et Olympiques) (Rao et Ruekert, 1994 ; *Rao et al.*, 1999). Cette dernière représente la forme la plus commune d'alliances de marques dans les sports et, habituellement, revêt la forme d'ententes de sponsoring. Nous examinerons ces éléments plus loin dans le chapitre.

3.1.1 Le sponsoring comme forme d'alliance de marques

Le sponsoring est souvent recherché comme moyen pour atteindre une variété d'objectifs, tels qu'augmenter la notoriété de la marque auprès du public, rehausser la réputation d'une marque, modifier son image (Meenaghan, 1991 ; Amis *et al.*, 1999 ; Ferrand et Pages, 1999). En revanche, toutes les formes de sponsoring n'entrent pas dans le cadre d'une alliance de marques, mais sont plutôt un simple échange transactionnel, lorsque de l'argent est versé par un sponsor en échange d'un rehaussement d'image ou de réputation (Blackett et Boad, 1999). Cependant, le secteur du sponsoring a progressé pour atteindre un niveau beaucoup plus complexe, alors que les stratégies de sponsoring et les programmes d'activation sont souvent intégrés (horizontalement et verticalement) dans tous les domaines d'activité d'une entreprise. Une telle approche, selon nous, est plus en ligne avec le concept de l'alliance de marque discuté précédemment. Ceci signifie que le sponsoring permet de produire de la valeur à différents niveaux. En conséquence, il est possible d'utiliser le sponsoring comme fondement pour la construction d'une identité de marque commune, qui non seulement ajoute une valeur aux marques existantes, mais est en soi une source de valeur (Motion, Leitch et Brodie, 2003). Meenaghan et Shipley (1999 : 335) soulignent que « dans Le sponsoring, le sponsor et l'activité sponsorisée deviennent impliqués dans une relation symbiotique avec transfert des valeurs inhérentes de l'activité au sponsor ». L'extension de cet échange synergique durant une longue période, dans une variété de contextes, et pour une gamme d'activités, constitue le fondement pour la construction d'une identité de marque et de relations communes au niveau institutionnel (Motion, Leitch et Brodie, 2003). Le tout est cohérent avec la description des alliances de marques présentées par Simonin et Ruth's (1998 :20-21) qui « implique une association, ou combinaison, à court ou à long terme, de deux ou plusieurs marques individuelles, produits, et/ou bénéfices propres distinctifs. Ces marques ou produits peuvent être représentés physiquement [...] ou symboliquement [...] par l'association de noms de marque, sigles ou autres avantages propres ». En ce qui concerne la marque olympique, un sponsor peut développer des stratégies pour sa marque qui se mêleront à la marque olympique (anneaux) et d'autres avantages propres (parcours de la flamme olympique, images des anciens Jeux, hospitalité, etc.), grâce à une variété de programmes d'activation. On peut aussi choisir d'impliquer de nombreux alliés de la marque en fonction des objectifs recherchés ; par exemple, au titre de cosponsor du relais de la flamme olympique pour les Jeux Olympiques d'hiver 2010, Coca-Cola a créé des programmes promotionnels qui englobaient une marque de sponsor nationale (cosponsor du parcours de la flamme olympique), la marque olympique, la marque du parcours de la flamme olympique, la marque hôte du CNO, une marque de station d'essence et une marque de supérette. De telles alliances invitent les consommateurs à « faire l'expérience » de la marque de diverses manières.

3.1.2 Alliances de marques et création d'une valeur

La littérature relative a l'alliance de marques suggère que celle-ci offre la possibilité de réaliser une synergie entre « le meilleur de deux mondes », qui capitalise sur les forces spécifiques de chacune des marques contributrices. En d'autres termes, en créant une alliance, on espère alors que la synergie ainsi créée offrira un plus grand bénéfice que ce qui surviendrait séparément au niveau des deux marques séparées. Comme tels, un bon « jumelage » ou « des éléments complémentaires » entre les marques peuvent permettre d'acquérir des attributs pertinents pour les marques.

Leuthesser, Koli et Suri (2003) ont proposé un cadre de référence pour les stratégies de marques communes fondé sur deux principes : complémentarité du produit et marché cible. La complémentarité du produit se réfère à la façon dont chaque marque contribue à la valeur de l'alliance. Il est important de noter que la valeur dans ce cas fait référence à « l'ensemble des avantages, tangibles ou intangibles, qu'une marque (produit) offre aux consommateurs » (Leuthesser *et al.* : 40). Une alliance de marques, alors que chaque marque apporte une contribution importante aux principaux bénéfices de l'alliance, représente alors une complémentarité « fondamentale ». Si la complémentarité « fondamentale » n'existe pas, les auteurs suggèrent qu'une complémentarité « étendue » constitue une possibilité. Dans de telles situations, une marque prête sa réputation à la marque commune. Par exemple, une grande marque telle que la marque olympique peut prêter sa réputation à une marque moins connue telle que RONA (sponsor national pour les Jeux Olympiques d'hiver 2010), afin de servir « d'endosseur » de la qualité de RONA.

L'autre dimension du marché cible se fonde sur l'observation commune selon laquelle une alliance de marques peut regrouper des marques ayant des franchises de marché différentes, offrant par conséquent des occasions d'accès à de nouveaux marchés. Un partenaire peut ainsi avoir accès au marché de l'autre, ou l'alliance peut fournir une occasion de développer un marché entièrement nouveau pour l'un et l'autre. Par conséquent, lorsque le marché cible de la marque commune est substantiellement différent de la base de clients existante, l'effort de marque commune est effectivement une stratégie de développement de marché pour ce partenaire. En revanche, lorsque le marché cible de la marque commune est substantiellement le même, alors les efforts de la marque commune représentent une stratégie de pénétration du marché pour ce partenaire. Leuthesser *et al.* (2003 : 41) proposent quatre stratégies de co-branding :

- S'impliquer dans le but de pénétrer plus profondément le marché, en choisissant un partenaire qui ajoute de manière significative des bénéfices à l'ensemble de ceux appartenant à la marque commune.
- S'impliquer pour décrocher de nouveaux marchés, en choisissant un partenaire qui ajoute de manière significative des bénéfices à l'ensemble de ceux appartenant à la marque commune, tout en apportant une nouvelle base de clients.
- S'impliquer dans le but d'atteindre une plus grande pénétration du marché, en choisissant un partenaire qui contribue à une image de marque positive et à des associations qui, même si elles ne sont pas essentielles au fonctionnement principal de la marque commune, pourront néanmoins améliorer de manière significative l'image et la valeur de la marque commune.
- S'impliquer en choisissant un partenaire pour la marque commune qui apporte une image forte et un accès à de nouveaux consommateurs.

Ainsi, pour un sponsor « TOP » tel que McDonald's, le résultat d'une alliance avec la marque olympique entraîne une plus grande valeur pour les deux marques. En se liant à la marque olympique à l'échelle de la planète, McDonald's envoie un message à ses clients signifiant qu'il soutient des valeurs telles que la communauté, l'excellence et l'amitié. En retour, la marque olympique peut se connecter avec la base de consommateurs de McDonald's et disséminer ses valeurs grâce à l'impact mondial de cette marque.

Au fil des années, la marque olympique a créé des alliances avec de nombreuses marques, y compris les « TOP » sponsors (11 pour le moment), le CNO (204), les FI (32), les COJO (6 y compris

JOJ), les sponsors COJO, les gouvernements des pays hôtes, les athlètes et l'AMA, entre autres. Ces partenaires ont une relation cocréatrice de valeur avec la marque olympique.

3.2 Protection de la marque

Tel que suggéré précédemment, une des fonctions majeures d'une marque est d'aider le consommateur à identifier et différencier un produit d'un autre. Étant donné que la marque pointe vers la source du produit, elle sert aussi à protéger le consommateur et le producteur de la marque des concurrents, qui tentent d'offrir des produits qui semblent identiques (Aaker, 1991). La protection et le contrôle de la marque olympique et de son important capital sont de la plus grande importance pour le CIO. Selon M'zungu, Simon, Merrilees et Miller (2010 : 612), il existe trois étapes dans la gestion stratégique de la marque pour bâtir et protéger sa valeur : « adopter un état d'esprit orienté vers la marque, développer des capacités internes de marquage et de distribution continue de la marque » ; la décision du CIO d'adopter une approche de management de la marque est consistante avec la première suggestion. La restructuration de ses opérations commerciales et sa décision de regrouper toutes les activités de marketing dans une gestion interne sont cohérentes avec la deuxième suggestion. Finalement, les mesures prises au cours des récentes années dans le but de contrôler ses programmes de marketing et de marque ont aidé le CIO à distribuer sa marque sur une base constante. Cette démarche conduit :

- à négocier les droits pour les sponsors « TOP » et la télédiffusion ;
- à effectuer des changements au niveau des accords avec les villes hôtes, à savoir :
  - des accords entre villes COJO-CNO,
  - un programme de marketing conjoint sous l'égide du COJO,
  - des sites olympiques vierges de toute publicité, grâce à une prise de contrôle de la publicité extérieure et à la mise en œuvre d'un programme intégré intitulé « le look des Jeux »,
  - une législation, afin de protéger la marque et les sponsors contre l'ambush marketing.
- contrôle plus strict de la retransmission télévisée et de l'Internet ;
- contrôle plus strict des droits de marketing des athlètes durant les Jeux (contrat signé auprès des CNO respectifs, règlement de la 41 Charte olympique) ;
- réduire l'encombrement causé par le nombre élevé d'associations avec la marque olympique (légitime ou non) ;
- des programmes d'hospitalité gérés par le CIO ;
- vendre des billets ;
- s'assurer de la propriété des films officiels et de la couverture télévisée des Jeux (OTAB) ;
- gérer les images des Jeux antérieurs ;
- protéger la marque olympique, les droits des marques et des sponsors grâce aux législations spécifiques des différents pays ;
- mettre en œuvre des programmes de transfert des connaissances entre les COJO ;
- s'engager dans des communications stratégiques et des programmes de relations publiques ;
- éduquer les CNO sur le marketing et la gestion des marques.

En plus de ces diverses étapes, le CIO s'appuie aussi sur plusieurs de ses parties prenantes afin de protéger, contrôler et, à la toute fin, distribuer la marque sur une base constante. Par exemple, le dopage a été identifié comme l'une des plus grandes menaces pour la marque olympique (Séguin *et al.*, 2008). En 1999, avec le soutien de nombreuses parties prenantes, l'Agence mondiale antidopage (AMA) a été créée. Aujourd'hui, le combat contre le dopage est mené grâce à une étroite collaboration entre l'AMA et un certain nombre de partenaires, y compris les gouvernements, FI, ANA (Agences nationales antidopage), CNO et FNS. De manière similaire, la campagne sur *l'ambush marketing* – un effort planifié par une organisation pour s'associer indirectement avec un événement (ex : Jeux Olympiques) afin d'obtenir les mêmes bénéfices qu'un sponsor officiel (Sandler et Shani, 1989) – et la commercialisation à outrance représentent une préoccupation croissante pour le CIO et ses sponsors. En travaillant en étroite collaboration avec ses parties prenantes (COJO/CNO, sponsors « TOP » et nationaux, officiels gouvernementaux d'un pays hôte), le CIO permet au COJO et à la ville hôte de créer une « image », ou une « identité », uniques, qui reflètent les valeurs de la ville et du pays hôte tout en renforçant la marque olympique. En travaillant avec les officiels du gouvernement, la démarche peut créer une ville « propre » où la commercialisation est contenue et où les partenaires sont également protégés grâce à une législation spéciale visant à « contrôler l'ambush marketing ». Par exemple, avant la tenue des Jeux Olympiques d'hiver 2010 de Vancouver, le gouvernement canadien a adopté une législation spéciale appelée « Loi sur les marques olympiques et paralympiques » (LMOP), laquelle visait à protéger l'exclusivité des sponsors officiels (Ellis, Scassa et Séguin, 2011). La LMOP prévoit, entre autres choses, la protection de la marque olympique contre certaines associations commerciales trompeuses entre une entreprise et les Jeux Olympiques (Ellis *et al.*, 2011). Une législation similaire, la « Loi sur les jeux Olympiques et paralympiques de Londres », a été adoptée par le gouvernement britannique en 2006, en préparation des Jeux Olympiques de Londres en 2012.

3.3 Une approche orientée vers les parties prenantes dans la gestion du capital de la marque olympique

Le modèle du capital de marque proposé par Aaker (1991) est un outil utile pour évaluer le capital de la marque olympique, mais il ne prend pas en compte la contribution des parties prenantes dans le processus de capital de marque (Jones, 2005 ; Ferrand & McCarthy, 2009), de

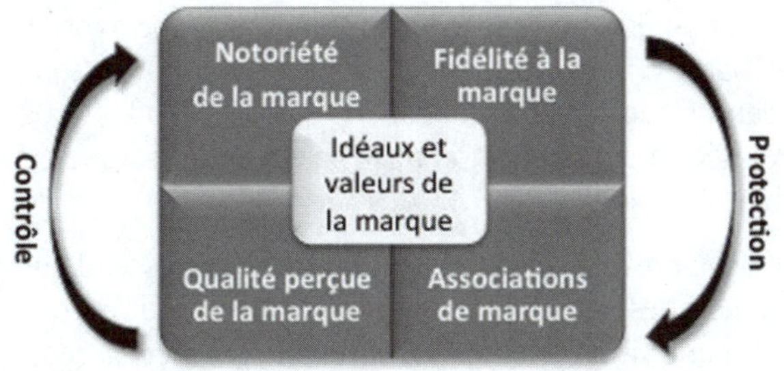

Figure 3.3 - Contrôle et protection du capital de la marque

même qu'il ne prend pas en considération la façon dont elles apportent de la valeur pour la marque (Vargo & Lush, 2004 ; Merz, He et Vargo, 2009). Tel que suggéré dans l'exemple précité, la protection et le contrôle de la marque reposent sur la collaboration de plusieurs parties prenantes. Ces parties prenantes ont aussi un intérêt particulier dans la marque olympique et elles s'assurent que la marque maintienne, ou rehausse leur valeur. En conséquence, une approche orientée vers les parties prenantes suggère que le capital de marque est un construit multidimensionnel qui est affecté par un ensemble de relations (Jones, 2005 ; Ferrand & McCarthy, 2009). Il est donc approprié d'inclure une large base de parties prenantes (ex : gouvernements, FI, COJO, CNO, etc.), plutôt que les seuls clients (ex : les sponsors, supporters des Jeux Olympiques) dans le développement du capital marque. Dans un tel contexte, il est important d'examiner le rôle joué par chaque partie prenante dans le processus de création de valeur pour la marque (Vargo & Lush, 2004, 2008).

Au cours des dernières années, les chercheurs ont commencé à examiner le processus collectif et dynamique qui motive la consommation de la marque dans la société (Merz *et al.*, 2009). Cette approche suggère non seulement que les parties prenantes seront prises en considération lorsque l'on tente de mesurer (de manière empirique) la valeur d'une marque (Leone *et al.*, 2006 ; Srinivasan *et al.*, 2005), mais aussi que les organisations devraient adopter une orientation vers les parties prenantes (Jones, 2005). Merz *et al.* (2009) soulignent que l'année 2000 a marqué le début d'une nouvelle ère concernant la marque appelée « ère de la marque avec une focalisation sur les parties prenantes ». Ainsi, depuis que les premiers chercheurs ont commencé à adopter, au cours de l'année 2000, une perspective de la marque orientée vers ses parties prenantes (1) la valeur de la marque est cocréée au sein des écosystèmes fondés sur les parties prenantes (2) les parties prenantes forment un réseau, plutôt que de simples liens dyadiques avec les marques et (3) la valeur de la marque est construite de façon dynamique, grâce à des interactions sociales parmi les différentes parties prenantes » (Merz, He & Vergo, 2009 : 337). Une telle approche est bien différente de celle en vigueur dans le passé, qui était relative à une « logique de la marque où les marques étaient vues comme un moyen d'identifier des biens et leur valeur, le tout étant déterminé par la valeur lors de l'échange ». Cette perspective a évolué en faveur d'une nouvelle logique de la marque. « Les marques sont vues comme des processus dynamiques et sociaux et la valeur de la marque comme une valeur perçue de la marque dans son utilisation déterminée par toutes les parties prenantes » (Merz, He & Vergo, 2009 : 340). Cette perspective offre une approche nouvelle pour l'étude de la marque olympique, de son capital et de sa valeur. En regroupant nos connaissances du système olympique (Chappelet, 2009) et les diverses parties prenantes (Ferrand & Camps, 2009), nous pouvons examiner la façon dont ce processus contribue à la marque olympique.

Le système olympique est un réseau complexe de parties prenantes, qui est régulé à l'aide d'une définition et d'une allocation des droits spécifiques, tel qu'examiné dans le chapitre 2. Ces négociations axées sur les parties prenantes jouent un rôle important lorsque nous considérons la valeur de la marque dans le cadre du système olympique (ex : Brodie, 2009 ; Brodie *et al.*, 2009). Cela conduit à mettre l'accent sur la création de la valeur de la marque en relation avec l'action de ses parties prenantes.

La théorie des parties prenantes a permis aux gestionnaires de passer d'une approche fondée sur l'organisation, dans laquelle les parties prenantes sont gérées pour les bénéfices qu'elles apportent aux organisations, à une vision orientée sur le réseau, qui met l'accent sur les relations et les processus (Ferrand & McCarthy, 2009). Cette approche offre une image beaucoup plus riche lorsqu'on examine les sources de la valeur pour la marque et son capital dans le système olympique. Pour le CIO, l'adoption de cette approche conduit à analyser l'ensemble des relations dans lesquelles la marque olympique est engagée, et à évaluer et déterminer comment le capital de la marque est créé dans le cadre de ces différentes relations. Les modèles de valeur fondés sur les parties prenantes illustrent les interconnections entre ces acteurs, ainsi qu'entre les divers capitaux, et sont appelés « daisy wheel models » (modèles marguerite) (Jones, 2005). La figure 3.4 est un modèle adapté de Jones (2005), il sert à identifier les parties prenantes et a spécifier leurs attentes, ainsi que le type d'échanges que le CIO devrait développer afin de pouvoir répondre aux attentes de chacune de ses parties prenantes. Tel que souligné par Jones (2005 : 23), « l'accent se déplace du regard du capital de marque relatif à ce que le manager de la marque fait pour le consommateur, vers l'introduction de la compréhension du mode de création de la valeur pour les parties prenantes (consommateur, client, acteurs du réseau, fournisseurs, etc.) et sur la façon dont cela peut se traduire en valeur pour l'entreprise ».

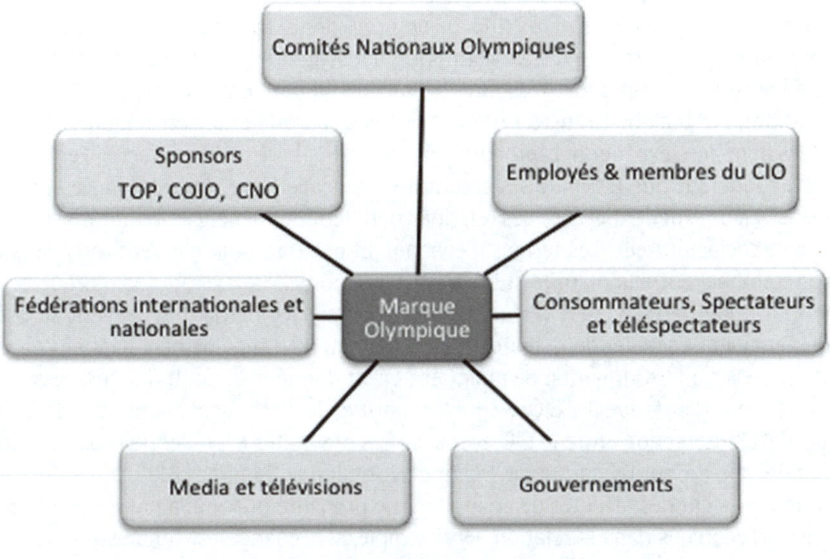

Figure 3.4 - Parties prenantes de la marque olympique (adaptée de Jones, 2005)

Il est intéressant de noter que le lien entre chaque partie prenante et la marque olympique peut être examiné de manière indépendante (ex : sponsors « TOP » et marque olympique). Une telle analyse offrirait des renseignements précieux dans l'établissement de stratégies visant à gérer chaque relation. Cependant, chaque relation doit être analysée selon la façon dont elle se connecte au noyau de la marque (Jones, 2005). Par exemple, la marque olympique peut construire un capital fort avec un groupe de parties prenantes (ex : sponsors), mais ce capital peut être miné par l'action d'autres parties prenantes (ex : actions négatives des athlètes dans les médias sociaux, scandales dans une fédération internationale, dopage, etc.). Ainsi, en identifiant des parties prenantes essentielles, la valeur du lien et la nature de l'échange deviennent une étape importante dans la compréhension du capital de marque. L'évaluation de leur importance stratégique en relation avec leur contribution à la création de la valeur de la marque devient essentielle.

3.3.1 Identification des parties prenantes et leur importance

Le système olympique comporte de nombreuses parties prenantes, qui ont été décrites dans le chapitre 1. L'importance des parties prenantes est en relation avec des questions spécifiques : par exemple, l'importance du gouvernement canadien a augmenté de manière significative en 2006-2007, lorsque le Comité d'organisation des Jeux Olympiques d'hiver 2010 (COVAN) et le Comité olympique canadien (COC) ont fait du lobbying dans le but d'obtenir une législation spéciale visant à protéger la marque olympique et ses marques connexes (ex : « Loi sur les marques olympiques et paralympiques »). Le processus comprenait un débat au sein d'un Comité spécial de la Chambre des Communes du Canada, une consultation publique dans le cadre de diverses lectures de la législation proposée et une recommandation de législation devant faire l'objet d'un vote des officiels élus. L'importance du gouvernement canadien a augmenté pendant cette période. Pour évaluer l'importance, il est essentiel de déterminer si une partie prenante est latente, actuelle ou critique. Ceci fournira une information concernant l'importance de la relation et sur la façon dont elle devrait être gérée. En plus de l'identification de l'importance de chaque partie prenante, il est nécessaire, dans une perspective marketing, de comprendre la façon dont le processus d'échange avec chaque partie prenante crée de la valeur pour la marque (Jones, 2005). Trois genres d'échanges ont été identifiés : fonctionnel (échange de valeur utilitaire entre la marque et le partenaire dans la relation), symbolique (transfert de sens entre la marque et le consommateur) et hédonique (lié à des bénéfices expérientiels procurés par la marque). De la même façon, Ferrand et Torrigiani (2004) suggèrent que les marques créent des liens avec leurs clients (parties prenantes) à partir de leur valeur expérientielle, et ces relations génèrent des bénéfices de nature émotionnelle, symbolique et socioculturelle. Les termes d'échange et de relation impliquent tous deux un processus bidirectionnel entre la marque et ses parties prenantes. Par exemple, la marque olympique offre une multitude de façons en vertu desquelles les parties prenantes peuvent se connecter, faire l'expérience et bénéficier de la marque. Par ricochet, quel type de bénéfices ses parties prenantes offrent-elles au CIO (marque olympique) ? Étant donné qu'il s'agit d'un processus bidirectionnel, il est important que le CIO évalue la nature de l'échange au niveau de la marque olympique. Cette interaction entre le CIO et ses parties prenantes est essentielle dans le processus de création de valeur pour la marque olympique (Normann & Ramirez, 1993). Ceci signifie que le CIO doit être conscient des attentes de chaque partie prenante quant à la nature de l'échange, ou des bénéfices recherchés dans la relation. Par exemple, si l'échange est fondé sur un service (ex : hospitalité olympique), on doit déterminer les attentes des parties prenantes (ex : sponsors) concernant la qualité attendue du service, les modalités de création du service, et l'importance du contexte dans lequel le service est mis en œuvre (particularités du pays hôte, culture, sites historiques, etc.). De même, un sponsor peut chercher à améliorer sa réputation, ou à bénéficier d'un transfert au niveau de l'image (entre la marque olympique et sa propre marque) ; dans un tel cas, l'identification des facteurs qui sont importants pour une « bonne réputation » ou la connaissance des associations qui sont reliées à la marque deviennent essentielles. Il est évident que chaque intervenant aura des objectifs et des préoccupations différentes en ce qui concerne la marque olympique. Par conséquent, la détermination des préoccupations et objectifs primaires devient une question centrale dans la création de la valeur, pour les organisations et leurs parties prenantes (Jones, 2005).

Une telle approche suggère que le développement du capital de marque devrait nécessiter la compréhension précise du mode de création de valeur pour les parties prenantes (spectateurs, sponsors, athlètes, CNO, FI, etc.), et sur la façon dont cela peut se traduire en valeur (financière, légitimité, pouvoir, confiance, etc.) pour le CIO (Jones, 2005). De plus, il est suggéré que le fait de construire des relations dans le cadre du réseau interne à l'organisation permet de créer un « capital de réseau », que Ferrand et McCarthy (2009) nomment constellation de valeur.

3.3.2 Valeur de la marque et parties prenantes

La valeur de la marque se crée lorsque de multiples parties prenantes sont en contact avec la marque. Un certain nombre de chercheurs (Jones, 2005 ; Ferrand & McCarthy, 2009 ; Merz *et al.*, 2009) signalent l'importance d'un réseau de relations qui agissent en synergie dans le processus de création de la valeur pour l'entreprise et le client, bien que la valeur de la marque puisse aussi être créée grâce à une interaction entre celle-ci et une seule partie prenante. Il est important de signaler que la valeur de la marque ne correspond pas nécessairement à la somme de la valeur de chaque relation considérée séparément (Jones, 2005). Ainsi, la valeur de la marque n'est pas dépendante d'une seule relation. La marque olympique offre un cas intéressant pour illustrer ce point. Tel que décrit dans le chapitre 1, le début des années 1980 correspondait à une période où les relations entre le CIO et ses nombreuses parties prenantes étaient parfois tendues. Le système olympique n'était pas réceptif à son environnement et, en conséquence, sa logique n'impliquait pas de cocréation de valeur. En conséquence, l'avenir des Jeux faisait l'objet d'un questionnement, car très peu de villes étaient intéressées pour les accueillir (trop dispendieux), les tensions politiques entre l'Est et l'Ouest entraînaient de nombreux boycotts (1980-1984), des groupes terroristes amenèrent de nombreuses préoccupations en matière de sécurité (1972), le statut amateur des athlètes était remis en question (1960-1970), certaines FI influentes se questionnaient sur l'intérêt de faire partie du programme olympique, les CNO étaient divisés, il existait de grands écarts entre l'Est et l'Ouest, entre riches et pauvres, et le CIO refusait de créer des liens officiels avec des entreprises privées (sponsors). Durant cette période, le CIO était considéré comme au bord de la faillite (O'Reilly et Séguin, 2009), alors que 95 % de ses revenus provenaient d'une seule source, les droits de télévision. De ce montant, 85 % provenait d'un seul réseau, le télédiffuseur américain. La dépendance au niveau d'une partie prenante, combinée aux mauvaises relations avec d'autres acteurs n'ont pas permis de créer de la valeur et un capital de marque suffisant. Lorsque Juan Antonio Samaranch est devenu le président du CIO, il a concentré tous ses efforts sur la construction de ce qui allait devenir un puissante organisation sportive internationale, et l'une des marques les plus importantes au monde. Cette démarche nécessitait de faire l'unité au sein du mouvement olympique (CIO, CNO et FI) et de bâtir des liens forts avec le secteur privé (sponsors) et avec les ligues de sport professionnel (ex : NBA, APA). De plus, ses antécédents en tant qu'homme politique en Espagne et ailleurs (ex : ambassadeur d'Espagne en Union soviétique et Mongolie en 1977) ont contribué à construire d'importantes relations avec un certain nombre de gouvernements (blocs de l'Est et de l'Ouest), à l'échelle de la planète.

3.3.3 Vers un modèle de capital de marque olympique

Suite à la mise en œuvre de sa stratégie marketing qui a repositionner le CIO (ex : TOP, télédiffuseurs, sports professionnels, etc.) comme une force dominante au sein des sports internationaux ; une approche de « management de la marque » fût privilégiée par le CIO dans sa stratégie organisationnelle. Il s'agissait, certes, d'une pratique innovante pour une organisation sportive, mais qui représentait une évolution naturelle pour une entreprise multinationale. Vers le milieu des années 1990, des villes du monde entier rivalisaient pour obtenir le droit d'accueillir les

Jeux, l'influence du CIO sur les gouvernements avait grandi considérablement, les CNO et les FI travaillaient en collaboration sous le leadership du CIO, les joueurs professionnels (NBL, NHL, ATP, etc.) pouvaient participer aux Jeux Olympiques, ce qui a ajouté à la qualité du spectacle, offert un divertissement plus stimulant et augmenté l'intérêt des consommateurs au niveau mondial. Finalement, la base de revenus s'est diversifiée et dépasse aujourd'hui 3 milliards de dollars américains par période quadriennale. Cependant, un certain nombre de questions (dopage, éthique douteuse de certains membres, surcommercialisation, tricherie, etc.), auxquelles s'ajoute le scandale de Salt Lake City, menace la marque et sa croissance éventuelle (Séguin *et al.*, 2008). Ainsi, l'adoption d'une approche fondée sur le management de la marque semblait nécessaire pour bâtir, protéger et développer le capital de marque.

Jones (2005 : 26) suggère un modèle de capital de marque fondé sur les éléments suivants :

1. La création de la valeur repose sur l'interaction entre la marque et ses parties prenantes.
2. La valeur est créée grâce à la satisfaction des attentes des parties prenantes relatives à des bénéfices fonctionnels, symboliques ou hédoniques.
3. Les actions des managers concernant la marque ont un impact sur les perceptions des parties prenantes au sujet de la marque. Cependant, la perception globale de la marque est aussi affectée par les actions des autres parties prenantes.

Ce modèle offre une approche holistique englobant l'identification des relations, qui sont d'importantes sources de valeur pour la marque. Il faut aussi noter que l'évaluation des résultats concerne la réputation, la synergie et l'influence politique, en plus de la profitabilité. Par conséquent, le modèle proposé par Jones ne met pas l'accent sur une mesure unique de résultat, mais plutôt sur l'identification des résultats pertinents (pour la marque), en relation avec les parties prenantes importantes pour la marque. Ces effets concernant la performance relationnelle influencent la valeur globale de la marque.

3.3.4 Identification de l'importance des parties prenantes dans une perspective de cocréation de valeur

De nombreuses parties prenantes sont liées à la marque olympique (voir chapitre 1). L'importance de chacune d'entre elles dépendra d'un certain nombre de facteurs. Il est important de noter que même si certains intervenants avec un fort niveau de pertinence (ex : sponsors, télédiffuseurs, spectateurs) sont des acteurs essentiels d'autres peuvent aussi jouer un rôle important dans la coproduction de la marque et dans la création d'une constellation de valeurs. Par exemple, les officiels de gouvernement peuvent faire partie du Conseil d'administration de l'AMA, sans pour autant être un « client » de la marque olympique. Mais jusqu'à présent, le dopage demeure une menace importante pour la marque olympique (Séguin *et al.*, 2008), et l'AMA est une partie prenante essentielle dans le combat contre ce fléau et par conséquent dans la création (ou le maintien) de la valeur de la marque olympique.

Dans ce contexte, les parties prenantes doivent être considérées comme faisant partie d'un réseau de relations engagées dans la cocréation de la valeur. En d'autres termes, les diverses actions des alliés de la marque influenceront sa valeur. Nous allons décrire la façon dont chaque partie prenante contribue à la cocréation de la valeur :

Tableau 3.1 • Contribution des parties prenantes à la création de valeur

Parties prenantes et alliances de marques	Relations concernant la marque	Cocréation de valeur pour la marque
CIO	- Gérer la marque - Effectuer régulièrement des recherches à propos de la marque - Éduquer les parties prenantes au niveau de la marque - Assurer un leadership dans le mouvement olympique	- Associé aux valeurs telles que l'excellence, l'amitié et le respect - Offre une plate-forme globale pour les partenaires
COJO	- Gérer la marque dans le pays hôte - Créer sa propre marque unique selon la culture du pays hôte - Effectuer des recherches régulières concernant la marque, éduquer les partenaires et mettre en oeuvre des stratégies de marque - Protéger la marque et tous les symboles olympiques connexes dans le pays hôte ; travailler avec les autorités publiques pour créer une législation spéciale, éduquer les parties prenantes sur le bon usage de la marque - Construire et gérer l'image des Jeux	- Promouvoir les valeurs olympiques au sein du pays hôte - Grâce aux alliances communes de marque, distribuer la marque olympique avec plus d'ampleur et de profondeur - Impliquer les diverses parties prenantes avec la marque olympique afin d'offrir une expérience olympique - Prendre en compte les questions sociétales clés telles que l'environnement et la durabilité - Promouvoir le sport pour les jeunes dans le pays d'accueil
CNO	- Gérer la marque olympique des CNO - Protéger la marque olympique sur le territoire - Promouvoir la marque et les valeurs olympiques en développant des programmes (pédagogiques, RP, etc.) et en invitant d'autres parties prenantes	- Diffuser les valeurs olympiques au sein du pays hôte grâce aux parties prenantes - Impliquer les parties prenantes (sponsors, gouvernements, fédérations nationales de sport, etc.) au niveau du mouvement olympique
FI	- Assurer la promotion des sports respectifs, offrir des produits de divertissement, impliquer les supporters et les participants, organiser les championnats du monde ou autres événements internationaux, éduquer et surveiller le dopage, la tricherie, etc.	- Le fait d'avoir les meilleurs athlètes dans le cadre des Jeux Olympiques permet alors d'augmenter le pouvoir de divertissement des Jeux

Parties prenantes et alliances de marques	Relations concernant la marque	Cocréation de valeur pour la marque
Athlètes	- Ambassadeurs de la marque olympique, créer le produit central grâce à leurs prestations dans et en dehors des compétitions, se conduire conformément aux valeurs de la marque	- Les Jeux Olympiques offrent une plate-forme unique aux athlètes afin de se mettre en valeur - Les athlètes sont au cœur de la marque olympique et assurent la promotion des valeurs principales de la marque
Sponsors	- Associer leur marque à la marque olympique, intégrer les valeurs de la marque olympique dans les programmes de promotion, activer leur sponsoring en direction des personnes ciblées, offrir l'occasion aux consommateurs de faire l'expérience de la marque	- L'activation du sponsor donne à la marque olympique une très grande valeur promotionnelle et un accès à divers marchés - Les sponsors tirent avantage des valeurs associées à la marque olympique
Télédiffuseurs/ médias	- Apporter la marque (images, histoires, etc.) dans des milliards de foyers sur la planète - Offrir aux consommateurs l'occasion de faire l'expérience de la marque - Faire de la publicité à la marque en couvrant les Jeux Olympiques et les autres questions touchant les JO	- Les télédiffuseurs offrent une très grande valeur en assurant la promotion de l'olympisme sur la planète et en produisant un contenu qui interpelle les consommateurs
Ligues de sport professionnel	- Fournir les meilleurs athlètes dans les sports respectifs, un produit de divertissement, la promotion de leurs sports respectifs, accroître la crédibilité, etc.	- Les ligues professionnelles s'assurent que les meilleurs athlètes participent aux Jeux Olympiques ajoutant ainsi une valeur de divertissement aux Jeux - La marque olympique offre une plate-forme globale pour les ligues et les athlètes des sports professionnels.
Autres organismes de sport reconnus	- Soutenir la marque en ajoutant de la crédibilité au système sportif. Soutenir le combat de l'AMA contre le dopage (développer l'esprit d'équipe), s'assurer qu'il existe un processus transparent et juste au sein des sports olympiques	
Gouvernements	- Promotion de la marque en contribuant à l'accueil des Jeux Olympiques (finances, services, etc.), investissement dans une	- Les gouvernements investissent des ressources dans les Jeux Olympiques (finances, sécurité, législations, etc.) et en retour tirent

Parties prenantes et alliances de marques	Relations concernant la marque	Cocréation de valeur pour la marque
	structure durable, lutte contre le dopage, appui aux organismes nationaux de sport, protection de la marque olympique grâce à la législation, etc.	avantage de la plate-forme globale offerte par les JO (tourisme, impact économique, positionnement auprès des FI, etc.) et occasion de promouvoir la marque
Grand public	- Contribuer à la marque olympique grâce à leur intérêt dans les Jeux, soutenir les valeurs associées à la marque	- Le public tire avantage des promotions apportées par les Jeux au niveau du pays/de la région, et offre de précieuses ressources (financières, volontariat dans le sport, etc.) dans le cadre du mouvement olympique.
Fans olympiques	- Faire l'expérience de la marque en assistant aux compétitions, en regardant les événements à la télévision, soutenant les Jeux, les valeurs liées aux Jeux, développer leur relation avec la marque, promouvoir la marque dans leurs réseaux sociaux	- Les fans agissent en tant que coproducteurs des Jeux en consommant les Jeux sur place, à la télévision, par l'entremise des programmes d'activation des sponsors, etc. - Les fans des Jeux Olympiques ont la chance de partager les valeurs des Jeux, se sentent partie intégrante d'un événement spécial, tirent avantage de la réputation des Jeux, et font l'expérience de quelque chose d'unique dans leur environnement social

- Les sponsors : les sponsors « TOP » et les sponsors locaux jouent un rôle actif dans la création de la valeur grâce aux programmes d'activation, tout en renforçant la valeur olympique grâce aux programmes de publicité et de communication ; ils permettent alors de relier les consommateurs à la marque olympique de diverses façons. Ils offrent aussi des produits et services qui sont essentiels pour la mise en scène et l'organisation de Jeux de qualité. En réalité, les Jeux Olympiques sont une plate-forme unique pour certains sponsors, qui leur permettent de mettre en valeur des nouvelles technologies et des produits innovants au niveau des marchés stratégiques au niveau mondial.
- CNO : ils sont responsables de protéger et de contrôler la marque dans leurs pays respectifs. Ils utilisent le pouvoir de la marque olympique afin de développer des programmes pédagogiques et de marketing dans leurs pays respectifs, de faire le lien avec les institutions publiques et privées pour promouvoir la marque et l'olympisme, et travaillent avec les fédérations nationales de sport afin de développer le sport et les athlètes qui participent aux Jeux Olympiques.
- FI : elles établissent les modalités et les règlements concernant le produit principal (ex : des sports qui sont pratiqués et contrôlés dans le monde). Ceci signifie que les FI ont tout

intérêt à rendre leur sport intéressant, divertissant pour les participants, spectateurs et téléspectateurs. Elles ont la responsabilité d'éduquer et de surveiller le dopage dans leurs sports respectifs et de s'assurer qu'une gouvernance adéquate est en place. Les FI ont un intérêt accru dans la création commune de la valeur dans le cadre de la marque olympique ; en réalité, le fait d'être relié à la marque apporte de la crédibilité, une attention publique et privée et de l'intérêt. Les FI tissent des relations étroites avec le CIO, les CNO, les COJO, les FNS, les athlètes, les officiels du gouvernement et les sponsors.

- Athlètes : ce groupe de parties prenantes est essentiel pour la production de la valeur de la marque. Les athlètes sont au « cœur de la marque ». Ils concourent au plus haut niveau sportif en respectant, adhérant et assurant la promotion des valeurs olympiques (excellence, succès, efforts, amitié, respect). Les cas de dopage, tricherie ou corruption qui sont liés aux athlètes représentent une menace importante pour la marque olympique.
- Télédiffuseurs : ils jouent un rôle essentiel en transmettant les Jeux Olympiques dans des millions de foyers dans le monde, en diffusant des images au sujet du spectacle olympique, des sports, des athlètes, des performances extraordinaires, des déceptions, etc. Les télédiffuseurs ont aussi un intérêt accru dans la création d'une valeur forte pour la marque olympique, car la valeur de la publicité dépend du nombre de téléspectateurs suivant les Jeux. Les Jeux Olympiques offrent aussi aux télédiffuseurs une occasion unique de mettre en valeur les nouvelles technologies, qui rehaussent l'expérience du consommateur, et de rendre ainsi les Jeux encore plus intéressants.
- COJO : il joue un rôle essentiel dans la création commune de la valeur au niveau de la marque olympique. Le COJO a une durée de vie de sept ans, durant lesquels il prépare les Jeux. Une marque est créée afin de refléter les caractéristiques essentielles, les valeurs et la vision du pays hôte. La marque est par la suite utilisée pour créer de la valeur au niveau des autres alliances de marque, avec un très important réseau de parties prenantes comprenant le CIO, le CNO hôte, le CNO, les FI, les sponsors, les fournisseurs, les titulaires de licence, les détenteurs de billets, les établissements pédagogiques, les gouvernements, les ONG, les ONS, les athlètes, etc. Le COJO développe une identité pour les Jeux dont la marque est liée au « look » des Jeux. Cette organisation collabore étroitement avec les forces de l'ordre, afin de combattre les produits dérivés contrefaits et l'*ambush marketing*.
- Gouvernements : les gouvernements locaux, régionaux et nationaux se rallient au mouvement olympique en fournissant la plupart du temps des ressources financières aux athlètes, aux fédérations nationales de sport, en construisant des infrastructures sportives, etc. Certains gouvernements dans les pays hôtes jouent un rôle actif dans la cocréation de la valeur en assurant la promotion des Jeux Olympiques et des valeurs olympiques sur leur territoire. Les gouvernements adoptent des législations spéciales (ex : OPMA au Canada), afin de protéger la marque olympique contre l'*ambush marketing*.

Les prochains chapitres examineront les parties prenantes principales du mouvement olympique et analyseront le mode de création de la valeur à partir des relations au sein de leur marché, de leur réseau de partenaires et à l'intérieur de l'organisation.

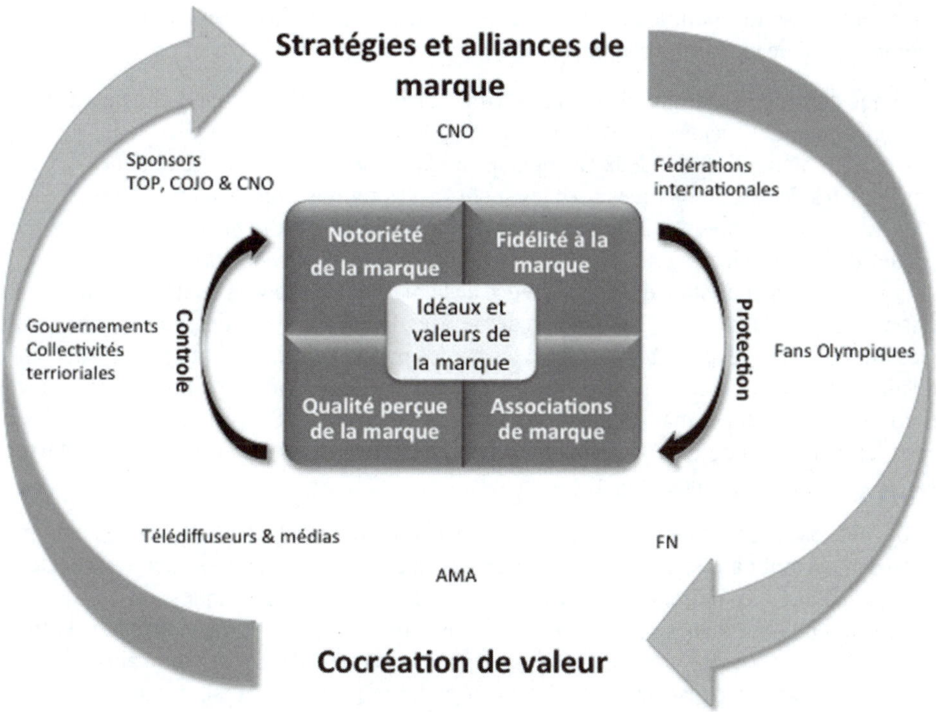

Figure 3.5 - Modèle relatif à la cocréation de valeur

Conclusion

Dans ce chapitre consacré à la marque olympique, nous avons analysé la structure de la marque olympique et les divers facteurs qui contribuent à la construction de son capital. Nous avons souligné que la marque olympique possède des idéaux et des valeurs (amitié, excellence, respect) qui constituent son essence. Ces trois valeurs sont des composants du concept d'« olympisme », qui a été établi comme le fondement du mouvement olympique par Pierre de Coubertin en 1896. De plus, les recherches concernant la marque menées au niveau international suggèrent que les consommateurs associent la marque à ces valeurs, mais aussi avec d'autres attributs (ex : paix, célébration, sport, etc.), ce qui donne plus d'étendue et de profondeur à la marque olympique.

Le concept de capital de marque a également été présenté dans le présent chapitre. Le capital de marque se définit comme un ensemble d'actifs et de passifs liés à une marque (Aaker, 1991). Le modèle d'Aaker constitue un cadre de référence en la matière. Il s'agit d'un outil utile pour évaluer les dimensions du capital de la marque olympique. Telle que présentée dans la figure 3.1, cette marque possède une très forte notoriété au niveau mondial, elle bénéficie d'associations positives, ainsi que d'une qualité perçue élevée et d'un ensemble de parties prenantes fidèles. De plus, d'autres avantages propres à la marque, tels que « l'allumage de la flamme » et « le relais de la flamme olympique » contribuent grandement à son capital. Conformément au modèle d'Aaker, le capital de la marque offre d'importants bénéfices pour le CIO et ses parties prenantes. Par conséquent, il est essentiel pour le CIO et ses parties prenantes de collaborer pour maintenir et développer le capital de la marque olympique.

Le management de la marque olympique est une tâche complexe. Les cinq anneaux entrelacés sont non seulement inclus sur les marques des 204 CNO, quatre COJOs des Jeux Olympiques (hiver et été), deux COJO des Jeux Olympiques de la jeunesse, des villes candidates, mais aussi sous forme d'alliances de marques avec les sponsors, les fournisseurs, les télédiffuseurs, les gouvernements des pays hôtes et autres organismes (MEMOS, AISTS, IOA, etc.). Par conséquent, il est essentiel de mettre en place un programme de protection et de contrôle afin de protéger ces atouts, d'assurer la consistance et la cohérence de la marque dans divers contextes et de développer son influence dans le monde. Au cours des années, le CIO a élaboré des directives et des politiques qui doivent être strictement respectées par les parties prenantes (internes et externes) qui ont l'autorisation d'utiliser la marque olympique sous une forme ou une autre. Les efforts continus du CIO concernant le management de la marque semblent être reconnus par les parties prenantes, alors même que celui-ci continue à créer des alliances de marques qui contribuent de manière significative au mouvement olympique.

Les concepts d'« alliances de marques » et de « cocréation de la valeur par les parties prenantes » sont très important dans le système olympique. Les alliances de marques existent lorsque deux ou plusieurs marques se regroupent afin d'atteindre des objectifs spécifiques, ou d'acquérir des bénéfices qui ne pourraient pas être atteints d'une autre façon. C'est le cas lorsqu'une entreprise telle que Coca-Cola signe un accord de partenariat avec le CIO. En agissant ainsi, Coca-Cola acquiert les droits de s'associer à la marque olympique (et ses valeurs), d'insérer les anneaux olympiques sur ses produits et de mettre en œuvre des campagnes de communication qui assurent la promotion de son association à la marque olympique. En retour, l'entreprise fournit des ressources financières au CIO, ainsi que des prestations en services qui ont une grande valeur pour le CIO, les COJO ainsi que d'autres parties prenantes au sein de l'alliance. Dans le cadre du management de la marque, le CIO doit analyser les diverses relations et alliances dans lesquelles la marque s'engage, et créer un système en vertu duquel ces relations contribuent au capital de la marque. Nous avons présenté en conclusion de ce présent chapitre un cadre de référence (figure 3.4) illustrant le mode de cocréation de valeur au sein de ce système.

POINTS CLÉS

- La marque olympique reflète les valeurs essentielles introduites par Pierre de Coubertin au début du mouvement olympique en 1894.
- L'essence de la marque olympique est composée de valeurs telles que excellence, amitié et respect.
- La notoriété de la marque, ses associations positives, la fidélité et la qualité perçue constituent des atouts qui contribuent à sa valeur.
- Une marque possédant un capital important constitue un avantage pour l'organisation, ses clients ainsi que l'ensemble de ses parties prenantes.
- Au cours des années, le CIO s'est beaucoup investi pour contrôler, protéger et gérer sa marque.

- La littérature récente sur la marque suggère que les parties prenantes sont les acteurs essentiels dans la création et la cocréation de la valeur d'une marque.
- Les parties prenantes de la marque olympique cocréent de la valeur grâce aux relations qu'elles ont construites avec la marque.

Références

Aaker, D.A., (1991), *Managing Brand Equity : Capitalizing on the Value of a Brand Name*, The Free Press, New York.

Amis, J., Slack, T. & Berrett, T., (1999), « Sport sponsorship as distinctive competence », *European Journal of Marketing*, 33(3/4), 250-72.

Barney, R., (1992), *The Great Symbol*, Olympic Review, 301, 627-631.

Blackett, T. et Boad, B., (1999), *Co-Branding. The Science of Alliance*, London : MacMillan.

Brodie, R., (2009), « From goods to services : An integrative perspective », *Marketing Theory*, 9(1), 107-111.

Brodie, R., Whittome, J. et Brush, G., (2009), « Investigating the service brand : A customer value perspective », *Journal of Business Research*, 62, 345-355.

Chernatony, L. (de), (2001), « A model for strategically building brands », *Brand Management*, 9(1), 32-44.

Chappelet, J.L. & Kübler, B., (2007), « The governance of the International Olympic Committee », *In International perspectives on the Management of Sport*, M. Parent & T. Slack, (éds), London : Elsevier, 207-228.

Desai, K. K. & Keller, K. L., (2002), « The effects of ingredient branding strategies on host brand extendibility », *Journal of Marketing*, 66(1), 73-94.

Ellis, D., Scassa, T. & Séguin, B., (2011), « Framing ambush marketing as a legal issue : An Olympic perspective », *Sport Management Review*, 14(3), 297-308.

Ferrand, A., & Camps I Povill, A., (2009), « Le marketing Olympique », *Revue juridique et économique du sport*, 92 (septembre), 7-44.

Ferrand, A. & McCarthy, S., (2009), *Marketing sports organisations : managing networks and relationships*, Routledge : London.

Ferrand, A. & Pages, M., (1999), « Image management in sport organizations : the creation of value », *European Journal of Marketing*, 33(3/4), 387-401.

Ferrand, A. & Torrigiani, L., (2005), *Marketing of Olympic Sport Organisations*, Human Kinetics : Champaign.

IOC, (2002), 2002 Marketing Fact File, Lausanne : IOC

IOC, (2006), 2006 Marketing Fact File, Lausanne : IOC

Jones, R., (2005), « Finding sources of brand value : Developing a stakeholder model of brand equity », *Journal of Brand Management*, 13(1), 10-32.

Keller, K.L., (2003), *Strategic Brand Management*, 2nd edition, Prentice-Hall, Upper Saddle River,NJ.

Leone, R., Rao, V., Keller, K., Man Luo, A., McAlister, L. & Srivastava, R., (2006), « Linking brand equity to customer brand equity », *Journal of Service Research*, 9(2), 125-138

Leuthesser, L., Kohli, C. & Suri, R., (2003), « 2+2=5 ? A framework for using co-branding to leverage a brand », *Journal of Brand Management*, 11(1), 35-47.

Meehanghan, T., (2001), « Understanding sponsorship effects », *Psychology and Marketing*, 18(2), 95-122.

Meenaghan, T. & Shipley, D., (1999), « Media effect in commercial sponsorship », *European Journal of Marketing*, 33(3/4), 328-347.

Merz, M., He, Y., Stephen L. & Vargo, S.L., (2009), « The Evolving Brand Logic : A Service-Dominant Logic Perspective », *Journal of the Academy of Marketing Science*, 37(3), 328-44.

Motion, J., Leitch, S. & Brodie, R.J., (2003)., »Equity in corporate co-branding. The case of Adidas and the All Blacks », *European Journal of Marketing*, 37(7/8), 1080-1094.

M'zungu, D.M., Merrilees, B. & Miller, D., (2010), « Brand management to protect brand equity : A conceptual model », *Journal of Brand Management*, 17(8), 605- 617.

Normann, R. & Ramirez, R., (1993), « Designing interactive strategy : From value chain to value constellation », *Harvard Business Review*, 71(4), 65-77.

O'Reilly, N. & Séguin, B., (2009), *Sports Marketing : A Canadian Prespective*, Nelson Education : Toronto.

Park, C.W., Youl Jun, S. & Shocker, A.D., (1996), « Composite branding alliances : an investigation of extension and feedback effects », *Journal of Marketing Research*, 33, 453-466.

Rao, A. R. & Ruekert, R. W., (1994), « Brand alliances as signals of product quality », *Sloan Management Review*, 36, 87-97.

Sandler, D. & Shani, D., (1989), « Olympic Sponsorship vs 'ambush' marketing : Who gets thegold ? », *Journal of Advertising Research*, 29, 9-14.

Séguin, B., Richelieu, A. & O'Reilly, N., (2008), « Leveraging the Olympic brand through the reconciliation of corporate consumers brand perceptions », *International Journal of Sport Management and Marketing*, 3(1/2), 3-22.

Simonin, B.L. & Ruth, J.A., (1998), « Is a company known by the company it keeps ? Assessing the spillover effects of brand alliances on consumer brand attitudes », *Journal of Marketing Research*, 35, 30-42.

Srinivasan, V., Park, C.S. & Chang, D. R., (2005), « An Approach to the Measurement, Analysis, and Prediction of Brand Equity and Its Sources », *Management Science*, 51(3), 1433-1448.

Vargo, S. L. & Lusch, R. F., (2004), « Evolving to a new dominant logic for marketing », *Journal of Marketing*, 68(1), 1-17.

Voss, E. K. & Gammoh, B. S., (2004), « Building brands through brand alliances : Does a second ally help ? », *Marketing Letters*, 15(2-3), 147-159.

Ressources Internet

IOC Marketing Media Guide	www.olympic.org/Documents/Reports/EN/IOC-MEDIAGUIDE-2010-EN.pdf
Brand Olympics : Patriotism, positivity and praise from Vancouver 2010	www.interbrand.com/en/knowledge/blog/post/2010-03-02/Brand-Olympics-patriotism-positivity-and-praise-from-Vancouver-2010.aspx
Brand Olympics : The Best Marketing campaigns of the 2010 Vancouver Winter Games	sparksheet.com/brand-olympics-the-best-marketing-campaigns-of-the-2010-vancouver-winter-games/
London 2012 brand information, using the brand, protecting the brand	www.london2012.com/about-us/our-brand/using-the-brand.php
Rio launches new Olympic brand, logo	www.gamesbids.com/eng/other_news/1216135497.html
The Olympics – The World's most powerful brand ?	www.brandinsightblog.com/2010/03/06/the-olympics-–-the-world's-most-powerful-brand/

Chapitre 4

Le modèle du marketing olympique

SOMMAIRE

RÉSUMÉ

Ce chapitre analyse la pertinence des deux principaux paradigmes du marketing dans le cadre du système olympique. Il souligne la nécessité d'un glissement de l'échange de valeur vers la cocréation de valeur. En s'appuyant sur la théorie des parties prenantes, il montre que la valeur peut se créer en impliquant de multiples acteurs dans le cadre du marketing relationnel, ainsi que dans celui du marketing des parties prenantes. Il présente enfin un dispositif permettant de concevoir et de mettre en œuvre ces deux orientations du marketing au sein du système olympique.

Introduction

Nous allons présenter et analyser dans ce chapitre les stratégies et la mise en œuvre du marketing par les parties prenantes du système olympique. Dans une première section, nous situerons le marketing olympique en relation avec les paradigmes de l'échange de valeur, ainsi que de la cocréation de valeur. Dans une seconde partie, nous nous appuierons sur la théorie des parties prenantes pour montrer que le marketing olympique s'inscrit principalement dans le paradigme de la cocréation de valeur, et que cet objectif peut être atteint dans le cadre du marketing relationnel ou du marketing des parties prenantes. Nous présenterons enfin une méthode permettant de concevoir et de mettre en œuvre ces deux orientations du marketing, qui impliquent des acteurs multiples dans la création de valeur au sein du système de parties prenantes.

1. LE MARKETING OLYMPIQUE : ÉCHANGE DE VALEUR OU COCRÉATION DE VALEUR ?

Les parties prenantes au sein du système olympique ont progressivement rationalisé et diversifié leurs stratégies de marketing. Cette pratique managériale a évolué au niveau de sa formalisation et de sa mise en œuvre depuis la première définition formulée, en 1935, par l'Association nationale des enseignants en marketing (National Association of Marketing Teachers), qui a précédé la création de l'Association américaine de marketing (American Marketing Association) : « Le marketing est la performance des activités commerciales qui orientent le flux des biens et services des producteurs aux consommateurs. » Nous allons présenter et situer le marketing olympique par rapport au paradigme fondé sur le concept d'échange de valeur (Alderson, 1957 ; Kotler et Levy, 1969), ainsi que celui fondé sur la cocréation de valeur (Prahalad et Ramaswamy, 2004) au sein d'un réseau de parties prenantes.

1.1 Le paradigme de l'échange de valeur

Le paradigme de l'échange a dominé le marketing pendant plusieurs décennies. La première définition officielle du marketing établie en 1985 par l'American Marketing Association indique que le marketing concerne le processus de planification et de mise en œuvre relatif à la conception, à la fixation du prix, à la promotion et à la distribution d'idées, de biens et de services pour créer des échanges permettant de satisfaire à la fois les objectifs des personnes et des organisations. Le processus d'échange se situe au coeur de ce phénomène. Selon Bagozzi (1975 : 39), « l'échange est le concept central du marketing, et il peut servir de fondement à cette insaisissable théorie générale du marketing ». Parmi les nombreuses définitions existantes, nous signalerons celle de Kotler et Armstrong (2001 : 6) parce qu'elle lie le concept d'échange à celui de valeur. En effet, le marketing est « un processus social et managérial par lequel des individus et des groupes obtiennent ce dont ils ont besoin et ce qu'ils veulent à travers la création et l'échange de produits et de valeur avec les autres ».

Le marketing du sport se situe également dans ce paradigme. Pour Mullin, Hardy et Sutton (2007), le marketing du sport concerne toutes les activités réalisées pour satisfaire les besoins et les attentes des consommateurs de sport à travers des processus d'échange. Le marketing du sport a développé deux domaines majeurs : le marketing des produits et services sportifs dédiés directement aux consommateurs sportifs, et le marketing des autres produits et services destinés aux consommateurs utilisant la promotion par le sport. Shank (2005 : 3) s'inscrit également dans cette orientation, car selon lui « le marketing du sport est l'application spécifique des principes et processus marketing aux produits sportifs et au marketing des produits non sportifs à travers leur association avec le sport ».

1.1.1 Définition du concept d'échange

Selon Kotler et Armstrong (2001 : 11), « l'échange est l'action consistant à obtenir un objet que l'on désire de quelqu'un en offrant quelque chose en retour ». Bagozzi (1975 : 33) décrit trois types d'échanges : restreint, généralisé et complexe.

- « L'échange restreint réfère à des relations réciproques entre deux parties qui peuvent être représentées sous la forme d'un diagramme comme A<>B, où « <> » signifie « donne à et reçoit de » et A et B représentent des acteurs sociaux tels que des consommateurs, des détaillants, des vendeurs, des organisateurs ou des collectivités.
- L'échange généralisé implique des relations univoques et réciproques concernant au moins trois acteurs dans une situation d'échange. La réciprocité univoque se produit si au moins trois acteurs sont impliqués et si les acteurs ne bénéficient pas directement des autres, mais seulement indirectement. Dans l'échange généralisé, les acteurs sociaux forment un système dans lequel chaque acteur donne à un autre, mais reçoit de quelqu'un d'autre que celui auquel il a donné.
- L'échange complexe réfère à un système de relations mutuelles entre au moins trois parties. Chaque acteur social est impliqué dans au moins un échange direct, tandis que le système entier est organisé par un réseau interconnecté de relations. Le meilleur exemple d'échange complexe en marketing est peut-être les canaux de distribution multiples. » (Bagozzi, 1975 : 33)

L'intérêt de cette typologie est lié au fait qu'elle permet de prendre en compte des échanges dans différents systèmes de relations et qu'elle ne privilégie plus l'échange restreint, car il ne constitue que l'une des modalités.

1.1.2 Créer et fournir de la valeur

À l'issue d'une consultation d'experts académiques et de praticiens, l'AMA propose en 2004 une nouvelle définition : « le marketing est une fonction organisationnelle et un ensemble de processus pour créer, communiquer et fournir de la valeur aux clients et pour gérer les relations avec les clients, de façon à ce que l'organisation et ses parties prenantes en bénéficient ». Cette définition met l'accent sur le fait de créer et de fournir de la valeur à travers les relations avec les clients, pour le bénéfice de l'organisation et de ses parties prenantes. La notion d'échange est ici induite. Le marketing a pour objectif de générer et délivrer de la valeur pour qu'un échange se crée et qu'une relation se développe. Cette définition est compatible avec les différents types d'échanges mis en évidence par Bagozzi (1975).

1.1.3 La valeur fonctionnelle et expérientielle

Holbrook et Hirschman (1982) ont développé le concept de marketing expérientiel, qui a remis en cause l'universalité du modèle de décision du consommateur fondée sur sa rationalité (Howard et Sheth, 1969). Ce concept considère que la relation avec les consommateurs est construite à partir d'un processus comprenant des émotions et une partie de rationalité. Le but du marketing expérientiel est de créer le contact de façon à ce que le consommateur réponde à une offre de produit sur la base de dimensions émotionnelles. Dans ce cadre, la valeur pour le client correspond à une préférence relative à une expérience interactive (Holbrook, 1999). Elle est interactive parce que le consommateur interagit avec l'offre en la consommant ; elle est préférentielle parce qu'elle repose sur un jugement de préférence ; elle est relative parce qu'elle requiert une comparaison entre cette expérience et une autre ; et elle est expérientielle parce que la valeur, qui doit impliquer des bénéfices émotionnels, symboliques et/ou socioculturels, peut être obtenue seulement en expérimentant la situation.

La valeur expérientielle va au-delà du seul consommateur et peut concerner d'autres parties prenantes, comme les partenaires commerciaux (Schmitt, 1999). Le marketing olympique entre dans ce cadre. En effet, l'expérience des Jeux Olympiques est au cœur des préoccupations du CIO et des COJO, qui travaillent en collaboration avec leurs partenaires pour faire vivre à l'ensemble des parties prenantes une expérience olympique à la fois exceptionnelle et unique. Celle-ci associe les compétitions sportives à d'autres aspects plus intangibles, tels qu'une ambiance amicale et des échanges culturels. Le CIO (2010a : 12) indique que « le pouvoir qu'ont les Jeux d'inspirer la jeunesse et le monde en général implique excellence et pertinence : l'excellence au niveau de la qualité du produit — faire les choses correctement (préparation, organisation, niveaux de services, réactivité, etc.) ; et la pertinence dans la façon de positionner l'expérience olympique — « faire ce qu'il faut », par exemple étudier avec soin le contexte lors de la mise en place des éléments qui rendront en définitive l'expérience olympique véritablement unique (présentation des sports, identité visuelle, atmosphère dans la ville, messages, etc.) ». Il s'agit donc de procurer une valeur olympique expérientielle qui génère des bénéfices émotionnels, symboliques et socioculturels associés avec des bénéfices fonctionnels.

1.1.4 Comment définir une relation ?

Le concept de relation, qui se situe au cœur de la relation marketing, est assez large et requiert une définition. Selon Bhattacharya et Bolton (2000 : 329), « une relation se développe entre un client et une organisation quand il y a des bénéfices pour les deux à partir d'un ou plusieurs échanges ». D'autres chercheurs considèrent qu'une relation résulte d'une succession d'interaction dans le cadre d'une compréhension mutuelle. Ces situations conduisent à l'instauration d'un statut spécial qui est valorisé par les deux parties (Barnes, 2003). Grönroos (2000 : 33) met l'accent sur cet aspect : « une relation est développée quand un client perçoit qu'une façon mutuelle de penser existe entre le client et l'offreur ou le fournisseur de service ».

1.1.5 Création et développement d'une relation à long terme dans le cadre du marketing relationnel

La création et le développement d'une relation à long terme entre l'organisation et ses clients constitue l'objectif du marketing relationnel. Au cours des années 1980, une nouvelle approche du marketing a progressivement émergé (Grönroos et Gummerson, 1985 ; Christopher, Payne et Ballantyne, 1991 ; Berry et Parasuraman, 1993 ; Sheth et Parvatiyar, 2000). Elle se fonde sur la notion selon laquelle les échanges résultent du développement de relations collaboratives entre les acteurs sur un marché (Grönroos, 2000).

Il existe de nombreuses définitions du marketing relationnel. Selon Berry (1983 : 25), « le marketing relationnel consiste à attirer, maintenir et, dans des organisations multiservices, renforcer les relations avec les clients » (rétention des clients sur le long terme). Pour Morgan et Hunt (1994 : 22), « le marketing relationnel se réfère à toutes les activités marketing dirigées vers l'établissement, le développement et le maintien de relations d'échanges réussies » (développement des relations). Pour Christopher *et al.* (1991 : 5), le marketing relationnel est fondé sur la maximisation de la valeur pendant toute la vie du client, la focalisation de l'action sur des marchés multiples et au fait que sa fonctionnalité est liée au croisement des différentes fonctions de l'organisation.

La plupart des approches se limitent à la relation fournisseur-client. Néanmoins, certaines prennent en compte les parties prenantes de l'organisation. En effet, Christopher *et al.* (1991), Kotler (1992), Morgan et Hunt (1994) et Gummerson (1999) vont au-delà des fournisseurs et des clients en considérant que le marketing s'appuie sur un réseau de relations multiples. Ces approches vont conduire à la formalisation d'un marketing relationnel fondé sur l'interaction, au sein de réseaux, de relations entre l'organisation et ses parties prenantes (Gummerson, 2006).

Dans l'industrie du sport, Bee et Kahle (2006) ont constaté que le marketing relationnel a récemment reçu une attention considérable dans la pratique. La plupart des études se sont focalisées sur la capture et la rétention des clients. McDonald et Stavros (2007) ont analysé les motivations et les intentions futures de membres récents d'organisations sportives professionnelles, ainsi que les réponses marketing que ces organisations apportent au problème de la rétention des clients. Bee et Kahle (2006) ont examiné comment et pourquoi les consommateurs créent, développent et maintiennent des relations avec les organisations. Cette étude se focalise sur la rétention des consommateurs sur le long terme et incorpore une variété de techniques fondées sur le management des bases de données pour maintenir et renforcer les relations avec les clients. Cela concerne principalement la gestion de la relation client (ou CRM), qui est l'aspect le plus étudié du marketing relationnel.

1.1.6 Les limites d'une conception du marketing fondée sur la création et le développement d'une relation fondée sur l'échange de valeur

Malgré une évolution continue, la conception traditionnelle du marketing fondée sur la création et l'échange de valeur possède un certain nombre de limites. Ponsonby et Boyle (2004) soulignent que les consommateurs sont considérés comme des instruments passifs, absorbant les communications marketing et leur répondant d'une manière économiquement rationnelle. Cette analyse est également partagée par un grand nombre de chercheurs (Buttle, 1994 ; Firat et Venkatesh, 1993, 1995 ; Holbrook, 1996 ; McDonagh et Prothero 1996 ; Woodruffe, 1997). La valeur est perçue en termes de coûts et de bénéfices, ainsi que de ratios d'*outputs* en relation aux *inputs* ou *output/input* (Holbrook, 1999 ; Gale, 1994 ; Monroe, 1990 ; Zeithaml, 1988).

Sheth et Uslay (2007) adressent une critique plus fondamentale en indiquant que la création de valeur ne concerne pas uniquement la dyade vendeur-acheteur, mais implique de multiples parties prenantes, telles que les fournisseurs, les partenaires, les communautés et la société au sens large. Dans ce contexte, la valeur ne peut pas être créée isolément des parties prenantes. Ils concluent en indiquant que « le paradigme de l'échange limite la perception des rôles et des responsabilités des marketeurs et des consommateurs, alors que ceux-ci sont élargis pour les deux parties dans le paradigme de la création de valeur » (Sheth et Uslay, 2007 : 303). Conscient de ces limites, un courant a émergé progressivement à partir des années 2000. Il souligne l'importance des relations entre les parties prenantes dans le processus de création de valeur.

1.2 Le paradigme de la cocréation de valeur au sein des réseaux de parties prenantes

Ce nouveau courant de recherche a contribué à l'émergence du marketing relationnel à orientation réseau et, plus récemment, au marketing des parties prenantes. Nous allons présenter ces deux orientations.

1.2.1 La cocréation de valeur entre l'organisation et ses clients

Dans la conception traditionnelle du marketing, les interactions entre l'organisation et ses consommateurs ne sont pas considérées comme créatrices de valeur. Dans ce contexte, l'organisation crée de la valeur pour un consommateur qu'elle a ciblé pour son offre, et cela conduit à un échange de valeur fondé sur des produits et des services. Prahalad et Ramaswamy (2004) montrent que des interactions de qualité conduisent un consommateur à cocréer une expérience unique avec l'organisation, et que celles-ci sont sources d'avantage concurrentiel. C'est notamment le cas des spectateurs des Jeux Olympiques, dont la présence et l'expression collective procurent des bénéfices socioémotionnels.

L'analyse de l'interaction entre l'organisation et le consommateur montre que leurs rôles convergent. Dans la création de valeur, la valeur est créée dans la firme et ensuite échangée avec le client, alors que dans la cocréation de valeur, la valeur est cocréée par la firme et le consommateur (Prahalad et Ramaswamy, 2004). Dans ce contexte, la cocréation de valeur va au-delà de la simple mise en œuvre des étapes d'un processus et de l'implication des consommateurs dans une partie de celui-ci (e.g. l'impression de sa carte d'embarquement effectué par le voyageur). En allant plus loin dans le paradigme de la création de valeur, le besoin et la volonté des acteurs pour cocréer de la valeur contrecarrent et supplantent le désir d'échange. Dans une perspective de cocréation de valeur, la transaction qui a lieu avec McDonald's en tant que sponsor du programme Top du CIO passe d'un simple échange économique à un processus dans lequel le sponsor, le CIO et le COJO de Londres collaborent pour créer une plus grande au niveau des services et des produits, du recrutement des volontaires et de l'activation des programmes. Dans ce cadre, « le marché dans son ensemble devient inséparable du processus de création de valeur » (Prahalad et Ramaswamy, 2004 : 11).

1.2.2 La cocréation de valeur au sein des réseaux de parties prenantes

Chandler et Vargo (2011) ont analysé la façon dont les acteurs collaborent à travers un échange dans un contexte spécifique, ainsi que le rôle que ce contexte joue dans le cadrage de cet échange. Ils considèrent que la création de valeur résulte de l'intégration conjointe des ressources provenant d'acteurs multiples au cours d'échanges. Les travaux de Vargo et Lusch (2004, 2008) relatifs à la logique dominante de service (Service-Dominant Logic) montrent que la valeur est cocréée par de multiples acteurs, plutôt que par un acteur isolé.

En se fondant sur les travaux de Wasserman et Faust (1994) et de Sheth et Uslay (1997), Carrington, Scott et Wasserman (2005) considèrent le contexte comme un ensemble d'acteurs avec des liens à la fois uniques et réciproques. Il est important de définir le contexte, compte tenu du fait que son hétérogénéité affecte la façon dont les ressources peuvent être exploitées pour le service. Ainsi, les acteurs, les relations et les contextes forment des configurations complexes, parce que les liens entre deux acteurs peuvent affecter d'autres acteurs, ou d'autres relations, à travers le contexte et vice versa. Cela se produit parce que chaque acteur est en relation avec de nombreux autres acteurs (Freeman, 1977 ; Barney, Wright et Ketchen, 2001 ; Madhavaram et Hunt, 2008). Chandler et Vargo (2011) proposent une conceptualisation du contexte fondée sur quatre niveaux :

- Le niveau micro concerne les échanges entre les acteurs, dans le contexte d'une dyade. Chaque acteur compte sur ses ressources et ses compétences propres pour servir un autre acteur (e.g. un organisateur d'événement effectue une prestation de service pour un sponsor, qui a été définie dans le contrat).

- Le niveau méso concerne les échanges qui se déroulent au sein des dyades. Dans ce contexte, le processus important concerne l'échange indirect dans l'échange « service-pour-service » qui s'opère entre l'acteur A et l'acteur C (e.g. l'agence marketing (C) du sponsor (A) met en œuvre un plan d'activation en relation avec le contrat de sponsoring signé avec une fédération sportive (B)).

Le niveau macro concerne les échanges qui se déroulent à l'intérieur de triades en tant qu'écosystèmes.

- Au niveau méta, le contexte conduit à des échanges au sein d'un réseau complexe constituant un écosystème de service. (e.g. le sponsor du CNO est présent dans un programme télévisé concernant l'entraînement de l'équipe olympique).

- Au niveau méta, les échanges se déroulent à l'intérieur de réseaux complexes qui constituent des écosystèmes de services (e.g. un CNO met en œuvre une plate-forme de relations publiques permettant à ses sponsors de développer des actions de *B to B*).

À chaque niveau, le contexte encadre des échanges de type service-pour-service et guide la cocréation de valeur uniquement à ce niveau (Dopfer, Foster et Potts, 2004 ; Andersson, Aspenberg et Kjellberg, 2008 ; Storbacka, Nenonen et Korkman, 2009). La couche méta représente l'évolution de ces niveaux, qui opèrent simultanément. Selon Chandler et Vargo (2011), il est nécessaire pour capter ces différents aspects de se focaliser sur chaque niveau ou couche.

1.2.3 La cocréation de valeur dans le cadre du marketing relationnel à orientation réseau

Payne et Holt (2001) soulignent que la littérature du courant dominant en marketing *mainstream* a négligé l'étude des relations à long terme avec les consommateurs et les autres groupes de parties prenantes. Dans ce contexte, le management des parties prenantes internes et externes d'une organisation constitue une question centrale. En étudiant les différentes traditions dans le domaine du marketing relationnel, Möller et Halliner (2000) ont mis en évidence une distinction entre deux théories fondamentales du marketing relationnel, selon qu'il est fondé sur le marché ou sur le réseau. La première correspond à une orientation vers le marché, puisqu'elle concerne la création et le développement d'une relation à long terme entre l'organisation et ses clients. Elle se fonde sur un échange relativement simple entre l'organisation et ses clients à un niveau micro, dans le contexte d'une dyade. La seconde envisage des relations complexes dans le cadre d'un réseau de parties prenantes. Cela peut se faire aux niveaux macro, méso et méta et impliquer un large réseau de parties prenantes, qui combinent leurs ressources et leurs compétences afin de cocréer de la valeur (Bhattacharya, 2010 ; Christopher, Payne et Ballantyne, 2002 ; Frow et Payne, 2008).

Le marketing relationnel à orientation réseau dépasse largement les relations horizontales et unidirectionnelles de la notion de chaîne de valeur. Norman et Ramirez (1993) considèrent qu'il y a création d'une valeur au sein d'une constellation de parties prenantes. Les partenaires qui développent une offre créent une valeur commune par l'entremise de différentes relations coproductives plutôt qu'en additionnant des unités de valeur distinctes. Pour concevoir ce type d'offre, il convient de configurer les activités des différents acteurs pour créer la valeur optimale en précisant qui fait quoi, quand, où et avec qui. Hâkansson et Snehota (1995) ont identifié trois caractéristiques importantes. Il s'agit des « liens d'activités », qui concernent un ensemble d'activités pour lesquelles les partenaires collaborent (i.e. marketing, aspects techniques et administratifs). Des « liens en termes de ressources », relatifs à l'engagement et au partage des ressources techniques, humaines, financières et relatives à la connaissance ainsi que les « liens entre acteurs », relatifs au développement de la relation entre les personnes et les parties prenantes qui collaborent.

1.2.4 Le marketing relationnel dans le sport dans une perspective réseau

Le modèle du marketing relationnel à orientation réseau a trouvé un certain écho dans le sport. Nufer et Bühler (2010) présentent un modèle pour le marketing relationnel qui se focalise sur un marché et un réseau. Ils identifient et présentent les facteurs principaux permettant de développer des relations réussies dans le contexte du sponsoring sportif. Olkkonen (2001) présente cette approche en termes de réseau interorganisationnel, pour le développement du sponsoring. Lapio et Speter (2000) utilisent la NASCAR comme exemple de stratégie de marketing relationnel réussie pour développer un partenariat avec les médias, les sponsors et une base de clients plus loyale. Le marketing territorial relié à l'accueil d'un méga-événement sportif est un autre thème. O'Brien et Gardiner (2006) analysent l'utilisation du marketing relationnel et, plus spécifiquement, la gestion de réseau, pour la création d'impacts durables liés aux événements au cours de la période précédant les Jeux Olympiques de Sydney en l'an 2000.

Ferrand et McCarthy (2008) proposent une typologie de la cocréation de valeur parmi les parties prenantes (figure 4.1). La chaîne de valeur se réfère à la relation classique offreur-organisation-client. La cocréation d'une constellation de valeur implique la collaboration de multiples parties prenantes formant un système, ce qui est le cas dans le marketing olympique. Ces deux formes peuvent se développer à partir de la dyade initiale (1) pour former un vaste réseau de relations (6).

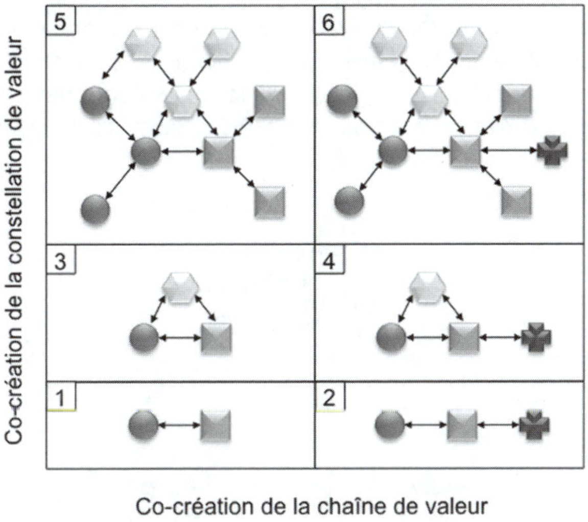

Figure 4.1 - Une typologie de la cocréation de valeur dans les réseaux de parties prenantes (Ferrand et Mc Carthy, 2008)

Bülher et Nufer (2009) font remarquer que la plupart des organisations sportives connaissent la valeur d'une relation à la fois bonne et solide sans avoir conscience des principes de construction du marketing relationnel. Il y a en effet un fossé entre l'application du marketing relationnel dans l'industrie du sport et les modèles managériaux liés. Cependant, Tower, Jago et Deery (2006) soulignent que toutes les transactions marketing dans le sport font référence aux principes du marketing relationnel. Dans certains cas, les efforts sont explicites. Dans d'autres cas, ils sont cachés ou même non reconnus.

1.2.5 Le marketing relationnel avec une perspective de réseaux multiples

Un certain nombre de chercheurs travaillant dans le champ du marketing relationnel ont développé des modèles permettant d'élargir son périmètre, pour inclure des relations avec certains groupes de parties prenantes ou de marchés. Kotler (1992) identifie dix acteurs spécifiques. Morgan et Hunt (1994) prennent en compte dix types d'échanges avec quatre groupes de partenaires. Gummerson (2006) considère, pour sa part, trente types de relations dans le contexte du marketing (les 30R). Christopher, Payne et Ballantine (1991) ont identifié six modèles de marchés (i.e. de référence, interne, d'influence, de recrutement, de fournisseurs et d'employés).

Ferrand et McCarthy (2008) ont proposé un modèle spécifiquement adapté aux organisations sportives en réseau. Celui-ci prend en compte les orientations vers le marché et le réseau en y ajoutant l'orientation interne, qui soutient les deux orientations précédentes. Cette catégorisation englobe les relations des typologies de Morgan et Hunt (1994), Christopher *et al.* (1991) et Gummerson (2006), et réduit la complexité afin de simplifier la conception et la mise en œuvre de ce type de marketing. À l'instar de Christopher *et al.* (1991), nous constatons que la pratique au sein du système olympique a précédé la théorie. Il existe, en effet, de nombreux exemples témoignant de l'existence de cette pratique alors qu'il n'y avait pas, ou peu, de travaux portant sur cette question.

Selon le modèle de Ferrand et McCarthy (2008), les relations des organisations sportives avec leurs parties prenantes clés sont développées à travers les actions orientées marché et réseau et soutenues par un processus de marketing interne. Cela requiert une stratégie pour gérer chacun des trois sous-secteurs : le marché, le réseau et l'interne, présentés dans la figure 4.2.

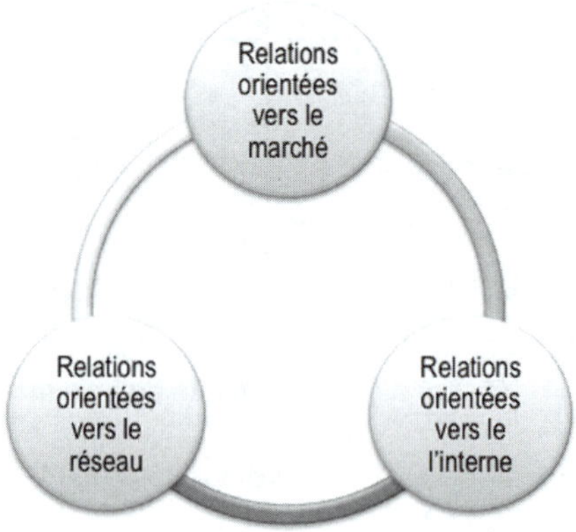

Figure 4.2 - Les trois catégories de relations (Ferrand et McCarthy, 2008)

- Les relations orientées vers le marché concernent l'organisation sportive et chacune de ses parties prenantes ciblées. Ces relations fournissent le fondement pour des échanges à caractère commercial et non lucratif. Elles sont stimulées par les concurrents et les autres acteurs opérant sur le marché. Les organisations sportives focalisent leurs actions de marketing relationnel au niveau du marché. C'est le cas de Visa, sponsor des Jeux Olympiques de Londres, qui met en œuvre d'importantes actions marketing pour gagner des parts de marché. Cependant, le recrutement de nouveaux consommateurs, utilisateurs et bénévoles monopolise souvent les efforts et les ressources, au détriment d'un processus de construction de la fidélité.
- Les relations orientées vers le réseau se focalisent sur les alliances entre parties prenantes, la concurrence et les régulations institutionnelles dans l'environnement au sein duquel opère l'organisation sportive. Comme nous l'avons mentionné précédemment, cela va beaucoup plus loin que les relations horizontales et unidirectionnelles au sein de la chaîne de valeur. Elles sont liées à la constellation de valeur (Norman et Ramirez, 1993) et concernent des programmes collaboratifs qui impliquent la coproduction de valeur. C'est le cas de BMW, sponsor des Jeux Olympiques de Londres 2012, qui, dans le cadre du Programme de performance de BMW pour Londres 2012 (BMW London 2012 Performance Programme), collabore avec le LOCOG, la ville de Londres et les revendeurs pour promouvoir un concept de voiture dynamique et efficiente qui suscite l'émotion, dans le cadre du développement durable.

- Les relations internes sont intraorganisationnelles. Les stratégies de marketing relationnel au sein du marché et du réseau peuvent être élaborées et mises en œuvre seulement si une organisation gère ses relations internes de manière efficiente. Gérer les relations internes aux organisations selon les principes du marketing a mené au développement du marketing interne, qui a été défini comme « un processus de développement des relations dans lequel l'autonomie de la direction et le savoir-faire se combinent pour créer et faire circuler une nouvelle connaissance organisationnelle qui défiera les activités internes qui ont besoin d'être changées pour renforcer la qualité dans les relations au sein du marché » (Ballantyne, 1997 : 44). Le sponsoring de McDonald's pour les Jeux Olympiques de Londres 2012 est basé sur le programme de l'équipe de McDonald's championne olympique (McDonald's Olympic Champion Crew programme) qui permet de sélectionner et récompenser les meilleurs employés. McDonald's est également le partenaire titre du le programme de volontaires des Jeux (Games Maker volunteer program). L'entreprise apporte son expertise et fournit du matériel ainsi que des installations afin d'aider le COJO de Londres à attirer, sélectionner et former les 70 000 volontaires. Le marketing interne prépare donc le terrain pour mettre en œuvre des actions marketing au sein du marché et du réseau de partenaires de l'entreprise.

1.3 Du marketing relationnel au marketing des parties prenantes

Le marketing des organisations en réseau, telles que celles constituant le système olympique, implique un changement de paradigme afin d'appréhender les relations entre les parties prenantes dans le processus de cocréation de valeur. Ce changement, qui a été initié par les chercheurs au début des années 1990 (e.g., Grönroos, 1994 ; Gummesson, 1997) permet de prendre en compte la complexité, la nature et la dynamique des relations et du processus de cocréation de valeur. Selon Sheth et Uslay (2007 : 305), « le marketing est maintenant dans un changement de paradigme de l'échange (valeur dans l'échange) vers la cocréation de valeur (valeur pour toutes les parties prenantes), avec une itération intermédiaire au niveau de la création de valeur (valeur d'utilité et marketing relationnel) ».

Dans ce contexte, Coote (1994) identifie trois approches principales (i.e. américaine, anglo-australienne et nordique). L'approche américaine prend ses racines à la fois dans le marketing des services et le marketing *business to business* (*B to B*). L'approche anglo-australienne « met en exergue la qualité, l'intégration du management de la qualité, les concepts du marketing des services et l'économie des relations avec les clients » (Christopher *et al.*, 1991 : xi). L'approche nordique est fondée sur la théorie du réseau interactif dans le contexte du marketing industriel, les concepts du marketing des services et l'économie des relations avec les clients. Les deux premières approches ne se situent pas en rupture avec le marketing traditionnel, fondé sur l'échange de valeur. La conception nordique s'inscrit dans ce changement marketing et permet de prendre en compte les organisations en réseau, comme le système olympique. Cette cocréation de valeur peut s'effectuer dans une pluralité de contextes (micro, méso, macro et méta). Elle privilégie cependant l'orientation vers le marché. Il s'agit en effet, pour assurer la croissance de l'organisation, de développer les relations avec les clients grâce à un système d'alliances avec des partenaires et en prenant en compte les intérêts d'autres parties prenantes (e.g. institutions, opinion publique...).

Ce modèle donne la priorité aux parties prenantes, qui sont source de valeur pour l'organisation. Il n'englobe pas le marketing socialement responsable, qui prend en compte l'intérêt de toutes les parties prenantes, comme c'est le cas pour le système olympique. Les organisations socialement responsables doivent connaître leurs parties prenantes et répondre à leurs préoccupations. Selon Bhattacharya et Korschun (2008), elles doivent regarder au-delà des clients qui sont considérés comme les cibles uniques de leurs actions marketing et des organisations qui en bénéficient les premières. Cela traduit le passage d'une « orientation vers le marché » à une « orientation vers les parties prenantes » (Ferrel, Gonzalez-Padron, Hult, Maignan, 2010). Cela a conduit à l'émergence du marketing des parties prenantes.

Selon Smith et Williams (2010 : 5), « le marketing des parties prenantes implique la conception, la mise en œuvre et l'évaluation des initiatives marketing, afin de maximiser les bénéfices pour toutes les parties prenantes : clients, employés, actionnaires, offreurs (c'est-à-dire toutes les personnes impliquées dans la chaîne de valeur), aussi bien que l'environnement, la société en général, les organisations non lucratives en relation avec celles qui bénéficient des efforts des organisations non lucratives ». Le marketing des organisations au sein du système olympique s'inscrit dans cette orientation du marketing qui, selon Bhattacharya (2010 : 1), se caractérise par ce qui suit :

- « Considère les intérêts multiples des parties prenantes en concevant, en mettant en œuvre et en évaluant la stratégie marketing ;
- Comprend l'impact total du marketing sur toutes les parties prenantes (incluant la société et l'environnement) ;
- Étudie les relations entre les parties prenantes ;
- Tente de comprendre comment les marketeurs peuvent gérer de manière efficace les convergences et les conflits au niveau des besoins et les intérêts des parties prenantes ; et
- N'est pas nécessairement en désaccord avec la maximisation de la valeur pour les parties prenantes ».

2. FONDEMENTS THÉORIQUES DE LA COCRÉATION DE VALEUR AU SEIN DES RÉSEAUX DE PARTIES PRENANTES

Il convient d'analyser les modèles du marketing relationnel et du marketing des parties prenantes à partir de la théorie des parties prenantes. Nous aborderons ensuite les dispositifs innovants au niveau du marketing en nous appuyant sur la théorie de l'acteur réseau et, plus particulièrement, sur la théorie de la traduction.

2.1 L'apport de la théorie des parties prenantes

La théorie des parties prenantes a permis de déplacer l'approche d'une focalisation sur l'organisation, dans laquelle les parties prenantes sont appréhendées comme des entités devant être gérées pour le seul bénéfice de l'organisation, à une vision fondée sur le réseau, qui prend en compte les relations entre les acteurs et les processus mis en œuvre. Elle a pour objectif d'impliquer l'organisation et ses parties prenantes en considérant leur interdépendance mutuelle, ainsi que leur pouvoir. Popularisée par Freeman (1984), la théorie des parties prenantes identifie et modélise les relations entre les personnes et les groupes qui ont une réelle importance pour l'organisation.

Friedman et Miles (2006) ont constaté l'extrême diversité des définitions de ce concept. Celles-ci peuvent se ranger dans un continuum allant de l'acception la plus large à la plus restreinte (Michell, Agle et Wood, 1997 ; Martinet, 1984). Freeman se situe dans une perspective large en utilisant notamment le verbe « affecter ». C'est le cas aussi pour d'autres définitions, qui utilisent d'autres verbes ou expressions comme« ayant un impact, influencer, interagir ». Les définitions étroites prennent en compte seulement les parties prenantes qui affectent les objectifs stratégiques de l'organisation. Nous nous situerons dans une approche large en considérant qu'il s'agit de toute personne ou entité en relation avec l'organisation sportive.

Fondée sur l'analyse des relations entre les acteurs dans les réseaux, cette théorie permet d'enrichir le marketing au sein des systèmes de parties prenantes. Nous allons situer l'apport des différentes dimensions de la théorie des parties prenantes, ainsi que leur apport dans le cadre du marketing olympique.

2.1.1 Les trois orientations de la théorie des parties prenantes

Donaldson et Preston (1995) ont identifié trois orientations de la théorie des parties prenantes (i.e. descriptive, instrumentale et normative). Cette typologie, devenue centrale, est systématiquement reprise dans les travaux postérieurs relatifs à la théorie des parties prenantes.

A. *L'apport de la dimension descriptive*

L'optique descriptive analyse les relations entre l'organisation et les parties prenantes constituant son environnement. Celui-ci est appréhendé comme une constellation d'intérêts coopératifs et concurrents (Moore, 1999). La structure du réseau d'influences directes entre ces acteurs permettant de calculer les rapports de force peut-être réalisée avec la matrice des influences directes (MID), qui est l'un des outils constituant la méthode MACTOR (Méthode ACTeurs, Objectifs, Rapports de force), développée par Godet (2006). L'influence potentielle d'une partie prenante sur une autre est notée sur une échelle allant de 0 à 4.

4. La partie prenante A peut annihiler tout projet marketing de la partie prenante B.

3. La partie prenante A peut remettre en cause la mise en œuvre du programme marketing de la partie prenante B.

2. La partie prenante A peut remettre en cause la réussite d'une action de marketing de la partie prenante B.

1. La partie prenante A peut remettre en cause de façon limitée dans le temps et l'espace les processus opératoires de gestion du marketing de la partie prenante B.

0. La partie prenante A a peu d'influence sur la partie prenante B.

Trois experts travaillant au sein du système olympique ont évalué l'influence de chaque partie prenante sur les autres. Lorsqu'un désaccord était constaté, une discussion a permis d'aboutir à un consensus pour le codage. Les résultats sont présentés dans le tableau 4.1.

Tableau 4.1 • Matrice des influences directes entre les parties prenantes du système olympique

	CIO	CNO	FI	FN	Gouvernements	COJO	Gouvernement d'accueil du COJO	Sponsors de TOP	Sponsors des COJO	Propriétaires des droits TV (TV RH)	AMA	TAS	Athlètes	Influence directe totale
CIO		3	1	0	1	4	2	2	2	2	3	3	2	**25**
CNO	0		0	3	1	1	1	2	0	0	1	1	3	**13**
FI	2	1		4	1	3	1	0	1	0	1	1	3	**18**
FN	0	2	2		0	1	0	1	1	0	0	0	4	**11**
Gouvernements	1	3	1	4		2	2	0	0	1	3	0	3	**20**
COJO	3	3	2	2	0		3	2	4	3	0	0	2	**24**
Gouvernement d'accueil du COJO	3	1	1	0	1	4		1	2	1	2	1	1	**18**
Sponsors de TOP	3	2	1	0	0	3	1		3	2	0	0	1	**16**
Sponsors des COJO	2	2	1	0	0	3	2	1		1	0	0	1	**13**
Propriétaires des droits TV (TV RH)	3	1	2	0	0	3	1	2	2		0	0	1	**15**
AMA	2	2	2	2	1	1	2	0	0	0		1	4	**17**
TAS	2	2	2	2	0	2	1	1	1	1	2		3	**19**
Athlètes	2	3	3	4	1	3	0	0	0	0	2	2		**20**
Dépendance directe totale	**23**	**25**	**18**	**21**	**6**	**30**	**16**	**12**	**16**	**11**	**14**	**9**	**28**	

La lecture des totaux relatifs aux influences et aux dépendances directes permet de situer le rapport de force. Ainsi, le CIO s'avère être l'acteur le plus influent (total de 25), mais il est également dépendant des autres parties prenantes (total de 23). Il est important de souligner que les rapports de force ne se limitent pas à l'appréciation des moyens de pression directs. Une partie prenante peut également agir sur une autre de façon indirecte, en influençant une troisième dont la stratégie a un impact sur la précédente.

Le calcul global des influences directes et indirectes entre les parties prenantes est résumé à l'aide d'un plan influence/dépendance présenté en figure 4.3. L'axe horizontal réfère à la dépendance, tandis que le vertical rend compte de l'influence que les acteurs exercent les uns sur les autres.

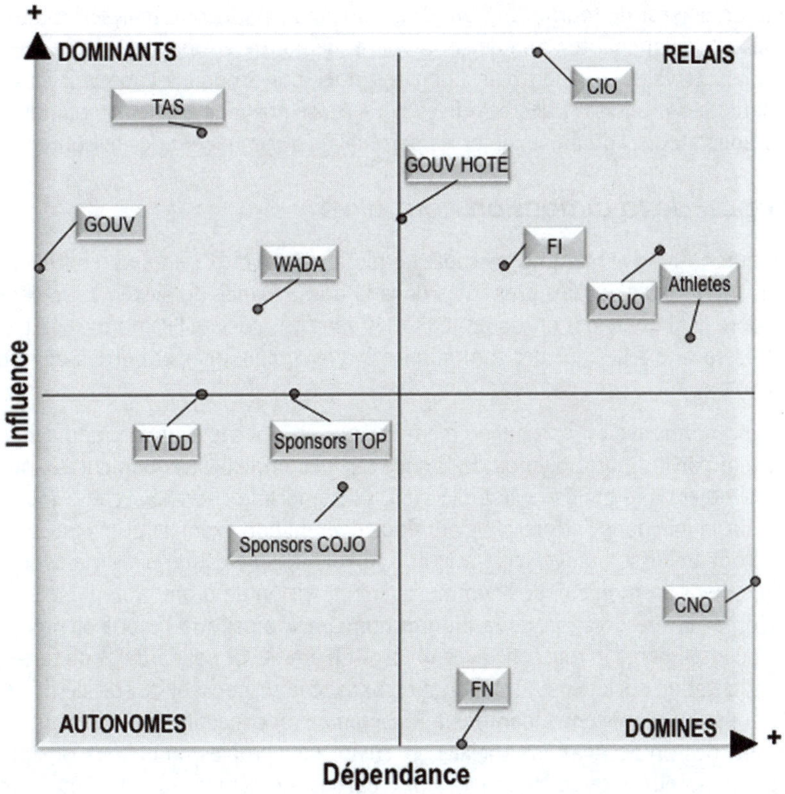

Figure 4.3 - Le plan influences/dépendances au sein du système olympique

Cela permet d'identifier quatre positions :

- Les acteurs dominants, qui peuvent exercer de fortes pressions sur les autres sans être eux-mêmes soumis à de fortes influences (e.g. TAS, gouvernements (GOU), AMA).
- Les acteurs relais, qui ont de l'influence tout en étant mis sous pression par les autres parties prenantes (e.g. CIO, COJO, fédérations internationales, gouvernement du pays hôte des JO (GOU HOTE), athlètes).
- Les acteurs dominés, qui ont peu d'influence sur les autres et sont soumis à de fortes pressions (e.g. sponsors des COJO).
- Les acteurs autonomes, qui ont peu d'influence, mais sont peu soumis aux pressions (e.g. CNO, fédérations nationales).

B. *L'apport de la dimension instrumentale*

L'approche instrumentale s'intéresse au lien entre la gestion des relations avec les parties prenantes et la performance organisationnelle. Elle tend à montrer que les organisations qui mettent en place un management des parties prenantes obtiennent de meilleurs résultats. L'objectif de cette approche est de fournir un outil d'aide aux managers pour analyser les intérêts et les ressources des parties prenantes, afin de concevoir et de mettre en œuvre des stratégies collaboratives créatrices de valeur. Il s'agit d'un point essentiel, qui conduit à concevoir et à mettre en œuvre un marketing produisant des bénéfices pour l'ensemble des parties prenantes impliquées telles que les spectateurs, l'organisation et les partenaires qui engagent des ressources.

C. *L'apport de la dimension normative*

L'optique normative identifie les cadres éthiques et moraux afin de prendre en compte la légitimité des intérêts des parties prenantes dans la gouvernance du système. Une théorie normative considère qu'il existe des pratiques légitimes dans une société (les normes ou les pratiques standards de la société telles qu'elles sont admises), ainsi qu'un idéal, et porte à agir en fonction de la notion de bien.

Cette dimension normative est particulièrement importante dans le cadre du mouvement olympique, qui est régi par la Charte olympique fondée sur des principes fondamentaux qui stipulent que l'« olympisme est une philosophie de la vie », « l'olympisme cherche à créer une manière de vivre fondée sur la joie dans l'effort, la valeur éducative du bon exemple et le respect des principes éthiques fondamentaux universels », « le but de l'olympisme est de placer le sport au service d'un développement harmonieux de l'homme, avec une vision de promotion d'une société paisible concernée par la préservation de la dignité humaine », ainsi que l'esprit olympique, qui est fondé sur « la compréhension mutuelle avec un esprit d'amitié, de solidarité et de fair-play ». Cela traduit une orientation sociétale en relation directe avec la responsabilité sociale des entreprises (RSE). La Commission européenne identifie la RSE comme un concept large « par lequel les entreprises intègrent des préoccupations sociales et environnementales dans leurs opérations commerciales et dans leur interaction avec leurs parties prenantes sur une base volontaire » (Commission of the European Communities, 2007 : 15).

Il existe, à l'intérieur du système olympique, des parties prenantes que l'on peut qualifier de « sociétales » qui s'impliquent dans des programmes de marketing social. Andreasen (1994) souligne que le marketing social met en œuvre des outils et concepts de marketing dans des programmes qui ont pour vocation d'influencer l'engagement volontaire de personnes et d'organisations ciblées, dans le but premier d'accroître le bien-être de ces personnes et/ou de la société à laquelle elles appartiennent. Certaines entreprises partenaires du CIO se situent dans ce cadre. Ainsi, dans sa communication Dow indique qu'il souhaite associer le pouvoir de la science et de la technologie à l'élément humain pour innover dans des secteurs essentiels au progrès de l'humanité. L'entreprise fait le lien entre innovation chimique et développement durable pour aider à résoudre bon nombre des problèmes complexes dans le monde, tels que la nécessité de produire des énergies renouvelables et de les conserver, ainsi que l'augmentation de la productivité de l'agriculture. Il s'agit d'un point fondamental, qui permet de concrétiser le décalage entre la conception traditionnelle du marketing fondée sur l'échange, qui ne prenait pas en compte l'impact sociétal du marketing et la pratique (e.g. Gundlach, 2006 ; Wilkie, 2006 ; Wilkie et Moore, 2006).

2.1.2 Perspective managériale liée à la théorie des parties prenantes

La perspective managériale conduit à formuler des recommandations relatives au management des parties prenantes. Friedman et Miles (2006) soulignent que le débat portant sur l'intérêt de ces différentes théories n'est pas le plus important. Chacune des trois orientations apporte des principes d'actions pertinents. L'approche descriptive permet de situer les relations d'influence et de dépendance au sein du système olympique et d'identifier les parties prenantes qui sont vraiment importantes. L'approche instrumentale permet de concevoir et de mettre en œuvre des programmes de marketing impliquant différents acteurs dans le processus de création de valeur, et d'améliorer la performance organisationnelle. L'approche normative définit un cadre éthique pour le marketing permettant de prendre en compte les intérêts des parties prenantes légitimes.

Ainsi, d'un point de vue managérial, une organisation devra concevoir et mettre en œuvre un marketing relationnel qui prend en compte les approches descriptive, instrumentale et normative. Cela peut poser un problème, car les recommandations relatives au choix des parties prenantes à engager ne sont pas nécessairement convergentes. Si l'on situe l'importance stratégique de certaines parties prenantes du COJO de Londres (e.g. athlètes, sponsors, médias, spectateurs, communautés défavorisées) dans le contexte de ces trois orientations, on n'aboutit pas au même résultat pour ce qui concerne les parties prenantes à impliquer dans des opérations de marketing relationnel. En effet, les communautés défavorisées concernent essentiellement l'approche normative, alors qu'elles ne sont pas importantes dans le cadre d'une approche instrumentale. Les managers doivent donc trouver des compromis et définir des priorités.

Le réseau de parties prenantes internes et externes de l'organisation avec leurs relations de collaboration et de concurrence, ainsi que les institutions et leurs régulations (orientation descriptive) constituent la base de ce modèle. Il convient ensuite de préciser les finalités (i.e. commerciales et/ou sociétales), les enjeux concernant la performance organisationnelle (orientation instrumentale), ainsi que la légitimité des parties prenantes (orientation normative). Ces deux axes délimitent quatre secteurs, qui correspondent chacun à une orientation de l'action marketing au sein du système olympique.

- Il y a une volonté d'optimiser la valeur économique lorsque l'on conjugue finalité commerciale et performance organisationnelle. C'est le cas du partenariat avec Atos Origin, partenaire du CIO et intégrateur des systèmes informatiques des Jeux Olympiques d'Hiver de Vancouver 2010 au Canada et des Jeux Olympiques d'Eté de Londres 2012. Atos Origin intègre ses applications propriétaires aux logiciels et au meilleur matériel fourni par les autres partenaires technologiques olympiques, optimise les systèmes informatiques en place pour fournir des solutions capables de minimiser les coûts d'exploitation et les investissements, et transfère les compétences d'une édition olympique à l'autre avec des pratiques d'intégration de systèmes complets, de réutilisation et de collecte des connaissances relatives aux disciplines sportives.
- L'organisation sportive a la volonté de maximiser la valeur sociétale lorsqu'elle recherche une performance organisationnelle avec une finalité sociale. C'est le cas de la Solidarité olympique, qui est l'organe du CIO chargé d'administrer et de gérer la part des droits de télévision des Jeux Olympiques destinée aux CNO. Elle assiste les CNO et leurs associations continentales dans le développement de l'olympisme, au moyen de programmes diversifiés s'appuyant sur les organisations sur chaque continent et dans chaque pays, en fonction de leurs besoins et priorités.
- Il s'agit de créer de la valeur économique dans un cadre éthique lorsque l'on conjugue une finalité commerciale avec la prise en compte des parties prenantes légitimes. McDonald's partenaire du CIO et du COJO de Londres a lancé le programme « Champions du jeu pour

les Jeux Olympiques » (Champions of Play for the Olympic Games). L'ambassadrice du programme Dara Torres a déclaré : « Je veux créer une différence positive dans les vies des enfants et des familles, il s'agit donc pour moi d'un choix naturel qui consiste à rejoindre McDonald's aujourd'hui, et dans les années à venir, parce que nous inspirons des enfants actifs et heureux. Ensemble, à travers le nouveau Champions du Jeu pour les Jeux Olympiques de McDonald's, nous pouvons atteindre des millions de personnes afin de leur faire bénéficier d'un choix équilibré au niveau de l'alimentation et partout ailleurs de jeux pour des enfants ».

- Les organisations sportives peuvent enfin créer une valeur relationnelle dans un cadre éthique associant une finalité sociétale avec une prise en compte des parties prenantes légitimes. C'est le cas de l'Académie olympique nationale (National Olympic Academy, NOA), au sein de l'Association olympique britannique (British Olympic Association), qui associe des individus issus de différents secteurs du sport dans le but de diffuser de l'information et de débattre sur différents thèmes liés au mouvement olympique et au sport, aux niveaux national et international.

Cette démarche conduit à prendre en compte la position des parties prenantes dans le système concerné, ainsi que leurs objectifs stratégiques et marketing, afin de faire des choix relatifs aux acteurs à engager. Il s'agira ensuite de concevoir et de mettre en œuvre des programmes qui impliquent de nombreuses parties prenantes dans le processus de création de valeur. Dans le cadre d'une orientation vers le marché, cela conduit à analyser la concurrence et sélectionner les parties prenantes avec lesquelles on souhaite développer une relation à long terme. Cela concerne également le marketing interne, qui mène à identifier les personnes à impliquer pour fournir des services de qualité. Il s'agit enfin de construire des partenariats stratégiques au sein du réseau de parties prenantes.

Mercier (2010 : 153) souligne que « le concept de partie prenante fournit une grille de lecture pertinente des relations qui se développent entre l'entreprise et ses parties prenantes, une sorte de contrat global se nouant entre l'entreprise et la société ». Il fait également remarquer que cette approche intègre l'éthique des valeurs au sein de l'activité économique.

2.2 L'apport de la théorie de l'acteur réseau et de la théorie de la traduction

Le modèle du marketing relationnel à orientation réseau est particulièrement bien adapté dans les situations où les diverses parties prenantes impliquées doivent concevoir et mettre en œuvre un dispositif qui ne va pas au-delà de leur expérience, et qui ne nécessite pas d'acquérir de nouvelles compétences. Ce modèle s'avère inadapté lorsque les acteurs doivent collaborer dans le cadre d'un projet de marketing innovant. C'est notamment le cas pour les comités de candidature d'une ville aux Jeux Olympiques, car ils réunissent des parties prenantes qui collaborent dans le cadre d'un projet totalement nouveau. Dans ce contexte, la conception du dispositif de marketing innovant, son acceptation et sa mise en œuvre par les parties prenantes deviennent des questions centrales. Cela conduit à s'interroger sur son processus de construction, à analyser les décisions, les controverses, les alliances et les conflits entre les différents acteurs.

La théorie de l'acteur-réseau (Actor-Network Theory), et plus particulièrement la théorie de la traduction (Callon, 1986 ; Latour, 1987 ; Latour et Woolgar, 1979), permettent de répondre à ces questions. Il s'agit d'une théorie qui a été développée dans le domaine de la sociologie des sciences et des techniques, afin d'expliquer le processus de construction des faits scientifiques au travers des réseaux sur lesquels ils s'appuient, et des controverses qui jalonnent le développement. L'objet du processus de traduction a été élargi progressivement aux sciences sociales et aux sciences de gestion, pour étudier notamment la création, la diffusion ou encore l'acceptation d'outils de gestion innovants.

La théorie de la traduction analyse le processus d'implication des acteurs autour d'une innovation, ainsi que le consensus nécessaire à son acceptation et sa diffusion. Elle est donc adaptée à l'analyse de la conception d'un dispositif de gestion du marketing olympique innovant au sein d'un réseau de parties prenantes. Nous avons souligné précédemment que cela concerne les comités de candidature et les comités d'organisation des Jeux Olympiques, qui doivent mobiliser de nombreuses parties prenantes avec des intérêts très diversifiés pour coconstruire ce nouveau dispositif et le faire accepter par les acteurs. L'acceptation d'un dispositif de gestion est liée à la constitution d'un réseau d'acteurs qui le « portent », le diffusent, le façonnent et le transforment, afin de « traduire » leurs intérêts dans cet outil. Ces transformations, ou « traductions », sont nécessaires pour maintenir l'intérêt des acteurs pour le projet. Selon Callon et Latour (1981 : 279), la traduction correspond à « l'ensemble des négociations, des intrigues, des actes de persuasion, des calculs, des violences grâce auxquels un acteur ou une force se permet ou se fait attribuer l'autorité de parler ou d'agir au nom d'un autre acteur ou d'une autre force ».

Ce processus de traduction comprend quatre étapes : la problématisation, l'intéressement, l'enrôlement et, enfin, la mobilisation des alliés (figure 4.4.).

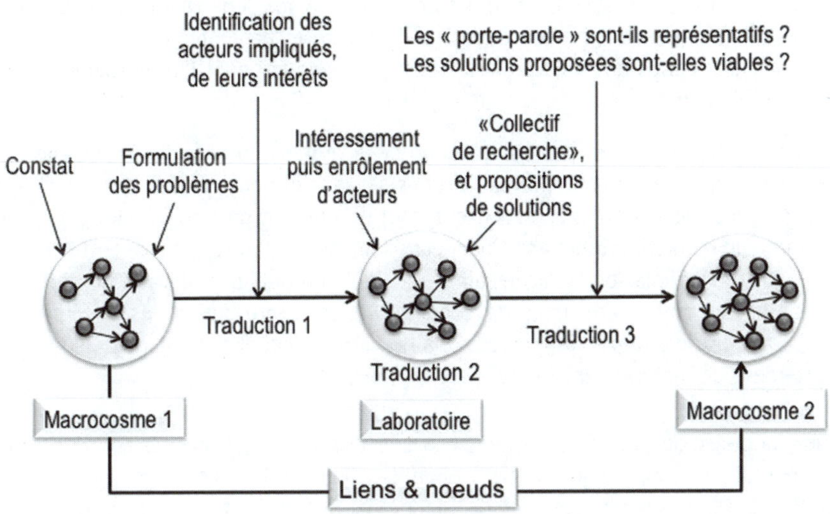

Figure 4.4 - Les différentes phases d'un processus de traduction (adapté de Callon, 1986 et de Lascoumes et Barthe, 2001)

1. La problématisation permet de formuler des problèmes à partir d'un constat, d'un besoin, d'observations ou d'expériences tirées du monde réel, qui fédèrent un ensemble d'acteurs

disparates. C'est le cas pour la candidature d'une ville aux Jeux Olympiques, qui naît d'un système d'initiatives réunissant des parties prenantes issues du monde sportif, des collectivités territoriales, des entreprises... Ces acteurs n'ont aucune expérience dans la conception et la mise en œuvre de ce type de projets. Un certain nombre de questions ne manquent pas d'émerger. Quelle stratégie marketing adopter pour fédérer les acteurs au niveau local et national ? Comment impliquer de multiples parties prenantes dans la création de valeur ? Comment positionner la candidature ? Comment trouver des sponsors ? Comment ce dispositif doit-il évoluer ?

La problématisation comprend la reconnaissance de la convergence des intérêts des parties prenantes concernées et la formulation de réponses qui peuvent être apportées aux problèmes identifiés.

2. L'intéressement correspond à « l'ensemble des actions par lesquelles une entité s'efforce d'imposer et de stabiliser l'identité des autres acteurs, qu'elle a définie par sa problématisation » (Callon, 1986 : 185). Il s'agit de constituer à ce stade un système d'alliances en renforçant les relations et l'intérêt des acteurs envers la problématisation. Il faut concevoir pour cela un programme de marketing des parties prenantes permettant de mobiliser les parties prenantes essentielles à la candidature (i.e. ville et collectivité territoriale, CNO, État, entreprises, institutions de la société civile, opinion publique...), en faisant converger leurs intérêts.

3. L'enrôlement correspond à la définition et à la coordination des rôles (Callon, 1986). Cette étape est donc liée à la réussite de l'intéressement. Il s'agit de maintenir alignés les groupes intéressés et de les faire collaborer à la construction du dispositif de marketing innovant, en relation avec la candidature de la ville aux Jeux Olympiques. Callon (1986 : 189) souligne que « décrire l'enrôlement, c'est décrire l'ensemble des négociations multilatérales, des coups de force ou des ruses qui accompagnent l'intéressement et lui permettent d'aboutir ».

4. La mobilisation des alliés pose la question de la représentativité de certains acteurs intéressés et impliqués dans le projet. Certains se positionnent comme des « porte-paroles » des groupes sociaux qu'ils représentent, tout en prenant part au développement du programme de marketing innovant. Pour réussir une candidature, il est essentiel de mobiliser les institutions de la société civile, ainsi que l'opinion publique. Il s'agit de faire émerger à ce stade des ambassadeurs de la candidature qui représentent les différents groupes sociaux et professionnels impliqués. Cela ne permet cependant pas de présumer du comportement des acteurs représentés face à l'innovation.

Le passage à la phase de mise en œuvre pose la question de la justesse des solutions apportées, mais également du rôle de chaque partie prenante impliquée dans ce processus. En effet, selon Latour (1987 : 250), « chacun peut agir de façon très différente face à la solution proposée : l'abandonner, l'accepter telle qu'elle est, modifier les modalités qui l'accompagnent ou l'énoncé qu'elle contient, ou encore se l'approprier en la transférant dans un contexte complètement différent ». Les acteurs impliqués dans le processus de diffusion, d'acceptation et de mise en œuvre de la stratégie de marketing des parties prenantes collaborent à la réussite du programme en apportant leurs propositions et engagent des ressources. Il s'agit donc de la coconstruction d'un dispositif innovant qui implique de multiples parties prenantes dans la création de valeur.

Latour (1987) fait remarquer que la réussite d'une innovation passe par l'adéquation entre le nombre d'alliés associés et les transformations du projet nécessaires pour y parvenir. Cette théorie s'avère particulièrement adaptée à la conception et à la mise en œuvre d'un programme fondé sur le marketing des parties prenantes, parce qu'il s'agit d'une pratique émergente et complexe, comme c'est le cas pour la candidature d'une ville à l'organisation des Jeux Olympiques.

La théorie des parties prenantes et la théorie de la traduction permettent d'analyser la dynamique des relations entre les parties prenantes qui collaborent pour concevoir et mettre en œuvre leur marketing dans le cadre du système olympique. L'association des approches descriptive, instrumentale et normative de la théorie des parties prenantes dans l'analyse et la prise de décision permet d'apporter une réponse à la question suivante : comment les acteurs du système olympique peuvent-ils cocréer plus de valeur avec leur marketing ? La théorie de la traduction offre, quant à elle, un cadre pertinent pour concevoir un dispositif de marketing innovant.

3. COCRÉER DE LA VALEUR AU SEIN DES RÉSEAUX DE PARTIES PRENANTES À L'AIDE DU MARKETING

Nous avons fait remarquer que le marketing se situe à des niveaux de développement différents en fonction des caractéristiques des organisations concernées et de l'environnement dans lequel elles opèrent. Il est très avancé pour le CIO, les COJO, les grands CNO tels que l'USOC, ainsi que pour les sponsors du programme TOP. Il est encore balbutiant pour certains petits CNO, qui opèrent dans des pays en voie de développement et qui dépendent essentiellement des fonds de la Solidarité olympique. Quelle que soit sa situation, toute organisation constituant le système olympique doit mettre en œuvre un marketing permettant d'impliquer de multiples parties prenantes dans la création de valeur au sein de ce réseau. Cela concerne les trois sous-systèmes clés que nous avons identifiés dans la première section de ce chapitre : le marché, le réseau de partenaires et l'intérieur de l'organisation.

3.1 Un modèle marketing pour la création de valeur pour les organisations en réseau

L'objectif de cette section est de présenter une méthode permettant d'établir et de mettre en œuvre une stratégie de marketing visant à créer une constellation de valeur au sein des trois sous-systèmes présentés dans la figure 4.5. Le premier pilier concerne l'organisation elle-même, au sein de laquelle les fondements de l'action marketing doivent être construits. Le point de départ essentiel est souvent oublié, résultat de la tentative, par beaucoup d'organisations sportives, de mettre en œuvre un système de gestion de la relation client sans prendre en compte le fait que cela requiert aussi d'introduire auparavant des changements internes. Mettre en œuvre le marketing implique beaucoup plus qu'installer le logiciel adéquat. Cela requiert de modifier les relations avec les parties prenantes, le comportement, les compétences, les ressources et l'organisation interne de la structure. Le marketing interne est l'élément majeur permettant de gérer la résistance au changement.

Le deuxième pilier concerne la création et le développement des relations en ciblant les utilisateurs finaux, ce qui implique un deuxième challenge, qui est d'améliorer la fidélité. Beaucoup d'organisations sportives favorisent un marketing offensif, se concentrent sur le recrutement et

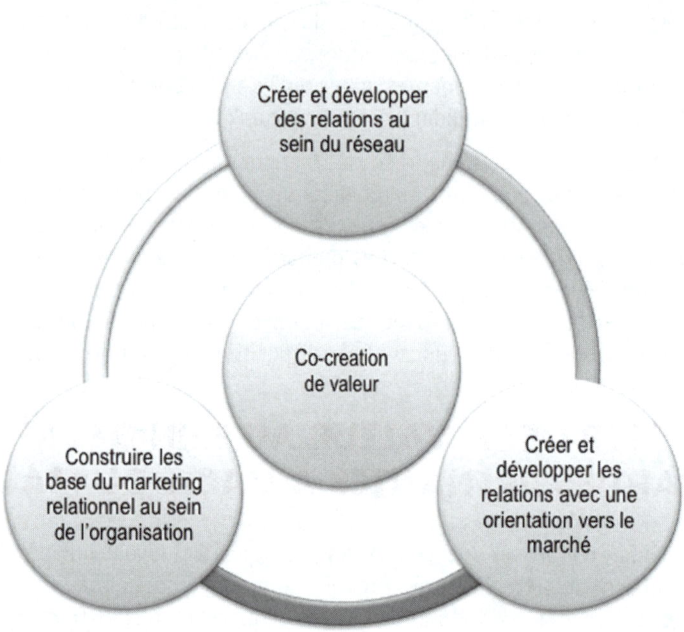

Figure 4.5 - Les piliers pour la cocréation de valeur dans des organisations en réseau

négligent les stratégies défensives, moins coûteuses et plus efficaces. Le troisième pilier consiste à introduire les changements nécessaires pour permettre la mise en œuvre d'une approche marketing orientée vers le réseau, comme il est plus difficile de gérer les relations au sein d'un réseau que de gérer une relation *one-to-one*. C'est seulement quand une organisation sportive a appris à gérer les relations fondées sur le marché qu'elle sera capable de construire un réseau collaboratif avec ses parties prenantes.

La procédure doit être vue comme un processus itératif, parce que c'est seulement quand une organisation a établi les fondements internes du marketing, crée une relation avec les utilisateurs finaux ciblés et construit un réseau collaboratif qu'elle sera capable de définir les objectifs d'amélioration pour l'étape suivante.

3.2 La cocréation de valeur dans trois sous-systèmes clés

Comme nous l'avons souligné, l'implication et la coordination de multiples parties prenantes dans la création de valeur doivent s'effectuer dans trois sous-systèmes clés. Nous allons présenter les principes d'action permettant d'atteindre cet objectif pour les organisations constituant le système olympique.

3.2.1 Les programmes de marketing relationnel à orientation interne

Pour mettre en œuvre son marketing, l'organisation doit engager des ressources et des compétences, les organiser et les coordonner au niveau interne. Traditionnellement, cela pose le problème de la structuration de l'organisation, car il y a un lien fort entre la stratégie et la structure. L'approche relationnelle prend en compte les réseaux qui, selon Gummerson (2006 : 181), forment des « nano » relations et « fournissent les conditions de la mise en œuvre des actions de marketing ».

A. *Les actions de marketing à orientation interne*

Dans une perspective relationnelle, les organisations du système olympique doivent mettre en œuvre des actions marketing visant à recruter, impliquer et fidéliser le personnel rémunéré, ainsi que les bénévoles. Les programmes de marketing interne peuvent être regroupés en quatre catégories.

B. *L'identité de marque et la focalisation sur les parties prenantes*

L'organisation sportive doit communiquer de façon active sa vision, sa mission, ses valeurs et ses finalités aux niveaux externe et interne. Il convient pour cela de mettre en œuvre une stratégie de marque, afin de créer une identité pour l'organisation. Ces stratégies constituent un aspect d'un ensemble plus vaste, que l'on nomme « employer branding ». Selon Crozier (2006 : 271), « ce processus doit intégrer et gérer la relation de synergie qui relie les valeurs, les systèmes, les stratégies et les attitudes que l'entreprise ou l'organisation met en œuvre pour réaliser ses objectifs, avec l'aide de ses collaborateurs ».

C. *La communication interne et la structure du réseau*

La communication interne constitue un outil essentiel pour la mise en œuvre du marketing interne dans une perspective relationnelle. Elle permet de spécifier l'identité de l'organisation et d'agir pour que toutes les personnes comprennent le rôle qu'elles jouent dans la satisfaction des utilisateurs finaux des services, et suggèrent des changements pouvant contribuer à leur amélioration. Un grand nombre de médias ou canaux peuvent être utilisés. Il faut également prendre en compte la structure du système d'information interne. L'information constitue une ressource stratégique qui doit être mise en relation avec la structure du réseau. Cela conduit à préciser les finalités, les circuits, les supports, ainsi que les moments de la communication interne.

D. *La gestion des connaissances*

Maltese (2009) a montré que c'est à partir de leurs propres actifs (ressources et compétences) que les organisations sportives créent, développent et maintiennent leur avantage concurrentiel. La clé du succès repose sur leur capacité à dynamiser leur portefeuille d'actifs en les renouvelant, et en exploitant au maximum le potentiel de chaque ressource. Il est difficile de les capitaliser, compte tenu des pertes de compétences individuelles (e.g. turnover, départs en retraite d'experts), de compétences collectives (e.g. dispersion des équipes projets, réorganisations), des connaissances oubliées (e.g. acquis antérieurs, solutions rejetées, échecs), des compétences ignorées (e.g. connaissance insuffisante des profils de compétences, mauvais partage des connaissances, ignorance des solutions nouvelles). Afin de créer de la valeur à partir de son capital intellectuel, une organisation sportive doit mettre en place un système de gestion des compétences. Bukowitz et Williams (2000 : 2) définissent le capital intellectuel comme « tout ce qui, maîtrisé par les personnes, peut être valorisé, au sein de l'organisation, comme relevant des processus, des systèmes et de la culture de l'organisation : compétences et aptitudes individuelles, normes et valeurs, bases de données, méthodologies, logiciels, savoir-faire, licences, marques, secrets de fabrication, pour ne mentionner que cela ».

Les connaissances et les compétences sont partagées par des personnes n'appartenant pas toutes à la même unité et pouvant être éloignées géographiquement. Le marketing relationnel à orientation interne engage un dialogue multidirectionnel entre le management, le personnel et les parties prenantes de l'organisation. Dans ce contexte, les communautés apprenantes répondent aux besoins de formation, d'échange et de transfert de connaissances. Dans son acception large, une communauté apprenante est un groupe de personnes qui partagent des valeurs et des convictions communes et sont engagées de façon active dans un processus d'apprentissage collectif où chacun apprend des autres. Dans une communauté dynamique, tous les membres en assument le contrôle et tout le monde apprend, y compris l'enseignant ou le chef du groupe (Wilson et Cole, 1997 ; Scardamalia et Bereiter, 1994).

E. *Développement de collaborations internes*

Le marketing à orientation réseau est fondé sur les collaborations entre l'organisation et ses parties prenantes. Ces actions sont liées et elles renvoient à trois autres domaines du management. Il s'agit de la gestion des ressources humaines, permettant de mobiliser et de développer les ressources du personnel pour une plus grande efficacité et efficience, en soutien de la stratégie de l'organisation. Cela concerne également le management de la qualité, qui conduit à mobiliser toute l'organisation pour la satisfaction durable des attentes des parties prenantes, au meilleur coût. Cela nécessite la mise en œuvre de processus, la définition de standards pour les services, ainsi qu'une évaluation de la satisfaction et de la qualité perçue. Enfin, l'organisation doit adapter sa structure en fonction de sa stratégie.

F. *Recruter les personnes apportant de la valeur à l'organisation*

Le personnel salarié et les volontaires constituent des ressources essentielles à la mise en œuvre du marketing. Les organisations se trouvent en concurrence lorsqu'il s'agit de les recruter. Le marché de l'emploi correspond à l'ensemble de ces catégories de personnes susceptibles d'être employées, ainsi qu'aux parties prenantes qui permettent d'y accéder. L'objectif est d'activer les réseaux pour créer une relation avec les personnes ciblées, afin de les recruter. Il s'agit d'une problématique classique en gestion des ressources humaines. Les organisations sportives doivent se promouvoir auprès des collaborateurs potentiels, sur le marché de l'emploi. Le marketing fondé sur les relations permet de générer ces aspects importants.

G. *Être l'organisation préférée des professionnels et des volontaires*

Il est utile de rappeler que, pour pouvoir être recrutés, les meilleurs professionnels et bénévoles doivent d'abord postuler, puis accepter l'offre. La majorité des associations au sein du système olympique ne proposent pas de rémunérations compétitives par rapport au secteur privé. Il convient donc de développer le capital marque de l'organisation, et plus particulièrement ses fondements (i.e. vision, mission, valeurs constituant la base de l'identité interne). Cela permet d'attirer des personnes qui partagent les mêmes valeurs que l'organisation sportive et de créer un lien socioémotionnel avec celles-ci. Il convient également de prêter une attention particulière à la notoriété et à l'image. Ces dimensions expliquent l'attractivité des COJO (e.g. le COJO va recruter en partenariat avec McDonald's 70 000 bénévoles pour les « Games Makers », pour l'organisation des Jeux Olympiques de Londres en 2012).

H. *Être une organisation qui connaît les attentes des personnes ciblées pour communiquer les bénéfices souhaités*

Il convient pour cela de valoriser les bénéfices et de mentionner le fait que les personnes partagent les mêmes valeurs et qu'elles vont travailler dans un climat socioémotionnel positif. Il est également important que l'organisation offre des opportunités de développement professionnel à ses employés et aux bénévoles, ainsi que la possibilité de suivre des formations dans les domaines de compétences propres à leurs tâches, en relation avec leur sensibilité culturelle et leur développement personnel.

I. *Construire des réseaux de parties prenantes pour le recrutement*

Il convient d'identifier et de développer une relation avec les parties prenantes telles que les universités et les entreprises partenaires qui peuvent contribuer activement au recrutement. Certaines d'entre elles peuvent mettre à disposition ou détacher du personnel dans le cadre d'un partenariat. Cet aspect est très important pour les COJO, qui ont d'importants besoins en matière de recrutement en bénévoles.

3.2.2 Développer des relations à long terme au sein du marché

Il s'agit sans aucun doute de la dimension sur laquelle les organisations orientées vers le marché focalisent le plus leur activité marketing. Celles-ci concentrent souvent leurs efforts, ainsi que leurs ressources, au recrutement de nouveaux consommateurs et usagers, sans chercher à développer une relation à long terme avec ceux-ci. Palmer (1994 : 573) résume cette question stratégique en soulignant « qu'un marketing réussi ne devrait pas se concentrer uniquement sur le gain de nouveaux clients, mais sur le développement de la fidélité de ceux que l'organisation a au préalable acquis à grands frais. Il faut envisager la relation du point de vue du client et comprendre ce qu'il recherche dans une relation ».

A. *Développer la fidélité relationnelle des parties prenantes*

La fidélisation constitue un enjeu majeur. Christopher, Payne et Ballantyne (2004) ont établi une « échelle de loyauté relationnelle » afin de caractériser l'évolution de la relation entre l'entreprise et ses consommateurs. Celle-ci comporte six niveaux, qui sont présentés dans le tableau 4.2. Cette échelle permet de décrire les différents stades correspondants à la construction d'une relation forte entre une organisation et ses parties prenantes.

Tableau 4.2 • L'échelle de fidélité relationnelle (adapté de Christopher, Payne et Ballantyne, 2004)

Niveau	Statut	Exemple pour le programme du CIO « Donner c'est gagner »
6	Partenaire	Haut-Commissariat des Nations Unies pour les Réfugiés (HCR) et le comité d'organisation des Jeux Olympiques de 2012 à Londres (LOCOG), qui collaborent activement en engageant des ressources dans la campagne de solidarité « Donner c'est gagner »
5	Avocat	Personnes et organisations avec lesquelles le CIO a établi un lien émotionnel, qui soutiennent activement l'opération et qui font sa promotion (e.g. les personnes assurant la promotion du programme à l'aide de leur blog ou de leur réseau social)
4	Supporter	Personnes et organisations avec lesquelles le CIO a établi un lien émotionnel et qui soutiennent passivement cette opération
3	Client régulier	Personnes et organisations avec lesquelles le CIO effectue régulièrement des transactions dans le cadre de la campagne « Donner c'est gagner » (e.g. les personnes participant régulièrement à la campagne)
2	Client occasionnel	Personnes et organisations avec lesquelles l'organisation a effectué une seule transaction dans le cadre de la campagne « Donner c'est gagner » (e.g. les personnes ayant participé pour la première fois à la campagne « Donner c'est gagner » en donnant des vêtements)
1	Prospect	Personnes et organisations appartenant à la cible marketing avec lesquelles le CIO veut créer une relation (e.g. toutes les personnes impliquées dans l'olympisme — CNO, fédérations Internationales, sponsors, organisations reconnues, membres et défenseurs du mouvement olympique) et qu'il veut inviter à donner des vêtements et des tenues de sport, qui seront ensuite distribués par le HCR dans divers camps de réfugiés

B. *Construire et développer la relation avec les clients*

La gestion de la relation client (GRC) est une stratégie de l'organisation permettant de développer des relations durables avec les personnes concernées. Selon Peelen (2005), cela nécessite la gestion de quatre composantes fondamentales : la connaissance du client, une stratégie relationnelle, la communication, ainsi qu'une offre personnalisée source de valeur.

La connaissance du client afin de proposer une offre personnalisée source de valeur

L'information constitue une ressource stratégique, car la personnalisation de la relation nécessite une connaissance précise des attentes des parties prenantes concernées. Il est nécessaire, pour cela, d'agréger l'information provenant des études marketing, celle issue des clients et des *prospects*, ainsi que celle émanant des actions de fidélisation.

L'information issue des clients et des *prospects* regroupe les données relationnelles fondées sur l'historique des interactions entre les clients et l'organisation. Le client donne des informations à l'organisation qui lui permettront de mettre en place des actions de fidélisation. Peppers et Rogers (2004) considèrent les relations collaboratives apprenantes comme étant le cœur de la gestion des relations clients dans le marketing orienté marché. Les organisations construisent ces relations en obtenant de l'information auprès de leurs clients, qui leur permettra de fournir des offres qui contribueront à leur fidélisation. « La relation apprenante fonctionne ainsi : si tu es mon client et que j'arrive à ce que tu me parles, je me souviens de ce que tu dis, et j'obtiens quelque chose de plus en plus pertinent au sujet de toi. Je sais quelque chose sur toi que mes concurrents ne savent pas. Donc, je peux faire des choses pour toi que mes concurrents ne peuvent pas faire, parce qu'ils ne te connaissent pas aussi bien que je te connais. Pendant longtemps, tu peux obtenir quelque chose de moi que tu ne peux avoir nulle part ailleurs, pour n'importe quel prix. Au mieux, tu auras à tout redémarrer ailleurs, mais redémarrer est plus coûteux que rester avec moi » (Peppers et Rogers, 2004 : 20).

Cette stratégie est fondée sur l'établissement d'une relation de confiance personnalisée et sur le développement des capacités du personnel à faire éliciter l'information, à identifier et à gérer l'information utile. Il est important, notamment, de prendre en compte les réclamations de telle sorte que les clients qui se plaignent soient considérés comme des collaborateurs. Ces personnes apportent une information précieuse qui permet d'approfondir la connaissance des « utilisateurs finaux ». Elles donnent des indications permettant d'améliorer la qualité des services et permettent à l'organisation d'ajuster sa relation. Ce concept peut être étendu aux relations entre les parties prenantes externes et internes.

La réaction des personnes aux actions de fidélisation doit être précisément évaluée. À cet effet, une organisation sportive peut prendre un grand nombre d'initiatives (e.g. une invitation à un événement, un jeu-concours, une opération de marketing direct, un programme de fidélisation). Les réactions des personnes concernées (e.g. leur participation, les demandes d'information, les inscriptions, les achats...) doivent être introduites dans la base de données, de façon à cerner le profil de la personne concernée et à personnaliser la relation.

Communiquer dans le cadre d'une stratégie relationnelle cohérente

La communication est un phénomène social fondé sur quatre types de relations : « one to one » quand l'organisation interagit avec une seule personne (échange d'e-mail), « one to few » quand l'organisation interagit avec un groupe de personnes (conférence de presse, relations publiques...), « one to many » quand l'organisation envoie l'information à un grand nombre de personnes (relation presse, publicité...) et « many with many », qui permet aux gens d'exprimer et de partager leur opinion en utilisant les réseaux sociaux (YouTube, Flickr...). C'est une nouvelle manière de participer. Aujourd'hui, les gens peuvent exprimer leur opinion à travers les médias sociaux et les opinions collectives peuvent être entendues par l'organisation.

La communication institutionnelle des organisations olympiques devrait toucher les parties prenantes ciblées avec un ensemble de canaux de communication pertinents. Afin d'y parvenir, il faut combiner trois types de relations d'une manière cohérente. La figure 4.6 présente une typologie des principaux canaux de communication intégrée au marketing qui sont les plus adaptés au développement d'un type de relation avec les parties prenantes.

Pepper et Rogers (2004) indiquent que le succès est lié à la bonne gestion des points de contact entre l'organisation et les personnes concernées. Cela amène à combiner les actions dans le cadre d'une stratégie relationnelle cohérente. Il est nécessaire, pour cela, de combiner les moyens d'action pour former des processus. La qualité de la relation avec les personnes ciblées dépend essentiellement de la bonne organisation et de la bonne exécution des divers éléments composant

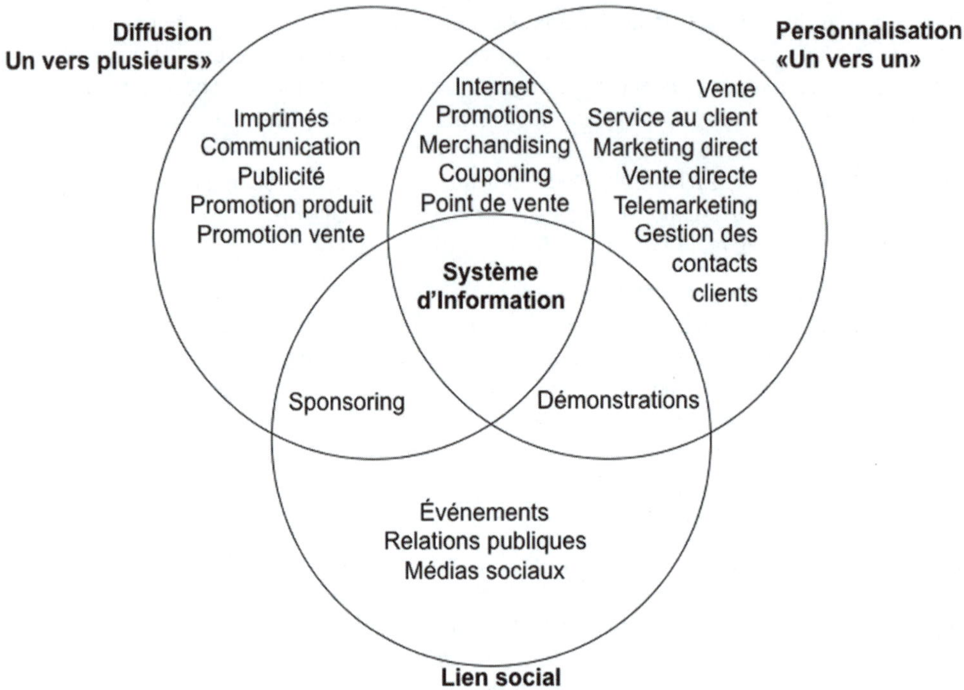

Figure 4.6 - Typologie des canaux marketing au regard du type de relation impliquée avec les parties prenantes (Ferrand et McCarthy, 2008)

les processus. Par ailleurs, chaque personne ciblée a un mode d'interaction préféré. Il est important pour les organisations d'identifier ce que Peppers et Rogers (2004) appellent le « Preferred Media Package » (package média préféré), qui permet à une organisation de comprendre le comportement et les attentes de chaque cible en établissant un dialogue. « Chaque interaction n'est pas seulement une chance de construire une relation apprenante plus profonde avec chaque consommateur, mais aussi une chance d'obtenir une information importante d'un consommateur qui est indisponible pour les concurrents. Une telle information porte sur deux dimensions : les besoins et la valeur potentielle des consommateurs » (Peppers et Rogers, 2004 : 179).

3.2.3 Construire et développer des relations collaboratives au sein du réseau

Selon Sheth et Parvatiyar (2000), la création et le développement de ces réseaux collaboratifs se font lorsque les quatre conditions suivantes sont satisfaites : l'existence de parties prenantes souhaitant créer un avantage concurrentiel fondé sur les relations, la convergence des objectifs, l'existence de ressources complémentaires et la mise en œuvre de programmes d'action.

A. *Identifier les parties prenantes clés*

Le diagnostic stratégique concerne l'ensemble des acteurs importants et combine les dimensions descriptive, instrumentale et normative de la théorie des parties prenantes. Nous avons déjà utilisé la matrice influence-dépendance issue de la méthode Mactor (Godet, 2006) pour analyser les convergences et divergences vis-à-vis d'un certain nombre d'enjeux et d'objectifs associés. Elle concerne en premier lieu la stratégie de l'organisation et elle s'applique pleinement au marketing stratégique. Elle constitue un outil d'aide à la décision permettant de concevoir une politique d'alliances dans le cadre du marketing. Grâce à une approche analytique, le logiciel [1] peut synthétiser les relations entre parties prenantes sous forme de cartes et d'histogrammes. Cela permet une lecture aisée du système et la formulation d'hypothèses quant à son évolution. Il est donc en mesure d'aider les organisations dans des décisions essentielles et dans la définition de politiques d'alliance ou d'opposition. Nous avons intégré des étapes de la méthode Mactor dans le processus de décision stratégique relatif au marketing. Celui-ci comprend cinq étapes, qui sont présentées dans le tableau 4.3.

La combinaison de l'analyse descriptive et instrumentale permet de prendre en compte l'influence dans le système des parties prenantes, ainsi que la convergence au niveau des objectifs et des ressources, afin d'effectuer des recommandations stratégiques au niveau des alliances dans le cadre du marketing. Cette analyse doit cependant être complétée par une approche normative, qui prend en compte les intérêts des parties prenantes légitimes dans la stratégie marketing. Cela permet de classer les parties prenantes en deux catégories : les primaires, qui sont essentielles au projet et les secondaires, dont l'apport est accessoire (Clarkson, 1995).

B. *Analyse du portefeuille de relations*

La combination de ces trois analyses a permis de définir l'importance stratégique de chaque partie prenante. Il convient maintenant d'analyser la nature et la force des relations pour prendre des décisions visant à s'engager, les renforcer ou s'en désengager. Il est nécessaire pour cela de situer chaque partie prenante sur une matrice mettant en relation l'importance stratégique avec la force de la relation (figure 4.7.).

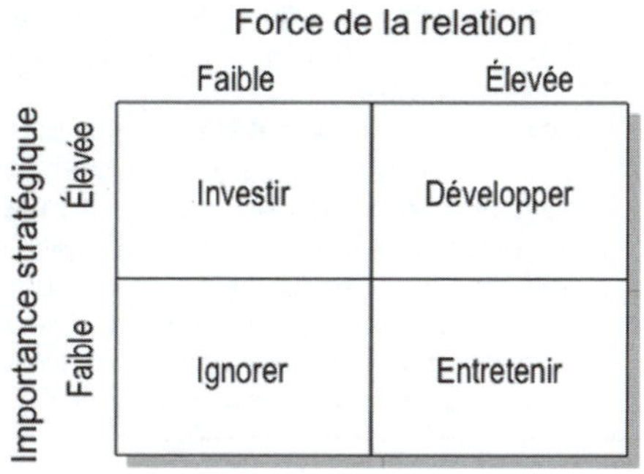

Figure 4.7 - Importance stratégique et force des relations (adapté de Little et Marandi, 2003)

1. La méthode MACTOR comprend un logiciel qui peut être téléchargé gratuitement à l'adresse suivante : www.3ie.fr/lipsor/mactor.htm.

Tableau 4.3 • Les étapes de l'analyse descriptive et instrumentale des parties prenantes de l'organisation (adapté de Ferrand et McCarthy, 2008)

Étapes	Méthode
Identification des parties prenantes actuelles et potentielles de l'organisation sportive	Il s'agit d'établir la liste des parties prenantes internes et externes de l'organisation.
Création d'une carte d'identité pour chaque acteur	Établissement d'une fiche pour chaque partie prenante qui précise sa mission, ses objectifs, ses ressources, les programmes de marketing ainsi que ses parties prenantes.
Identification des enjeux stratégiques et des objectifs associés	L'analyse des objectifs permet d'analyser les convergences et les divergences au niveau des parties prenantes. Il convient de réaliser des entretiens afin d'établir la liste de l'ensemble des objectifs poursuivis par les acteurs concernés.
Hiérarchisation des objectifs selon leur importance pour chaque acteur	L'importance de chaque objectif pour chaque acteur est déterminée à partir de l'échelle suivante : 4. L'objectif est vital pour l'existence de la partie prenante. 3. L'objectif est vital pour la mission de la partie prenante. 2. L'objectif est vital pour la mise en œuvre des programmes d'action de la partie prenante. 1. L'objectif est vital pour la mise en œuvre des processus opérationnels de la partie prenante.
Évaluation des rapports de force entre les parties prenantes	L'impact de chaque partie prenante (X et Y) sur les autres à partir de l'échelle suivante : 4. La partie prenante A peut annihiler tout projet marketing de la partie prenante B 3. La partie prenante A peut remettre en cause la mise en œuvre du programme marketing de la partie prenante B 2. La partie prenante A peut remettre en cause la réussite d'une action de marketing de la partie prenante B 1. La partie prenante A peut remettre en cause de façon limitée dans le temps et l'espace les processus opératoires de gestion du marketing de la partie prenante B 0. La partie prenante A a peu d'influence sur la partie prenante B Cette analyse permet de classer les parties prenantes dans quatre catégories : les acteurs dominants (peuvent exercer des pressions fortes sur les autres sans être eux-mêmes soumis à de fortes influences), les acteurs relais (ont de l'influence tout en étant mis sous pression par les autres parties prenantes), les acteurs dominés (peu d'influence sur les autres et sont sujets à de fortes pressions), les acteurs autonomes (peu d'influence, mais peu soumis aux pressions).

Les données portées sur cette matrice permettront d'effectuer des recommandations stratégiques relatives aux relations entre l'organisation et ses parties prenantes : initier la relation, la développer, l'entretenir ou y mettre un terme.

C. Construction et développement de relations sources de valeur

L'analyse nous a conduit à définir la stratégie relationnelle de l'organisation au sein du système de parties prenantes dans lequel elle opère. Il est nécessaire de préciser les programmes et les offres qui serviront à activer ce réseau, tout en définissant le statut de chacun. Cette analyse intègre l'orientation vers le marché, puisqu'une offre est toujours en rapport avec la satisfaction des attentes d'un utilisateur final, ainsi que vers le réseau, car celle-ci peut être élaborée et fournie avec des partenaires qui engagent leurs ressources. Dans le système olympique, un partenaire peut être également un utilisateur final. C'est le cas d'un sponsor qui fournit des prestations en nature. Ainsi Atos Origin, partenaire mondial pour la technologie de l'information, apporte ses services informatiques à l'organisation des Jeux Olympiques. Ce sponsor du programme TOP du CIO intègre les contributions de tous les partenaires et fournisseurs en technologie pour réaliser des opérations et fournir des services informatiques sûrs, qui offrent une communication instantanée aux athlètes, spectateurs, organisateurs, officiels, médias, téléspectateurs et internautes du monde entier. Cette entreprise se situe donc en tant que partenaire et bénéficiaire final.

La figure 4.8 présente les quatre étapes de ce processus, qui a été adapté de Sheth et Parvatiyar (2000) : construction de relations entre les parties prenantes, management et gouvernance du programme de marketing, évaluation de la performance et développement des réseaux qui apportent de la valeur aux parties prenantes.

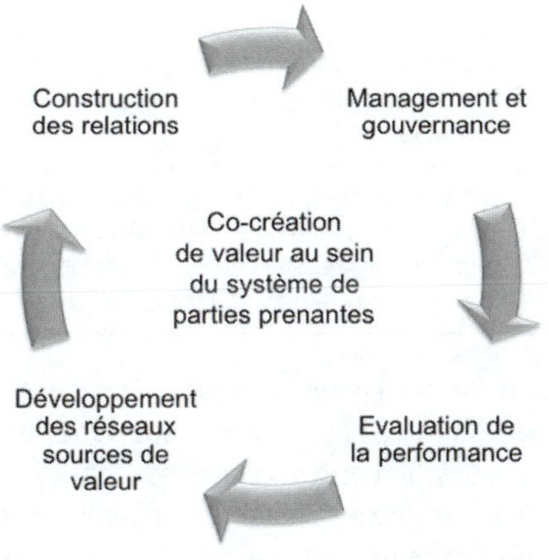

Figure 4.8 - Processus du marketing relationnel orientation réseau (adapté de Sheth et Parvatiyar, 2000)

L'action en réseau nécessite la mise en œuvre d'un management et d'une gouvernance du programme. Il convient également de définir collectivement les objectifs poursuivis, les indicateurs et les méthodes de mesure, de façon à évaluer l'impact pour optimiser le programme et développer les réseaux de coopération ayant de la valeur pour les acteurs impliqués. Les caractéristiques, le nombre et la force des relations entre les parties prenantes constituent un héritage à long terme lié à la collaboration. Ces programmes de marketing relationnel à orientation réseau permettent de développer un marketing olympique fondé sur l'implication de multiples parties prenantes, dans la création d'une valeur à la fois supérieure et durable.

Ces principes d'action et ce processus peuvent être facilement adaptés au marketing des parties prenantes. Smith *et al.* (2010) formulent cinq propositions permettant d'impliquer de façon proactive les parties prenantes pour cocréer de la valeur pour l'organisation, et pour la société au sens large. Celles-ci sont présentées dans le tableau 4.4.

Tableau 4.4 • Proposition pour la pratique du marketing des parties prenantes (adapté de Smith *et al.*, 2010)

Propositions	Recommandations
Cartographier les parties prenantes de l'organisation	Il existe de nombreuses parties prenantes et l'organisation doit avoir une représentation précise de leurs caractéristiques et de leurs relations. Il convient d'utiliser pour cela la cartographie.
Déterminer la saillance des parties prenantes (celles qui comptent)	Ce point correspond à l'approche de Mitchell *et al.* (1997), qui soulignent le fait qu'il faut établir des priorités et qui proposent une méthode permettant de le faire.
Rechercher les problématiques et les attentes des parties prenantes et mesurer l'impact	Après avoir cartographié les relations entre les parties prenantes et identifié celles qui sont réellement importantes, il faut analyser leurs attentes, ainsi que les problématiques auxquelles elles sont confrontées. Il faut également se mettre d'accord sur les indicateurs et la méthode pour évaluer l'impact.
S'engager avec les parties prenantes	Il convient pour cela de prendre en compte les attentes et les intérêts des parties prenantes avec lesquelles on souhaite collaborer.
Renforcer l'orientation vers les parties prenantes	Les personnes en charge du marketing doivent œuvrer pour que l'orientation vers les parties prenantes devienne centrale dans le processus de décision au quotidien. Cela rejoint le travail en interne qui dépasse largement la fonction marketing.

Ces propositions correspondent essentiellement à la première phase de construction des relations dans le processus proposé par Sheth et Parvatiyar (2000). Ainsi, il convient de développer une orientation en direction des parties prenantes, cela conduit à les cartographier, à identifier les plus importantes, à analyser leurs attentes et leurs problématiques, afin de mettre en œuvre des actions pour les impliquer. Cela concerne donc en premier lieu les parties prenantes internes de chaque organisation, puis celles appartenant au réseau de partenaires, et enfin celles qui ont été ciblées au sein du marché.

Conclusion

Ce chapitre nous a permis d'analyser les stratégies et la mise en œuvre du marketing par les parties prenantes au sein du système olympique, afin de créer une constellation de valeur au sein de ce vaste réseau. Nous avons montré, dans la première section, l'intérêt du changement de paradigme au niveau du marketing, qui permet de passer d'une orientation fondée sur l'échange de valeur à une orientation prenant en compte la cocréation de valeur au sein d'un réseau de parties prenantes. La conception nordique du marketing relationnel s'inscrit dans cette évolution en permettant de développer des réseaux collaboratifs privilégiant les alliances qui seront profitables pour l'organisation. Le modèle du marketing des parties prenantes n'établit pas de priorités entre les parties prenantes et unit leurs intérêts dans une perspective sociétale. Dans la deuxième section, nous avons montré l'intérêt de combiner les approches descriptive, instrumentale et normative de la théorie des parties prenantes pour concevoir et mettre en œuvre le marketing au sein du système olympique. Nous avons démontré également l'intérêt de la théorie de la traduction pour la coconstruction d'un dispositif de marketing innovant dans le système olympique. Enfin, dans la dernière section, nous avons présenté un modèle permettant de concevoir et de mettre en œuvre un marketing fondé sur l'implication de multiples parties prenantes dans la création de valeur au sein du système olympique. Celui-ci concerne les trois sous-systèmes clés que sont : le marché, le réseau de partenaires et l'interne.

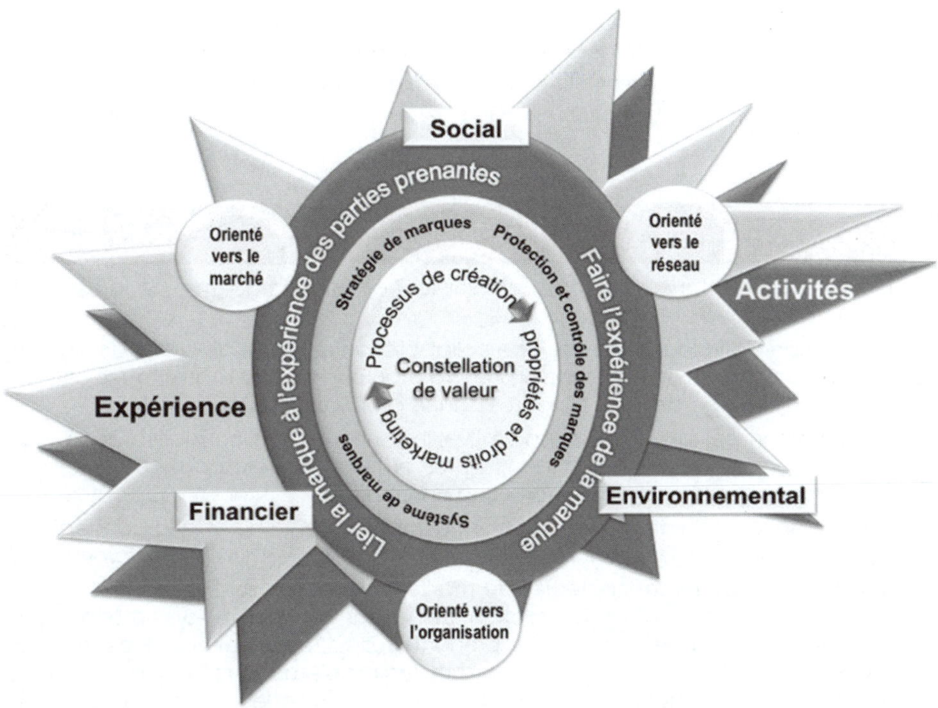

Figure 4.9 - Le modèle de cocréation de valeur du marketing olympique

Le modèle présenté dans la figure 4.9. met en relation ces dimensions, qui sont organisées en cinq niveaux. Le processus de création de valeur comprend quatre phases (i.e. détermination, cocréation, livraison, évaluation) et se situe au centre. Il s'agit d'un processus itératif, qui permet de capitaliser sur les relations sources de valeur pour développer de nouveaux projets et améliorer l'efficience de ce système par un apprentissage organisationnel. Ce processus de coproduction de valeur concerne trois sous-systèmes de parties prenantes (i.e. internes aux organisations, au réseau de partenaires et au marché) et peut combiner trois finalités (i.e. sociétale, environnementale, business), dans la perspective du développement durable. L'expérience olympique génère des bénéfices fonctionnels et socioémotionnels spécifiques à l'ensemble des parties prenantes. Celles-ci contribuent à générer cette expérience unique tout en la vivant. Le dernier niveau concerne les stratégies de marque. Il s'agit de faire l'expérience de la marque olympique et de lier les marques associées (e.g. London 2012, Visa, McDonald's...) à cette expérience unique. En reprenant les termes de Smith et Weeler (2002), il s'agit à la fois de faire l'expérience de la marque olympique et des marques associées telles que celles des partenaires.

Le marketing olympique s'inscrit dans le cadre d'une action socialement responsable, qui apporte des solutions aux problématiques des parties prenantes concernées. Dans ce contexte, la valeur est coproduite par les acteurs qui collaborent pour faire converger leurs activités et les traduire dans des actions communes. La capacité de l'organisation à développer et à maintenir des relations fortes avec ses principales parties prenantes augmente la probabilité que ces relations perdurent et se développent. Selon Lusch et Webster (2011), les aspects clés dans le concept de stratégie et d'organisation de la cocréation de valeur concernent les compétences centrales, ainsi que les capacités dynamiques utilisées pour cocréer de la valeur et les relations avec toutes les parties prenantes qui aident à accomplir cela. Les chapitres suivants vont nous permettre de présenter les stratégies de marketing mises en œuvre par les principaux acteurs de ce système.

POINTS CLÉS

- Le marketing olympique s'inscrit principalement dans le paradigme de la cocréation de valeur au sein du système de parties prenantes.
- La cocréation de valeur nécessite une collaboration entre les différents acteurs impliqués dans la conception et la mise en œuvre d'un dispositif de marketing relationnel à orientation réseau ou de marketing des parties prenantes.
- La combinaison des dimensions descriptive, instrumentale et normative de la théorie des parties prenantes permet d'identifier les acteurs essentiels à mobiliser et de les impliquer dans des dispositifs de marketing collaboratif.
- La théorie de la traduction offre un cadre adapté à l'analyse et à la conception de dispositifs de marketing innovants fondés sur la collaboration des parties prenantes.
- Au niveau managérial, les stratégies de marketing fondées sur l'implication de multiples parties prenantes dans la création de valeur au sein du système olympique doivent 1) cartographier les parties prenantes de l'organisation, 2) déterminer la saillance des parties prenantes, 3) analyser les problématiques et les attentes des parties prenantes et mesurer l'impact, 4) s'engager avec les parties prenantes et 5) renforcer l'orientation vers les parties prenantes (Smith *et al.*, 2010).

Références

Alderson, W., (1957), *Marketing Behavior and Executive Action*, Homewood, IL : Richard D. Irwin.

Andreasen, A. R., (1994), « Social marketing : definition and domain », *Journal of Marketing and Public Policy*, 13(1), 108-14.

Andersson, P., Aspenberg, K. & Kjellberg, H., (2008), « The Configuration of Actors in Market Practice », *Marketing Theory*, 8(1), 67-80.

Bagozzi, R.P., (1975), « Marketing as Exchange », *Journal of Marketing*, 39, October, 32-39.

Ballantyne, D., (1997), « Internal networks for internal marketing », *Journal of Marketing Management*, 13(5), 343-366.

Barnes, J. G., (2003), « *Establishing meaningful customer relationships* », Managing Service Quality, 13(3), 178-186.

Barney, J., Wright, M. & Ketchen, D., (2001), « Resource-based Theories of Competitive Advantage : A Ten-year Retrospective on the Resource-based View », *Journal of Management* 27(6), 643–650.

Bee, C.C. & Kahle, L.R., (2006), « Relationship Marketing in Sports : A Functional Approach », *Sport Marketing Quarterly*, 15, 102-110.

Berry, L.L., (1983), « Relationship marketing », *in* L.L. Berry, G.L. Shostack, & G.D. Upah, (éds), *Emerging perspectives on services marketing* (25-28), Proceedings of Services Marketing Conference, Chicago : American Marketing Association.

Berry, L. L. & Parasuraman, A., (1991), *Marketing services—Competing through quality*, New York : Free Press.

Bhattacharya, C. B. (2010). « Introduction to the special section on stakeholders marketing ». *Journal of Public Policy & Marketing*, 29(1), 1-3.

Bhattacharya, C. B. & Bolton, R.N., (2000), « Relationship Marketing in Mass Markets », *in* J.N. Sheth & A. Parvatiyar, (éds.), *Handbook of Relationship Marketing*, Thousand Oaks, CA : Sage, 327-354.

Bühler, A. & Nufer, G., (2009), *Relationship marketing in sports*, Oxford : Butterworth-Heinemann.

Bukowitz, W. & Williams, R., (2000), *The knowledge management fieldbook*, Financial Times, London : Prentice Hall.

Burton, R. & Howard, D., (2000), « The NBA's Recovery Marketing Program », *Marketing Management*, Spring, 49-50.

Buttle, F., (1994), « SERVQUAL : review, critique, research agenda », *European Journal of Marketing*, 30(1), 8-32.

Callon, M., (1986), « Éléments pour une sociologie de la traduction : la domestication des coquilles St-Jacques et des marins pêcheurs dans la baie de St. Brieuc », *L'Année Sociologique, numéro spécial La sociologie des Sciences et des Techniques*, 36, 169-208.

Callon, M. & Latour, B., (1981), « Unscrewing the Big Leviathan : How Actors Macrostructure Reality and How Sociologists Help Them To Do So », *in* K.D. Knorr Cetina & A.V. Cicourel, (éds.), *Advances in Social Theory and Methodology : Toward an Integration of Micro- and Macro-Sociologies*, Boston : Routledge and Kegan Paul, 277-303.

Callon, M., Lascoumes, P. & Barthe, Y., (2001), *Agir dans un monde incertain. Essai sur la démocratie technique*, Paris : Seuil.

Carrington, P.J., Scott, J. & Wasserman, S., (2005), *Models and Methods in Social Network Analysis*, Cambridge, MA : Cambridge University Press.

Chandler, J.D. & Vargo, S.L., (2011), « Contextualization and Value-In-Context : How Context Frames Exchange », *Journal of Marketing Theory*, 11(1), 35-49.

Christopher, M., Payne, A. & Ballantyne, D., (1991), *Relationship Marketing : Bringing Quality, Customer Service and Marketing Together*, Oxford : Butterworth-Heinemann.

Christopher, M., Payne, A. & Ballantyne, D., (2004), *Relationship Marketing : Creating the Stakeholder Value*, Oxford : Elsevier

CIO, (2010a), *2018 candidature acceptance procedure*, Lausanne : CIO

Commission of the European Communities, (2007), *Baseline study on CSR practices in the new members states and candidates countries*, Brussels : CEC.

Cousens, L., Babiak, K. & Bradish, C.L., (2006), « Beyond Sponsorship : Re-Framing Corporate-Sport Relationship », *Sport Management Review*, 9(1), 1-23.

Coote, L., (1994), « Implementation of Relationship Marketing in an Accounting Practice », *in* Sheth, J. N. & Parvatiyar, A., (éds), *Relationship Marketing : Theory, Methods and Applications*, Research Conference Proceedings, Emory University, Atlanta.

Crozier, R. A., (2006), « Internal branding : Employer branding », *in The IABC Handbook of Organisational Communication*, New York : Jossey Bass, 271.

Détrie, J.P. *et al.* (1997), *Strategor. Politique générale de l'entreprise*, Paris : Dunod.

Dopfer, K., Foster, J. & Potts, J., (2004), « Micro-Meso-Macro », *Journal of Evolutionary Economics*, 14, 263-79.

Donaldson, T. & Dunfee, T. W., (1999), *Ties that Bind. A Social Contracts Approach to Business Ethics*, Cambridge, MA : Harvard University Business School Press.

Donaldson, T. & Preston, L. E., (1995), « The stakeholder theory of the Corporation : concepts, evidence and implications », *Academy of Management Review*, 20(1), 65-91.

Farrelly, F., Quester & Smolianov, (1998), « The Australian Cricket Board (ACB) : mapping corporate relations », *Corporate Communications : An International Journal*, 3(4), 150-155.

Ferrand, A. & Camps I Povill, A., (2009), « Le marketing olympique », *Revue juridique et économique du Sport*, 92, Septembre, 7-44.

Ferrel, O.C., Gonzalez-Padron, T.L., Hult, G.T.M. & Maignan, I., (2010), « From market orientation to stakeholder orientation », *Journal of Public Policy & Marketing*, 29(1), 93-96.

Firat, A.F. & Venkatesh, A., (1993), « Postmodernity : the age of marketing », *International Journal of Research in Marketing*, 10(3), 227-249.

Firat, A. F. & Venkatesh, A., (1995), « Liberatory postmodernism and the reenchantment of Consumption », *Journal of Consumer Research*, 22, December, 239-265.

Frederick, W. C., Davis, K. & Post, J. E., (1988), *Business and Society. Corporate Strategy, Public Policy, Ethics*, New York : McGraw Hill.

Freeman, L.C., (1977), « Set of Measures of Centrality Based on Betweenness », *Sociometry*, 40(1), 35-41.

Freeman, R. E., (1984), *Strategic Management : A Stakeholder Approach*, Boston : Pitman.

Friedman, A. L. & Miles, S., (2006), *Stakeholders : Theory and Practice*, Oxford : Oxford University Press.

Frow & Payne, A., (2008), « A stakeholder perspective of value : Extending the value proposition concept in the context of stakeholders and service-dominant logic », *Forum on Markets and Marketing : Extending Service-Dominant Logic*, University of New South Wales, Sydney, December 4-6.

Gale, B.T., (1994), *Managing customer value*, New York : The Free Press.

Godet, M., (2001), *Creating Futures : Scenario Planning as a Strategic Management Tool*, Paris : Economica.

Grönroos, C., (1994), « Quo Vadis, marketing ? Toward a relationship marketing paradigm », *Journal of Marketing Management*, 10, 347-360.

Grönroos, C., (2000), *Service management and marketing*, Chichester, UK : Willey.

Grönroos, C. & Gummerson, E., (1985), *Service Marketing – Nordic School Perspectives*. Stockholm : Stockholm University, School of Business, Research Report.

Gundlach, G.T., (2006), « Whither 'Marketing' ? Commentary on the American Marketing Association's New Definition of Marketing », *in* J.N. Sheth & R.K. Sisodia, (éds.), *Does Marketing Need Reform ? Fresh Perspectives on the Future*, Armonk, NY : M.E. Sharpe, 105-108.

Gummesson, E., (1997), « Relationship Marketing as a Paradigm Shift : Some Conclusions from the 30R approach », *Management Decision*, 35(4), 267-272.

Gummerson, E., (1999), *Total relationship marketing*, Oxford : Butterworth-Heinemann.

Gummerson, E., (2006), *Total relationship marketing, 2nd ed.*, Oxford : Butterworth-Heinemann.

Hakansson, H. & Snehota, I., (1995), *Developing Relationships in Business Networks*, London : Routledge.

Holbrook, M. B., (1996), « Customer value – a framework for analysis and research », *Advances in Consumer Research*, 23(1), 138-142.

Holbrook, M.B., (1999), « Introduction to consumer value », *in* M.B. Holbrook, (éd.), *Consumer value : a framework for analysis and research*, London : Routledge, 2-12.

Judson, K.M., Aurand, T.W. & Karlovsky, R.W., (2007), « Applying Relationship Marketing Principles in the University Setting : An Adaptation of the Exchange Relationship Typology », *The Marketing Management Journal*, 17(1), 184-197.

Kelley, S. W., Hoffman, K.D. & Carter, S., (1999), « Franchise relocation and sport introduction : A sport marketing case study of the Carolina Hurricane's fan adoption plan », *Journal of Services Marketing*, 13(6), 469- 480.

Kotler, (1992), « It is time for total marketing », *Business Week*, Advance Executive Brief, 2, 1-7.

Kotler & Armstrong, G., (2001), *Principles of Marketing, 9th ed*, Upper Saddle River : Prentice Hall.

Kotler & Levy, S.J., (1969), « Broadening the concept of marketing », *Journal of Marketing*, 33, January, 10-15.

Lachowetz, T., McDonald, M., Sutton, W., & Clark, J., (2001), « The National Basketball Association : Application of customer lifetime value », *Sport Marketing Quarterly*, 10(2), 181-184.

Lachowetz, T., McDonald, M., Sutton, W. & Hedrick, D.G., (2003), « Corporate Sales Activities and the Retention of Sponsors in the National Basketball Association (NBA) », *Sport Marketing Quarterly*, 12(1), 18-26.

Latour, B., (1987), *Science in Action : How to follow scientists and engineers through society*, Milton Keynes : Open University Press.

Latour, B., (2006), *Changer de Société – Refaire de la sociologie*, Paris : La découverte.

Latour, B. & Woolgar, S., (1979), *Laboratory life : the social construction of scientific facts*, Beverly Hills : Sage Publications.

Lapio, Jr., R. & Speter, K. M., (2000), « NASCAR : A lesson in integrated and relationship marketing », *Sport Marketing Quarterly*, 9(2), 85-95.

Law, J., (2007), *Actor-Network Theory and Material Semiotics*, Version of 25th April 2007, disponible sur http: //www.heterogeneities.net/publications/Law- ANTandMaterialSemiotics.pdf

Lings, I.N. & Owen, K.M., (2007), « Buying a sponsor's brand : the role of affective commitment to the sponsored team », *Journal of Marketing Management*, 23(5/6), 483-496.

Little, E. & Marandi, E.,(2003), *Relationship Marketing Management*, London : Thomson.

Lusch, R.F. & Webster, F.E., (2011), « A Stakeholder-Unifying, Cocreation Philosophy for Marketing », *Journal of Macromarketing*, 31(2), 129-134

Maltese, L. (2009), « Managing assets in the field of sports special events : Proposal for a new methodological and analytical approach », International Journal of Sport Management and Marketing, 5(3), 10-329.

Martinet, A. C., (1984), *Management Stratégique : Organisation et Politique*, Paris : McGraw- Hill.

McDaniel, S.W. & Moore, S.B., (2005), « Pre-production Relationship Marketing. A Lesson from Sports Marketing », *Journal of Relationship Marketing*, 4(1/2), 73-91.

McDonald, M.A. & Milne, G.R., (1997), « A conceptual framework for evaluating marketing relationships in professional sport franchises », *Sport Marketing Quarterly*, 6(2), 27-32.

McDonagh & Prothero, A., (1996), « Making a drama out of a crisis : the final curtain for the marketing concept », *in* Brown, S., Bell, J. & Carson, D., (éds.), *Marketing Apocalypse : Eschatology, Escapology and the Illusion of the End*, London : Routledge, 44-65.

McDonald, H. & Stavros, C., (2007), « A Defection Analysis of Lapsed Season Ticket Holders : A Consumer and Organizational Study », *Sport Marketing Quarterly*, 16, 218-229.

Mitchell, R.K. Agle, B.R. & Wood, D.J., (1997), « Toward a Theory of Stakeholder Identification and Salience : defining the Principle of who and what really counts », *Academy of Management Review*, 22(4), 853-886.

Möller, K. & Halinen, A., (2000), « Relationship marketing theory : its roots and direction », *Journal of Marketing Management*, 16, 29-54.

Monroe, K. B., (1990), *Pricing : Making profitable decisions, 2nd ed*, London : McGraw-Hill.

Moore, G., (1999), « Tinged Shareholder Theory : or What's so Special About Stakeholders ? », *Business Ethics : A European Review*, 8(2), 117-127.

Morgan, R.M. & Hunt, S.D., (1994), « The commitment-trust theory of relationship marketing », *Journal of Marketing*, 58, July, 20-38.

Mullin, B.J., Hardy, S. & Sutton, W.A., (2007), *Sport Marketing, 3rd ed*, Champaign, IL : Human Kinetics.

Normann, R. & Ramirez, R., (1993), « From Value Chain to Value Constellation : Designing Interactive Strategy », *Harvard Business Review*, 71, July/August, 65-77.

O'Brien, D. & Gardiner, S., (2006), « Creating Sustainable Mega-event Impact : Networking and Relationship development through Pre-event Training », *Sport Management Review*, 9, 25-47.

Olkkonen, R., (2001), « Case study : The network approach to international sport sponsorship arrangement », *The Journal of Business & Industrial Marketing*, 16(4), 309-330.

Palmer, A., (1994), « Relationship marketing : back to basics ? », *Journal of Marketing Management*, 10, 571-579.

Peelen, E., (2005), *Customer Relationship Management*, Harlow : Financial Times/Prentice Hall.

Peppers, D. & Rogers, M., (2004), *Managing Customer Relationships : a Strategic Framework*, Hoboken : John Wiley and Sons.

Ponsonby, S. & Boyle, E., (2004), « The 'Value of Marketing' and 'The Marketing of Value' in Contemporary Times – A Literature Review and Research Agenda », *Journal of Marketing Management*, 20(3-4), 343-361.

Prahalad, C.K. & Ramaswamy, V., (2004), *The Future of Competition : Co-creating Unique Value with Customers*, Boston : Harvard Business School Press.

Payne, A. & Holt, S., (2001), « Diagnosing Customer Value : Integrating the Value Process and Relationship Marketing », *British Journal of Management*, 12(2), 159-182.

Ramaswamy, V., (2008), « Co-creating value through customers' experiences : the Nike case », *Strategy & Leadership*, 36(5), 9-14.

Scardamalia, M. & Bereiter, C., (1994), « Computer support for knowledge-building Communities », *Journal of the Learning Sciences*, 3(3), 265-283.

Shani, D., (1997), « A framework for implementing relationship marketing in the sport industry », *Sport Marketing Quarterly*, 6(2), 9-16.

Shank, M.D., (2005), *Sports Marketing : A Strategic Perspective, 3rd ed*, Upper Saddle River, NJ : Prentice Hall.

Sheth, J.N. & Parvatiyar, A., (2000), *The handbook of relationship marketing*, Thousand Oak : Sage Publications.

Sheth, J. & Uslay, C., (2007), « Implication of the Revised Definition of Marketing : from Exchange to Value Creation », *Journal of Public Policy and Marketing*, 26(2), 302-307.

Smith, C. & Williams, E., (2011), *Responsible consumers and stakeholdermarketing : building a virtuous circle of social responsibility*, Universia Business Review, segundo trimestre, 1-11.

Storbacka, K., Nenonen, S. & Korkman, O., (2009), *Markets as Configurations : A Research Agenda for Co-created Markets*, Working Paper, Breukelen (Netherlands) : Nyenrode Business Universiteit.

Stavros, C., Pope, N.K. & Winzar, H., (2008), « Relationship Marketing in Australian Professional Sport : An Extension of the Shani Framework », *Sport Marketing Quarterly*, 17, 135-145.

Tower, J., Jago, L. & Deery, M., (2006), « Relationship Marketing and Partnerships in Not-for-Profit Sport in Australia », *Sport Marketing Quarterly*, 15, 167-180.

Vargo, S. L. & Lusch, R.F., (2004), « Evolving to a new dominant logic for marketing », *Journal of Marketing*, 68(1), 1-17.

Vargo, S. L. & Lusch, R.F., (2008), « Service-dominant logic : continuing the evolution », *Journal of the Academy of Marketing*, 36(1), 1-10.

Wasserman, S. & Faust, K., (1994), *Social Network Analysis. Methods and Applications*, Cambridge (Mass.) : Cambridge University Press.

Wilkie, W.L., (2006), « The World of Marketing Thought : Where Are We Heading ? », *in* JN. Sheth & RK. Sisodia, (éds.), *Does Marketing Need Reform ? Fresh Perspectives on the Future*, Armonk, NY : M.E. Sharpe, 239-247.

Wilkie, W. & Moore, E.S., (2006), « Examining Marketing Scholarship and the Service Dominant Logic », *in* R. F. Lusch & S.L. Vargo, (éds.), *The Service-Dominant Logic of Marketing*, Armonk, NY : M.E. Sharpe, 266-278.

Wilson, B. & Cole, P., (1997), « Cognitive models of teaching », *in* D.H. Jonassen, (éd.), *Handbook of Research in Instructional Technology*, New York : MacMillan.

Woodruff, R. B., (1997), « Customer value : The next source for competitive advantage », *Journal of the Academy of Marketing Science*, 25(2), 139-153.

Zeithaml, V.A., (1988), « Consumer perceptions of price, quality, and value : A means-end model and synthesis of evidence », *Journal of Marketing*, 52(3), 2-22.

Chapitre 5

Marketing du CIO

SOMMAIRE

RÉSUMÉ

Ce chapitre traite du marketing olympique, des relations entre le CIO et ses principaux partenaires et du modèle de génération et de redistribution des revenus qui permet au CIO d'assurer sa propre stabilité financière, ainsi que celle du mouvement olympique. On y examine aussi le système utilisé par le marketing du CIO pour cocréer de la valeur en collaboration avec ses partenaires, et la manière dont cette cocréation de valeur soutient le CIO dans l'accomplissement de sa mission. La section finale analyse la configuration du marketing du CIO en combinant les quatre sphères d'activité du CIO : la valorisation de la marque institutionnelle, l'organisation des Jeux Olympiques et des Jeux Olympiques de la Jeunesse, la gestion des partenariats, de la télédiffusion et des nouveaux médias ainsi que le programme Olympisme en action.

Introduction

Le marketing olympique n'est pas un phénomène nouveau. Comme nous l'avons mentionné dans l'introduction, depuis la reprise des Jeux Olympiques de l'ère moderne en 1896, les programmes de marketing ont joué un rôle important dans la génération de revenus pour les le CIO et les COJO. Le marketing olympique tel que nous le connaissons aujourd'hui a pris naissance dans les années 1980, alors que le président Samaranch a unifié le mouvement olympique (CIO-CNO-FI) et placé le CIO à l'avant-garde du sport business. Avec l'aide de l'entreprise de marketing sportif ISL et sous la direction de Richard Pound (membre du CIO et président de la Commission sur les nouvelles sources de financement), le CIO a pris le contrôle de ses propriétés de marketing, a négocié des contrats avec des multinationales (e.g. Coca-Cola, Visa, Kodak). Il est devenu le seul négociateur à traiter avec les télédiffuseurs, et a commencé à mettre en œuvre un des programmes de marketing sportif les plus sophistiqués et les plus profitables du monde (O'Reilly & Seguin, 2009). Depuis 1988, les programmes TOP et de télédiffusion du CIO ont rapporté des revenus supérieurs à 15 milliards de dollars US, soit 3,6 milliards de dollers US pour TOP et 12 milliards en droits de diffusion (CIO, 2010a). De plus, d'autres programmes de marketing (e.g. les accords de licence et le merchandising) ont beaucoup contribué aux efforts de promotion et d'éducation du CIO, et à la diffusion partout dans le monde des idéaux olympiques. Globalement, les ressources provenant des programmes de marketing ont permis au CIO de devenir stable sur le plan financier et d'assurer son indépendance, tout en lui conférant une influence considérable dans le monde. Et, ce qui est sans doute plus important, ces ressources ont aidé le CIO à remplir sa mission, qui consiste à « promouvoir l'olympisme à travers le monde et à diriger le mouvement olympique » et à réaliser son rôle qui est (CIO, 2011a:14-15) :

1. « d'encourager et soutenir la promotion de l'éthique et de la bonne gouvernance dans le sport ainsi que l'éducation de la jeunesse par le sport, et de s'attacher à ce que l'esprit de fair-play règne dans le sport et que la violence en soit bannie ;
2. d'encourager et soutenir l'organisation, le développement et la coordination du sport et des compétitions sportives ;
3. d'assurer la célébration régulière des Jeux Olympiques ;
4. de coopérer avec les organisations et les autorités publiques ou privées compétentes, afin de mettre le sport au service de l'humanité et de promouvoir, ainsi, la paix ;

5. d'agir dans le but de renforcer l'unité du mouvement olympique, de protéger son indépendance et de préserver l'autonomie du sport ;
6. de s'opposer à toute forme de discrimination affectant le mouvement olympique ;
7. d'encourager et soutenir la promotion des femmes dans le sport, à tous les niveaux et dans toutes les structures, dans le but de mettre en œuvre le principe de l'égalité entre hommes et femmes ;
8. de diriger la lutte contre le dopage dans le sport ;
9. d'encourager et soutenir les mesures protégeant la santé des athlètes ;
10. de s'opposer à toute utilisation abusive, politique ou commerciale, du sport et des athlètes ;
11. d'encourager et soutenir les efforts des organisations sportives et des autorités publiques pour assurer l'avenir social et professionnel des athlètes ;
12. d'encourager et soutenir le développement du sport pour tous ;
13. d'encourager et soutenir une approche responsable des problèmes d'environnement, de promouvoir le développement durable dans le sport et d'exiger que les Jeux Olympiques soient organisés en conséquence ;
14. de promouvoir un héritage positif des Jeux Olympiques pour les villes et les pays hôtes ;
15. d'encourager et soutenir les initiatives qui intègrent le sport à la culture et à l'éducation ;
16. d'encourager et soutenir les activités de l'Académie Internationale olympique (AIO) et d'autres institutions qui se consacrent à l'éducation olympique ».

Célébrer les Jeux Olympiques et les Jeux Olympiques de la jeunesse contribue beaucoup à l'accomplissement de la mission du CIO et à la réalisation des objectifs du mouvement olympique. Le marketing des Jeux implique une multitude d'intervenants et a une énorme portée. Cependant, d'autres activités de marketing dirigées par le CIO (valorisation de la marque institutionnelle, partenariats, télédiffusion, nouveaux médias et olympisme en action) jouent aussi un rôle essentiel dans la création et la cocréation de valeur. Les milliards de dollars générés par le programme TOP du CIO sont une indication de cette valeur. En bout de ligne, les programmes de marketing du CIO sont conçus pour atteindre les objectifs suivants (IOC, 2011b : 5) :

- « assurer la stabilité financière indépendante du mouvement olympique, contribuant ainsi à la promotion de l'olympisme partout dans le monde ;
- élaborer et mettre en œuvre des programmes de marketing à long terme, assurant ainsi la sécurité financière du mouvement olympique et des Jeux Olympiques ;
- rentabiliser les activités fructueuses mises en œuvre par chaque comité organisateur des Jeux Olympiques (COJO), si bien qu'il n'est pas nécessaire de mettre en place une nouvelle structure de marketing à chaque édition des Jeux Olympiques ;
- générer des revenus qui seront distribués dans tout le mouvement olympique (et notamment aux COJO, CNO et à leurs associations continentales, aux FI et aux autres organisations internationales de sport reconnues), et fournir un soutien financier au sport dans les nations émergentes ;
- assurer que le plus grand nombre possible de gens dans le monde puissent vivre l'expérience des Jeux Olympiques, principalement grâce à la télédiffusion ;
- protéger et promouvoir l'équité inhérente à l'image et aux idéaux olympiques ;
- contrôler et limiter la commercialisation des Jeux Olympiques ;
- s'assurer le soutien des partenaires du marketing olympique pour la promotion des idéaux olympiques ».

Tel que mentionné, un des objectifs clés du marketing olympique consiste à assurer la stabilité financière du mouvement olympique. Il s'agit d'un objectif nécessaire, parce que la plupart des activités et initiatives du CIO (e.g. les Jeux Olympiques, les programmes de Solidarité olympique, les programmes éducatifs...) dépendent de la capacité du CIO à les financer. L'engagement des partenaires dans les activités et initiatives du CIO est la pierre angulaire du marketing olympique. En plus de fournir des ressources financières, les partenaires procurent d'autres avantages, qui sont essentiels pour créer ou cocréer de la valeur, et contribuent en bout de ligne à l'accomplissement de la mission du CIO. Par exemple, en plus de contribuer à la stabilité financière du mouvement olympique, un partenaire important du programme TOP peut aussi promouvoir les idéaux olympiques, offrir aux consommateurs des occasions de faire l'expérience de la marque et/ou aider les COJO à organiser les Jeux Olympiques (expertise, services, bénévoles, produits...). L'argent recueilli grâce au marketing olympique aide les CNO (surtout ceux les plus démunis), les FI et d'autres organisations à atteindre le principal objectif du mouvement olympique, et à contribuer à d'autres activités clés comme la lutte contre le dopage (le CIO est le principal bailleur de fonds de l'AMA), les programmes éducatifs (académies, MEMOS), la trêve olympique et de nombreuses autres activités mises en œuvre ou soutenues par le CIO.

Nous allons examiner dans ce chapitre les droits de marketing et les relations du CIO au sein du système olympique, la structure du marketing olympique et son modèle de génération et de redistribution des revenus. La notion de cocréation de valeur et son rôle important dans la réussite des programmes de marketing du CIO sont analysés, ainsi que la proposition de valeur, unique en son genre, offerte par la marque olympique. Cela permet au CIO d'avoir une marque forte, qui incite les partenaires à « faire l'expérience » de la marque.

1. LES RELATIONS DU CIO ET LES DROITS DE MARKETING AU SEIN DU SYSTÈME OLYMPIQUE

1.1 Utilisation des droits par le CIO

Le programme de marketing du CIO exploite plusieurs droits de marketing pouvant être alloués à un ou plusieurs partenaires (voir chapitre 2). En tant que propriétaire des Jeux Olympiques, le CIO détient les droits exclusifs sur le symbole, les drapeaux, la flamme (relais de la flamme olympique), la devise et l'hymne olympique, ainsi que d'autres droits qui peuvent servir à des fins commerciales. Par exemple, en 1999, le CIO a créé « Olympic Spirit », un projet d'extension de la marque mis en œuvre sur le site du Parc olympique de Munich. Olympic Spirit est un musée interactif qui permet à ses visiteurs (et surtout aux jeunes) de « faire l'expérience » des Jeux Olympiques, et de découvrir le courage et la détermination qu'il faut pour devenir un ou une athlète olympique.

L'exploitation directe de ces droits par le CIO, ou par un partenaire autorisé, est toujours soit limitée à un territoire spécifique, soit mise en œuvre par un CNO reconnu. Ces droits peuvent être exploités à diverses fins, par divers partenaires, dans diverses parties du monde. Le CIO a mis en place un mécanisme de coordination qui assure que la marque et (ou) les droits olympiques sont utilisés de manière cohérente dans toutes les régions du monde.

Dans un territoire couvert par un CNO reconnu, le CIO applique trois modèles différents d'exploitation des droits de marketing. Le premier modèle fonctionne par l'entremise d'accords d'exploitation des droits (sponsors, fournisseurs ou autres initiatives commerciales, à l'exclusion des accords de licence) qui ne nuisent pas gravement au CNO concerné (e.g. les partenaires du programme TOP). Le CNO est consulté avant qu'on ne signe un accord, et ce CNO reçoit une partie des revenus générés. Les droits de marketing au sein du territoire d'un CNO peuvent aussi être concédés sous la forme d'accords de licence (e.g. Olympic Spirit). Dans ces cas-là, le CIO communique avec le CNO concerné avant de signer l'accord, et il cède à ce CNO la moitié des revenus nets (après taxes et autres dépenses connexes). Enfin, les droits peuvent être accordés sous la forme de droits de télédiffusion des Jeux Olympiques dans un territoire donné (e.g. la chaîne CTV a les droits exclusifs pour le Canada). Dans ce cas, le CIO est le seul négociateur, et il n'y a aucune condition spécifique relative au CNO.

1.2 Analyse des relations d'influence et de dépendance entre le CIO et ses principaux partenaires

On peut utiliser la dimension descriptive de la théorie des partenaires comme cadre d'analyse des relations du CIO avec ses autres partenaires au sein du système olympique (voir le chapitre 4). Tel que mentionné précédemment, les interactions entre les divers partenaires sont régies par leurs relations mutuelles de pouvoir et par la structure du réseau. Si on dresse la matrice des influences directes (voir tableau 4.1. du chapitre 4), on s'aperçoit que l'acteur qui a le plus de pouvoir au sein du système est le CIO, car il a une influence importante sur les COJO, les CNO, les gouvernements des pays hôtes, les partenaires du programme TOP, les sponsors des COJO, les détenteurs des droits de télévision et les athlètes, et ce en grande partie parce que le CIO contrôle l'allocation des droits de marketing (Jeux Olympiques, association avec la marque olympique, et ainsi de suite) à ces partenaires. Mais la matrice montre aussi que le CIO dépend de beaucoup de ces parties prenantes, et notamment des COJO, des gouvernements des pays hôtes, des partenaires du programme TOP, des sponsors des COJO et des détenteurs des droits de télévision. Au titre d'organisateurs des Jeux Olympiques, les COJO sont des partenaires très influents, mais ils dépendent aussi beaucoup du soutien des gouvernements (local, régional et national), des sponsors nationaux et d'autres partenaires (p. ex. les bénévoles, les FN et ainsi de suite) pour réussir l'organisation des Jeux. Cela confère à leur tour aux gouvernements une grande influence sur le CIO.

Les partenaires du programme TOP et les télédiffuseurs ont également une grande influence sur le CIO. Le mouvement olympique (et le CIO en particulier) est devenu très dépendant des milliards de dollars générés par les sponsoring et la vente des droits de télédiffusion. Environ 90 % de ces revenus sont redistribués au sein du mouvement olympique (COJO, CNO, FI), et les 10 % restants servent à financer l'administration du CIO. En retour, les sponsors et les télédiffuseurs apportent une énorme valeur au CIO en assurant la promotion de la marque olympique dans le monde entier et en donnant aux fans, au public et à d'autres intervenants l'occasion d'être en relation avec la marque olympique ou d'en faire l'expérience. Par conséquent, ces partenaires jouent un rôle important au sein du mouvement olympique et ils ont une influence considérable sur le CIO. De nombreux exemples permettent d'illustrer les relations de pouvoir qui sont en jeu au sein de ces groupes influents. Par exemple, l'heure à laquelle les épreuves de natation ont commencé aux Jeux Olympiques de Pékin a fait l'objet de beaucoup de débats au cours des années précédant les Jeux. On a dit que l'horaire des finales de natation les plus prestigieuses serait modifié, si bien qu'elles auraient lieu le matin au lieu de se dérouler traditionnellement le soir, afin que le réseau américain NBC puisse les diffuser « en direct », à l'heure de grande écoute aux États-Unis (au lieu de tôt le matin). La chaîne NBC considérait en effet qu'un tel changement était essentiel pour qu'elle puisse générer des revenus de publicité suffisants pour compenser les coûts énormes des droits de télédiffusion pour le marché américain (soit environ 750 millions de dollars US) (Campbell, 2006). Cette décision n'a pas été appréciée par les télédiffuseurs européens et asiatiques, qui s'inquiétaient de l'impact négatif de ce changement d'horaire sur leur propre audience. Par conséquent, la BBC a plaidé le fait que commencer les retransmissions à 3 h du matin plutôt qu'à l'heure du déjeuner (heure de Grande-Bretagne) réduirait le niveau d'exposition du sport et empêcherait beaucoup de téléspectateurs britanniques de regarder leurs champions nationaux concourir pour des médailles, ce qui aurait un impact très négatif sur les taux d'audience (Campbell, 2006). La BBC a donc assumé un rôle de premier plan dans les pressions pour annuler cette décision, par l'entremise d'autres intervenants. L'Union Européenne de Radio-Télévision (European Broadcasting Union, EBU), qui représente les principaux télédiffuseurs de ce continent et qui soutient depuis longtemps les sports olympiques, a donc participé à ces pressions à la demande de la BBC, qui a aussi prié la Fédération britannique de natation (British Swimming) de faire pression auprès de la Fédération internationale de natation, pour qu'elle fasse « tout ce qui est en son pouvoir » pour faire échec au plan du CIO (Campbell, 2006). Finalement, elle a demandé à deux des trois membres britanniques du CIO de se servir de leur influence. Mais, malgré ces pressions intenses, le CIO a décidé de maintenir sa décision, et les finales de natation ont été télédiffusées en direct aux États-Unis. Ce cas illustre bien les enjeux qui peuvent émaner de décisions prises pour satisfaire les besoins d'un groupe spécifique d'acteurs plutôt que ceux d'un autre groupe, et les défis auxquels le CIO doit faire face dans de tels cas.

2. LA STRUCTURE DU MARKETING DU CIO

Le marketing olympique est géré en relation avec deux importantes commissions : la Commission de marketing du CIO et la Commission des droits TV et nouveaux médias du CIO. C'est la firme IOC Television and Marketing Services SA, une entreprise que possède le CIO, qui est responsable de la gestion des programmes de télédiffusion et de marketing olympique. Nous allons décrire brièvement dans la section suivante la structure de marketing du CIO.

2.1 La Commission de marketing du CIO

Juan Antonio Samaranch a créé en 1983 la Commission des nouvelles sources de financement, dans le but d'élargir les sources de revenus, afin d'assurer la stabilité financière du mouvement olympique. En 1989, le président de la Commission, Richard Pound, a annoncé au Congrès du CIO que la création du programme TOP avait permis à la Commission d'atteindre son objectif de diversifier les revenus du CIO, en réduisant à environ 50 % le pourcentage de revenus provenant de la télévision (O'Reilly & Seguin, 2009). En 1997, la Commission a été rebaptisée Commission de marketing du CIO, pour refléter son nouveau mandat qui consiste à gérer et à développer la marque olympique (CIO, 2001). Aujourd'hui, on a attribué un autre rôle vital à la Commission de marketing du CIO, à savoir celui de protéger les « valeurs olympiques », si bien que sa mission officielle est maintenant libellée comme suit : Le marketing olympique aide le travail du mouvement olympique en fournissant des ressources, des programmes et le soutien financier nécessaire. Tous les programmes et les actions d'un partenaire doivent être conçus afin de valoriser et de protéger l'image et les valeurs olympiques (CIO, 2011c). La Charte olympique va encore plus loin en déclarant que le CIO doit contrôler les programmes de sponsoring, afin de s'assurer que ses partenariats sont compatibles avec les idéaux olympiques. Par conséquent, les produits qui risquent d'être en conflit avec la mission du CIO, ou d'être considérés inappropriés pour cette mission ou pour l'esprit de l'olympisme, sont interdits. Cela démontre clairement le rôle des partenaires dans le développement de la marque olympique, et dans la création et cocréation de valeur.

Le rôle de la Commission de marketing est :

- d'examiner les sources de financement et de revenus éventuelles pour le CIO et le mouvement olympique, tout en s'assurant que le contrôle du sport reste entre les mains des instances sportives ;
- de faire des recommandations à la Commission exécutive du CIO en ce qui concerne les programmes de marketing et autres programmes connexes ;
- de veiller à l'application de ces programmes et en rendre compte à la Commission exécutive du CIO ;
- de chercher à accroître au maximum les bénéfices qu'une association avec des partenaires du marketing peut apporter au mouvement olympique.

Malgré ses relations à la fois fortes et continues avec les partenaires commerciaux, le CIO s'inquiète apparemment de l'éventuelle perte d'autonomie des instances sportives. Ceci est bien indiqué dans le mandat de la Commission, qui stipule que le CIO doit s'assurer « que le contrôle du sport reste entre les mains des instances sportives ». Étant donné les énormes investissements effectués par les partenaires commerciaux (sponsors et télédiffuseurs), il serait tentant pour le CIO et (ou) d'autres organisations sportives de modifier les sports (e.g. changer les règlements, le choix des épreuves, le calendrier des événements, horaires...), afin de satisfaire les besoins commerciaux de certains partenaires (e.g. rendre le sport plus attrayant, attirer de plus grandes audiences, etc.). C'est la raison pour laquelle la commission marketing joue un rôle important, qu'elle doit remplir avec l'appui intégral de tout le mouvement olympique (CNO, FI, athlètes).

Il convient aussi de souligner qu'un des rôles de la Commission, qui cherche à « accroître au maximum les avantages qu'une association avec des partenaires du marketing peut apporter au mouvement olympique », cadre avec les notions de valeur et de cocréation de valeur, proposées dans les chapitres précédents,et expliquées plus en détail dans ce chapitre.

2.2 La Commission des droits TV et nouveaux médias du CIO

La Commission des droits TV et nouveaux médias du CIO est responsable de l'élaboration et de la mise en œuvre de la stratégie globale du CIO, en vue des prochaines négociations de droits de télédiffusion (CIO, 2011c). La Commission doit fonctionner dans le cadre de la règle 48 de la Charte olympique, qui stipule que « le CIO prend toutes les mesures nécessaires afin d'assurer aux Jeux Olympiques la couverture la plus complète par les différents moyens de communication et d'information, ainsi que l'audience la plus large possible dans le monde » (CIO, 2011a : 90). De plus, le texte d'application numéro 1 de la règle 48 définit plus en détail la couverture médiatique, comme suit : « un des objectifs du mouvement olympique est la propagation et la promotion des principes et des valeurs de l'olympisme par le contenu de la couverture médiatique des

Jeux Olympiques » (CIO, 2011a : 93). Ceci constitue une indication supplémentaire du rôle essentiel des médias dans l'élaboration et la rentabilisation de la valorisation de la marque olympique.

La Commission recueille aussi des informations importantes pour le marketing (e.g. des informations sur tous les marchés importants, les taux d'écoute, des données sociodémographiques sur les auditeurs, des tendances sur l'évolution de l'audience, la participation des jeunes, les sports populaires ou émergents...), elle consulte des experts (e.g. des analystes, des agences de marketing, des chercheurs), elle détermine les droits et ensemble de bénéfices à commercialiser et elle organise les processus d'appels d'offres et de négociation. Le CIO a pris le contrôle intégral des négociations des droits de télévision (et maintenant des nouveaux médias) après les Jeux Olympiques de 1988. Avant 1988, les COJO, en collaboration avec le CIO, négociaient les droits de télévision à chaque édition des Jeux Olympiques. Aujourd'hui, la tendance consiste à conclure un accord de télédiffusion à long terme pour les Jeux Olympiques, dans tous les principaux marchés. Cela comporte une certaine dose de risque pour les télédiffuseurs, car il se peut que la localisation des Jeux Olympiques ne soit pas encore connue au moment où on signe le contrat. Par exemple, étant donné le décalage horaire entre les continents, cela serait désavantageux pour les télédiffuseurs nord-américains si des Jeux successifs se déroulaient en Europe et (ou) en Asie.

2.3 IOC Television and Marketing Services SA

Fondée en 1996 par des investisseurs privés, et détenue partiellement par le CIO, la firme *Meridian Management SA* (Meridian) était le bras du CIO chargé des services de marketing et des négociations d'accords avec les sponsors du programme TOP. Cependant, à la lumière d'un audit complet de la situation, commandé par Jacques Rogge peu après son élection au poste de Président en 2001, le CIO a décidé de centraliser les responsabilités concernant la télédiffusion et le marketing, et de les gérer en interne (Woodward, 2003). Cette mesure visait à donner au CIO davantage de contrôle sur ses propriétés, et à lui permettre de bénéficier de revenus supplémentaires de ses programmes de sponsoring. Pour assumer ce rôle centralisé, le CIO a pris entièrement le contrôle de Meridian en 2005, et l'a transformée en *IOC Television and Marketing Services* (CIO TMS).

Vous trouverez dans la section suivante des faits, des chiffres et des informations supplémentaires à caractère historique concernant le programme TOP du CIO, les programmes nationaux de sponsoring des Jeux Olympiques mis en œuvre par les COJO et le programme de télédiffusion du CIO.

3. LE MODÈLE DE GÉNÉRATION DES REVENUS ET DE DISTRIBUTION DES REVENUS

Le marketing olympique génère des revenus en provenance d'une variété de programmes gérés par le CIO. En dépit de la croissance des programmes de *licensing* et de *merchandising*, les deux piliers principaux du marketing olympique demeurent le sponsoring (programme TOP) et la télédiffusion. Depuis que TOP 1 a été lancé en 1988, ces deux programmes ont généré approximativement 15 milliards de dollars (IOC, 2010a). Le CIO distribue 93 % de ces revenus aux COJO, FI, CNO et autres organisations sportives (e.g. Agence mondiale antidopage, Comité international paralympique), en se fondant sur un calcul prédéterminé négocié avec les parties prenantes. La capacité du CIO à générer ces montants significatifs est contingente, en partie, de sa capacité à offrir de la valeur et, dans certains cas, à cocréer de la valeur avec les parties prenantes (e.g. partenaires TOP, télédiffuseurs, FI, CNO, COJO).

3.1 Le programme TOP

Le programme TOP a été créé en 1985, en réponse à la directive de Juan Antonio Samaranch de diversifier les sources de revenus du CIO qui, à ce moment-là, s'appuyaient presque exclusivement sur la télévision. La commission responsable d'examiner cette question a proposé la création d'un programme marketing intégré pour les symboles olympiques, appelé TOP (The Olympic Programme, plus tard The Olympic Partners).

À ce moment, le CIO a identifié trois défauts principaux aux programmes de marketing olympiques. Premièrement, il était presque impossible pour les COJO et les sponsors de s'engager dans des activités de marketing efficaces (Pound, 1986). La Charte olympique spécifiait qu'aucun sponsor ne pouvait utiliser une marque d'un COJO sans l'autorisation du CNO local/régional, ce qui signifiait que les sponsors intéressés pour conduire une campagne de marketing olympique internationale utilisant une marque de COJO avaient à négocier avec chaque CNO ciblé séparément. Cette perspective n'était pas très attractive pour des entreprises internationales cherchant des plate-formes mondiales pour commercialiser leurs marques globales. Par conséquent, les sponsors internationaux des Jeux Olympiques ont indiqué qu'ils seraient prêts à contribuer beaucoup plus au mouvement olympique si le CIO simplifiait son approche pour le sponsoring international (O'Reilly & Seguin, 2009). Le deuxième défaut des programmes marketing du CIO et des COJO était le grand nombre d'entreprises autorisées à utiliser les marques des Jeux Olympiques. Par exemple, le COJO pour Montréal 1976 a eu plus de 600 sponsors. Ces nombres aussi importants ont créé un énorme désordre et ont dilué les opportunités d'utiliser les Jeux comme une plate-forme de communication. Cela fut changé quand Peter Ueberroth, président du COJO pour Los Angeles 1984, a offert aux firmes l'exclusivité au sein d'un nombre limité de catégories de produits (O'Reilly & Seguin, 2009). La réponse du marché fut au-delà des espérances, avec Coca-Cola et Anheuser-Busch signant des accords évalués à plus de 20 millions de dollars en 1979 (Los Angeles, 1985). Ces signatures tardives ont fixé la référence pour de futures négociations et clairement indiqué que l'exclusivité était un bénéfice, pour lequel les grands partenaires étaient prêts à payer d'importantes sommes d'argent. Cela a aussi envoyé un message au CIO, selon lequel un programme d'exclusivité mondiale pourrait générer beaucoup d'argent. Le troisième défaut était lié au fait que le CIO ne recevait aucun bénéfice financier en provenance des programmes de marketing, d'où la dépendance aux revenus de télédiffusion, ce qui justifiait le besoin de création d'une commission explorant de nouvelles sources de revenus.

Le programme TOP offre aux firmes l'opportunité d'acheter, à travers un contrat unique, les droits et bénéfices exclusifs pour les Jeux d'hiver et d'été consécutifs (utilisation des marques des COJO, opportunités d'hospitalité...), d'utiliser les marques du CIO (utilisation des anneaux olympiques pour elles seules) et d'accéder aux 205 CNO (utilisation de leurs marques). Ceci fournit des bénéfices majeurs pour les entreprises multinationales souhaitant mettre en œuvre des programmes marketing dans les pays accueillant les Jeux Olympiques ou dans le monde entier. Le programme TOP offre également les bénéfices d'une plate-forme globale combinés avec la capacité d'activer son association olympique au niveau local. En échange de ces droits exclusifs, les sponsors fournissent à la fois d'importantes sommes d'argent, des technologies de pointe et leurs services au

CIO, aux COJO, aux athlètes et aux spectateurs. Les sponsors aident aussi à promouvoir la marque olympique et l'expérience de marque du consommateur à travers l'activation de leurs droits (publicité, packaging, loteries promotionnelles, apparitions d'athlètes, etc.). Tandis que les contrats TOP couvraient originellement des périodes de quatre ans et deux éditions des Jeux (hiver, puis été), le succès du programme a conduit certains partenaires à signer des accords couvrant plusieurs olympiades. Par exemple, McDonald's, Visa et Coca-Cola ont tous signé des accords jusqu'en 2020.

Le programme TOP offre l'exclusivité dans des catégories de produits bien définies telles que les boissons non alcoolisées (Coca-Cola), les systèmes de paiement pour le consommateur (Visa), les services de restauration (McDonald's) et le matériel de communication Wifi (Samsung) (voir le tableau 5.1 pour une liste complète). Les entreprises partenaires voient cette exclusivité comme un bénéfice majeur, parce que la marque olympique (les cinq anneaux entrelacés) a un capital très fort, ce qui lui donne une grande puissance. En d'autres termes, la marque est bien connue partout dans le monde (taux de mémorisation exceptionnellement hauts), associée avec des valeurs fortes, positives et significatives telles que l'amitié, l'excellence et la communauté, a une qualité perçue très élevée (les meilleurs athlètes du monde en compétition, le meilleur événement, etc.) et une excellente fidélité (les téléspectateurs regardent les Jeux Olympiques avec des audiences record, les partenaires renouvellent les contrats TOP, les villes candidatent pour accueillir les Jeux, etc.). Le CIO, les COJO et beaucoup de CNO conduisent des études de marketing relatives à la marque et utilisent les résultats pour la développer et concevoir les stratégies marketing.

Le tableau 5.1 montre l'évolution du programme TOP depuis que TOP 1 a été lancé (Preuss, 2000 ; IOC, 2010a). Le programme a été géré par CIO TMS depuis 2005.

Le succès continu du programme TOP est fondé sur deux facteurs clés : l'exclusivité mondiale et la protection. L'exclusivité mondiale reste le bénéfice clé pour les partenaires TOP. Le succès du programme TOP est largement dû à la volonté des CNO d'abandonner leurs droits dans des catégories de produits recherchés et à la capacité du CIO, des CNO et des COJO à protéger cette exclusivité. Alors que la plupart des CNO ont grandement bénéficié des sept versions du programme TOP, il y a des inquiétudes au sujet de l'équité du système de distribution des revenus. Un certain nombre de CNO influents ont exprimé leur insatisfaction par rapport à ce qu'ils croient être le partage non raisonnable des revenus qui sont distribués par l'USOC, qui reçoit 12 % des revenus TOP et 20 % des droits télévisés US (Bose, 2010). La plupart des CNO pensent que cette formule, négociée avant TOP 1, devrait être revue en raison des changements majeurs dans l'environnement (économiques, géopolitiques, etc.) depuis TOP 1. L'UOSC a donné son accord pour renégocier sa contrepartie après les Jeux Olympiques de Londres en 2012, afin de s'accorder sur un nouveau modèle de partage des revenus, qui entrera en fonction après les Jeux de 2020.

Une question clé pour le programme TOP est la capacité du CIO à protéger les droits exclusifs des partenaires pour la marque olympique, en prévenant l'*ambush marketing*, c'est-à-dire l'utilisation non autorisée des marques olympiques par les concurrents des partenaires. Ce phénomène a été le sujet de plus d'attention depuis le premier grand cas de ce type aux Jeux Olympiques de Los Angeles 1984 (Sandler & Shani, 1989), quand Fuji, qui avait signé un accord de sponsoring avec le COJO, fut « ambushé » avec succès par Kodak, qui avait sponsorisé une équipe d'athlétisme de haut niveau et activé fortement cette association. Un autre problème, souvent abordé autour de l'*ambush marketing*, concerne le désordre du sponsoring olympique (Seguin & O'Reilly, 2008). En d'autres termes, l'*ambush marketing* s'ajoute à un environnement olympique déjà désordonné, avec pour résultat moins de valeur pour les sponsors officiels. Par conséquent, le CIO a réalisé un

Tableau 5.1 • Évolution du programme TOP

	Nombre d'entreprises	Entreprises impliquées	Nombre de pays	Revenus (US$ en millions)
TOP I 1985-1988 Calgary-Seoul	9	3M, Brother, Coca-Cola, Federal Express, Kodak, Panasonic, Philips, Sports Illustrated/Time, VISA	159	106
TOP II 1989- Albertville-Barcelone	12	3M, Bausch & Lomb, Brother, Coca-Cola, Kodak, Mars, Panasonic, Philips, Ricoh, Sports Illustrated/Time, US Postal Service, VISA	169	192 (incluant VIK*) 1992
TOP III 1993-1996 Lillehammer-Atlanta	10	Bausch & Lomb, Coca-Cola, IBM, John Hancock, Kodak, Panasonic, Sports Illustrated/Time, UPS, VISA, Xerox	197	376 (incluant 185 en VIK*)
TOP IV 1997-2000 Nagano-Sydney	11	Coca-Cola, IBM, John Hancock, Kodak, McDonalds, Panasonic, Samsung, Sports Illustrated/Time, UPS, VISA, Xerox	199	579 (incluant 276 en VIK*)
TOP V 2001-2004 Salt-Lake City-Athènes	10	Coca-Cola, John Hancock, Kodak, McDonalds, Panasonic, Samsung, Schlumberger-Sema, Sports Illustrated/ Time (for Athens only), VISA, Xerox	202	650 (incluant 280 en VIK*)
TOP VI 2005-2008 Turin-Pékin	11	Coca-Cola, General Electric, Kodak, Lenovo, Manulie, McDonalds, Omega, Panasonic, Samsung, Athos-Origin, VISA	202	866
TOP VII 2009-2012 Vancouver-Londres	11	Coca-Cola, General Electric, Kodak, Lenovo, Manulie, McDonalds, Omega, Panasonic, Samsung, Athos-Origin, VISA	204	1000+

certain nombre de changements importants sur ses documents et les contrats de candidature olympique avec les COJO, les villes et les CNO d'accueil, afin d'assurer une protection maximum pour ses partenaires. Le CIO requiert maintenant auprès des gouvernements d'accueil d'introduire une législation spéciale pour protéger la marque olympique (Ellis, Scassa & Seguin, 2011). En plus de fournir une assistance aux COJO, le CIO offre une formation au marketing/management de la marque aux CNO, dans un effort d'apporter de la consistance à la marque olympique dans le monde entier. Il s'assure aussi que les marques olympiques sont légalement enregistrées (dépôt de marque, copyright) au sein de chaque pays/territoire de CNO. Il est important de noter qu'une nouvelle fois, le CIO s'appuie sur sa coopération avec des parties prenantes (COJO, ville, CNO, gouvernement d'accueil, experts légaux, sponsors) pour protéger et ajouter de la valeur à la marque olympique. Alors qu'il est presque impossible d'offrir une protection « complète », les sponsors se réjouissent des efforts considérables du CIO pour protéger leurs droits. Les contrats de long terme signés par plusieurs partenaires TOP, étendant leurs partenariats jusqu'aux Jeux de 2020, suggèrent un haut niveau de satisfaction avec la valeur obtenue du sponsoring olympique.

3.2 La télédiffusion olympique

Des sommes d'argent significatives ont été obtenues pour la première fois lors de la vente des droits télévisés olympiques en 1960 (Rome), quand le COJO a collecté 1,2 million de dollars. De 1960 à 1972, le CIO ne faisait pas partie des négociations et a eu très peu de revenus. Alors que le CIO a rejoint les discussions après les Jeux de 1972, il a continué à jouer un rôle négligeable jusqu'à ce que Juan Antonio Samaranch soit élu président en 1980. Sous le leadership de Samaranch, le CIO a commencé avoir un rôle plus important dans les négociations des droits télévisés, devenant finalement le seul négociateur en 1992. Durant la présidence de Samaranch, les revenus de la télédiffusion ont été multipliés par plus de 15, de 81 millions de dollars pour les Jeux Olympiques de Moscou en 1980 à plus de 1,7 milliard de dollars pour les Jeux de Beijing 2008 (IOC, 2010a). À la fin du mandat de Samaranch, le CIO avait gagné la somme stupéfiante de 10 milliards de dollars en revenus de télédiffusion. Les revenus de télédiffusion pour les Jeux Olympiques d'hiver ont aussi crû rapidement et ont été multipliés par plus de 60, de 21 millions de dollars pour les Jeux de Lake Placid 1980 à 1 279 millions de dollars pour les Jeux de Vancouver 2010.

Le tableau 5.2 montre les revenus (arrondis) liés aux droits télévisés depuis 1960. Les montants sont donnés en dollars US, puisqu'il s'agit de la monnaie stipulée dans la plupart des contrats. L'information a été tirée du « Dossier concernant les faits marketing du CIO pour 2010 » et les montants n'ont pas été recalculés à partir du taux de change actuel du dollar US.

Le tableau 5.2. montre clairement l'augmentation des droits télévisés au cours des 50 dernières années. La stratégie du CIO pour la couverture télévisée est simple, mais efficace : maximiser la couverture globale des Jeux, en termes de nombre de pays télévisant les Jeux et d'audience. Cet objectif est atteint en sélectionnant les télédiffuseurs qui peuvent garantir une couverture gratuite des Jeux et, ainsi, atteindre le nombre maximum de foyers. Payne (2006) note qu'en plusieurs occasions, le CIO aurait pu générer plus de revenus s'il avait vendu les droits à des télédiffuseurs par câble privés, qui n'auraient pas garanti la couverture gratuite des Jeux. Cependant, ceci aurait dévié du principe que tout le monde a le droit de regarder les Jeux sans avoir à payer (Payne, 1998). Cette approche a contribué à maximiser les audiences télévisuelles dans le monde entier.

Le CIO a augmenté continuellement le nombre de pays diffusant les Jeux Olympiques à la télévision (presque doublé depuis les années 1980), ainsi que le nombre total d'heures de diffusion télévisée dans chaque pays. Aujourd'hui, il n'est pas rare, pour les réseaux de chaînes de télévision majeurs et leurs chaînes spécialisées dans le sport, de montrer du contenu olympique (partage de

Tableau 5.2 • Croissance des droits télévisés olympiques (adapté de IOC, 2010a)

Année	Ville JO d'hiver	Droits de diffusion	Ville JO été	Droits de diffusion
1960	Squaw City	0,05	Rome	1,2
1964	Innsbruck	0,09	Tokyo	1,6
1968	Grenoble	2,6	Mexico	9,8
1972	Sapporo	8,5	Munich	17,8
1976	Innsbruck	11,6	Montreal	34,9
1980	Lake Placid	20,7	Moscou	88
1984	Sarajevo	102,7	Los Angeles	286,9
1988	Calgary	324,9	Seoul	402,6
1992	Albertville	291,9	Barcelone	636,1
1994	Lillehammer	352,9		
1996			Atlanta	898,3
1998	Nagano	513,5		
2000			Sydney	1331,6
2002	Salt-Lake City	738		
2004			Athens	1494
2006	Turin	831		
2008			Pékin	1739
2010	Vancouver	1279,5		
2012			Londres	

direct et de couverture différée) 24 heures par jour durant les Jeux. Plutôt que d'augmenter la taille des audiences, ce type de couverture permet aux chaînes d'adapter leurs programmes pour convenir à différentes audiences, rendant ainsi l'expérience plus agréable. En maximisant leur audience, le CIO et ses partenaires télévisés sont capables de fournir des plateformes aux sponsors et aux publicitaires en touchant à la fois des audiences de masse (principalement les réseaux de chaînes) ou des audiences ciblées (chaînes spécialisées, sites Web). La stratégie marketing du CIO d'augmenter le nombre de pays télédiffusant les Jeux Olympiques et le nombre d'heures de programmation olympique sur chaque réseau de chaînes a généré des dividendes pour le mouvement olympique, avec pour résultat de plus forts taux d'audience, ce qui en retour a augmenté les revenus en provenance des entreprises voulant toucher cette audience croissante.

Alors que les télédiffuseurs olympiques et les partenaires du programme TOP ont traditionnellement été considérés comme étant sur deux programmes marketing différents, ils sont en fait fortement reliés. Les sponsors et les fournisseurs officiels des Jeux achètent souvent des espaces publicitaires en grande quantité, en dépit de la croyance commune que les télédiffuseurs valorisent l'espace publicitaire olympique à un « taux déraisonnable » (Seguin & O'Reilly, 2008). Cependant, les sponsors se sentent généralement obligés d'acheter de la publicité durant les Jeux comme un moyen de protéger leur investissement sponsoring et de se prémunir des concurrents. Ils valorisent ainsi leur association avec les Jeux, en assurant une présence à la télévision pendant les programmes olympiques, luttant ainsi contre l'*ambush marketing*. Le manque d'intégration entre les droits de sponsoring et les droits télévisés continue à être un défi pour les partenaires TOP. En d'autres termes, les partenaires ont à négocier séparément l'acquisition publicitaire avec chaque télédiffuseur olympique dans le monde, parce que les droits du programme TOP ne correspondent pas à un guichet unique et ne garantissent pas un nombre minimum de spots publicitaires avec chaque réseau télévisuel. Cependant, dans un effort d'assister ses partenaires, le CIO a négocié une clause leur donnant un droit de préemption de 90 jours avec les télédiffuseurs olympiques, selon laquelle les télédiffuseurs doivent donner aux partenaires du programme TOP un délai de 90 jours pour décider s'ils achètent ou non de la publicité. Toutefois, les partenaires ont souvent l'impression que la stratégie du CIO de maximiser les revenus télévisés est mise en œuvre à leurs dépens, parce qu'ils achètent souvent de la publicité télévisée tout en payant d'énormes indemnités pour les droits de sponsoring (Seguin & O'Reilly, 2008).

3.3 Les autres revenus du CIO

Bien que les autres sources de revenus du CIO soient beaucoup plus limitées que les droits télévisés et le programme TOP, elles méritent d'être mentionnées parce leur importance augmente progressivement. Ces revenus peuvent être divisés en : ceux collectés par les activités des COJO et ceux collectés par les propres activités commerciales du CIO. Par exemple, les COJO « développent des programmes pour créer des produits et des souvenirs liés aux Jeux Olympiques pour les consommateurs, à travers les accords de *licensing* qui garantissent l'utilisation des marques, des images ou des thèmes olympiques à des sociétés tierces qui commercialisent et manufacturent les produits » (IOC, 2011c). Les programmes de *licensing* des Jeux Olympiques sont gérés par les COJO sous la direction du CIO. Le programme géré par le VANOC en 2010 a généré 52 millions de dollars, plus de deux fois le montant généré par les Jeux d'hiver de Turin 2006 (IOC, 2011c). Une croissance similaire a été notée à Pékin, avec des revenus totalisant 163 millions de dollars, à comparer avec approximativement 61 millions de dollars à Athènes pour les Jeux Olympiques 2004. Ceci montre le très important potentiel des programmes de licensing des COJO. Au cours des récentes années, le CIO et les COJO ont augmenté leurs efforts en combattant les produits dérivés non autorisées ou contrefaits, et en assurant que les consommateurs aient des produits des Jeux Olympiques authentiques et de qualité (IOC, 2011c). Cet objectif est atteint à travers un vaste programme association la législation, l'éducation et le contrôle des marques déposées, ainsi qu'en travaillant en collaboration avec les autorités locales pour renforcer la loi.

Depuis les années 1990, le CIO a généré des revenus indépendamment des Jeux et en plus des intérêts de ses capitaux. Par exemple, il gère son propre programme de *licensing* dans le monde entier, principalement dans les catégories des films, jeux vidéo et multimédias. Il a aussi mis en place un programme numismatique pour célébrer son centenaire, nommé des fournisseurs officiels pour son siège à Lausanne (e.g. Mercedes pour les voitures, Swissair pour le transport aérien, Mizuno pour les uniformes, Schenker pour le fret, etc.) et tenté, sans succès, de se diversifier dans des parcs à thème olympiques (Esprit olympique) et des loteries sportives. De plus, il vend un certain nombre de publications, bien que cela ne permette pas de couvrir ses coûts de production.

3.4 Le modèle de distribution des revenus du CIO

Les deux principales sources de revenus du CIO, les droits de sponsoring et télévisés, ont contribué grandement à financer le mouvement olympique. Le modèle de distribution des revenus du CIO a été l'élément vital de ce succès, comme il a permis de maintenir les parties prenantes clés (COJO, CNO, FI) sous le contrôle du CIO et contribué à la création et la cocréation de valeur. Le CIO distribue plus de 90 % des revenus du marketing olympique aux organisations à travers le mouvement olympique, afin de soutenir l'organisation des Jeux Olympiques et de promouvoir le développement du sport dans le monde entier. Le CIO conserve moins de 10 % des revenus du marketing olympique pour couvrir les coûts opérationnels et administratifs liés à la gestion et à la gouvernance du mouvement olympique (IOC, 2010a).

3.4.1 Les contributions du marketing olympique du CIO aux COJO

Le CIO donne une proportion de ses revenus marketing aux COJO pour soutenir l'organisation des Jeux Olympiques et des Jeux Olympiques d'hiver et, depuis Vancouver 2010, il a entièrement financé les opérations du télédiffuseur hôte et les services de télédiffusion olympiques (Olympic Broadcast Services, www.obs.es).

En général, pour chaque quadriennal olympique, les COJO d'été et d'hiver partagent approximativement 50 % des revenus et contributions en biens et services obtenus via le programme TOP. Les biens et services, souvent référencés comme VIK (value-in-kind, contribution en nature), peuvent prendre la forme de produits, services, technologie, expertise et emploi de personnel. Les contributions en VIK sont très importantes pour les COJO, afin d'organiser et de mettre en scène les Jeux Olympiques.

3.4.2 Les contributions du marketing olympique du CIO aux CNO

Les CNO reçoivent un soutien financier pour les aider à préparer les athlètes olympiques et les athlètes prometteurs, et à développer leurs équipes olympiques. Le succès du programme TOP et des accords de télédiffusion olympique a été bénéfique pour les CNO. Il a permis également au CIO d'augmenter le soutien qu'il leur donne au cours de chaque quadriennal olympique. De plus, les CNO reçoivent un soutien indirect substantiel à travers l'approvisionnement du village des athlètes et les subventions de voyages pour les Jeux Olympiques (IOC, 2010b).

Le CIO distribue approximativement 40 % des revenus du programme TOP (quadriennal) aux 205 CNO participant au programme. En outre, les CNO se partagent également une proportion du revenu provenant des droits télévisés des Jeux Olympiques, qui sont gérés et distribués par la Solidarité olympique, une organisation qui se substitue au CIO et qui fut mise en place à cet effet (http://www.olympic.org/olympic-solidarity-commission). La mission de la Solidarité olympique est « d'organiser l'assistance pour tous les CNO, particulièrement ceux avec les besoins les plus grands, afin qu'ils puissent développer leurs propres structures pour favoriser l'expansion du sport dans leur pays » (IOC, 2011a).

3.4.3 La Solidarité olympique

La Solidarité olympique soutient les CNO de trois manières : i) programmes mondiaux, ii) orogrammes continentaux (conçus pour répondre aux besoins spécifiques de chaque continent) et iii) subventions aux Jeux Olympiques.

Les programmes mondiaux de la Solidarité olympique couvrent les quatre domaines jugés essentiels pour les CNO pour accomplir la mission qui leur est confiée par la Charte olympique. Ces quatre domaines : athlètes, entraîneurs, gestion des CNO et promotion des valeurs olympiques, sont actuellement le sujet de 19 programmes mondiaux couvrant les domaines suivants :

- **Athlètes** : Bourses d'études (Vancouver 2010 et Londres 2012), assurances de soutien aux équipes et préparation des athlètes pour les Jeux continentaux, régionaux et olympiques de la jeunesse ;
- **Entraîneurs** : cliniques, bourses d'études et développement des structures sportives nationales ;
- **Gestion des CNO** : développement administratif, cours nationaux de formation pour les administrateurs du sport, cours internationaux de formation au poste de cadre et échanges entre CNO et forums régionaux ;
- **Promotion des valeurs olympiques** : sport et environnement, médecine sportive, femmes dans le sport, culture et éducation, Académie olympique Internationale, sport pour tous et héritage des CNO.

Tous les 205 CNO appartiennent à une des cinq associations continentales (Continental Associations, CA) couvrant l'Afrique, l'Amérique, l'Asie, l'Europe et l'Océanie, et à l'Association des CNO (Association of National Olympic Committees, ANOC). Les programmes de la Solidarité olympique pour chaque continent sont gérés par le bureau de la Solidarité olympique de l'association continentale pertinente, et coordonnés par le bureau international de la Solidarité olympique à Lausanne (IOC, 2011d). Les programmes continentaux sont fondés sur les recommandations que l'ANOC fait au CIO concernant l'utilisation des droits télévisés pour le financement des CNO (http://www.acnolympic.org). Les associations continentales déterminent ensuite les programmes continentaux qui doivent être mis en œuvre, et le mode de distribution des fonds.

La Solidarité olympique soutient également les CNO à travers le programme de subventions des Jeux Olympiques, qui aide les CNO à envoyer les équipes aux Jeux d'été et d'hiver. L'aide financière est fournie avant, pendant et après les Jeux et inclut la prise en charge des dépenses pour envoyer un représentant du CNO pour la réunion entre le COJO et les chefs de Mission, les frais de voyage pour les athlètes et les officiels participant aux Jeux, ainsi qu'une subvention permettant de valoriser le fait que chaque participation d'un CNO aux Jeux contribue au succès de l'événement (CIO, 2011d).

3.4.4 Les contributions du marketing olympique du CIO aux FI

Afin de soutenir le développement du sport dans le monde entier, le CIO alloue une proportion des revenus du marketing olympique aux 26 fédérations internationales sportives des Jeux Olympiques d'été et aux 7 fédérations internationales sportives des Jeux Olympiques d'hiver.

Le soutien financier que le CIO donne aux FI a augmenté substantiellement lors de chaque édition des Jeux. Par exemple, les sommes allouées aux FI d'été à la suite des Jeux de Sydney 2000 ont été cinq fois plus importantes que celles attribuées après les Jeux de Barcelone 1992. De manière similaire, la contribution des revenus du marketing olympique accordée aux FI d'hiver, entre les Jeux d'Albertville 1992 et les Jeux de Salt Lake City 2002, a été multipliée par cinq.

Les sources de revenus du CIO et la distribution de ces revenus parmi le mouvement olympique sont résumées en figure 5.1. Les revenus du programme TOP et les droits de télédiffusion sont distribués entre les CNO, les COJO et les FI, et sont utilisés pour financer les programmes pour soutenir les athlètes, les administrateurs et les officiels, pour développer les sports dans le monde entier, pour soutenir l'organisation et la mise en scène des Jeux Olympiques et pour promouvoir les idéaux olympiques au niveau mondial. En retour, l'intérêt généré par ces programmes et les Jeux Olympiques aident les CNO, les COJO et les FI à générer leurs propres revenus et à augmenter la valeur pour les partenaires et les sponsors du CIO. Ainsi, la distribution de revenus crée de la valeur à la fois pour le CIO et les parties prenantes.

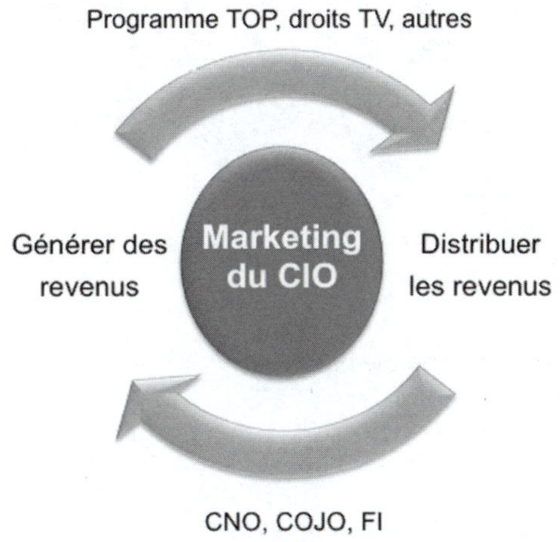

Figure 5.1 - Le modèle de génération et de distribution des revenus du CIO

4. LA CONFIGURATION STRATÉGIQUE DU MARKETING DU CIO

4.1 Du modèle de génération et de distribution des revenus à la configuration stratégique du marketing du CIO

Le modèle de génération et de distribution des revenus est un modèle *input/output* qui, d'une part, ne prend en compte que la valeur économique et qui, d'autre part, ne permet pas d'analyser le processus par lequel le CIO crée de la valeur avec son action marketing. Il convient pour cela d'utiliser le modèle du marketing olympique, que nous avons présenté dans le quatrième chapitre (figure 5.2.).

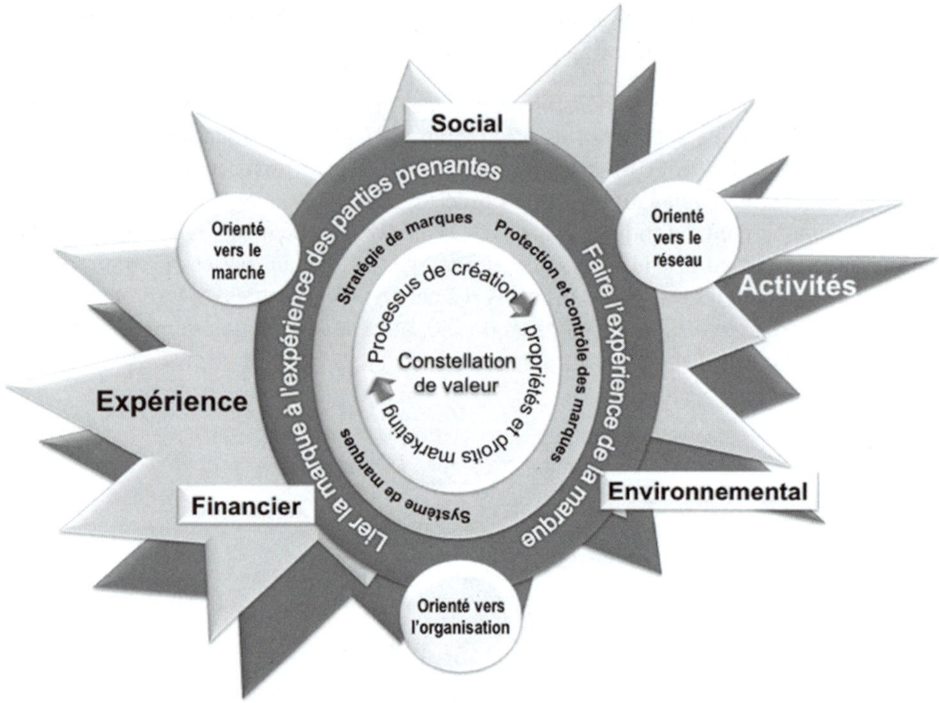

Figure 5.2 - Le modèle du marketing olympique

La valeur, ainsi que son processus de création, se situent au cœur du marketing du CIO. Cette question va bien au-delà du seul marketing et concerne des domaines tels que le management stratégique, la finance et le management opérationnel. Il s'agit donc d'une notion polysémique qui nous conduit à nous interroger sur la nature de la valeur créée. Celle-ci concerne tout d'abord les trois finalités poursuivies par le CIO. Il s'agit donc de la valeur :

- économique, qui est en relation avec le modèle de génération et de distribution des revenus engendrés par le marketing du CIO ;
- sociétale, relative au bien-être des personnes et à leur intégration dans la société grâce à des actions incarnant les principes de l'olympisme ;
- environnementale, dont la finalité est de minimiser l'impact des activités liées à l'olympisme.

Le marketing du CIO touche également d'autres types de valeur, qui concernent les parties prenantes auxquelles celle-ci est destinée. Il s'agit tout d'abord de la valeur de consommation qui est liée aux expériences olympiques, ainsi qu'à la possession d'objets tels que les produits dérivés. Holbrook et Corfman (1985) considèrent que la valeur expérientielle est une préférence relative (comparative, personnelle et situationnelle), caractérisant l'expérience d'un individu en interaction avec un objet. Nous pouvons considérer que le marketing du CIO est expérientiel, car il agit sur les composantes de la valeur en relation avec les grandes familles de bénéfices issus des expériences de consommation (i.e. fonctionnels, affectifs, symboliques, sociaux), en fonction de leur signification pour les parties prenantes.

Deux autres types de valeur doivent être signalés, liés non plus aux conséquences, mais à l'action marketing en elle-même. Il s'agit de la valeur organisationnelle et de la valeur partenariale. La première permet d'améliorer la qualité du management de l'organisation à partir de la mise en œuvre du marketing et des processus qui y sont associés. La seconde concerne en premier lieu les partenaires des différents programmes collaboratifs (e.g. programme TOP, Olympisme en action...). Cela montre que le CIO agit pour coordonner les efforts conjugués de tous les partenaires en mettant en place des processus de cocréation de valeur.

Les différents domaines que nous venons de présenter renvoient aux différentes dimensions du modèle du marketing olympique qui, en se combinant, constituent des configurations. La notion de configuration (Mintzberg, 1978) vient de l'idée qu'au lieu d'une multitude de situations possibles résultant mécaniquement de la combinaison des dimensions stratégiques et organisationnelles, il existe un nombre limité de cas de figure cohérents, et la notion de configuration permet de fonder un nombre limité de combinaisons au sein du foisonnement combinatoire que la multiplicité des composantes du modèle à articuler peut théoriquement générer.

Nous allons donc analyser ces cas de figure cohérents. Ils prennent en compte l'importance relative des dimensions constitutives des différentes configurations du marketing du CIO, ainsi que leurs relations. Nous allons les étudier en relation avec les différents domaines d'action du CIO.

4.2 Les quatre domaines d'action marketing du CIO

L'analyse des programmes mis en œuvre par cette organisation internationale nous a permis d'identifier quatre domaines d'action. Il s'agit du « corporate branding », des méga-événements que sont les Jeux Olympiques et les Jeux Olympiques de la jeunesse, du partenariat, de la diffusion télévisée et des nouveaux médias, ainsi que de l'Olympisme en action.

4.2.1 La stratégie de marque

La marque olympique est un symbole constitué de cinq anneaux entrelacés de couleur bleue, jaune, noire, verte et rouge sur un fond blanc conçue par le baron Pierre de Coubertin pour représenter les cinq continents et comporter au moins une couleur de chaque drapeau national. Il s'agit d'un véritable emblème international. Nous avons souligné à de multiples reprises que le marketing du CIO avait pour objectif « d'influencer la marque de l'organisation. La marque institutionnelle du CIO définit l'organisation qui délivrera et restera après les Jeux Olympiques et les offres et programmes dédiés aux diverses parties prenantes ciblées. La marque institutionnelle joue un rôle crucial dans le portefeuille de marque et les associations de marques avec les CNO, les COJO et les partenaires ».

La marque institutionnelle du CIO est définie par les associations liées à l'organisation. Selon Aaker (1996), les associations correspondent à l'ensemble des éléments liés en mémoire avec la marque. Nous avons analysé la stratégie de management de la marque institutionnelle du CIO à partir du cadre défini par Aaker (2004). Celui-ci regroupe les associations relatives aux sept dimensions suivantes : héritage, actifs et capacités, personnes, valeurs et priorités, un cadre local et global de référence, les programmes sociétaux et la performance de l'organisation (tableau 5.3.).

Tableau 5.3 • Les caractéristiques de la marque institutionnelle du CIO

Dimensions	Les caractéristiques de la marque institutionnelle du CIO
Héritage	L'héritage constitue un des piliers de l'organisation qui a été créée en 1894 par le baron Pierre de Coubertin. Les anciens Jeux Olympiques apportent aussi une dimension importante à l'héritage de marque car ils ont plus de 3 000 ans.
Atouts et capacités	- La marque est intimement associée au plus grand événement sportif mondial, aux anneaux olympiques et à la devise olympique. - La notoriété globale de la marque est très élevée. - La marque bénéficie d'une protection mondiale en étroite collaboration entre le CIO, les CNO et les COJO, ainsi que d'autres parties prenantes. - Capacité à développer des programmes collaboratifs créant de la valeur pour les parties prenantes et à contrôler le système. - La marque est liée à un idéal et à des valeurs qui se traduisent par une expérience unique qui la différencie des autres propriétés sportives. - Les consommateurs de différents pays autour du monde associent la marque olympique avec une combinaison de valeurs positives et spécifiques.
Personnes	- Le président du CIO est le porte-parole de la marque et il joue le rôle d'« ambassadeur ». - Les athlètes, les bénévoles, le public démontrent leur engagement et expriment les valeurs olympiques dans leur comportement.
Valeurs et priorités	- La marque est fondée sur trois piliers : lutter pour le succès, célébration de la communauté et des valeurs humaines positives. - L'essence de la marque est fondée sur trois valeurs : excellence, amitié et respect. - La marque donne vie aux valeurs olympiques en se focalisant sur l'organisation régulière des Jeux Olympiques, en soutenant les organisations membres affiliées au mouvement olympique et en promouvant les valeurs olympiques. - Exprime l'histoire, se focalise sur la qualité et se préoccupe des parties prenantes associées.
Orientation locale versus globale	La marque olympique est une marque globale qui se décline au niveau de chaque pays, en collaboration avec les CNO. Cela procure une valeur importante pour les sponsors du programme TOP qui sont des firmes multinationales.
Citoyenneté — Créer de bonnes « vibrations » organisationnelles	La marque olympique exprime l'engagement de l'organisation pour la satisfaction et le bien-être de ses parties prenantes.
Performance de l'organisation	La marque olympique exprime le succès de l'organisation et de ses partenaires dans le cadre d'un engagement socialement responsable. Le CIO et son président bénéficient d'une forte visibilité et légitimité internationales.

La marque institutionnelle du CIO fournit une proposition de valeur unique. Ali Gardner (vice-président marque et services de création, VANOC) souligne que « la marque olympique est très inspirante pour travailler en raison de ce qu'elle représente. Chacun sur la planète reconnaît les anneaux et les associe avec l'excellence » (IOC, 2010a : 124). Il s'agit d'une marque expérientielle procurant à ses parties prenantes des bénéfices fonctionnels, émotionnels, symboliques et sociaux. C'est une marque forte, en laquelle les parties prenantes croient et ont confiance. La crédibilité et la confiance sont reliées à la qualité perçue des événements et programmes du CIO.

La campagne mondiale « Le meilleur est en nous », lancée en 2007, traduit en action la stratégie de la marque institutionnelle du CIO. L'objectif de cette campagne est de promouvoir les valeurs olympiques essentielles que sont l'excellence, l'amitié et le respect auprès du jeune public mondial. Elle a été conçue par Voluntarily United Group of Creative Agencies (United). « Le meilleur est en nous » est une idée simple et puissante, qui transcende les cultures et les frontières, incite les jeunes du monde entier à faire du sport en prouvant que ce dernier peut révéler le meilleur d'eux-mêmes. Cette campagne de construction de la marque découle d'une précédente appelée « Celebrate Humanity », qui a été lancée pour les Jeux Olympiques de Sydney en 2000 et s'est prolongée jusqu'aux Jeux de 2006 à Turin.

Le CIO a conçu avec United une stratégie multidimensionnelle associant la télévision, les médias en ligne, le marketing viral ainsi que des activités expérientielles et de relations publiques. Cette campagne mondiale s'effectue en collaboration avec les COJO et les partenaires médias du CIO (télédiffuseurs, radio, internet, etc.). Elle a été mise en œuvre à l'approche des Jeux Olympiques de Beijing et s'est poursuivie en 2010, avec les Jeux Olympiques de Vancouver.

La marque institutionnelle du CIO se situe au sommet d'un système de marque. Celui-ci ressemble à une famille, dans laquelle chacun doit avoir un rôle et des relations avec les autres. Elle apporte sa crédibilité à l'ensemble des marques associées. Les Jeux Olympiques et les Jeux Olympiques de la jeunesse sont des marques sources de valeur (*driver brand*), car elles procurent une expérience unique et incitent les parties prenantes à s'impliquer. Ces deux marques événementielles sont au cœur même de la marque olympique. Les Jeux Olympiques constituent la marque mère à laquelle est rattachée la marque fille, qui est plus récente. Par ailleurs, il y a des alliances de marques au sein de ce système. Celles-ci concernent les CNO, les COJO, les partenaires du programme TOP, les villes hôtes des Jeux Olympiques et certaines autres parties prenantes. L'indispensable protection s'effectue en collaboration avec les CNO et les COJO, qui influencent les gouvernements du pays d'accueil pour faire passer une législation spéciale. Ce système de marque est présenté dans la figure 5.3.

La stratégie relative à la marque institutionnelle du CIO est mise en œuvre sous la responsabilité de la société IOC Television & Marketing Services SA, en relation avec la Commission marketing du CIO. Elle associe les COJO, les CNO et les partenaires du programme TOP dans le processus de création de valeur en direction des parties prenantes.

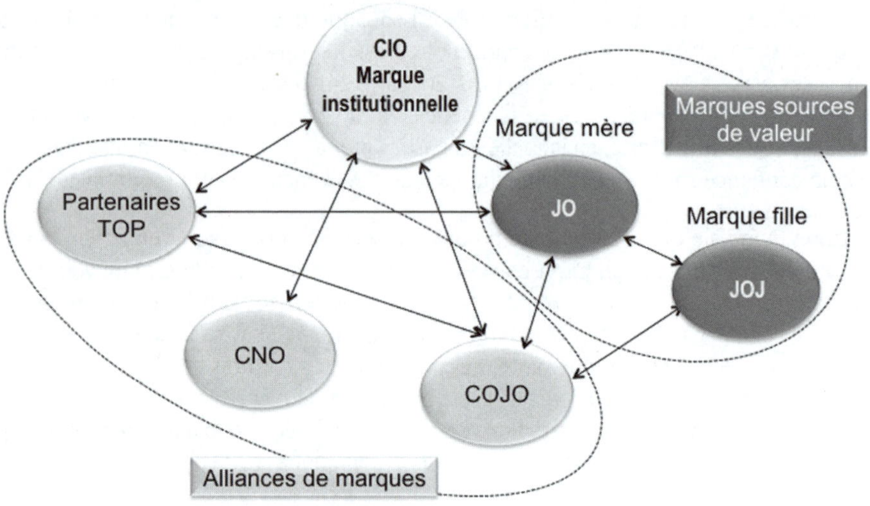

Figure 5.3 - Le système de marque du CIO

4.2.2 Jeux Olympiques et Jeux Olympiques de la jeunesse

La célébration des Jeux Olympiques et, plus récemment, celle des Jeux Olympiques de la jeunesse constituent une des missions essentielles du CIO. Ces événements sont organisés par les COJO, sous le contrôle du CIO. D'un point de vue marketing, le CIO exploite les droits au niveau mondial. Nous les décrirons plus précisément dans la section consacrée au partenariat. Dans cette section, nous allons nous centrer sur l'expérience olympique, qui constitue une dimension stratégique dans la configuration relative au marketing du CIO.

Schmitt (1999) souligne le fait que les expériences sont des événements privés qui ont lieu en réponse à des stimulations fournies par des efforts marketing. L'expérience olympique procure aux parties prenantes des bénéfices fonctionnels, émotionnels, symboliques et sociaux. Dans ce contexte, le marketing doit fournir le bon environnement et un cadre adapté pour procurer l'expérience souhaitée. Dans le système olympique, le CIO spécifie la nature et les conditions permettant de procurer l'expérience voulue pour les différentes parties prenantes concernées, et les COJO doivent œuvrer pour que cela se traduire dans les faits. Le dossier relatif à la procédure de candidature et le questionnaire pour 2018 indiquent que « le pouvoir qu'ont les Jeux d'inspirer la jeunesse et le monde en général implique excellence et pertinence : l'excellence au niveau de la qualité du produit : faire les choses correctement (préparation, organisation, niveaux de services, réactivité, etc.) ; et la pertinence dans la façon de positionner l'expérience olympique : « faire ce qu'il faut », par exemple étudier avec soin le contexte lors de la mise en place des éléments qui rendront en définitive l'expérience olympique véritablement unique (présentation des sports, identité visuelle, atmosphère dans la ville, messages, etc.). Aussi, l'innovation joue-t-elle un rôle essentiel à toutes les étapes de l'organisation des Jeux : elle permet d'élaborer et de mettre sur pied des projets moins difficiles à gérer et moins onéreux, ou d'offrir aux différentes parties prenantes et aux passionnés de sport une expérience des Jeux plus étourdissante » (IOC, 2010b : 12).

Le CIO collabore donc étroitement avec les COJO pour définir et faire émerger une expérience olympique unique et spectaculaire. Celle-ci peut être décrite à partir des modules expérientiels stratégiques (*strategic experiential modules*, SEM), définis par Schmidt (1999) et présentés dans le tableau 5.4.

Tableau 5.4 • Les dimensions de l'expérience olympique

Dimensions de l'expérience	Caractéristiques
Procurer une expérience sensorielle diversifiée	- Sensations physiques (tactiles, kinesthésiques et visuelles) liées aux équipements, aux athlètes, aux compétitions, à l'identité visuelle, à l'atmosphère dans la ville, à la culture du pays hôte, à la communication.
Ressentir	Créer une expérience émotionnelle forte liée à la marque olympique. - Ressentir de la joie, de l'espoir, un sentiment d'appartenance et éprouver de la fierté... ceci peut être accompli à travers une variété d'activités planifiées (e.g. les événements olympiques, le relais de la Torche ou les programmes d'activation des sponsors). - Éprouver un sentiment de bienveillance vis-à-vis de la marque.
Penser	- L'expérience olympique est unique et spectaculaire. - Excellence au niveau de la qualité de l'événement, des athlètes, des produits et des services associés. - L'expérience olympique est attractive et légitime.
Agir	- S'exprimer, participer à cette célébration et à la fête olympique. - S'impliquer (e.g. bénévoles, partenaires).
Relater	- Promouvoir cette expérience unique autour de soi et dans ses réseaux sociaux en se faisant l'avocat de l'idéal olympique et des valeurs associées

Le cœur de la stratégie marketing repose sur la notion de « branded stakeholder experience » (marquer l'expérience des parties prenantes), qui consiste à organiser des événements et des programmes à la qualité irréprochable dans le temps, et quel que soit le lieu, tout en gérant l'ensemble des interactions entre l'organisation et ses parties prenantes. Nous avons déjà souligné que la marque olympique possède le plus fort capital de marque du secteur. Dans ce contexte, les parties prenantes souhaitent faire l'expérience de la marque car celle-ci est à la fois crédible et attractive. Cela est renforcé par son association aux marques procurant de la valeur que sont les Jeux Olympiques et les Jeux Olympiques de la jeunesse. Mais il est essentiel que la marque tienne ses promesses.

En se fondant sur le modèle de Smith et Wheeler (2002) relatif à l'expérience avec la marque, le CIO et les COJO mettent en œuvre un processus en trois étapes (figure 5.4.). La première étape consiste à communiquer aux parties prenantes les caractéristiques constitutives de l'essence de la marque (communauté, excellence et amitié). Ils traduisent ensuite l'essence de cette marque en proposition de valeur (que nous avons détaillée dans la section précédente). Il s'agit ensuite de tenir les promesses faites aux différentes parties prenantes au niveau de chaque interaction qu'elles ont avec l'événement, les personnes et les produits et services associés. Ce point est important à la lumière d'une recherche précédente, qui a identifié « l'échec de répondre à la promesse de marque » comme une menace clé pour la marque olympique (Seguin, Richelieu & O'Reilly, 2008). Par exemple, les athlètes qui utilisent des produits illicites pour augmenter leurs performances, la corruption (e.g. les juges en patinage artistique) ou le trucage des matchs sont tous des problèmes qui attaquent l'essence de la marque et doivent être gérés par le CIO et ses parties prenantes. Seguin *et al.* (2008) ont proposé un système de management de la marque olympique visant à contrôler/protéger la marque.

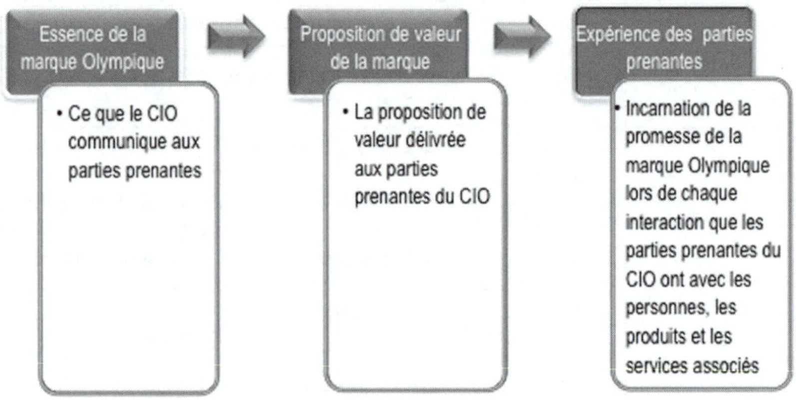

Figure 5.4 - De l'essence de la marque olympique à l'expérience des parties prenantes (adapté de Smith et Wheeler, 2002)

La stratégie relative à l'expérience olympique s'inscrit dans le paradigme consistant à faire l'expérience de la marque. Elle est définie par le CIO et est ensuite coproduite par les COJO, le CIO ainsi qu'un certain nombre d'autres parties prenantes, au centre desquelles se trouvent les athlètes.

4.2.3 Partenariat, diffusion télévisée et nouveaux médias

Les programmes de partenariat, la diffusion télévisée des Jeux Olympiques ainsi que la gestion des nouveaux médias constituent une ligne d'action essentielle pour le développement du mouvement olympique. Elle est gérée par IOC Television & Marketing Services SA et Olympic Broadcasting Services, en relation avec les Commissions marketing et droits télévision et nouveaux médias. Nous allons maintenant analyser la façon dont le CIO crée de la valeur dans ces domaines.

A. *Une puissante marque institutionnelle*

La valeur du marketing du CIO est liée en premier lieu à son puissant capital de marque institutionnelle, dont nous avons présenté les dimensions dans le deuxième chapitre. Au niveau du « corporate branding », les partenaires bénéficient d'une association avec les valeurs de la marque. Ce point a été souligné par Peter Foss (président du Sponsoring olympique et des ventes d'entreprises, General Electric, GE) lorsqu'il a déclaré, lors des Jeux Olympiques de Vancouver, que « le mouvement olympique est une marque merveilleuse et c'est formidable d'être associé avec une organisation qui a des idéaux et des valeurs aussi élevées » (IOC, 2010a : 60). Les partenaires bénéficient également des associations liées à la qualité perçue et à l'innovation, comme en témoigne Stephen Urquhart (président d'Omega) : « depuis 1932, les Jeux Olympiques nous ont fourni une plate-forme unique pour transmettre notre message de précision, de qualité et d'innovation dans un environnement prestigieux et approprié » (IOC, 2010a : 68).

B. *Lien avec l'expérience de la marque olympique*

Cette stratégie de « corporate branding » se combine avec une expérience unique procurée aux parties prenantes des Jeux Olympiques et, maintenant, des Jeux Olympiques de la jeunesse. Celle-ci permet aux entreprises partenaires du CIO de créer et de développer une relation durable avec leurs parties prenantes. C'est le cas notamment de Samsung Electronics. Gyehyun Kwon (vice-président et chef du marketing sportif dans le monde, Samsung Electronics) souligne ce point en déclarant que « notre mission est de partager l'expérience olympique à une échelle globale, pour rassembler les gens, unis dans un esprit de compréhension mutuelle, de solidarité et de fair-play. Pour Samsung, les Jeux Olympiques d'hiver de Vancouver 2010 portent sur des moments gagnants : ces moments vécus une seule fois dans la vie que nous chérissons pour toujours » (IOC, 2010a : 76). Le relais de la torche fournit aussi une opportunité unique, pour les sponsors et le public, de se connecter et d'expérimenter la marque d'une manière unique.

C. *Combiner les buts sociétaux, économiques et environnementaux*

Le rapport concernant le marketing des Jeux de Pékin indique que « le sponsoring olympique est un investissement marketing multidimensionnel. Le partenariat avec le mouvement olympique fournit une plate-forme marketing irrésistible, qui aide une entreprise à atteindre ses objectifs avec une multitude de possibilités » (IOC, 2008 : 42). Cela permet aux partenaires olympiques de renforcer le capital de marque, de construire la réputation de l'organisation, de développer les relations avec les consommateurs, d'augmenter les ventes, de motiver les employés et de s'impliquer avec les communautés locales. Comme suggéré par un sponsor TOP, « les Jeux Olympiques ont un impact stratégique dans chacun de nos marchés clés et nous sommes ainsi présents dans 225 pays et territoires. Notre sponsoring est étendu aux 200 comités nationaux olympiques autour du monde, il offre de la passion, il procure une base globale, mais aussi locale vers l'excellence » (Seguin, 2003). Peu de propriétés ont l'échelle, la portée et l'image associée que les sponsors observent dans un sponsoring. Le fait que les Jeux sont mondiaux par nature et sont associés avec des attributs de marque comme l'harmonie, la paix et l'excellence sont des caractéristiques puissantes.

Ces objectifs démontrent qu'à partir d'une orientation sociétale qui constitue le fondement de la mission du CIO, les partenaires peuvent agir dans le cadre de la responsabilité sociale d'entreprise, tout en poursuivant des objectifs commerciaux et/ou environnementaux. Cela peut s'effectuer en combinant trois orientations :

- vers les parties prenantes ciblées sur le marché, comme en témoigne la déclaration de Joe Tripodi (directeur marketing et division commerciale, Coca-Cola) : « Les Jeux de Pékin ont donné à Coca-Cola l'opportunité de toucher des millions de consommateurs en Chine et dans le monde, à travers les programmes marketing à la plus grande échelle que l'entreprise ait créé pour les Jeux Olympiques. Nous avons été capables de construire sur la passion et l'excitation de Pékin 2008 pour nous connecter avec les consommateurs chinois et pour renforcer la préférence pour notre business et nos marques. » (IOC, 2008 : 46) ;

- vers les parties prenantes internes de l'organisation, comme ce fut le cas pour Manulife lors des Jeux de Pékin. La firme « a une longue histoire de soutien aux projets communautaires dans les domaines dans lesquels elle opère. Le programme olympique a donné à ces projets un élan nouveau qui n'est pas évaluable. Pour nous, il s'agissait d'utiliser cet événement unique, et l'essence de l'esprit olympique, pour engager et motiver le personnel, les clients et les agents » (Robert A. Cook, manager général, Asie ; IOC, 2008 : 70) ;
- en direction du réseau de partenaires, comme l'indique Peter Foss (président du sponsoring olympique et des ventes aux entreprises, GE) : « Nous sommes fiers de notre association avec le mouvement olympique et nous applaudissons le leadership du président Rogge. Notre partenariat avec les Jeux Olympiques s'aligne avec notre stratégie de croissance globale en ouvrant les portes pour de nouvelles ventes et des opportunités marketing dans chacun des pays d'accueil. » (IOC, 2008 : 54).

D. *Des programmes donnant accès à des droits mondiaux exclusifs*

Les partenaires du programme TOP reçoivent des droits marketing mondiaux exclusifs au sein d'une catégorie de produits ou de services. Ils ont notamment la possibilité de lier leur marque avec les anneaux olympiques, l'un des symboles les plus connus dans le monde, associé avec un ensemble unique d'idéaux et de valeurs. Le contrat porte sur une durée de quatre ans, aligné avec chaque quadriennal olympique.

Il existe également des programmes de fournisseurs olympiques. Ils permettent de procurer des produits et des services supplémentaires. Le CIO compte deux fournisseurs olympiques. Il s'agit de la société Daimler AG, qui fournit des prestations de transport pour toutes les activités du CIO en Suisse et au cours des différents congrès (en dehors des pays hôtes olympiques). Par ailleurs, Mercedes fournit au CIO, à travers la Solidarité olympique, 50 minibus dans le cadre d'un programme spécifique d'aide au monde sportif pour les CNO en voie de développement. Mizuno offre au CIO et à l'équipe administrative les vêtements et accessoires pour les Jeux Olympiques ainsi que d'autres événements.

Le dernier programme concerne les licences olympiques, qui permettent de développer des produits et des services sous licence officielle. En relation avec les Jeux Olympiques de Vancouver, Timo Lumme (directeur, services télévision et marketing du CIO) a déclaré que « les ventes de *merchandising* étaient très, très positives. Chacun veut toucher une partie de l'esprit olympique et pouvoir l'emporter chez soi » (IOC, 2010a : 115). Le succès du programme de *merchandising* a été lié à la signature de Hudson Bay Company (Hbc) en tant que partenaire national du VANOC. Hbc opère sous quatre étendards, deux d'entre eux (The Bay et Zellers) permettant de distribuer à grande échelle les produits olympiques à travers le Canada. The Bay, une chaîne de grands magasins spécialisée dans la distribution de produits de mode haut de gamme possède 92 magasins au niveau national, la plupart sont situés dans les centres des villes principales. Zellers est une chaîne de grands magasins de grande distribution, avec 279 magasins à travers le Canada. Hbc a conçu les vêtements pour le VANOC et l'Équipe olympique canadienne et, à travers ses deux principaux grands magasins, a fourni une distribution sans précédent pour la marque olympique. Le

CIO gère un programme de licences à l'échelle mondiale, dans certaines catégories telles que le cinéma et les jeux vidéo.

E. *Une protection des droits et des propriétés au niveau mondial*

Le développement de la valeur de la marque nécessite la mise en place d'un dispositif de protection des droits. Nous avons indiqué à de multiples reprises que la marque olympique possède une valeur importante au niveau mondial. Les sponsors et les télédiffuseurs font des investissements considérables pour s'y associer. La protection de la marque et des propriétés olympiques constitue un axe stratégique majeur. Jacques Rogge (président du CIO) déclare : « Nous voulons que les anneaux olympiques conservent leur symbolique et leur valeur » (IOC, 2010a : 140).

Le CIO, en collaboration avec les COJO et les CNO, met en œuvre un certain nombre de stratégies et prend des initiatives dans le cadre d'un programme de protection de la marque à large échelle. Il vise à soutenir la valeur des anneaux olympiques, préserver l'intégrité de la marque olympique et protéger les droits marketing exclusifs des partenaires olympiques officiels. La Loi sur les marques olympiques et paralympiques à Vancouver a été promulguée par le gouvernement du Canada pour protéger la marque olympique et ses partenaires des activités d'*ambush marketing*.

F. *Des relations collaboratives cocréant de la valeur*

Nous avons souligné dans la section précédente que la marque institutionnelle apporte un prestige, souligne la qualité du service et exprime des valeurs humanistes liées à une philosophie de vie, et que les marques générant de la valeur (i.e. JO et JOJ) résultaient de la collaboration entre le CIO et les COJO. Cette cocréation de valeur fondée sur la collaboration entre les parties prenantes concerne également le partenariat mondial. Tous les partenaires du programme TOP effectuent des prestations de services et/ou fournissent des produits au CIO et aux COJO pour améliorer la qualité de leurs prestations. Dans le cadre des Jeux Olympiques de Vancouver, Jacques Rogge souligne le fait qu'« Atos Origin, notre partenaire à long terme, est le cerveau derrière la technologie de l'information pour les Jeux Olympiques. Une nouvelle fois, ils ont fourni des systèmes performants, permettant ainsi que l'information soit relayée à des millions de personnes supplémentaires et d'une nouvelle façon » (IOC, 2010a : 56).

Cela concerne également les processus d'activation mis en place par les partenaires qui collaborent avec le mouvement olympique et qui assurent conjointement la promotion des idéaux et des valeurs olympiques. Ainsi, lors des Jeux Olympiques de Vancouver, un centre Samsung a été créé pour ajouter de la valeur aux visites olympiques et être un chez-soi hors de leur résidence familiale pour les athlètes et leurs familles. Les nombreux visiteurs ciblés par Samsung ont apprécié cette initiative, qui a mis en valeur les nouveaux produits et technologies de la marque. Durant le temps de l'opération, le nombre total de visiteurs a dépassé les 100 000 et, approximativement, 10 000 personnes sont passées par le salon des athlètes, qui était disponible uniquement pour les membres de la famille olympique. Dès lors, les sponsors jouent un rôle important, en fournissant l'opportunité pour les parties prenantes de faire l'expérience de la marque. Pour les Jeux Olympiques d'hiver de Vancouver 2010, les sponsors, à travers leurs programmes d'activation, ont joué un rôle clé en promouvant les Jeux nationalement et en agissant pour que les Jeux ne soient pas seleument les Jeux de Vancouver, mais ceux du Canada.

G. *Une politique de retransmission assurant une couverture la plus large des Jeux*

La retransmission télévisée des Jeux Olympiques et la gestion des nouveaux médias constituent l'autre facette importante du marketing olympique. La diffusion TV a grandement contribué au développement global des Jeux Olympiques, et les partenariats télévisés olympiques ont augmenté, jusqu'à devenir la plus importante source de revenus pour le mouvement olympique. Le CIO possède l'ensemble des droits de diffusion pour les Jeux Olympiques (incluant la retransmission à la télévision, la radio, les téléphones mobiles et les plate-formes Internet). Le CIO est également responsable de la négociation concernant les droits avec les médias au niveau mondial.

La Commission des droits TV et nouveaux médias est chargée d'élaborer et d'appliquer la stratégie générale du CIO, en ce qui concerne les négociations des droits de diffusion futurs. La politique de retransmission du CIO est principalement fondée sur la Charte olympique. Celle-ci stipule que « le CIO prend toutes les mesures nécessaires afin d'assurer aux Jeux Olympiques la couverture la plus complète, par les différents moyens de communication et d'information, ainsi que l'audience la plus large possible dans le monde » (IOC, 2011a : 98).

Le CIO s'appuie fortement sur ses partenaires médias pour mettre en œuvre ses relations publiques et ses programmes visant à développer sa marque. À Vancouver, le CIO a choisi un partenaire qui a apporté un certain nombre de ressources (télécommunications et plate-formes média), qui ont largement excédé les seuls droits télévisés pour les Jeux. En fait, en tant que plus grande entreprise de communication du Canada, le sponsoring de Bell Canada Enterprises (BCE) aux Jeux de Vancouver 2010 incluait à la fois les services de communication (droits de sponsoring) et de télédiffusion. BCE a conduit un consortium de 10 chaînes pour assurer une couverture en direct étendue des Jeux. Elle a aussi signé des contrats de sponsoring avec le VANOC, qui ont assuré que ses droits étaient complètement intégrés (verticalement et horizontalement) au sein des opérations de l'entreprise. Cela a englobé un certain nombre de marques (Bell, Bell Mobility, Bell Media, etc.) et services incluant : appels locaux et longue distance, services Wifi, internet haut débit, TV satellite et TV HD, bande passante IP aussi bien que services des technologies de l'information et de la communication (site Web de BCE). De plus, en tant que firme multimédia, les ressources de Bell Media ont concerné la télévision, la radio et les médias digitaux, incluant CTV (1re chaîne de télévision du Canada et télédiffuseur olympique pour les Jeux Olympiques de 2010 et 2012), TQS (télédiffuseur français des Jeux Olympiques d'hiver 2010) et les chaînes spécialisées les plus regardées du pays (comprenant les chaînes sportives TSN et RDS, également télédiffuseurs officiels des Jeux Olympiques d'hiver). En tant que partenaire de télécommunication exclusif pour les Jeux Olympiques et paralympiques de Vancouver 2010, Bell a construit le réseau de communications qui a apporté les Jeux au monde.

La commission doit également gérer les nouveaux médias, dont l'impact ne cesse de grandir. Dans le cas de Vancouver, présenté ci-dessus, Bell était aussi le premier partenaire télécom olympique qui fournisse à la fois les connexions Wifi et filaire. Bell a mis en œuvre un réseau prêt à l'emploi et respectueux de l'environnement, qui a permis aux consommateurs, pour la première fois dans l'histoire olympique, de regarder les Jeux en direct sur leurs téléphones et combinés mobiles, avec une couverture inédite, ininterrompue des compétitions (Bell, 2009). Timo Lumme (directeur, services télévision et marketing du CIO) souligne qu'« en quatre courtes années, de Turin à Vancouver, nous avons assisté à la croissance rapide des médias numériques. En fait, nous avons maintenant le même nombre d'heures couvertes globalement sur Internet et les téléphones mobiles qu'à la télévision » (IOC, 2010a : 28). Le CIO travaille donc pour assurer une diffusion de qualité à la plus large audience possible au niveau mondial. Cela permet à des milliards de téléspectateurs de vivre l'expérience et la magie des Jeux Olympiques, et au CIO de générer des revenus suffisants pour assurer le développement du mouvement olympique.

Il est important de souligner la croissance du rôle des médias sociaux. À la suite des Jeux Olympiques de 2010 à Vancouver, le CIO a déclaré qu'ils avaient été « les premiers Jeux avec les médias sociaux » (IOC, 2010a). Le CIO a utilisé des plate-formes telles que Twitter, YouTube et Flickr pour impliquer le public en ligne, avec beaucoup de succès, incluant près de 200 millions de messages sur sa page Facebook (IOC, 2010a). De manière similaire, le site Web de Vancouver 2010 a accueilli 275 millions de visiteurs, soit plus du double que pour Pékin en 2008 (IOC, 2011c). Avec une telle croissance de l'implication en ligne, les conséquences pour le sponsoring Olympique ne devraient pas être ignorées.

Pour fournir un haut niveau de qualité, la CIO a créé en 2011 le Service de télédiffusion olympique (Olympic Broadcasting Services, OBS). Cette organisation agit en tant que télédiffuseur hôte permanent pour chaque édition des Jeux Olympiques. En tant que service pour toutes les organisations de télédiffusion qui ont acheté les droits télévision et radio pour les Jeux, OBS est responsable de la fourniture des photos et des images des Jeux Olympiques. Cela permet d'éviter de tout reconstruire pour chaque édition des Jeux Olympiques et d'assurer la même qualité pour tous les événements, tout en continuant à innover pour procurer aux téléspectateurs une expérience unique. C'est ce qu'indique Manolo Romero (directeur du management, OBS) : « depuis les Jeux de Pékin, nous nous sommes engagés dans un effort soutenu pour faire progresser l'art de la télédiffusion olympique. Les Jeux de Vancouver ont établi de nouveaux « benchmarks » pour améliorer les compétences des télédiffuseurs détenant des droits pour la transmission les Jeux Olympiques à leurs audiences » (IOC, 2010a : 31). OBS fut aussi capable d'offrir des services médias numériques renforcés, incluant une diffusion pour le téléphone mobile, qui a permis aux télédiffuseurs détenant des droits d'offrir une couverture sur diverses plate-formes.

Le marketing du CIO comporte les programmes de partenariat mondial TOP, de fournisseurs officiels et de licences, également au niveau mondial. La valeur est fondée sur la marque institutionnelle du CIO et la marque source de valeur que constituent les Jeux Olympiques, ainsi que sur une expérience unique relayée par une diffusion mondiale très importante. Celle-ci est cocréée par un ensemble de parties prenantes, dont les sponsors, qui fournissent des produits et des services permettant d'assurer le niveau de qualité souhaité et qui assurent la promotion des idéaux olympiques avec leur campagnes d'activation. Cette configuration est unique et elle constitue une plateforme de marketing très puissante, permettant aux partenaires commerciaux du CIO de créer et développer une relation avec des milliards de personnes, dans plus de 205 pays et territoires.

4.2.4 L'olympisme en action

Comme nous l'avons indiqué précédemment, il s'agit de traduire les idéaux et les valeurs olympiques en action. Sur son site Internet, le CIO précise :« Agissant en tant que catalyseur pour une collaboration entre toutes les parties prenantes de la famille olympique, avec des CNO, des fédérations sportives internationales, des athlètes, des COJO, des partenaires TOP, des partenaires télédiffuseurs et des agences des Nations Unies, le Comité international olympique (CIO) conduit le succès à travers une large gamme de programmes et projets. Sur cette base, il assure la célébration régulière des Jeux Olympiques, soutient toutes les organisations membres affiliées au mouvement olympique et encourage fortement, par des moyens appropriés, la promotion des valeurs olympiques. » (site Web du CIO) Le CIO encourage et coordonne la mise en œuvre de programmes collaboratifs incarnant les trois valeurs essentielles de l'olympisme que sont l'excellence, le respect et l'amitié, dans les six champs d'action suivants : le terrain, le développement par le sport, les femmes et le sport, l'éducation par le sport, le sport pour la paix et l'environnement, dont la finalité est de créer un monde meilleur par le sport (tableau 5.5.).

Tableau 5.5 • Les 6 domaines de l'olympisme en action

Domaine d'action	Finalités	Structures du CIO et partenaires concernés
Sur le terrain	Bâtir un monde meilleur en encourageant la pratique du sport pour tous, en particulier dans les pays en développement, et en diffusant les bienfaits du sport pour la santé et la société.	Structure du CIO impliquée : Commission sport pour tous Collaborations : FI, CNO et organisations nationales de sport
Développement par le sport	Bâtir un monde meilleur en élaborant des programmes qui apportent des réponses concrètes aux inégalités sociales.	Structure du CIO impliquée : Commission sport pour tous Collaborations : CNO, ONU-Habitat dans le combat contre la pauvreté, gouvernements
Femmes et sport	Bâtir un monde meilleur en élargissant l'accès au sport pour les femmes et les jeunes filles, et en encourageant ces dernières à occuper des postes de direction dans l'administration sportive.	Structures du CIO impliquées : Commission femmes et sport, Solidarité olympique Collaborations : CNO, FI, associations continentales
Environnement	Bâtir un monde meilleur en encourageant le développement durable par le sport et en exigeant que les Jeux Olympiques soient organisés dans le respect de l'environnement.	Structures du CIO impliquées : Commission sport et environnement, Solidarité olympique Collaboration : programme des Nations Unies pour l'environnement (PNUE)
Éducation par le sport	Bâtir un monde meilleur en éduquant les jeunes par le sport et en promouvant un esprit d'amitié, de solidarité et de fair-play.	Structures du CIO impliquées : Commission pour la culture et l'éducation olympique, Musée olympique, Solidarité olympique Collaborations : UNESCO, Comité International pour le fair-play (CIFP)
Sport pour la paix	Bâtir un monde meilleur en promouvant la trêve olympique et en utilisant le sport pour forger des amitiés entre les athlètes, les jeunes et les communautés.	Fondation internationale pour la trêve olympique Collaboration : Nations Unies

Ces actions sont mises en œuvre sous l'autorité des commissions du CIO et n'ont pas de relation directe avec IOC Television & Marketing Services SA. Elles entrent dans le cadre d'un marketing à finalité sociétale, dans lequel les parties prenantes internes au CIO (i.e. commissions du CIO, Solidarité olympique, Musée olympique) collaborent avec des organisations appartenant au réseau de partenaires (i.e. CNO, FI, Nations Unies, ONU...) pour avoir un impact positif sur les personnes et organisations concernées (i.e. enfants, communautés défavorisées, femmes...). La valeur sociétale est coproduite sans que l'intérêt des organisations partenaires prime sur ceux des personnes et des populations en difficulté. Cela entre dans le cadre du marketing des parties prenantes.

Conclusion

Au cours de ce chapitre, nous avons analysé le marketing du CIO, qui permet de cocréer de la valeur avec ses parties prenantes et de contribuer ainsi à la mise en œuvre de sa mission. Nous avons décrit les relations entre le CIO et ses principales parties prenantes, et présenté le modèle de génération et de distribution des revenus qui permet d'assurer la stabilité financière et l'indépendance du mouvement olympique. Le CIO génère des ressources à travers les partenariats de diffusion, le programme de marketing mondial (programme TOP), ainsi que les programmes de fournisseurs officiels et des licences olympiques. Il reverse plus de 90 % des revenus de marketing à des organisations appartenant au mouvement olympique, afin de contribuer à l'organisation des Jeux Olympiques et de promouvoir le développement du sport partout dans le monde.

Nous avons ensuite analysé la configuration du marketing du CIO à partir des composantes du modèle que nous avons présenté dans le quatrième chapitre. Cette configuration est en relation avec les quatre domaines d'action que sont le « corporate branding », l'organisation des Jeux Olympiques et des Jeux Olympiques de la jeunesse, la gestion du partenariat de la diffusion télévisée et des nouveaux médias, ainsi que les programmes liés à l'olympisme en action. Cela nous a permis de montrer que le processus de cocréation de valeur occupait une position centrale. Il s'agit de l'une des compétences clés du CIO, qui permet de créer une valeur sociétale en relation directe avec sa mission, ainsi qu'une valeur financière et/ou environnementale.

La marque olympique possède un capital marque très élevé. Elle offre également une proposition de valeur unique, qui permet au CIO de mettre en œuvre une stratégie visant à inciter ses parties prenantes à faire l'expérience de la marque. Dans ce contexte, il est essentiel que le CIO tienne ses promesses en procurant une expérience unique aux personnes concernées. À cet effet, le CIO met en œuvre un marketing expérientiel fondé sur la collaboration avec ses parties prenantes. Il permet d'avoir des sensations, d'éprouver des sentiments, de penser, d'agir et de relater cette expérience spectaculaire et unique.

La marque institutionnelle du CIO se situe au cœur du système. Elle crédibilise l'ensemble des marques associées. Elle est fortement liée aux Jeux Olympiques et aux Jeux Olympiques de la jeunesse, qui sont des marques générant de la valeur parce qu'elles procurent une expérience unique et incitent les parties prenantes à s'impliquer.

La configuration du marketing olympique montre que l'action du CIO doit être appréhendée comme un ensemble de processus permettant de générer et de combiner des ressources pour offrir une proposition de valeur unique à ses parties prenantes. Cela implique la gestion de procédures, de tâches, d'activités et d'interactions cocréant de la valeur. Il est donc nécessaire d'appréhender la construction et le développement des relations entre les parties prenantes comme un processus dynamique et interactif, produisant un ensemble d'expériences et d'activités.

POINTS CLÉS

- Au niveau des ressources financières, le marketing du CIO est fondé sur le modèle de création et de distribution des revenus.
- Le CIO centralise les droits marketing concernant les partenariats de diffusion, le programme de marketing mondial (programme TOP), ainsi que les programmes de fournisseurs officiels et de licences olympiques dans le domaine du cinéma et des jeux vidéo.
- Le processus de cocréation de valeur se trouve au centre de la configuration du marketing olympique.
- La configuration du marketing olympique est mise en œuvre dans les quatre domaines d'action suivants : le « corporate branding », les Jeux Olympiques et les Jeux Olympiques de la jeunesse, le partenariat, la diffusion télévisée et les nouveaux médias, l'olympisme en action.
- La marque institutionnelle du CIO offre une proposition de valeur unique fondée sur les valeurs : excellence, amitié et respect, qui constituent son essence.
- Les Jeux Olympiques et les Jeux Olympiques de la jeunesse sont des marques générant de la valeur, qui procurent une expérience unique et incitent les parties prenantes à s'impliquer.
- Les programmes de partenariat mondiaux s'appuient sur un capital de marque très fort, ils offrent des droits mondiaux exclusifs et sont soutenus par une politique de retransmission assurant la couverture la plus complète des Jeux.
- Les programmes liés à l'olympisme en action permettent de coproduire de la valeur au niveau sociétal et entrent dans le cadre du marketing des parties prenantes.

Références

Aaker, D.A., (1996), *Building Strong Brands*, New York : The Free Press.

Bell, (2009), « Bell signs unprecedented media and mobile content agreement with Canada's Olympic Broadcast Media Consortium », consulté le 26 octobre 2011 http://hotcellularphone.com/bell-mobility/bell-signs-unprecedented-media-mobile-content-agreement-canadas-olympic-broadcast-media-consortium/.

Bose, M., (2010), « USOC-IOC revenue-sharing deal scuppered. Inside the Games », consulté le 26 octobre 2011 http://www.insidethegames.biz/component/content/article/1-latest-news/9527-exclusive-usoc- ioc-revenue-sharing-deal-scuppred.

Campbell, D., (2006), « BBC at war over 'mad' Olympic start time », *The Guardian*, consulté le 11 octobre 2011 http://www.guardian.co.uk/uk/2006/jul/16/bbc.media

Ellis, D., Scassa, T. & Seguin, B., (2011), « Framing ambush marketing as a legal issue : An Olympic perspective », *Sport Management Review*, 14(3), 297-308.

Holbrook, M. & Corfman, K., (1985), « Quality and value in the consumption experience : Phaedrus rides again », *in* J. Jacoby et J. Olson, (éds.), *Perceived Quality*, Lexington, MA : Lexington Books, 31-51.

IOC, (2008), *Marketing Report*, Beijing 2008, Lausanne : IOC.

IOC, (2010a), *Marketing Report*, Vancouver 2010, Lausanne : IOC.

IOC, (2010b), *2018 Candidature Acceptance Procedure*, Lausanne : IOC.

IOC, (2011a), *Olympic Charter*, Lausanne : IOC.

IOC, (2011b), *Marketing fact file*, Lausanne : IOC.

IOC, (2011c), « The Marketing Commission », Retrieved 26th October 2011 from http://www.olympic.org/marketing-commission.

IOC, (2011d), « Olympic Solidarity », consulté le 26 octobre 2011 http://www.olympic.org/olympic-solidarity-commission.

Mintzberg, H., (1978), « Patterns in Strategy Formation », *Management Science*, 24(9), 934-948.

O'Reilly, N. & Seguin, B., (2009), *Sport Marketing : A Canadian Perspective*, Thomson Nelson Publishers, Canada.

Payne, M., (1998), « IOC Marketing Policy : Marketing Programmes and the Broadcaster », *in Television and the Olympic Games : The New Era*, International Olympic Committee : Lausanne.

Payne, M., (2006), *Olympic Turnaround : How the Olympic Games stepped back from the brink of extinction to become the world's best known brand*, Westport, Conn : Praege.

Pound, R., (1986), « The International Olympic Marketing Programme », *Olympic Review*, 220, 84-86.

Preuss, H., (2000), *Economics of the Olympic Games. Hosting the Games 1972-2000*, Sydney : Walla Walla.

Sandler, D.M. & Shani, D., (1989), « Olympic sponsorship vs. 'Ambush' marketing : Who gets the gold ? », *Journal of Advertising Research*, 29(4), 9-14.

Schmitt, B. H., (1999), *Experiential Marketing*, New York : Free Press.

Seguin, B., (2003), « Représentations d'acteurs sociaux sur les relations entre le marketing et les Jeux Olympiques », thèse de doctorat non publiée, université Marc Bloch (Strasbourg II), Strasbourg, France.

Seguin, B. & O'Reilly, N., (2008), « The Olympic brand, ambush marketing and clutter », *International Journal of Sport Management and Marketing*, 4(1), 62-84.

Seguin, B., Richelieu, A. & O'Reilly, N., (2008), « Leveraging the Olympic Brand through the Reconciliation of Corporate Consumers Brand Perceptions », *International Journal of Sport Management and Marketing*, 3(1/2), 3-22.

Smith, S. & Wheeler, J., (2002), *Managing the customer experience : turning customers into advocates*, Harlow : Pearson Education.

Woodward, S., (2003), « IOC does a 180, buys Meridian agency in move to take marketing in-house », *Street & Smith's Sport Business Journal*, 5.

Ressources internet

Comité International olympique	Websites
CIO	www.olympic.org/

Chapitre 6

Le marketing des Comités d'organisation des Jeux Olympiques

SOMMAIRE

RÉSUMÉ

Les Jeux Olympiques sont organisés par les COJO, sous la supervision du CIO. Il s'agit de grandes métaorganisations qui succèdent aux comités de candidature, et dont la dissolution est programmée après les Jeux. Après avoir présenté les droits marketing dont ils disposent, ainsi que les relations entre les COJO, le CIO et le CNO du pays hôte, ce chapitre analyse la stratégie marketing du Comité de candidature de Londres 2012, puis celle du LOCOG concernant la marque et le programme « Inspire ». Enfin, le cas du VANOC illustrera la mise en œuvre d'un processus de cocréation de valeur, qui combine un marketing relationnel à orientation réseau à un marketing des parties prenantes.

Introduction

L'organisation des Jeux Olympiques est confiée par le CIO au CNO du pays de la ville hôte, ainsi qu'à la ville hôte elle-même. Le CNO constituera dans ce but un Comité d'organisation des Jeux Olympiques (COJO) qui, dès le moment de sa création, communique directement avec le CIO, dont il reçoit les instructions. Selon les termes de la Charte olympique, les COJO ne font pas partie des trois principales parties constitutives du mouvement olympique, à savoir le CIO, les CNO et les Fédérations internationales de sport. Pourtant ils organisent les Jeux dans une ville en coopération avec de nombreux organismes locaux, dont, de plus en plus souvent, une agence publique chargée des constructions olympiques (par exemple Olympic Development Authority for London 2012).

Dès sa constitution et jusqu'à la fin de sa liquidation, le COJO doit se conformer à la Charte olympique, au contrat conclu entre le CIO, le CNO et la ville hôte (contrat ville hôte), ainsi qu'aux instructions de la commission exécutive du CIO. Il s'agit donc d'une organisation dont la durée de vie est limitée. En effet, la ville hôte est désignée sept ans avant l'organisation des Jeux, ce qui conduit très rapidement à la création d'un COJO. Cette structure est ensuite démantelée environ deux ans après la fin des JO. Il s'agit donc d'une organisation créée pour une durée d'environ neuf ans, dont la liquidation est programmée. Il y a plusieurs COJO actifs, compte tenu du fait que les Jeux Olympiques sont organisés tous les deux ans. Il s'agit actuellement du Comité d'organisation des Jeux de Londres (LOCOG) présidé par Lord Sebastian Coe, du Comité d'organisation des Jeux d'hiver de Sotchi, dont le président et directeur général est Dmitry Chernyshenko, du Comité d'organisation des Jeux de Rio présidé par Carlos Arthur Nuzman, également président du CNO brésilien, ainsi que du Comité d'organisation des Jeux de Pyeongchang.

De nos jours, ces COJO sont devenus d'énormes appareils administratifs, nécessitant l'emploi de centaines de personnes. Le COJO commence ses travaux par une période de planification, qui se transforme en une période d'organisation, pour aboutir à la phase d'exécution ou phase opérationnelle. S'ajoutent également les Comités d'organisation des Jeux Olympiques de la jeunesse (JOJ). Les Jeux d'été ont été organisés pour la première fois à Singapour en 2010 ; le Comité d'organisation est encore actif et gère la phase de démantèlement. Les premiers JOJ d'hiver de dérouleront en 2012 à Innsbruck et les seconds JOJ d'été auront lieu en 2014 à Nanjing, République populaire de Chine.

La création d'un COJO est liée au succès de la candidature d'une ville. L'élection des villes hôtes est la prérogative de la Session du CIO. Cela a conduit le CIO à définir une procédure en deux phases :

1) demande de candidature (« applicant city »), conduite sous l'autorité de la commission exécutive du CIO ; 2) candidature au cours de laquelle les villes acceptées comme « villes candidates » devront soumettre un dossier de candidature au CIO, et élection de la ville hôte des JO. Cela conduit les villes candidates à créer un comité de candidature pour conduire cette procédure.

Le marketing intervient en premier lieu au cours de la phase de candidature. Il permet de concevoir et de mettre en œuvre un projet collaboratif associant le CNO, l'État, des collectivités territoriales, des sponsors, des personnalités et diverses institutions. Il s'agit également de trouver d'importantes ressources financières. À titre d'exemple, pour les Jeux Olympiques d'hiver de 2018, le budget du Comité de candidature de la ville d'Annecy était de 24 millions d'euros et celui de Pyeongchang se serait élevé à 100 millions d'euros. Le marketing est également une fonction essentielle durant la phase d'organisation, où il convient d'impliquer et de mobiliser de très nombreuses parties prenantes en s'inscrivant dans le cadre du développement durable.

1. OBJECTIFS ET STRUCTURE DU CHAPITRE

Ce chapitre a pour objectif de présenter les stratégies de marketing des COJO et des Comités de candidature des villes aux JO. Il s'agit d'organisations temporaires, qui doivent s'intégrer et se développer au sein du système olympique. Chaque candidature et chaque événement répondent à un cahier des charges précis et concernent des acteurs qui opèrent dans un contexte spécifique. Nous analyserons les stratégies marketing mises en œuvre par ces deux types de structures.

Ainsi, nous présenterons dans un premier temps les parties prenantes concernées, ainsi que leurs relations au sein du système olympique, du point de vue du marketing. Nous détaillerons ensuite les propriétés et les droits marketing d'un COJO. Nous exposerons dans un troisième temps la stratégie marketing du Comité de candidature de Londres 2012, puis celle du LOCOG concernant la marque et un programme de marketing sociétal. Nous nous focaliserons enfin sur le cas du VANOC, qui illustrera l'application de ces principes.

2. DESCRIPTION DES ACTEURS CONCERNÉS ET DE LEURS RELATIONS

Comme nous l'avons souligné précédemment, les Comités de candidature (CCJO) et les COJO doivent s'inscrire dans un cahier des charges précis tout en opérant avec des partenaires, des ressources et dans des contextes très différents. Ainsi, chaque candidature et chaque organisation de Jeux Olympiques constituent une expérience unique pour les parties prenantes impliquées, qui doivent innover pour réussir.

2.1 Le processus de candidature

Le rôle du CIO est de choisir la ville hôte et d'établir la procédure de candidature et d'élection. Le choix de la ville hôte est la prérogative de la Session du CIO (l'Assemblée générale des membres de l'institution). Sauf circonstances exceptionnelles, cette élection a lieu sept ans avant la célébration des Jeux Olympiques (cinq ans pour les Jeux de la jeunesse), et se déroule dans un pays qui n'a pas de ville candidate à l'organisation des Jeux Olympiques concernés. La procédure aboutissant à l'élection de la ville hôte des Jeux Olympiques est régie par la Charte olympique. Depuis décembre 1999, cette procédure comprend deux phases, qui s'étendent sur environ deux ans.

2.1.1 Phase 1 : Demande de candidature

Toute ville désireuse d'organiser les Jeux de l'Olympiade ou les Jeux Olympiques d'hiver est considérée comme une « ville requérante ». Un certain nombre de critères sont pris en compte pour l'appréciation technique des demandes de candidature. Cela concerne notamment le soutien du gouvernement et de l'opinion publique, l'infrastructure générale, la sécurité des sites, l'hébergement et le transport. Pour conclure cette première phase, la commission exécutive du CIO désigne, sur la base des conclusions du rapport du groupe de travail et de considérations de politique olympique, les villes qui sont acceptées comme « villes candidates ».

Pour le Comité de candidature, les parties prenantes primaires sont au niveau national le CNO, l'État, la ville requérante, les collectivités territoriales, les sponsors et l'opinion publique. D'un point de vue marketing, il s'agit de démontrer l'intérêt de la candidature au niveau local et national et de construire un projet collaboratif apportant des bénéfices sociaux et économiques, tout en maîtrisant l'impact environnemental. Cet aspect était au cœur du concept de la candidature d'Annecy pour les JO de 2018. Le CNO peut se trouver dans une situation où il doit choisir la ville requérante parmi plusieurs prétendantes. Cela a été le cas du CNOSF, qui a choisi Annecy au détriment de Grenoble, de Nice et de Pelvoux Écrins. Dans ce contexte, le Comité de candidature doit satisfaire dans un premier temps les attentes du CNO, qui prend la décision de présenter une ville requérante et, dans un second temps, de la commission exécutive du CIO, qui désigne les villes candidates.

2.1.2 Phase 2 : Candidature

Les villes acceptées comme « villes candidates » entament alors une deuxième phase, au cours de laquelle elles doivent remettre un dossier de candidature au CIO en réponse aux questions figurant dans le document intitulé « Procédure de candidature et questionnaire ». Les dossiers de candidature sont analysés par une commission d'évaluation nommée par le président du CIO, présidée par un membre et sous la responsabilité du directeur exécutif des Jeux Olympiques (haut responsable de l'administration du CIO). Cette commission effectue des visites d'inspection dans chacune des villes candidates avant de publier un rapport contenant ses conclusions, lequel est envoyé à tous les membres du CIO et mis en ligne sur le site web de l'institution. La commission exécutive du CIO dresse ensuite la liste finale des villes candidates qui seront soumises au vote de la Session du CIO pour l'élection de la ville hôte. La commission d'évaluation est composée de membres du CIO, de représentants des Fédérations internationales, des CNO, de la commission des athlètes du CIO et du Comité international paralympique (CIP), ainsi que d'autres experts.

Lors de cette phase, les parties prenantes primaires sont membres de la commission d'évaluation, mais surtout les membres du CIO qui vont élire la ville hôte au cours de la Session du CIO. Le marketing est une dimension essentielle du projet, car il permet de positionner la candidature, de mobiliser les parties prenantes dans ce projet collaboratif, de générer des ressources et de créer un avantage concurrentiel vis-à-vis des autres villes candidates. Il obéit à des règles très restrictives, expliquées dans le manuel de candidature. Notamment, afin de préserver l'intégrité et la neutralité de la procédure, les sponsors TOP et les partenaires de marketing du CIO doivent s'abstenir de soutenir ou promouvoir l'une des villes. En conséquence, les villes ne peuvent ni solliciter ni accepter le soutien ou la promotion de la part des sponsors TOP et des partenaires marketing du CIO.

Des choix de villes remis en cause

En novembre 1998, Marc Hodler, membre du CIO, révèle l'existence de pots-de-vin au moment de l'attribution des Jeux d'hiver à Salt Lake City en 2002. Il affirme que ces pratiques existent depuis au moins dix ans. Quatre membres du CIO démissionnent, six autres sont exclus pour corruption et une dizaine d'autres sont officiellement « avertis ». Selon la personne chargée de verser les pots-de-vin pour le Comité d'organisation de Salt Lake City, de nombreux membres du CIO auraient dû être exclus.

Cette crise démontra aux membres du CIO la nécessité de moderniser leur institution, ce qui fut fait en un laps de temps très court. Aussi, des décisions radicales furent prises au cours de l'année 1999.

- Modification de la procédure d'élection des villes candidates, dont suppression des visites des membres du CIO dans les villes candidates.
- Interdiction des cadeaux autres que « symboliques ».
- Création d'une commission des candidatures (pour présenter à l'élection des membres du CIO).
- Limitation de la durée du mandat des membres à huit ans, renouvelable sans limites par réélection.
- Limitation du nombre des membres du CIO à 115 au maximum, dont 15 représentant les CNO, 15 les FI et 15 les athlètes en activité.
- Limitation du mandat présidentiel à huit ans, renouvelable une fois pour quatre ans.

2.2 La situation du COJO

Dès que la ville hôte a été élue par la Session du CIO, un contrat de ville hôte est immédiatement signé. Celui-ci expose les droits et obligations juridiques, commerciaux et financiers du CIO, de la ville hôte et du CNO du pays hôte en relation avec les Jeux Olympiques. Dès lors, le rapport de force entre le CIO et le COJO, le CNO du pays concerné et la ville hôte se rééquilibre. En effet, selon les règles de la Charte olympique, l'organisation des Jeux Olympiques est confiée par le CIO au CNO du pays de la ville hôte, ainsi qu'à la ville hôte même. Le CNO doit mettre en place un COJO qui rendra compte de ses activités directement à la commission exécutive du CIO. Il s'agit donc d'une forme d'organisation déléguée des JO concernant un point essentiel de la mission du CIO. Le CIO soutient l'organisation des Jeux Olympiques d'été et d'hiver en donnant une partie de ses revenus marketing aux COJO. Par ailleurs, depuis les Jeux de Vancouver le CIO finance entièrement l'accueil des télévisions par l'intermédiaire du Service Diffusion olympique (Olympic Broadcast Service).

Les enjeux financiers liés au sponsoring et aux droits télévision sont très importants. Les COJO d'été et d'hiver de chaque Olympiade partagent généralement approximativement 50 % des revenus et des contributions en biens et services du programme TOP. La vente des droits de radio et télévision pour les Jeux demeure l'une des sources de revenus les plus importantes pour un COJO. À l'heure actuelle, le CIO reverse 49 % des revenus générés par la radiotélévision olympique pour chaque édition des Jeux aux COJO (le COJO doit cependant prendre à sa charge, en prélevant sur sa part, tous les frais techniques relatifs à la compagnie de diffusion hôte).

3. LES PROGRAMMES DE MARKETING DES COJO

En coordination et sous la direction du CIO, les Comités d'organisation des Jeux Olympiques gèrent au niveau national leurs propres programmes commerciaux destinés à soutenir l'organisation des Jeux. Les contrats sont négociés directement par le COJO, sous la supervision du CIO et signés également par le CNO du pays concerné. La durée des contrats est limitée à la période des Jeux. Les COJO se concentrent sur la sécurisation des revenus non sécurisés en provenance des ventes de billets, du merchandising et des licences, et sur la poursuite de la conduite sponsoring et du marketing social sur financement public.

Dans cette section, nous allons présenter dans un premier temps la structure des programmes de marketing des COJO. Nous analyserons ensuite le cas du Comité de candidature Londres 2012 et du LOCOG, qui constituent des exemples de bonnes pratiques concernant des stratégies marketing visant à impliquer les parties prenantes clés dans le processus de cocréation de valeur.

3.1 La structure des programmes de marketing des COJO

Les COJO mettent en œuvre des programmes de sponsoring et de fournisseurs des Jeux Olympiques qui s'appliquent à l'intérieur du pays hôte des Jeux et dans des catégories de produits qui ne sont pas concurrentes de celles des sponsors TOP. Les programmes de sponsoring domestiques « soutiennent les opérations du COJO, la mise en œuvre et l'accueil des Jeux, le CNO du pays d'accueil et l'équipe olympique du pays d'accueil. Le programme sponsoring domestique des Jeux Olympiques assure les droits marketing au sein du pays ou territoire d'accueil seulement. Le CNO du pays d'accueil et l'équipe olympique du pays d'accueil participent au programme sponsoring du COJO parce que l'accord sur le plan marketing (Marketing Plan Agreement) requiert du COJO et du CNO du pays d'accueil de centraliser et coordonner toutes les initiatives marketing au sein du pays d'accueil » (IOC, 2011 : 17). Les revenus générés par les programmes de sponsoring du COJO sont présentés en tableau 6.1.

Tableau 6.1 • L'histoire des programmes sponsoring des COJO (adapté de IOC, 2011 : 17)

Jeux Olympiques d'été

Jeux Olympiques	Nombre de partenaires*	Revenus et soutien (millions)	Différence
Atlanta 1996	111	426 $US	-
Sydney 2000	93	492 $US	+ 66 $US
Athènes 2004	38	302 $US	- 190 $US
Pékin 2008	51	1 218 $US	+ 916 $US

Jeux Olympiques d'hiver

Jeux Olympiques	Nombre de partenaires*	Revenus et soutien (millions)	Différence
Nagano 1998	26	163 $US	-
Salt Lake City 2002	53	494 $US	+ 331$US
Turin 2006	57	348 $US	- 146$US
Vancouver 2010	57	688 $US	+ 340$US

*Les programmes sponsoring des COJO incluent généralement plusieurs niveaux de partenariat, qui peuvent comprendre des sponsors, des offreurs et des fournisseurs. Les chiffres dans cette colonne représentent le nombre total de partenaires marketing en provenance de tous les niveaux du programme domestique.

Le programme de billetterie des Jeux Olympiques est géré par le COJO, avec le soutien du CIO. « Le premier objectif des programmes de billetterie des Jeux Olympiques est d'offrir la possibilité à autant de gens que possible de faire l'expérience des cérémonies et des compétitions. Le second objectif des programmes de billetterie des Jeux Olympiques est de générer les revenus financiers nécessaires pour soutenir l'accueil des Jeux Olympiques » (IOC, 2011 : 30). Les revenus générés par le programme de billetterie des Jeux Olympiques sont présentés en tableau 6.2.

Tableau 6.2 • Le programme de billetterie des Jeux Olympiques (source : IOC, 2011 : 30)

Jeux Olympiques d'été

Jeux Olympiques	Billets disponibles (millions)	Billets vendus (millions)	% de billets vendus	Revenus du COJO (millions)
Los Angeles 1984	6,9	5,7	82 %	156 $US
Séoul 1988	4,4	3,3	75 %	36 $US
Barcelone 1992	3,9	3,0	77 %	79 $US
Atlanta 1996	11	8,3	75 %	425 $US
Sydney 2000	7,6	6,7	88 %	551 $US
Athènes 2004	5,3	3,8	71 %	228 $US
Beijing 2008	6,8	6,5	95,6 %	185 $US

Jeux Olympiques d'hiver

Jeux Olympiques	Billets disponibles (millions)	Billets vendus (millions)	% de billets vendus	Revenus du COJO (millions)
Calgary 1988	1,90	1,60	84 %	32 $US
Albertville 1992	1,20	0,90	75 %	32 $US
Lillehammer 1994	1,30	1,21	92 %	26 $US
Nagano 1998	1,43	1,28	89 %	74 $US
Salt Lake City 2002	1,61	1,55	95 %	183 $US
Turin 2006	1,10	0,90	81 %	89 $US
Vancouver 2010	1,54	1,49	97 %	250 $US

Les organisations du mouvement olympique développent des programmes pour créer des produits et des souvenirs liés aux Jeux Olympiques, à travers des accords de licence qui assurent l'utilisation des marques, images et thèmes olympiques à des entreprises tierces, qui commercialisent et manufacturent les produits. Les programmes de licence des Jeux Olympiques sont gérés par les COJO sous la direction du CIO. Les programmes de licence « sont conçus pour promouvoir l'image olympique et transmettre la culture de la région d'accueil. La licence des Jeux Olympiques inclut les programmes numismatiques et philatéliques, qui créent les pièces de monnaie et les timbres commémoratifs des Jeux Olympiques, deux traditions de longue date au sein du mouvement olympique » (IOC, 2011 : 31). Les revenus générés par les programmes de licence des Jeux Olympiques sont présentés en tableau 6.3.

Tableau 6.3 • Le programme de licence des Jeux Olympiques (source : IOC, 2011 : 31)

Jeux Olympiques d'été

Jeux Olympiques	Licences	Revenus du COJO (millions)
Séoul 1988	62	18,8 $US
Barcelone 1992	61	17,2 $US
Atlanta 1996	125	91 $US
Sydney 2000	100	52 $US
Athènes 2004	23	61,5 $US
Beijing 2008	68	163 $US

Jeux Olympiques d'hiver

Jeux Olympiques	Licences	Revenus du COJO (millions)
Lillehammer 1994	36	24 $US
Nagano 1998	190	14 $US
Salt Lake City 2002	70	25 $US
Turin 2006	32	22 $US
Vancouver 2010	48	51 $US

Les monnaies olympiques commémoratives et les programmes philatéliques constituent une autre source de revenus pour un Comité d'organisation.

Les règles définies par la Charte olympique permettent de préciser les droits que peuvent exploiter les trois parties prenantes majeures du système olympique pour concevoir et mettre en œuvre leurs programmes de marketing. Elles stipulent également les limites de l'action de chaque acteur, ainsi que les mécanismes de coordination et de solidarité. Cela définit un cadre stratégique, au sein duquel les parties prenantes vont définir et mettre en œuvre leurs programmes de marketing. Il s'agit d'un modèle de marketing orienté vers la cocréation de valeur, régulé par la Charte olympique qui crée de la valeur au sein de la constellation des parties prenantes.

3.2 Stratégie marketing du Comité de candidature Londres 2012

Un Comité de candidature naît d'un système d'initiatives réunissant des acteurs individuels et institutionnels aux intérêts divers, mais dont l'objectif commun est de gagner la compétition. Leurs motivations sont diverses : développement durable d'une ville et d'une région, développement touristique, dynamisation locale, désir de démontrer ses compétences... Certaines candidatures sont le résultat de décisions prises sans base rationnelle solide, et reposent sur une organisation sans référence à des modèles prédéfinis, ayant fait leur preuve à l'occasion d'autres candidatures.

La concurrence pour obtenir l'organisation des Jeux Olympiques de la jeunesse, et surtout les Jeux Olympiques, est rude. La procédure de candidature et le cahier des charges du CIO concernant l'organisation de JO et la désignation de la ville hôte sont de plus en plus précis. Le document

« Procédure de candidature et questionnaire pour 2018 » relatif à la désignation de la ville hôte pour les XXIIIes Jeux Olympiques d'Hiver comporte 265 pages. Comme nous l'avons indiqué, c'est le CNO du pays qui doit soumettre le nom d'une ville requérante ; la commission exécutive du CIO désignera les villes candidates et le congrès du CIO élira la ville hôte. Il y a trois décisions importantes. Celle du CNO, qui décide ou non de soumettre le nom d'une ville requérante, celle de la commission exécutive du CIO, qui établit la liste des villes candidates, puis celle de la session du CIO formée par les membres du CIO, qui élit la ville hôte. Le tableau 6.4 présente les principales étapes pour les villes requérantes et candidates aux Jeux Olympiques de 2012.

Tableau 6.4 • Principales étapes pour les villes requérantes et candidates aux Jeux Olympiques de 2012

Phases	Dates	
Villes requérantes	15/07/2003	Date limite à laquelle les CNO devaient avoir soumis le nom d'une ville requérante.
	15/01/2004	Date limite à laquelle les villes requérantes devaient avoir soumis leurs réponses au « Questionnaire ».
Villes candidates	18/05/2004	La décision de la commission exécutive du CIO d'accepter Paris, New York, Moscou, Londres et Madrid comme villes candidates.
	15/11/2004	Date limite à laquelle les villes candidates devaient avoir soumis leur dossier de candidature au CIO.
	6/06/2005	Publication du « Rapport de la commission d'évaluation du CIO pour les Jeux de la XXXe Olympiade en 2012 ».
	6/07/2005	Fin de la phase de candidature lors de la Session du CIO avec les présentations finales des villes candidates et l'élection de Londres comme ville hôte des Jeux Olympiques de 2012.

Le marketing combine une orientation managériale et relationnelle. Au sens du marketing management, il permet d'analyser les attentes des décideurs pour mettre en place un processus de planification et d'exécution de la conception, de la fixation du prix, de la communication et de la distribution d'idées, de biens, et de services, afin de créer des échanges qui satisfont les objectifs individuels et organisationnels en permettant de créer un avantage concurrentiel vis-à-vis des autres villes candidates. Il contribue à impliquer les parties prenantes clés pour créer une constellation de valeur au niveau interne, au sein du réseau de partenaires, ainsi que sur le marché.

Dès qu'il est créé le Comité de candidature doit donc mettre en œuvre un processus itératif basé sur un marketing relationnel à orientation réseau et sur un marketing des parties prenantes afin d'impliquer des parties prenantes nécessaires à la mise en œuvre d'une candidature conforme au cahier des charges du CIO, de les faire converger au niveau des objectifs, de combiner les ressources pour créer un avantage concurrentiel par rapport aux autres villes candidates. La candidature de Londres pour les Jeux Olympiques de 2012 est un exemple de bonne pratique dans ce domaine.

3.2.1 L'objectif du CIO : concevoir et mettre en œuvre un programme de marketing collaboratif pour faire vivre une expérience unique aux clients des JO

L'expérience des JO se trouve au cœur du processus. Celle-ci est précisément définie dans la procédure de candidature. Le questionnaire pour 2018 stipule que « les clients présents aux Jeux Olympiques souhaitent vivre une expérience unique, associant les compétitions sportives à d'autres aspects plus intangibles tels qu'une ambiance amicale et des échanges culturels ». Les JO doivent inspirer la jeunesse et le monde en général, c'est pourquoi il faut offrir un produit d'excellente qualité et être pertinent dans la façon de positionner l'expérience olympique : on doit « faire ce qu'il faut », par exemple étudier avec soin le contexte lors de la mise en place des éléments qui rendront en définitive l'expérience olympique véritablement unique (présentation des sports, identité visuelle, atmosphère dans la ville, messages, etc.). Il convient pour cela de gérer les jeux à 360° (cf. chapitre 1). Les organisateurs et leurs partenaires doivent adopter une approche holistique, leur permettant de comprendre et de prévoir les tendances générales (macro-environnement) lors de l'élaboration de la stratégie d'ensemble des Jeux Olympiques. Cette approche conduit à améliorer l'intégration des différentes fonctions de l'organisation et à innover. Le tableau 6.5 résume les facteurs clés de succès, les caractéristiques et le processus permettant de gérer les composantes de l'expérience olympique.

Tableau 6.5 • Les composantes de l'expérience olympique

Composantes		Facteurs clés du succès	Caractéristiques	Processus
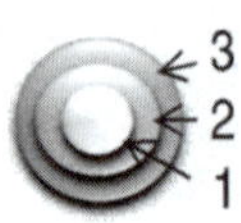	1. Produit de base (essence)	Excellence	Tangible	Innovation et gestion à 360°
	2. Expérience (core)	Pertinence	Tangible et intangible	
	3. Facteur « sensation » (extended)	Inspiration	Intangible	

La mise en œuvre de ces principes implique une création de valeur dans le cadre d'un marketing qui concerne les parties prenantes internes du Comité de candidature, son réseau de partenaires, ainsi que son marché. Dans le document relatif à la procédure de candidature et dans le questionnaire pour les Jeux Olympiques de 2018, le CIO (2010 : 11) rappelle les deux principes de base qui sous-tendent la vision et la philosophie inhérentes à l'expérience olympique :

- « Il est nécessaire pour chaque partie contribuant à la candidature et à l'organisation des Jeux de partager une vision, une mission et des valeurs communes.
- Tous les éléments des Jeux Olympiques doivent être développés de manière cohérente et intégrée, avec un management cohérent et une approche de livraison parmi toutes les parties : le CIO, les clients et les organisateurs. »

Dans ce contexte, il est important d'adopter une culture « client » permettant de procurer une expérience olympique fructueuse dans tous les domaines. « La culture « client » s'appuie sur le concept de planification inversée, à savoir partant d'une vision de l'expérience des clients au moment des Jeux (sur la base de leurs besoins et attentes) et remontant jusqu'à « maintenant », où « maintenant » représente un moment précis de la phase de planification. »

Le CIO souligne l'importance de l'intégration des ressources et des compétences des parties prenantes impliquées, tout en veillant à ce que leurs obligations et leurs exigences soient intégrées dans la structure de base des Jeux. Le document précise que les « principaux facteurs de succès des Jeux ne se trouvent pas uniquement entre les mains des organisateurs ; ils dépendent d'un vaste et complexe réseau de partenaires ». Cela conduit les organisateurs et leurs parties prenantes à intégrer trois niveaux, afin de générer l'expérience olympique souhaitée (tableau 6.6).

Tableau 6.6 • Intégration des trois niveaux générant l'expérience olympique

Niveaux	Contenu
Autour de la marque (noyau central)	Le produit « Jeux Olympiques » qui associe sport, atmosphère et activités dans la ville, culture, cérémonies et relais de la flamme.
Organisation et gestion (niveau intermédiaire)	Rassemble la vision et les objectifs communs, les services, installations et opérations livrés par les organisateurs en collaboration avec le CIO et les clients, une collaboration qui perdure tout au long du cycle de vie des Jeux.
Clients des Jeux et culture de service (niveau périphérique)	Athlètes, CNO, communauté hôte, FI, partenaires commerciaux, spectateurs, CIO, grand public, main-d'œuvre, diffuseurs et presse. Les JO sont vécus par chacun de ces clients ; les besoins et attentes de ces derniers guident l'organisation, la gestion et la livraison des services, installations et opérations et modèlent le produit fini « Jeux Olympiques ».

3.2.2 L'objectif du Comité de candidature Londres 2012 : concevoir et mettre en œuvre un marketing relationnel des parties prenantes pour créer un avantage concurrentiel

Un des principaux challenges du Comité de candidature de Londres 2012 a été de mettre en œuvre une stratégie entrant dans le cadre du marketing des parties prenantes, afin de mobiliser les parties prenantes clés pour faire émerger une vision commune et coconstruire cette candidature en mobilisant les ressources de chacun. Cela aboutit à créer un avantage concurrentiel basé sur les relations. Dans ce contexte, le management des parties prenantes a été un point essentiel. Celui-ci s'est avéré complexe, compte tenu de leur nombre, de leur diversité et des sources de conflit potentielles. Le Comité de candidature a géré huit catégories d'acteurs (tableau 6.7), qui correspondent aux trois sous-systèmes que nous avons identifiés : interne, réseau de partenaires et marché.

Tableau 6.7 • Les catégories de parties prenantes en relation avec le Comité de candidature de Londres 2012

Catégories	Désignation
Gouvernement	Premier ministre
	Parlement
	Services
Communauté de Londres	Habitants
	GLA (Greater London Area)
	Le Conseil des impots locaux (Council Tax Payers)
	Cinq villes olympiques
	Communautés locales
Nations et régions	Citoyens britanniques
	Assemblées
Sport	CIO
	CNO, en particulier la BOA (British Olympic Association)
	FN/NGB (National Governing Bodies)
	FI
Contributeurs	Sponsors
	Fournisseurs
	Candidats à l'emploi
	Bénévoles
Interne	Staff de l'ODA
	Staff du LOCOG
	Consultants
Médias	TV
	Radios
	Nouveaux médias
	Presse
Autres	Lobbyistes
	Groupes d'intérêt spéciaux

La théorie de la traduction (Callon, 1986), que nous avons présentée dans le chapitre 4, permet d'analyser la stratégie mise en œuvre ainsi que les raisons de son succès. Conformément au processus de traduction, la candidature a été élaborée et mise en œuvre en quatre phases. La phase de problématisation consiste en l'identification des problèmes liés à la conception et au développement d'une candidature victorieuse pour Londres aux JO d'été. Il s'agit de mettre en œuvre un programme de marketing visant à promouvoir la candidature à travers la communauté économique, le gouvernement et le public du Royaume-Uni, et de réfléchir à la méthode à mettre en œuvre avec les parties prenantes pour valider l'intérêt de cette candidature, se donner une mission et des objectifs communs. À ce stade, il convient de démontrer qu'il existe des convergences au niveau des intérêts, que des réponses peuvent être apportées aux problèmes formulés et que l'on peut régler les priorités et préoccupations conflictuelles (tableau 6.8). Des consultations par voie de sondages, des réunions d'information et des séances de travail ont permis d'aboutir.

Tableau 6.8 • Priorités et préoccupations potentiellement conflictuelles

Parties prenantes	Préoccupations
Great London Authority	Héritage dans le Grand Londres
BOA	Planifier les installations pour les athlètes
Londres 2012	Persuader les membres du CIO que Londres va accueillir les meilleurs Jeux
Public & Médias	Fardeau pour les contribuables en cas de victoire
Préoccupations des entreprises	Exposition maximale de la marque
Ministère de la Culture, es Médias et du Sport	Coût de la candidature, puis de l'organisation des Jeux

La phase d'intéressement qui a suivi a eu pour objectif de constituer un système d'alliances entre les parties prenantes clés, de définir les priorités et la vision commune et de renforcer leur implication vis-à-vis du projet et de sa problématisation. Le Comité de candidature a créé des groupes de travail pour consolider les plans à travers les parties prenantes. Ces derniers ont établi les priorités et la vision partagée (tableau 6.9).

Tableau 6.9 • Les priorités et la vision de la candidature de Londres 2012

Priorités et potentiel	Vision
• Intégrer les besoins des athlètes en premier • Exploiter la passion de Londres pour le sport • Créer un héritage pour transformer le sport au Royaume-Uni • Régénérer les communautés de l'est de Londres et leur environnement	« *Les Jeux qui font une différence* » (« *Games that make a difference* ») Quatre thèmes principaux soutiennent notre vision pour les Jeux à Londres : • Créer une expérience unique pour les athlètes qui se prolongera pendant toute leur vie • Construire un héritage pour le sport en Grande-Bretagne • Faire bénéficier la communauté à travers la réhabilitation des sites • Soutenir le CIO et le mouvement olympique

Le succès de la phase d'intéressement a permis de s'engager dans la phase d'enrôlement, qui aboutit à la définition et à la coordination des rôles ainsi que des ressources à engager pour répondre au cahier des charges du CIO, présenté dans la procédure de candidature et le questionnaire, et qui sera formalisé par le dossier de candidature. Il s'agit de maintenir alignées les parties prenantes intéressées, de convaincre les autres, de rassembler et coordonner les ressources apportées par chacun. La candidature a nécessité d'être structurée en une série de projets discrets, avec des résultats explicites et des éléments à fournir. Les équipes ont été formées pour assurer le succès pour chaque projet : dossier de candidature, commission d'évaluation… Chaque projet a été scindé en éléments plus petits avec des jalons et l'outil de suivi de statut (Status Tracker Tool) a été utilisé pour contrôler la progression. Cette phase amène à gérer des négociations multilatérales, des coups de force ou les ruses afin d'aboutir.

La dernière phase, intitulée mobilisation des alliés, soulève la question de la représentation des partenaires dans les différents projets. Ceux-ci se posent alors comme des « porte-paroles » des groupes sociaux qu'ils représentent. Les thématiques les plus particulièrement concernées sont le concept et l'héritage des Jeux Olympiques, la finance, le marketing, les Jeux paralympiques, l'olympisme et la culture. De plus, les réunions avec le public sont organisées régulièrement pour renforcer l'adhésion du public et pour l'encourager à soutenir la candidature à Londres au sein des régions. Ils ont été gérés par les équipes marketing et communication en étant fortement influencés par les attentes des entreprises partenaires. Ces actions collaboratives ont contribuées à augmenter très significativement le nombre de personnes soutenant la candidature. Celui-ci est passé de 50 000 à 3 000 000.

A. *Un avantage concurrentiel lié à l'implication des parties prenantes dans une perspective durable*

La stratégie de marketing des parties prenantes mise en œuvre par le Comité de candidature de Londres 2012 a permis d'impliquer un ensemble de parties prenantes. Le rapport de la commission d'évaluation du CIO pour les Jeux de la XXXe Olympiade en 2012 a souligné l'intérêt du concept, qui permet aux JO d'être un catalyseur du redéveloppement de la Lower Lea Valley, ainsi que les bénéfices à long terme : « Outre les importantes nouvelles infrastructures publiques, ce redéveloppement bénéficierait à long terme aux résidents de Londres, notamment en ce qui concerne l'emploi, l'hébergement, l'éducation et les loisirs, ainsi que le développement du sport. » L'implication active des parties prenantes partenaires (ville de Londres, gouvernement britannique, BOA, athlètes, sponsors) a été soulignée et est analysée comme un gage de crédibilité et de faisabilité. Enfin, le programme de marketing proposé a été jugé raisonnable et réalisable.

3.3 Faire de l'expérience olympique 2012 une marque

L'ambition de Londres 2012 est « de créer des Jeux pour tous, où chacun est invité à prendre part, à rejoindre et à apprécier l'événement le plus excitant du monde » (site internet du LOCOG). Selon les termes du LOCOG celui-ci travaille pour organiser à la fois les Jeux les plus accessibles et les plus participatifs. Ils toucheront plus la population que les précédents Jeux. Ils inciteront les gens à en faire plus, à essayer de nouvelles disciplines et à réévaluer leurs capacités pour innover. Le sport sera au cœur de Londres 2012. Ces Jeux seront destinés à Londres, au Royaume-Uni et au reste du monde, pour le sport et la culture.

Le LOCOG, qui a défini le concept de ces Jeux, souhaite que l'ensemble des parties prenantes viennent faire l'expérience de la marque Londres 2012 et vivent une expérience olympique unique. Le

LOCOG a besoin d'une marque puissante pour satisfaire son ambition. Lors de la présentation officielle du logo, Sebastian Coe souligne le fait que « cette marque sera le battement de cœur de nos jeux (...). Notre marque aura un impact à travers tout ce que nous ferons, il y a d'énormes possibilités, mais nous avons une ambition claire ». La marque Londres 2012 est au centre de la stratégie du Comité d'organisation.

3.3.1 Une alliance de marques qui crée de la valeur dans la constellation des parties prenantes

L'emblème olympique d'un COJO, ainsi que tous les autres symboles, emblèmes, marques ou désignations d'un COJO qui font référence à l'olympisme sont issus d'une stratégie d'alliance de marques avec le CIO. Selon Aaker (2004 : 161), il s'agit de « l'implication de deux, ou de plusieurs entreprises, qui associent leurs marques pour créer des offres marketing supérieures, ou mettre en oeuvre des stratégies ou des tactiques efficaces de construction de marque ». Le LOCOG, dans son document intitulé « Non-commercial organisations – What you need to know » (2010 : 7), explique que « le symbole olympique et les trois « agitos » du mouvement paralympique soutiennent la marque London 2012 et sont au cœur des emblèmes de Londres 2012, les marques officielles des Jeux ». La marque principale est une marque semi-figurative qui associe le nom de la ville, la marque olympique et la date de l'événement.

Cette alliance de marque est strictement contrôlée par le CIO. Par ailleurs cette marque, ainsi que les marques dérivées, ne peuvent être utilisées à des fins publicitaires, commerciales ou lucratives, quelles qu'elles soient, dans le pays d'un CNO sans le consentement préalable écrit de ce CNO. Le LOCOG a adopté la même stratégie pour l'organisation des Jeux paralympiques, organisés sous la tutelle de l'IPC. Le logo devrait rester le même à la fois pour les Jeux Olympiques et paralympiques, pour la première fois, en reconnaissance du fait que ces événements ont le même rang. Pour la première fois, les Jeux Olympiques et paralympiques feront partie de la même famille de marque.

La marque London 2012 combine le pouvoir des anneaux olympiques à celui de la ville de Londres. Le partenariat des deux organisations vise à cocréer de la valeur, dans un contexte marketing qui implique la collaboration entre les partenaires. Cette marque crée de la valeur pour les parties prenantes internes du LOCOG. Elle crée également de la valeur pour les partenaires, et notamment les sponsors, qui bénéficient d'une association exclusive avec cette marque dans des catégories de produits définies. Elle est également une source de valeur pour les clients, qui souhaitent vivre l'expérience unique promise par la marque London 2012.

3.3.2 L'identité de marque de Londres 2012

La construction de son identité donne une direction stratégique, un objectif et un sens à la marque. Aaker définit l'identité de marque comme « un ensemble unique d'associations à la marque que le stratège aspire à créer ou à maintenir. Ces associations représentent ce que la marque signifie et impliquent une promesse pour les clients, en provenance des membres de l'organisation. L'identité de marque doit aider à établir une relation entre la marque et le client. Elle génère une proposition de valeur impliquant des bénéfices fonctionnels, émotionnels ou d'estime de soi » (Aaker, 1996 : 68). L'identité de marque est un des principaux leviers pour le capital de marque.

Le LOCOG a utilisé une méthode classique pour établir l'identité de la marque London 2012. La structure de l'identité peut être analysée selon le modèle d'Aaker (2004), qui considère deux niveaux : le cœur de l'identité et l'identité étendue. Le cœur de l'identité représente l'essence de la marque, et contient les associations les plus à même de rester stables dans le temps. Il fait référence à la vision et aux valeurs de la marque, exprimées dans une déclaration traduisant l'identité dans le temps. L'identité étendue de la marque donne de la complétude et du corps à la marque, canalisant ainsi le cœur de son identité dans une direction cohérente. Là où les éléments du cœur sont éternels, l'identité étendue contient des éléments qui sont en dehors de ces fondements immuables.

Le cœur de l'identité de Londres 2012 est contenu dans le slogan « Nos Jeux seront pour tout le monde ». La marque exprime l'esprit et les valeurs olympiques de fair-play, de paix et d'amitié. Ces éléments appartenant au cœur de l'identité rendent la marque durable, unique et précieuse. L'identité étendue est résumée dans les deux citations ci-dessous, qui figurent sur le site Internet du LOCOG (LOCOG, 2011a) :

- « La marque Londres 2012 est conçue pour être énergique, dynamique et jeune ; peut-être même un peu sous tension.
- Notre emblème est simple, distinctif, audacieux et bouillonnant d'énergie. Sa forme est inclusive et pourtant cohérente et a une incroyable flexibilité, pour encourager l'accès et la participation. Il peut communiquer avec tout le monde, des organisations commerciales aux enfants pratiquant le sport ».

Le LOCOG a ainsi défini l'identité étendue de la marque en la considérant comme une personne possédant les qualités suivantes : « Elle se sent jeune d'esprit. Pleine de confiance, de certitude et de possibilités. Elle n'a pas peur de bouleverser les choses, de défier les idées établies. De changer les choses. » (LOCOG, 2011a) En faisant cela, le LOCOG donne une personnalité à sa marque, ce qui facilite la création de liens forts avec les parties prenantes, car elle procure des bénéfices liés à l'autodétermination et à l'expression de soi.

L'identité de la marque influence la perception des parties prenantes et a un impact sur son image. Le LOCOG souligne cet important aspect : « Une marque est une manière de créer une série d'associations ou de connotations dans l'esprit des gens, de telle façon qu'elle les persuade d'acheter ce produit, cet événement ou cette idée. » (site Internet du LOCOG)

3.3.3 Le logo : ne pas être statique, mais toujours évoluer en lien avec l'expérience olympique

Kapferer (2008) insiste sur le fait que la marque doit être réaliste et émettre des signes cohérents. C'est pourquoi l'association entre le logo et l'expérience olympique est essentielle. Le logo a été conçu par l'agence Wolff Olins. Il capte l'esprit et l'énergie des Jeux de Londres 2012 et exprime leur identité. Sa forme, sa structure, ses couleurs et sa police de caractères ont été conçues pour faire passer un message cohérent à l'ensemble des parties prenantes. Le logo exprime l'identité de la marque que nous avons présentée dans la section précédente. Ses concepteurs soulignent également qu'en « utilisant des formes et des angles captivants, ainsi que des couleurs lumineuses et chatoyantes, le logo crée une sensation d'énergie. Les couleurs de la marque constituent une réinterprétation moderne des couleurs du symbole olympique. Les couleurs sont inspirées par le monde des médias, de la communication et de la mode. (...) L'ajout d'un contour (en jaune) augmente la sensation d'énergie (...). Une police de caractère spéciale a été créée pour Londres 2012. Elle est utilisée pour toutes les communications et les messages clés. Elle est censée transmettre de l'énergie et du dynamisme » (LOCOG, 2011b).

L'identité de marque exprime les attributs que la marque souhaite communiquer, incluant son sens, sa vision, sa mission, ses valeurs et ses différences, de même que sa signature et ses objectifs. C'est pourquoi l'identité de marque a un impact majeur sur l'image de marque des personnes ciblées par les campagnes de communication. Ainsi, la façon dont la marque Londres 2012 est perçue par les parties prenantes clés constitue la clé de son succès.

3.3.4 La protection de la marque

La protection de la marque est une des dimensions essentielles du capital de marque. Le LOCOG met en œuvre, en collaboration avec le CIO et l'IPC, une stratégie pour développer le capital de marque London 2012, ainsi que celui des marques olympiques. Cela crée de la valeur pour l'ensemble des parties prenantes, et il est indispensable de protéger ces marques. Sebastian Coe souligne ainsi qu'« aujourd'hui, cependant, pour tenir notre promesse que les Jeux 2012 seront correctement financés et gérés, il est crucial que nous contrôlions soigneusement l'utilisation de nos logos et que nous préservions la valeur et l'exclusivité de association avec Londres 2012. Une grande part de notre budget opérationnel de 2 milliards de livres sterling ne peut que provenir des revenus de sponsoring. Les sponsors doivent se voir offrir unc opportunité exclusive. Sinon, nous ne serons pas capables de sécuriser leur investissement dans les Jeux. Par conséquent, nous avons besoin de nous protéger contre les autres activités commerciales qui exploitent toute association non autorisée avec les Jeux » (LOCOG, 2010 : 3).

A. *Quelles sont les marques protégées ?*

Tous les noms officiels, expressions, marques commerciales, logos et dessins liés aux Jeux 2012 et aux mouvements olympique et paralympique (collectivement désignés sous le terme « marques des Jeux ») sont protégés de différentes manières par la loi. Les principaux éléments sont :

- le symbole olympique ;
- le symbole paralympique ;
- les emblèmes olympique et paralympique de Londres 2012 ;
- les termes « Londres 2012 » et « 2012 » ;
- les mascottes de Londres 2012, les pictogrammes (qui représenteront chaque sport) et les graphiques des Jeux ;
- les mots « olympique », « olympiade », « olympien » (ainsi que leurs pluriels et des termes très similaires, tels qu'« olympix ») ;
- les mots « paralympique », « paralympiade », « paralympien » (ainsi que leurs pluriels et les termes très similaire,s tels que « paralympix ») ;
- la devise olympique : « Citius, Altius, Fortius » : « Plus vite, Plus haut, Plus fort » ;
- le slogan olympique : « L'esprit en mouvement » ;
- le logo de l'équipe britannique ;
- le logo de l'équipe paralympique britannique ;
- le logo de la British Olympic Association ;
- le logo de la British Paralympic Association ;
- london2012.com (et différents noms de sites dérivés).

B. *Protection et utilisation des marques olympiques*

Les marques des Jeux sont protégées par différentes marques déposées et copyrights. Au Royaume-Uni, des lois spéciales ont été votées pour offrir une protection supplémentaire à certaines marques olympiques. Par exemple, l'« Olympic Symbol Protection Act 1995 » (OSPA) protège les symboles olympiques et paralympiques, les devises ainsi qu'un certain nombre de mots. Une protection supplémentaire est fournie par la Loi sur les Jeux Olympiques et les Jeux paralympiques de Londres (London Olympic Games and Paralympic Games Act 2006), en conférant au LOCOG le droit exclusif d'autoriser les sponsors et les titulaires de licence de créer une association entre leur activité, produits ou services et Londres 2012.

L'utilisation des marques olympiques protégées est très précisément encadrée. Les seules organisations autorisées à utiliser ces marques sont le LOCOG, ses sponsors et télédiffuseurs officiels, les titulaires de licences pour les produits officiels ainsi que les organisations non commerciales agréées. Un effort particulier est réalisé pour lutter contre l'ambush marketing.

La marque Londres 2012 se situe au cœur des Jeux Olympiques

Le site internet du LOCOG souligne le fait que « la marque Londres 2012 est fondamentale pour les Jeux. Elle est la façon dont nous identifions les Jeux, dont nous communiquons notre ambition et dont nous conduisons à l'émoi et à l'enthousiasme pour les Jeux » (LOCOG website, section « Using the brand »). C'est pourquoi le Comité d'organisation a défini une identité de marque qu'il communique activement à l'ensemble de ses parties prenantes au niveau interne, des partenaires et de son marché. La marque se situe au cœur de la stratégie marketing et elle permet de créer une relation avec les parties prenantes fondée sur sa personnalité et sa valeur expérientielle (Ferrand et Torrigiani, 2004). Il s'agit faire vivre aux clients l'expérience de la marque olympique (Branded Customer Experience) Selon Smith et Wheeler (2002) ce type de stratégie débute avec la vision et ses valeurs de la marque, les traduit ensuite en promesse pour les clients ciblés et tient sa promesse en délivrant un service de qualité qui fait vivre la marque (Smith et Wheeler, 2002).

Nous avons souligné le fait que la marque London 2012 se situe au sein d'un système de marques olympiques. Le CIO, le LOCOG et les parties prenantes collaborent pour gérer et protéger ces marques, notamment de l'ambush marketing, afin de pouvoir garantir à leurs partenaires une association exclusive.

3.4 Construire les Jeux Olympiques 2012 comme une marque : le programme « Inspire »

Nous avons souligné que l'activité du CIO et des organisations composant le mouvement olympique était orientée vers un marketing social. Selon Andreasen (1995), il vise à influencer le comportement volontaire des audiences ciblées, afin d'améliorer leur bien-être personnel et, ainsi, celui de la société. Le succès de la candidature de Londres pour les Jeux Olympiques et paralympiques de 2012 s'est fondé sur la promesse de l'organisation de Jeux spectaculaires, sources d'inspiration pour le Royaume-Uni et le monde. Citons Sebastian Coe : « Quand nous avons candidaté pour les Jeux, nous avons dit aux membres du Comité international olympique : La vision de Londres est de toucher les jeunes gens partout dans le monde. De les relier au pouvoir d'inspiration des Jeux. Nous avons aussi pris des engagements pour nous assurer que l'ensemble du Royaume-Uni profitera des Jeux. » (IOC, 2010 : 3)

Le programme « Inspire » a été créé pour concrétiser cette vision, partagée par les parties prenantes importantes des Jeux Olympiques. C'est le cas de la National Lottery, qui donne 2,2 milliards de livres sterling pour financer les stades et infrastructures requis et le travail qui sera mené pour augmenter la participation dans le sport au niveau de la communauté et améliorera les services communautaires. Par ailleurs, le département de la culture, des médias et du sport est responsable de la gestion du financement du gouvernement central et du partage des bénéfices apportés par toutes les initiatives sportives, culturelles, environnementales, éducatives et d'entreprises qui prendront place partout dans le pays, avant, pendant et après 2012.

Le financement public des Jeux se monte à 9,325 milliards de livres sterling. En juin 2007, le gouvernement a présenté les cinq promesses concernant l'héritage de haut niveau qu'il entend créer. Parmi celles-ci, par exemple, faire du Royaume-Uni une nation leader au niveau sportif dans le monde, ou encore inspirer une génération de jeunes gens à participer à des activités bénévoles, culturelles et physiques.

Il y a donc une forte convergence, au niveau des parties prenantes primaires qui collaborent à l'organisation des JO de Londres, pour optimiser l'impact social de l'événement. Par impact social, « nous entendons les conséquences pour les populations humaines de n'importe quelle action publique ou privée, qui change la manière dont les gens vivent, travaillent, jouent, entrent en relation avec autrui, s'organisent pour satisfaire leurs besoins et, généralement, font face en tant que membres de la société. Le terme inclut aussi des changements au niveau culturel, qui impliquent des modifications dans les normes, les valeurs et les croyances qui guident et justifient l'opinion qu'ils ont d'eux-mêmes et de leur société » (Interorganizational Committee on Guidelines and Principles, 1994 : 1). L'impact social des Jeux Olympiques constituait un des avantages concurrentiels de la candidature de Londres ; Sebastian Coe, lors de sa présentation à Singapour, a insisté sur le fait que la vision de Londres était de toucher les jeunes à travers le monde pour les connecter avec le pouvoir d'inspiration des Jeux. Ainsi, ils seront inspirés pour choisir le sport. Pour incarner cette vision, le LOCOG et ses partenaires mettent en œuvre un grand nombre de projets concernant le sport, l'éducation, la culture et les jeunes.

3.4.1 Le programme « Inspire »

Le programme « Inspire » de Londres 2012 incarne cette vision et ce profond engagement envers l'héritage durable des Jeux. Ce programme est censé inspirer l'ensemble du Royaume-Uni à être une partie des Jeux et à assurer un retentissement aussi large que possible pour les Jeux. Il vise à inspirer un changement à travers le Royaume-Uni. Il se focalise sur six thèmes clés : le sport, la culture, l'éducation, le développement durable, le volontariat, ainsi que les opportunités et compétences en termes de business.

Il est fondé sur un programme de marketing collaboratif entre, d'une part, le LOCOG et le département pour la culture, les médias et le sport, et les porteurs de projets d'autre part. Il s'inscrit dans le modèle de Sheth et Parvatiyar (2000), que nous avons présenté dans le quatrième chapitre. La première phase relative à la construction des relations collaboratives entre les partenaires a été initiée pendant la phase de candidature, et a été mise en œuvre après la création du LOCOG. Cette phase a permis de préciser la finalité du programme « Inspire Change » et les objectifs concernant chaque domaine, la cible et le contenu du programme (« Inspire » reconnaît officiellement tous les projets et événements non commerciaux inspirés par les Jeux au Royaume-Uni). Cette étape a été utilisée pour définir la mission du programme (inspirer le changement), les bénéfices pour les acteurs, les cibles, ainsi que son contenu. « Inspire » reconnaît officiellement tous les projets à caractère non commercial et les événements inspirés par l'idée des Jeux arrivant en Grande Bretagne. Ces projets portent sur l'excellence, donner le meilleur de soi-même et la participation. Ils précisent les bénéfices pour les porteurs de projets (tableau 6.10). Le LOCOG indique qu'au regard de ses valeurs de la marque, seuls les projets et événements les plus accessibles, participatifs, inspirants et stimulants seront associés à la marque, à travers le sport, la culture, l'éducation, le développement durable, le volontariat et les compétences liées aux affaires. Les projets et événements reconnus dans le cadre du programme « Inspire » pourront utiliser la marque « Inspire », qui est basée sur l'emblème des Jeux de Londres, mais qui ne comporte pas les anneaux olympiques.

Tableau 6.10 • Bénéfices pour les porteurs de projets sélectionnés pour le programme « Inspire »

Bénéfices	Description
Marque de l'excellence	Les projets « Inspire » peuvent conduire la marque « Inspire » de Londres 2012 à intégrer notre famille de marques, pour une large gamme de supports marketing.
Comme jamais avant	Atteindre de nouvelles audiences, forger de nouveaux partenariats, être inspiré.
Présenter votre succès	Les médias régionaux et nationaux focalisent régulièrement l'attention sur les projets « Inspire ». Nous animons aussi les événements régionaux avec des projets donnant de la visibilité, source d'inspiration et favorisant de nouveaux partenariats.
Des supports de communication exclusifs	Les projets « Inspire » peuvent être répertoriés dans le centre de gestion des marques de Londres 2012 pour bénéficier des graphiques, des modèles et des éditoriaux.
Opportunités en termes de réseau	Renforcement de votre projet dans le cadre du réseau du programme « Inspire ». Il s'agit d'un réseau diversifié d'organisations au niveau national et régional concernant la culture, le sport, l'éducation et le développement durable, qui ont la possibilité de créer des opportunités stimulantes.

Ce programme de marketing des parties prenantes se trouve maintenant dans la phase de management et de gouvernance. Elle concerne la sélection des projets qui s'inscrivent dans les objectifs fixés relatifs à des événements non commerciaux qui ont été inspirés par l'organisation des Jeux au Royaume-Uni (tableau 6.11). Il est important de souligner qu'il s'agit d'un programme non commercial, en relation avec sa finalité sociétale. Il exclut également les entreprises souhaitant être partenaires dans le cadre de leurs actions relevant de la responsabilité sociale d'entreprise, pour ne pas nuire aux sponsors des Jeux qui ont acheté une association exclusive avec l'événement dans des catégories de produits. La coordination de la communication en relation avec le LOCOG réalise les actions suivantes : inclusion dans des campagnes médias ciblées de Londres 2012, représentants de Londres 2012 lors des événements clés, blogs et contenus mentionnés sur le site Internet de Londres 2012, mentions dans une ou plusieurs des newsletters, conseils pour cibler des audiences spécifiques et gérer les relations avec les médias.

Tableau 6.11 • Objectifs et exemples d'actions du programme « Inspire »

	Objectifs	Exemples de programmes
Sport	- Développer la participation sur les terrains de sport, dans les compétitions sportives et dans les activités physiques. - Améliorer la performance des équipes de Grande-Bretagne aux Jeux Olympiques et paralympiques.	De jeunes ambassadeurs seront sélectionnés dans les 450 écoles de sport partenaires pour promouvoir un style de vie meilleur pour la santé et aider leurs pairs à devenir plus actifs. Les jeunes ambassadeurs agiront comme des avocats et auront un rôle de modèles, effectuant des présentations relatives aux valeurs olympiques et paralympiques, et encourageront les écoles en partenariat avec des écoles de sport à organiser des événements sportifs.
Culture	- Organiser une olympiade culturelle inspirante qui encourage chacun à s'impliquer, et plus particulièrement les jeunes gens. - Créer un festival culturel plus large qui apporte des améliorations à long terme, avec un impact économique positif et un sentiment de communauté et de camaraderie.	« Discover Young Hackney », un festival de deux mois rassemblant des milliers de jeunes gens dans la ville de Hackney située à l'est de Londres. Inspiré par les Jeux, le festival encourage les jeunes à essayer de nouvelles choses, offre des événements gratuits, des groupes de travail et des sessions tests dans des activités culturelles, artistiques locales.
Éducation	- Promouvoir les valeurs olympiques d'excellence, d'amitié et de respect et les valeurs paralympiques de courage, de détermination, d'inspiration et d'égalité. - Impliquer des jeunes dans la conception, le développement et l'organisation de projets. - Améliorer les compétences des jeunes et renforcer les opportunités d'emplois. - Développer des partenariats entre les institutions et les autres organisations éducatives. - Compléter et promouvoir « Get Set », le programme d'éducation de Londres 2012 pour les écoles et les collèges au Royaume-Uni.	Le « Make Your Mark Challenge » est une compétition d'entrepreunariat nationale gratuite et nationale pour les écoles et collèges secondaires. Elle donne le coup d'envoi de la semaine de l'entreprise qui, cette année, fera partie de la semaine de l'entrepreneuriat global. Elle contribuera au développement d'une force de travail future compétente et entreprenante. Une grande partie des jeunes qui participent au Challenge (âgés aujourd'hui de 14-19 ans) seront en 2012 dans les premières étapes de leur carrière. Ils feront parmi des personnes qui transmettront l'héritage de 2012 aux futures générations.

	Objectifs	Exemples de programmes
Business	- Aider les entreprises du Royaume-Uni à gagner des contrats en relation avec les Jeux. - Montrer les compétences des entreprises nationales et régionales du Royaume-Uni en relation avec les Jeux.	La « Team East Summit » se focalise sur le thème de « Team East », créant plus de collaborations entre les entreprises au sein de la région. Elle met au défi les délégués de développer la conscience concernant les opportunités liées aux Jeux dans la zone.
Développement durable	- Aider à organiser des Jeux durables. - Promouvoir les bénéfices à long terme au niveau environnemental et communautaire en utilisant les Jeux comme un exemple.	Le projet « Trees for the Hosts » (arbres pour les hôtes) exploite les liens avec les autorités, les écoles, les groupes communautaires et les bénévoles locaux à Londres pour mettre en œuvre un nombre d'événements pour planter des arbres, avec une concentration sur les thèmes clés de la politique de développement durable de Londres 2012 relative au changement climatique, à un style de vie sain et à la biodiversité.
Volontariat	Encourager le volontariat dans le sport, la culture, l'éducation et le développement durable.	« Personal Best » est un programme novateur qui utilise l'émoi et la perspective de devenir un volontaire aux Jeux Olympiques et paralympiques de 2012 pour encourager les individus sans emploi et socialement exclus à développer de nouvelles compétences, à s'engager dans leurs communautés et à augmenter leurs chances de trouver un emploi.

3.4.2 Perspectives

La phase d'évaluation de la performance prendra en compte le nombre et les caractéristiques des projets et agrégera les données de l'ensemble des projets à partir des dimensions suivantes : participation (combien de participants ? qui sont-ils ?), inclusion (le projet a-t-il atteint plus de participants que prévu ? Tous les secteurs de la communauté et les groupes minoritaires sont-ils bien représentés dans le projet ?), changement (vos participants ont-ils changé ? Continuent-ils de manière autonome à poursuivre les buts de votre projet ?), objectifs (les objectifs fixés du projet ont-ils été atteints ?), éducation (décrivez ce que les participants ont appris à travers le projet) et impact (quel impact votre projet a-t-il eu sur la communauté et sur les participants ? Y a-t-il eu un impact au niveau de la finalité principale du projet ?).

Plus de 10 millions de personnes ont déjà participé aux projets « Inspire » à travers ces différentes thématiques. Selon le LOCOG cela démontre qu'il a utilisé la puissance des Jeux pour inspirer un changement durable dans toute la nation et toutes les régions du Royaume-Uni. Si ce succès se confirme, les projets « Inspire » joueront un rôle important dans l'héritage durable des Jeux de Londres 2012. Ils ont permis de construire des réseaux collaboratifs sources de valeur pour l'ensemble des partenaires. Cela permettra de capitaliser sur ces relations pour concevoir et mettre en œuvre d'autres programmes sociétaux. Cette initiative s'inscrit dans le cadre du marketing relationnel qui, selon Partvatiyar et Sheth (2000), est un processus continu d'engagement dans des activités et programmes coopératifs et collaboratifs, avec des clients immédiats et utilisateurs pour créer ou renforcer la valeur mutuelle à coût réduit.

4. ÉTUDE DE CAS : LA STRATÉGIE MARKETING DU VANOC

4.1 Les Jeux Olympiques d'hiver 2010 à Vancouver

Selon le CIO, le programme de commercialisation des JO de Vancouver 2010 représente un succès incomparable au niveau des Jeux d'hiver en ce qui concerne les téléspectateurs (3,8 milliards à l'échelle de la planète), les revenus de sponsoring internes (688 millions de dollars US), l'activation de sponsoring, les ventes de billets, le nombre de personnes qui ont visité le grand magasin olympique à Vancouver et le programme de vente dans les magasins de détail, qui ont connu le plus grand succès dans l'histoire des JO d'hiver (IOC, 2010). Cependant, pour le président du CIO, Jacques Rogge, ce sont l'enthousiasme et la passion du peuple canadien pour les Jeux Olympiques qui ont assuré le succès des Jeux : « La ville hôte a accueilli les Jeux à une échelle que je n'avais jamais vue auparavant, et nous devons remercier les citoyens du Canada pour leur généreuse hospitalité, leur chaleur et la célébration joyeuse de l'olympisme dont nous avons été témoins à Vancouver. Ces Jeux ont sans aucun doute fait la différence non seulement dans la ville hôte, mais aussi à l'échelle du pays entier. » (IOC, 2010 : 4)

Le programme de commercialisation et, en particulier, l'implication des intervenants, ont été perçus comme un élément essentiel du succès des Jeux ainsi que pour la réalisation de la vision du COVAN, « Un Canada plus fort dont l'esprit est élevé par sa passion pour le sport, la culture et la durabilité » (COVAN, 2006). À compter du moment où il avait obtenu le droit d'accueillir les Jeux Olympiques d'hiver 2010, la mission du COVAN visait la mise en place d'un événement excellent au plan technique et de classe mondiale, qui « toucherait l'âme du Canada et inspirerait le monde ». En agissant ainsi, le COVAN pourrait « raconter l'histoire, à savoir comment le Canada s'est rassemblé afin d'accueillir le monde et présenté ce que les Canadiens avaient de mieux à offrir, reflétant la célébration du possible » (COVAN 2010 : 8). Étant donné l'étendue du pays et sa diversité culturelle, le fait de tenter de faire des Jeux Olympiques d'hiver 2010 les « Jeux du Canada » représentait un vaste défi pour le COVAN. Cette vision d'unifier le pays derrière les Jeux était essentielle pour impliquer les intervenants clés. Le directeur général du COVAN, John Furlong, précisait après les Jeux : « Si les Jeux Olympiques 2010 avaient été commercialisés comme les Jeux de Vancouver ou de la Colombie-Britannique, nous n'aurions pas recueilli le même niveau d'intérêt de la part des entreprises dans le pays. En réalité, je crois que les Jeux auraient été un désastre financier... L'approche radicale sera un des legs de ces Jeux, la façon dont elle a changé, dans une certaine mesure, le marketing d'un méga-événement. Nous avons été capables de prouver au pays que le marketing ne concerne pas seulement la vente des droits pour utiliser l'emblème olympique, mais plutôt la vente des droits pour obtenir un engagement et une implication complète. » (Furlong & Mason, 2011 : 139)

Le succès du COVAN pour obtenir cet engagement total de la part de ses parties prenantes est principalement dû à sa capacité à lier la marque des Jeux de Vancouver 2010 au pouvoir de la marque olympique. La marque olympique de Vancouver a été conçue dans le but d'être « un symbole d'espoir et d'amitié, une expression externe de l'hospitalité d'un pays qui accueille chaleureusement des personnes du monde entier avec les bras ouverts chaque jour » (COVAN, 2006). Cet idéal a permis au COVAN d'établir des alliances de grande qualité entre la marque olympique et les parties prenantes, ce qui a généré des conditions extrêmement favorables pour la création commune de la valeur. La présente étude de cas examine comment le COVAN a construit ces liens, qui ont contribué au succès du marketing des Jeux.

4.2 Les fonctions marketing du COVAN et le développement de la marque

Le COVAN était une vaste organisation comptant 53 fonctions d'affaires différentes. Ses programmes de commercialisation relevaient de la division des revenus, de la commercialisation et des communications (DRCC), laquelle comportait 11 fonctions distinctes (tableau 6.12), qui travaillaient conjointement afin d'assurer que tous les éléments du plan de commercialisation fussent élaborés et menés à bien.

Tableau 6.12 • Fonctions au sein de la division des revenus, de la commercialisation et des communications du COVAN (COVAN, 2007)

Fonctions	Principales activités
Commercialisation du sponsoring et services	Conception et mise en œuvre des stratégies de commercialisation du sponsoring et prestation de services aux entreprises partenaires (programme TOP et nationales)
Licences et merchandising	Développement de programmes de licences et gestion des relations avec les propriétaires de licences. Responsabilité des opérations de clientèle du VANOC

Fonctions	Principales activités
Gestion des droits commerciaux	Gestion des droits marketing du VANOC et politique de protection des marques et des programmes éducatifs.
Billetterie	Vente, marketing, communication et logistique pour le programme de billetterie.
Communication	Développement d'une stratégie de communication et gestion des communications externes. Planification et gestion des ressources publicitaires.
Relations avec la communauté	Programmes contribuant à l'implication des Canadiens.
Services éditoriaux	Tous les aspects concernant les publications relatives à l'organisation des Jeux.
Relations avec les médias	Développement et gestion des plans médias et des opérations de presse
Management interne	Contenu, conception et gestion de tous les sites Internet des Jeux (interne et externe)
Marque et services créatifs	Stratégie et management de la marque incluant le design, la recherche et le test du concept.
Relais de la flamme olympique	Tous les éléments du relais de la torche olympique comme atouts de la marque

Élaboration de la marque Vancouver 2010

La stratégie de marque du COVAN visait à tirer avantage de la marque olympique et de la marque Canada : « Cette combinaison offrait le fondement pour tout ce que nous faisions. Notre objectif visait à assurer qu'il s'agissait d'une expérience intégrée et puissante qui était unique pour notre pays et notre époque, et pouvait engager et inspirer autant de personnes que possible » (IOC, 2010 : 127). Pour atteindre cet objectif, le COVAN a effectué des recherches exhaustives, interrogeant la population canadienne et les parties prenantes clés telles que les athlètes, les artistes, et les populations autochtones pour déterminer quels seraient les éléments centraux de la présentation des Jeux (IOC, 2010). Les résultats ont été intégrés dans une stratégie de marque qui a servi de pierre angulaire au processus de création. L'essence de la marque Vancouver 2010 était :

- « Une célébration de ce qui était possible, au Canada ; une chance de partager le meilleur de nous-mêmes et ce que nous avions réalisé en tant que pays ; qui nous sommes ;
- Une célébration de ce qui est possible dans le futur ; une chance de rêver encore plus grand, d'aller plus loin,et de créer des legs durables pour les autres ; ce que nous voulons être » (COVAN, 2006).

L'emblème des Jeux a été dévoilé durant un programme télévisé au niveau national (COVAN, 2010). Il s'agissait d'une interprétation contemporaine du traditionnel « inukshuk » qui a été nommée « Ilanaak », mot inuit pour ami (COVAN, 2010). Le COVAN croyait fortement dans la création d'une identité de marque qui incorporerait les caractéristiques uniques de Vancouver et du

Canada, et engloberait tous les Canadiens et Canadiennes. Il était essentiel pour le COVAN d'avoir une vision et une marque qui seraient intéressantes pour ses partenaires, et de s'assurer que la marque des JO et la marque de Vancouver 2010 fussent protégées d'une manière adéquate. À cette fin, le COVAN a fait pression auprès du gouvernement canadien pour faire adopter une législation spéciale de protection des marques olympiques de Vancouver 2010 contre la commercialisation insidieuse et les associations inappropriées avec la marque. La démarche a entraîné la Loi sur les marques olympiques et paralympiques (LMOP), laquelle donnait au COVAN une protection additionnelle pour ses marques et offrait aux partenaires un marché protégé dans le cadre duquel il était possible d'activer les programmes.

Une autre recherche, réalisée par le COVAN peu de temps après l'octroi des JO, a démontré que les Canadiens concevaient le succès en 2010 en termes de Jeux bien organisés, d'accueil d'athlètes du monde entier et d'athlètes canadiens gagnant des médailles. Le désir de décrocher autant de médailles que possible a fait naître le programme « À nous le podium ». Il s'agissait d'un partenariat unique entre le COVAN et le Comité olympique canadien, les gouvernements provinciaux et fédéraux, les fédérations nationales de sport et les sponsors nationaux. L'objectif du programme « À nous le podium » était de faire du Canada le pays numéro un en ce qui concerne le nombre total de médailles gagnées (projection de 36), ce qui explique le nom « À nous le podium ». Il s'agissait d'une démarche intrépide de la part du COVAN, étant donné que le Canada avait déjà été l'hôte des Jeux à deux occasions (été 1976 et hiver 1988), et avait alors décroché un total de trois médailles (dont aucune d'or). Néanmoins, le programme était vu comme essentiel pour unir le pays derrière ses athlètes et, par la même occasion, derrière les Jeux. Le COVAN a recueilli 110 millions de dollars US pour le programme, dont la moitié provenait de partenaires *corporate*.

4.3 Sponsoring et partenariat des Jeux Olympiques de Vancouver

Une des fonctions principales du programme de marketing du COVAN était la recherche et l'élaboration d'alliances de marque entre les Jeux et les organisations externes. Le tout relevait principalement de la DRCC. Cette démarche a été très fructueuse puisqu'elle a permis de recueillir 688 millions de dollars US, soit environ 43 % de son budget, avec seulement des partenaires nationaux.

Sponsoring : Le COVAN a élaboré un programme de marketing à trois niveaux, qui incluait une combinaison de ressources financières, de produits et de services :

- niveau 1 : 6 partenaires nationaux, avec accès à toutes les marques du COVAN, aux marques olympiques et à l'équipe olympique canadienne, à la marque et au programme « À nous le podium » ;
- niveau 2 : 10 partenaires officiels, avec des droits relatifs à la propriété intellectuelle pour les Jeux et l'équipe olympique ;
- niveau 3 : 38 fournisseurs officiels et trois partenaires presse avec des droits concernant le logo des Jeux et des droits relatifs à la propriété intellectuelle pour l'équipe Olympique.

La DRCC a aussi créé un autre niveau de soutien, appelé « Les amis des Jeux », pour les firmes (habituellement de plus petites entreprises) qui ne pouvaient pas atteindre le niveau de sponsoring, mais qui désiraient cependant donner des produits, des services ou de l'argent afin de soutenir les Jeux, « pour le bien suprême du Canada ».

Partenaires non commerciaux : Le COVAN a créé des partenariats avec cinq groupes de partenaires non commerciaux, ou gouvernementaux. En plus de fournir une aide financière aux Jeux, les partenaires gouvernementaux ont soutenu les programmes d'art et de culture et l'initiative « À nous le podium ». Les partenariats avec les provinces, les territoires et les Premières Nations étaient considérés comme vitaux pour la promotion des Jeux à l'échelle du pays et pour en faire « Les Jeux du Canada ». Cependant, la différence entre servir les partenaires gouvernementaux et les entreprises partenaires était si importante que le COVAN a dû déplacer ses partenaires gouvernementaux de sa division de service vers le groupe de gestion des droits corporatifs, afin d'assurer qu'ils reçoivent l'attention et les services requis. Les partenaires gouvernementaux ont été divisés en cinq groupes d'intervenants :

- Partenaires gouvernementaux seniors (ex : le gouvernement canadien) ;
- Les partenaires du monde sportif (ex : Comité olympique canadien) ;
- Premières Nations (ex : Squamish) ;
- Sites de compétition (ex : Ville de Richmond) ;
- Provinces et territoires qui collaborent (ex : Ontario, Québec).

Selon la perspective commerciale du sponsoring, le département des ventes et des services des sponsors avait deux fonctions principales. En premier lieu, il devait rechercher les alliances de marques avec des entreprises qui seraient en mesure de cocréer de la valeur pour la marque Vancouver 2010, tout en offrant un soutien financier en achetant un droit d'accès aux propriétés intellectuelles du COVAN. Le tout a été réalisé en vendant la marque Vancouver 2010 aux entreprises qui s'associaient à l'image et à l'identité des Jeux. La cocréation de valeur a aussi été réalisée en organisant le réseau olympique global, afin qu'il puisse englober entièrement les programmes qui assuraient la promotion et la célébration de la marque Vancouver 2010. Par exemple, il y eut une implication à grande échelle du réseau dans le relais de la flamme Olympique, un programme essentiel grâce auquel le COVAN espérait impliquer les Canadiens dans les Jeux. Andrea Shaw (communication personnelle, 8 mars 2011) indique que pour réaliser sa vision consistant à « transporter l'esprit olympique dans chaque maison au Canada, en faisant un aller-retour d'un océan à l'autre », le COVAN devait s'associer à des partenaires qui puissent communiquer efficacement avec tous les Canadiens. Le relais de la flamme olympique était une partie tellement importante du programme de marketing qu'il a dû être déplacé des opérations à la DRCC six ans avant les Jeux. Même si les sponsors majeurs, tels que RBC et Coca-Cola, ont été à la tête du programme, nous avons retrouvé plusieurs partenaires non commerciaux derrière la scène dont le temps, l'énergie et l'enthousiasme ont grandement contribué au succès. Le relais de la flamme olympique a impliqué plus de 12 000 porteurs de la flamme et un voyage de 106 jours, avec plus de 45 000 kilomètres parcourus dans plus de 1 036 communautés à travers le Canada (Zacharias, 2010). La réalisation de cet objectif a requis la participation active d'un grand réseau d'acteurs, y compris les autorités locales, le personnel de sécurité, les bénévoles, les clubs de sport locaux, les groupes de loisir et tous les niveaux de gouvernement. En agissant ainsi, ces acteurs ont grandement contribué à la valeur globale de la marque et fait du relais de la flamme olympique un élément important dans le succès des Jeux. Pour les commanditaires, le relais de la flamme olympique représentait une occasion de partager l'expérience des JO au niveau interne, avec les employés et les familles et, au niveau externe, avec leurs clients clés [1].

1. Plus de détails au chapitre 6.

Il était vital, pour le succès de la marque de Vancouver et celle de chaque sponsor, que les partenaires investissent et communiquent les valeurs de la marque par l'entremise de leurs propres actions et communications. Par exemple, RONA, une compagnie canadienne de matériaux de construction établie principalement dans l'est du Canada, a incorporé les valeurs de la marque d'un océan à l'autre et l'implication des Canadiens marginalisés dans sa stratégie. Le programme olympique de l'entreprise comprenait un atelier de fabrication olympique employant des Canadiens qui n'avaient pas réussi à s'insérer avec succès au sein du marché du travail, et un programme interne qui permettait aux employés dans tout le pays de se rendre à Vancouver, en tant que bénévoles, tout en continuant de toucher leur salaire (IOC, 2010). Le développement durable a été un autre pilier de la marque de Vancouver. Il a été adopté par tous les partenaires, et en particulier les partenaires TOP. Par exemple, Coca-Cola a tenté de réaliser ses premiers Jeux neutres en carbone grâce à des initiatives telles que l'utilisation de matières recyclables pour les bouteilles, tasses, couvercles et uniformes des employés, et l'installation d'unités de réfrigération avec faibles émissions de gaz à effet de serre (IOC, 2010).

Le deuxième secteur de responsabilité de l'équipe commercialisation du sponsoring était le service aux partenaires qui s'étaient engagés dans le sponsoring des Jeux. En ce qui concerne ses partenaires gouvernementaux, le COVAN a réalisé qu'il s'agissait d'un aspect important de sa stratégie ; par conséquent, il a organisé sa commercialisation de sorte que chaque partenaire dispose d'un interlocuteur à plein temps. Les services offerts aux partenaires englobaient les programmes d'hospitalité, l'assurance d'un retour sur les investissements, les installations concernant les communications, le logement, les billets, l'accréditation et le transport et la mise en œuvre d'actions d'activation ciblées. La focalisation sur la prise en compte des attentes de ses partenaires montre que la COVAN s'est inscrit dans le cadre du marketing relationnel.

De manière globale, l'équipe de commercialisation du sponsoring et de service aux sponsors a tenté de créer un partenariat mutuellement avantageux et proactif, avec des services professionnels spécifiquement dédiés aux clients (COVAN, 2006). Cependant, le succès du programme de marketing de Vancouver 2010 a été le résultat de l'action des différentes divisions du DRCC (voir tableau 6.12), qui ont travaillé en collaboration pour incarner et valoriser l'identité unique des Jeux du Canada. Le succès du COVAN dans ce secteur se reflète dans cette déclaration d'un sponsor national majeur (Séguin & O'Reilly, 2011) : « Le COVAN était une organisation extraordinaire ; les membres excellaient dans ce qu'ils faisaient. Le département de sponsoring ne concernait pas que le service, ses membres ont commencé à apprendre notre stratégie et à nous proposer des solutions, ce que je n'avais jamais vu auparavant, et notre succès reposait en grande partie sur leur capacité de comprendre ce que nous tentions d'accomplir. »

La valeur générée par les sponsors de Vancouver 2010 a été très bien exprimée par un autre sponsor (Séguin & O'Reilly, 2011) : « C'est maintenant un fait établi que nous avons joué un rôle dans ce chapitre très important de l'histoire du Canada ; et bien tout cela dépasse la valeur du marketing, il s'agit d'une valeur pour bâtir la nation et cela constitue un bénéfice très important des Jeux Olympiques, qui ne peut pas se répéter sous d'autres formes ».

Conclusion

Dans ce chapitre consacré au marketing des Comités de candidature des villes aux JO et des COJO, nous avons présenté les stratégies fondées sur la cocréation de valeur par les parties prenantes. Nous avons plus particulièrement développé les cas du LOCOG et du VANOC, qui constituent des exemples de bonnes pratiques en ce domaine. Ces organisations ont une durée de vie limitée et doivent concevoir et mettre en œuvre un programme de marketing collaboratif, afin de délivrer une expérience olympique unique à l'ensemble des parties prenantes concernées. Juan Antonio Samaranch avait coutume de dire à chaque édition des JO qu'ils étaient « les meilleurs Jeux Olympiques de tous les temps ».

L'expérience du CIO et des COJO montre que la collaboration entre les différentes parties prenantes constitue un facteur clé du succès. Cela conduit les Comités d'organisation à concevoir et à mettre en œuvre un marketing relationnel orienté vers le réseau, ainsi qu'un marketing des parties prenantes. Dans les deux cas, le CIO est conscient de l'importance de l'intégration des ressources et des compétences des parties prenantes impliquées, tout en veillant à ce que leurs obligations et exigences soient intégrées dans la structure de base des Jeux. Le CIO a créé un programme de gestion des connaissances sur les Jeux Olympiques (Olympic Games Knowledge Management, OGKM), afin de coordonner et de faciliter l'échange d'informations d'un COJO à l'autre, pour réduire le risque global inhérent à l'organisation d'une édition des Jeux. Ce système favorise le transfert permanent du savoir entre le CIO et les COJO, tout au long du cycle de vie de ces derniers.

Le CIO constitue un élément stable dans un système sans cesse différent et en évolution constante. Nous avons souligné que chaque Comité de candidature et chaque COJO étaient uniques du point de vue de leurs parties prenantes, de leurs ressources et du contexte dans lequel ils opèrent. L'Actor Network Theory et la théorie de la traduction constituent un cadre pertinent pour analyser et faire des recommandations managériales relatives à la conception et à l'appropriation d'un dispositif de marketing collaboratif innovant. En effet, un Comité d'organisation est en relation avec un réseau de parties prenantes hétérogènes. Ainsi, le LOCOG doit collaborer avec le CIO, l'IPC, la British Olympic Association, la British Paralympic Association, le maire de Londres, le gouvernement, les sponsors et les organisations à but non lucratif.

Un COJO est une « métaorganisation » rassemblant des acteurs agissant dans un système comportant des rapports d'influence et de dépendance. Dans ce contexte, le marketing met en relation toutes les entités qui y participent. Par exemple, le programme « Inspire » prend en compte cette hétérogénéité en s'intéressant aussi bien aux attentes du LOCOG, du DCMS (département de la Culture, des médias et du sport), du CIO et de ses sponsors, que des organisations partenaires et des participants. L'acceptation d'un dispositif de marketing relationnel est liée à la constitution d'un réseau d'acteurs qui « portent » le dispositif, le diffusent, tout en le façonnant et le transformant, afin de « traduire » leurs intérêts dans cet outil. Ces transformations ou « traductions » sont nécessaires pour mettre en œuvre ces formes de marketing innovant.

POINTS CLÉS

- Les COJO sont de grandes métaorganisations, dont la mission est d'organiser l'événement et qui se dissolvent à la fin de la phase de clôture.
- Le marketing constitue une fonction importante lors de la phase de candidature et pendant l'organisation de l'événement.

- La capacité à impliquer les parties prenantes clés dans un marketing collaboratif visant à cocréér de la valeur constitue un facteur clé de succès lors des phases de candidature et d'organisation.
- Les parties prenantes impliquées n'ont généralement pas l'expérience collective permettant d'organiser ce marketing, ce qui les amène à coconstruire un dispositif innovant.
- L'expérience de la marque olympique se situe au cœur des préoccupations du CIO et des COJO.
- Le marketing s'inscrit dans le cadre du développement durable en combinant des objectifs sociétaux, environnementaux et économiques.

Références

Aaker, D.A., (2004), *Brand Portfolio Strategy, Creating and sustaining brand equity long term*, New York : The Free Press.

Aaker, D.A., (1996), *Building Strong Brands*, New York : The Free Press.

Andreasen, A.R., (1995), *Marketing Social Change : Changing Behavior to Promote Health, Social Development, and the Environment*, Washington DC : Jossey-Bass.

Callon, M., (1986), « Éléments pour une sociologie de la traduction : la domestication des coquilles St-Jacques et des marins pêcheurs dans la baie de St. Brieuc », *L'Année Sociologique, numéro spécial La sociologie des Sciences et des Techniques*, 36, 169-208.

Ferrand, A. & Torrigiani, L., (2004), *Marketing Of Olympic Sport Organisations*, Champaign : Human Kinetics Publishers

Furlong, J. et Mason, G., (2011), *Patriots Hearts : Inside the Olympics that Changed a Country*, Douglas & McIntyre : Vancouver.

Interorganizational Committee on Guidelines and Principles, (1994), *Guidelines and Principles for Social Impact Assessment*, Washington, DC : NOAA Technical Memorandum, NMFS-F/SPO-16.

IOC, (2010a), *Factsheet : Vancouver facts and figures*, consulté le 13 septembre 2011 http://www.olympic.org/Documents/Games_Vancouver_2010/Factsheet_Vancouver_legacy_February_2011_eng.pdf.

IOC, (2010b), *Marketing Report : Vancouver 2010*, Lausanne : IOC.

IOC, (2010), *Candidature questionnaire and procedure, XXIII Olympic Winter Games*, Lausanne : IOC.

IOC, (2011), *Olympic Marketing Fact File 2011*, Lausanne : IOC.

Kapferer, J.N., (2004), The New Strategic Brand Management : Creating and Sustaining Brand Equity Long Term, London : Kogan Page.

LOCOG, (2011a), « What is a brand », consulté le 27 octobre 2011 http://getset.london2012.com/en/the-games/about-london-2012/the-london-2012-brand/what-is-a-brand.

LOCOG, (2011b), « The London 2012 brand », consulté le 27 octobre 2011 http://getset.london2012.com/en/the-games/about-london-2012/the-london-2012-brand.

LOCOG, (2011c), « Using the brand », consulté le 27 octobre 2011 http://www.london2012.com/about-us/our-brand/using-the-brand.php.

LOCOG, (2010d), *Brand protection, Non-commercial organisations – What you need to know*, London : LOCOG.

Séguin, B. & O'Reilly, N., (2011), « Olympic sponsorship and ambush marketing », Report presented to the Canadian Olympic Committee, Ottawa.

Sheth, J.N. & Parvatiyar, A., (2000), *The handbook of relationship marketing*. Thousand Oaks : Sage Publications.

Smith, S. & Wheeler, J., (2002), *Managing the Customer Experience : turning customers into advocates*, Harlow : FT Prentice Hall

VANOC, (2006), *Sponsorship Sales and Servicing*, Presentation at Sponsor Workshop.

VANOC, (2007), *Business Plan and Games Budget : May 2007.*,Vancouver Organizing Committee for the 2010 Olympic and Paralympic Games : Vancouver, Canada.

VANOC, (2010), *Ilanaaq – Vancouver 2010 Olympic Winter Games Emblem, Marketwire*, consulté le 6 octobre 2011 http://www.marketwire.com/press-release/introducing-ilanaaq-vancouver-2010-olympic-winter-games-emblem-celebrates-canada-539152.htm.

Zacharias, Y., (2010, February 12), « Longest Olympic Torch Relay Ends In Vancouver », *Vancouver Sun*, consulté le 14 septembre 2011 http://www.vancouversun.com/sports/2010wintergames/torch-run/Longest+Olympic+torch+relay+ends+Vancouver/2557924/story.html.

Ressources internet

Organisations	Sites Web
CIO	www.olympic.org/
VANOC	www.canada2010.gc.ca
LOCOG	www.london2012.com
« Our brand » (notre marque) par le LOCOG	www.london2012.com/about-us/our-brand/
Le programme « Inspire » du LOCOG	www.mylondon2012.com/inspireprogramme/about/
Le programme « Get set » de Londres 2012	http://getset.london2012.com
COJO Sochi 2014	www.sochi2014.com
COJO Rio 2016	www.rio2016.org
COJO Pyeonchang 2018	www.pyeongchang2018.org
Comité d'organisation des Jeux Olympiques de la Jeunesse d'Innsbruck 2012	www.innsbruck2012.com/
Comité d'organisation des Jeux Olympiques de la jeunesse de Nanjing 2014	www.nanjing2014.org

Chapitre 7

Le marketing des Comités nationaux olympiques

SOMMAIRE

RÉSUMÉ

Ce chapitre analyse les stratégies de marketing des CNO qui ont pour objectif de cocréer de la valeur au sein de leur réseau de parties prenantes. La première section décrit les relations entre les acteurs, ainsi que les droits marketing des CNO. La deuxième section présente des exemples de bonnes pratiques concernant la structuration du plan marketing, la stratégie de marque et un programme à finalité sociétale. La dernière section développe la stratégie marketing du Comité national olympique des États-Unis (USOC), qui concerne le plus important programme de marketing mis en œuvre par un CNO.

Introduction

Selon les termes de la Charte olympique, les CNO constituent, avec le CIO et les Fédérations internationales de sports (FI), l'une des trois parties principales du mouvement olympique. Les 204 CNO reconnus par le CIO sont répartis au sein de cinq associations continentales : ACNOA (Association des Comités nationaux olympiques d'Afrique), ODEPA (Organización Deportiva Panamericana), OCA (Olympic Council of Asia), COE (Comités olympiques européens) et ONOC (Oceania National Olympic Committees).

Selon les termes de la Charte olympique, leur mission « est de développer, promouvoir et protéger le mouvement olympique dans leurs pays respectifs, en accord avec la Charte olympique » (IOC, 2010 : 61). Les CNO sont chargés, en effet, de promouvoir et de mettre en œuvre les principes fondamentaux de l'olympisme sur leur territoire. Le premier principe précise que « l'olympisme est une philosophie de vie, exaltant et combinant dans un ensemble équilibré les qualités de corps, de volonté et d'esprit. Mêlant le sport avec la culture et l'éducation, l'olympisme cherche à créer une manière de vivre basée sur la joie de l'effort, la valeur éducative du bon exemple et le respect pour les principes éthiques universels fondamentaux » (IOC, 2010 : 11). Le second principe indique que le but de l'olympisme « est de placer le sport au service d'un développement harmonieux de l'homme, avec une vue de promouvoir une société paisible concernée par la préservation de la dignité humaine » (IOC, 2010 : 11).

Ces deux premiers principes indiquent clairement que les CNO, comme l'ensemble des acteurs du mouvement olympique, s'inscrivent dans une approche sociétale. À cet effet, ils doivent mettre en œuvre un marketing social. Selon Kotler, Ned et Lee (2002 : 5), « le marketing social est l'utilisation des principes et techniques marketing pour influencer une audience ciblée en vue d'accepter, de rejeter, de modifier ou d'abandonner volontairement un comportement pour le bénéfice de personnes, de groupes ou de la société dans son ensemble. » Les CNO agissent pour provoquer un changement social en accord avec la perspective présentée par Andreasen (1995) dans son ouvrage Marketing Social Change : Changing Behavior to Promote Health, Social Development, and the Environment.

Les CNO mettent en œuvre des programmes de parrainage, de fournisseurs et de licences olympiques dans le pays concerné et dans des catégories non concurrentes de celles des partenaires du programme TOP. Ils développent également le marketing pour leur équipe olympique, ainsi que des programmes à finalité sociétale tels que l'académie olympique, les journées olympiques, les programmes scolaires... Ces actions soutiennent le développement du mouvement olympique dans leur pays et permettent aux athlètes issus de leurs nations respectives de participer aux Jeux Olympiques.

Par ailleurs, les CNO ont le pouvoir de désigner dans leur pays respectif la ville qui peut présenter sa candidature à l'organisation des Jeux Olympiques. D'importants enjeux marketing sont associés à cette démarche. Celle-ci comprend trois phases : 1) décision de présenter la candidature d'une ville requérante, qui peut éventuellement impliquer une sélection parmi plusieurs villes candidates dans le pays, 2) mise en œuvre de la candidature, 3) organisation des Jeux Olympiques si la ville candidate est retenue.

Ce chapitre a pour objectif d'analyser les stratégies de marketing des CNO, en relation avec leur mission à finalité sociétale. La grande diversité des CNO ne nous permet pas d'effectuer une analyse exhaustive de ces stratégies. Nous allons présenter des exemples de bonnes pratiques illustrant la mise en œuvre des principes du marketing olympique par des organisations qui diffèrent, tant au niveau de leurs caractéristiques que du contexte dans lequel elles opèrent.

1. LES RELATIONS ET LES DROITS MARKETING DES CNO AU SEIN DU SYSTÈME OLYMPIQUE

Les CNO constituent une vaste communauté hétérogène. Chamerois (2006) a analysé leurs caractéristiques et a identifié des critères permettant de construire une typologie. Les données présentées dans la figure 7.1 situent leurs domaines d'activité par ordre d'importance. Les secteurs où les CNO sont les plus actifs concernent l'administration du sport et la préparation des délégations aux Jeux Olympiques (*i.e.* administration, athlètes et entraîneurs). Bien souvent, le marketing et la communication ne sont pas des secteurs d'activités prioritaires, car ils ne correspondent pas à leurs préoccupations premières. Cependant, ces données agrégées issues d'un échantillon représentatif de 106 CNO masquent des différences importantes. En effet, si tous reçoivent des ressources financières du CIO par l'intermédiaire de la Solidarité olympique (SO) et bénéficient de l'aide du programme TOP, les CNO présentent des profils très différents pour ce qui concerne leur marketing.

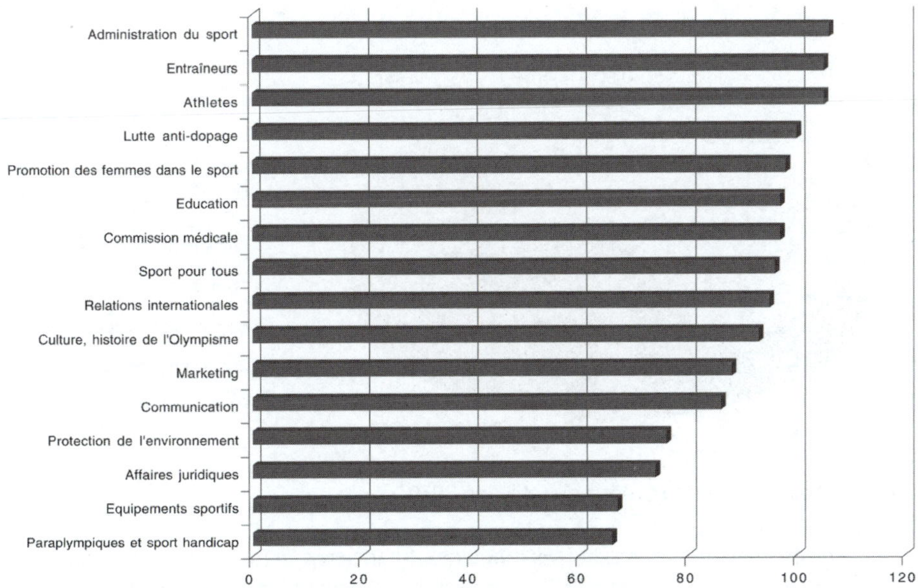

Figure 7.1 - Les grands domaines d'activités des CNO (adapté de Chamerois, 2006)

Deux dimensions majeures de leur activité marketing doivent être considérées. Il s'agit du pourcentage de revenus générés par leurs programmes de marketing, ainsi que des ressources (*i.e.* humaines, financières, technologiques...) engagées pour cette fonction. À titre d'exemple, le sponsoring fournit 38 % des revenus de l'USOC, alors que certains CNO sont très dépendants des fonds redistribués par le CIO, comme c'est par exemple le cas du CNO du Kazakhstan (figure 7.2).

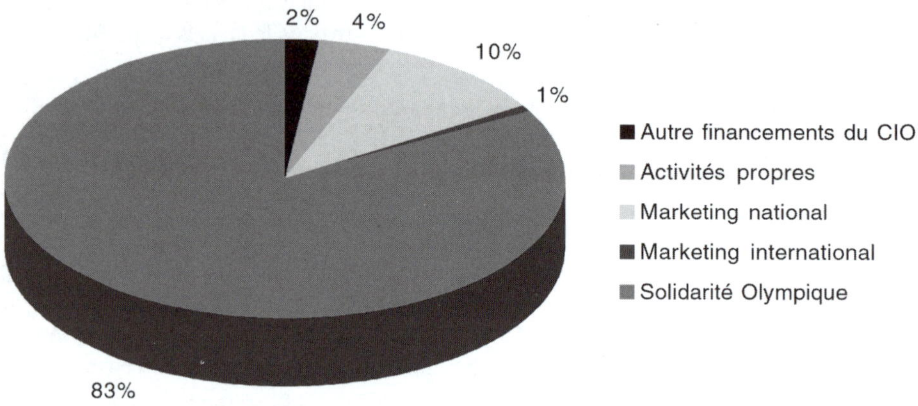

Figure 7.2 - Revenus du CNO du Kazakhstan pour le quadriennal 2005-2008

Les données issues de cette étude nous permettent de considérer que l'apport du marketing est significatif lorsqu'il constitue plus de 20 % des revenus de l'organisation. C'est notamment le cas pour le COIB (Comité olympique et interfédéral belge), dont les sources de revenus sont présentées dans la figure 7.3.

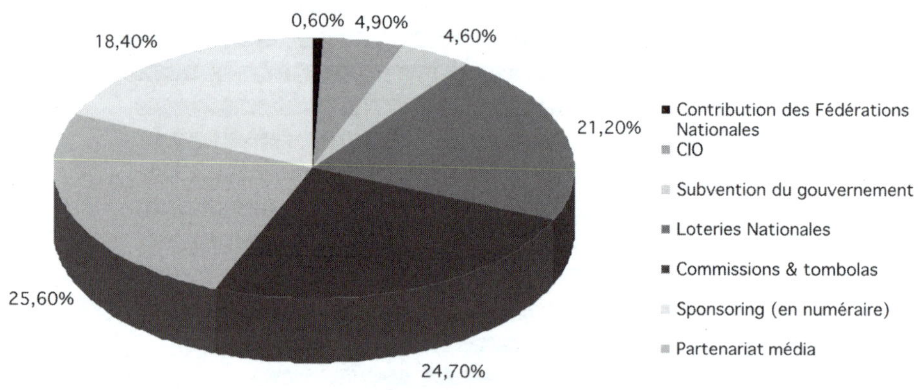

Figure 7.3 - Les sources de revenus du COIB en 2010

L'autre dimension concerne les ressources humaines, financières, matérielles et techniques engagées pour le marketing. Les grands CNO, comme l'USOC, possèdent un département marketing très structuré, doté de ressources spécifiques, alors que les petits CNO n'ont aucun personnel salarié et que le marketing est mis en œuvre par des volontaires appartenant à une commission. L'action marketing nécessite du temps et un environnement favorable pour porter ses fruits. Ainsi, trois personnes, dont le directeur marketing, travaillent à temps plein au sein du Comité olympique croate (COC), qui focalise son action sur le sponsoring. Cette activité génère 10 % des revenus de l'organisation et 70 % des contrats de sponsoring concernent des entreprises publiques. Le gouvernement apporte quant à lui 88 % des ressources financières et la Solidarité olympique 2 %. Nous pouvons considérer que ce résultat est acceptable compte tenu du fait qu'il s'agit d'une orientation récente, et que le contexte économique et législatif en Croatie ne favorise pas le sponsoring.

En tant que parties prenantes intégrées au sein du système olympique, les CNO ont des relations avec un certain nombre d'autres acteurs au niveau du marketing. La relation la plus forte concerne le CIO, parce qu'il définit le cadre dans lequel ils doivent opérer et parce qu'il contrôle leurs actions. Ils n'ont pas de relation directe avec les COJO, à l'exception du CNO du pays hôte des Jeux Olympiques. Pour éviter les problèmes, le CIO exige, depuis 1988 (JO de Calgary), que le COJO et le CNO hôte créent un programme de marketing commun, assurant ainsi l'exclusivité totale des marques olympiques au pays hôte. Ce programme de marketing commun doit entrer pleinement en vigueur six ans avant la tenue des Jeux. Les revenus de ce programme doivent être répartis entre le COJO et le CNO hôte. Ce dernier doit recevoir une part équivalente à ce qu'il aurait perçu si les Jeux n'avaient pas été organisés dans son pays. Le programme de marketing commun est dirigé par le COJO. Un accord préliminaire entre la ville et le CNO hôtes est conclu ; et il précise notamment les conditions financières applicables. Cet accord doit être ensuite soumis à l'étude et à l'approbation du département du marketing du CIO.

Les programmes de marketing des CNO sont fondés sur des droits concernant uniquement leur pays, ou leur territoire. Ces organisations ont une double capacité d'action.

1. Action à partir des symboles propres, qui n'ont pas de relation avec les symboles spécifiques du mouvement olympique.

   Comme toute autre personne morale, un CNO peut créer ses propres symboles (*e.g.* mascotte, anagramme, logo, etc.), à condition que ceux-ci n'aient pas de relation avec ceux qui sont explicitement réservés à l'ensemble du mouvement olympique, par l'intermédiaire de la Charte olympique. Bien que les CNO aient, dans ce domaine, de larges capacités de création et d'exploitation commerciale de ces symboles, leur intégration dans le mouvement olympique fait que cette capacité n'est ni absolue, ni totale, et qu'ils doivent respecter les règles de la Charte olympique. Concrètement :

   - l'utilisation et l'exploitation sont limitées au territoire du pays ou du CNO ;
   - l'exploitation sur le territoire d'un autre pays ayant un CNO propre doit se faire avec le consentement de celui-ci ;
   - le CNO ne peut pas associer son emblème, ou ses symboles, avec des produits ou des services incompatibles avec les valeurs olympiques et avec les principes de la Charte olympique ;
   - le CNO devra informer le CIO de ce type d'action et présenter une copie du contrat en cas de demande du CIO.

2. Activité avec les symboles décrits dans la Charte olympique.

   Quand un CNO utilise les symboles décrits dans la Charte olympique, il doit se conformer à un certain nombre de règles.

Il peut utiliser le symbole olympique, le drapeau et l'hymne à condition :

- de les utiliser dans le cadre de ses activités non lucratives ;
- que cet usage s'effectue pour le développement du mouvement olympique ;
- qu'il ne porte pas atteinte à la dignité du mouvement olympique ;
- d'avoir obtenu l'approbation préalable de la commission exécutive du CIO.

Chaque CNO peut créer et exploiter un emblème olympique [1] à condition :

- de disposer de l'autorisation préalable de la commission exécutive du CIO ;
- de l'inscrire dans le registre national des marques correspondant ;
- que son utilisation se fasse seulement sur son territoire ;
- qu'il demande l'autorisation du CNO du pays concerné s'il a l'intention d'utiliser son emblème ou ses symboles dans un autre pays ;
- de ne pas associer son emblème et ses symboles avec des produits ou des services incompatibles avec les valeurs olympiques et avec les principes de la Charte olympique ;
- de pouvoir présenter une copie du contrat à la demande du CIO.

Les États-Unis constituent un marché très important pour le sponsoring. C'est pourquoi le CIO a négocié, dans les années 1980, un accord particulier avec l'USOC dans le cadre de la loi américaine. Ce contrat est valable jusqu'en 2020. Il stipule que l'USOC perçoit 12,75 % des droits télévisés générés aux États-Unis et 20 % des revenus marketing globaux, soit autant que tous les autres CNO réunis. Cet avantage, négocié à l'époque où les parraineurs et les chaînes de télévision américaines fournissaient une grande partie des revenus olympiques, a été remis en cause en mars 2009. Cette même année, il a également été décidé que les États-Unis devaient financer au prorata de leurs revenus le coût des Jeux Olympiques, ce qui les conduisait alors à payer à la même hauteur que les 204 autres CNO. Cet accord est entré en vigueur à partir des Jeux Olympiques de Vancouver, en 2010. Les deux parties se sont rencontrées en janvier 2011 à Lausanne, afin de commencer à travailler à un autre compromis qui s'appliquera à partir de 2020.

2. LES PROGRAMMES DE MARKETING DES CNO

Comme nous l'avons précisé, les CNO ont la capacité de mettre en œuvre leurs propres programmes de marketing au niveau local. Ils développent principalement des programmes de parrainage, en prenant soin de ne pas concurrencer le programme des partenaires olympiques TOP du CIO. Ces programmes de marketing doivent se limiter à la promotion et à la mise en œuvre des actions de développement liées aux activités propres du CNO et de ses équipes olympiques. Les principaux programmes (toujours limités ou circonscrits quant à leur capacité d'incidence sur le territoire) sont :

- les programmes nationaux de sponsoring ;
- les programmes nationaux de fournisseurs officiels du CNO ;
- les programmes nationaux de produits sous licence ;
- les programmes sociétaux visant au développement du mouvement olympique dans leur pays.

1. Un emblème olympique est un graphisme intégré qui associe les anneaux olympiques à un autre élément distinctif.

Dans la pratique, le marketing est étroitement lié aux différents domaines d'activités stratégiques du CNO et génère des recettes qui permettent de financer l'action de l'organisation. Le CNOSF a établi un budget prévisionnel de 29 349 047 € pour l'année 2012. Son activité concerne l'international (2 % du budget prévisionnel 2012), la commission médicale (1 % du budget prévisionnel 2012) et quatre délégations : sport et haut niveau (27 % du budget prévisionnel 2012), sport et territoires (4 % du budget prévisionnel 2012), sport et société (3 % du budget prévisionnel 2012), sport et diversité (1 % du budget prévisionnel 2012). Le marketing produit 27 % des recettes du CNOSF. Celles-ci sont liées à des programmes d'actions en relation avec les différents domaines d'activités, dont le plus important concerne le sport de haut niveau.

Nous avons précisé que le marketing concerne, d'une part, les activités avec les symboles décrits dans la Charte olympique et, d'autre part, celles à partir des symboles propres qui n'ont pas de relation avec les symboles spécifiques du mouvement olympique. Nous allons présenter des exemples de bonnes pratiques dans ces deux domaines. Celles-ci impliquent les parties prenantes dans le processus de création de valeur. Nous présenterons, dans une première section, la stratégie de marque du Comité olympique coréen (Korean Olympic Committee, KOC), dont l'objectif est de produire de la valeur en créant des relations au sens d'un système de marque. Dans une deuxième section, nous analyserons la structure du marketing du Comité olympique allemand (Deutscher Olympischer SportBund, DOSB), dont le programme de marketing permet de prendre en compte les intérêts d'un grand nombre de parties prenantes. Dans une troisième section, nous présenterons le programme « Shape the community » (« Façonner la communauté ») géré par le CNO de Trinidad-et-Tobago, qui constitue un exemple de programme collaboratif de marketing sociétal.

2.1 Cocréer de la valeur au sein d'un système de marque : le cas du Korean Olympic Committee (KOC)

Le KOC a été établi en 1946 et reconnu par le CIO en 1947. Il intègre des activités qui incluent le National Sports Festival, visant à préparer les athlètes à concourir dans les événements internationaux et à promouvoir les sports auprès des citoyens, les événements et programmes du mouvement olympique (Journée olympique, académie olympique et programmes de la Solidarité olympique), les programmes sportifs pour les écoles (séminaires sur la stratégie de développement du sport pour les écoles, sessions pour les professeurs des écoles élémentaires et programme de promotion des sports à l'école), la diplomatie sportive (le programme d'échange de jeunes sportifs entre la République de Corée et le Japon, le programme d'échange de sportifs juniors entre la République de Corée, la Chine et le Japon, le programme d'échange de sportifs juniors entre le République de Corée et la Chine) et les athlètes, en soutenant l'entraînement de 1 300 athlètes dans 28 sports, en tant que futurs candidats pour l'équipe nationale. De plus, le KOC est impliqué dans la protection de l'environnement à travers des initiatives de promotion par le sport du CIO. En touchant les masses avec le sport, et en liant le sport avec l'éducation et la culture, la République de Corée a toujours soutenu les valeurs du mouvement olympique.

2.1.1 La stratégie de marque du KOC

Le KOC a établi une stratégie de marque institutionnelle qui vise à créer une identité et un positionnement unique pour ses services, ainsi qu'une relation de valeur avec ses parties prenantes. La stratégie inclut le logo, le style, le design et la combinaison de couleurs du KOC soutenant le slogan « To the World, Be the Best » (« Au monde, soit le meilleur »). La stratégie de marque institutionnelle du KOC vise à lier les valeurs olympiques avec sa vision stratégique, la culture organisationnelle et l'image de l'organisation.

La République de Corée a aussi prouvé sa compétitivité au niveau sportif, en se classant parmi les cinq premiers dans le classement final des médailles aux Jeux Olympiques de Vancouver et en ayant atteint le top 10 dans six des sept Jeux d'été depuis les Jeux Olympiques de Los Angeles en 1984. L'équipe olympique de la République de Corée est un actif clé du KOC dans l'accomplissement de sa mission, qui est « d'améliorer et d'enrichir la qualité de vie en encourageant les gens à participer dans les sports, à augmenter la compétitivité sportive au niveau international en soutenant les Fédérations nationales et en entraînant les athlètes, et de contribuer au développement harmonieux du mouvement olympique dans le monde ». Les athlètes de la République de Corée ont gagné un total de 215 médailles aux Jeux d'été. Ils ont gagné plus de médailles d'or en tir à l'arc qu'aucune nation à ce jour, ainsi que 45 médailles aux Jeux d'hiver, dont une majorité en *short track*. Le KOC a développé une stratégie de marque spécifique pour l'équipe de la République de Corée.

L'architecture de développement de Team Korea, marque de l'équipe de la République de Corée, est fondée sur trois dimensions : la valeur de la marque, la mission de la marque et la personnalité de la marque (tableau 7.1). La stratégie comprend un logo spécifique. Le logo de l'équipe de Corée inclut le concept de communication « Pumping heart, Leaping Korea » (« Faites battre votre cœur, Bondissez pour la Corée »). Il exprime la vision de marque « Win together » (« Gagnons ensemble »). Il est conçu pour symboliser la sportivité de la Corée. « K », la première lettre de KOREA, amalgame les caractères Hanja qui symbolisent « 人-humain » et «大-grand, Corée ». Cela représente l'esprit sportif, l'humanisme du sport coréen, la fierté, la représentativité et la confiance. Le bleu et le rouge symbolisent le yin-yang, symbole national représentant l'harmonie en Corée. La police de caractères dynamique et audacieuse démontre la puissance et la compétence de l'Orient.

Tableau 7.1 • L'architecture de la marque de l'équipe olympique coréenne

Dimensions	Caractéristiques
Vision de la marque	**Gagner ensemble** *L'objectif ultime de la marque de l'équipe* Partager, apprécier et construire la victoire non seulement avec les athlètes, mais aussi avec le public Une victoire accomplie ensemble au-delà des frontières
Mission de la marque	**Incarner l'esprit des sports coréens** *La mission de la marque de l'équipe* - Représenter la philosophie et l'esprit sportif de la République de Corée - Montrer l'excellence sportive de la République de Corée dans le monde - Jouer un rôle essentiel dans l'unification de la République de Corée
Personnalité de marque	**Impressionnante, harmonieuse, joyeuse, passionnée** *Différencier le caractère de la marque de l'équipe* - Faire d'elle la meilleure au regard des résultats (impressionnante) - Harmonie et coopération pour unifier le peuple coréen et le monde (harmonieuse) - Joie et amusement tous ensemble (joyeuse) - Passion et esprit de combat pour la victoire (passionnée)

2.1.2 Les relations de collaboration du KOC à travers la marque

La République de Corée est renommée pour avoir accueilli avec succès une variété de grands événements sportifs internationaux, ainsi que de nombreuses conférences internationales sur le sport. Sa montée en puissance lui a permis de contribuer au développement du sport dans le monde, notamment dans le cadre du mouvement olympique. Le KOC, en tant qu'organisation représentant le mouvement olympique dans le pays, est en relation directe avec deux événements sportifs internationaux majeurs. Il s'agit des 17e Jeux Asiatiques organisés en 2014 à Incheon et des 23es Jeux Olympiques d'hiver organisés en 2018 à Pyeongchang.

Les marques institutionnelles du KOC et de l'équipe de Corée font partie d'un système (figure 7.4) comprenant les marques des Jeux asiatiques 2014, des Jeux Olympiques d'hiver 2018 et celles de leurs deux organisations de tutelle, le CIO et l'OCA. Cette position devrait conduire à renforcer les liens entre l'ensemble de ces marques, grâce à la mise en œuvre d'une stratégie collaborative au sein de ce système.

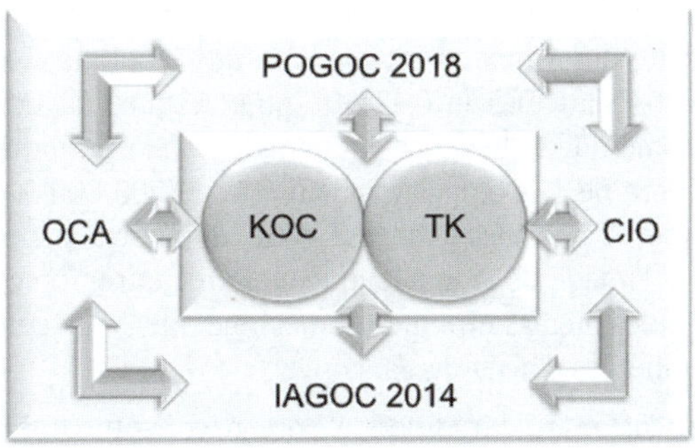

Figure 7.4 - Les interactions entre le KOC, TK et les marques des événements olympiques

2.1.3 Scénario d'avenir : vers une stratégie collaborative dans la marque de la nation à travers le sport

Les gouvernements sont souvent des parties prenantes importantes pour les CNO. Selon les termes de la Charte olympique, « afin de remplir leur mission, les CNO peuvent collaborer avec des organismes gouvernementaux, avec lesquels ils développeront des relations harmonieuses. Cependant, ils ne s'associeront à aucune activité qui serait contraire à la Charte olympique » (CIO, 2010 : 62). Dans ce contexte, les stratégies collaboratives concernant les marques peuvent cocréer de la valeur pour le gouvernement et le CNO.

A. *L'impact du sport au niveau de l'image de la Corée*

Le sport a joué un rôle crucial dans la construction de la marque de la République de Corée. L'accueil et la participation à différents grands événements sportifs et le taekwondo sont des facteurs clés dans la construction de l'image de la République de Corée. Une étude conduite en 2002 par l'Agence de promotion du commerce et de l'investissement de Corée le démontre.

Elle révèle ce que les étrangers associent avec la République de Corée. Dans l'étude, 33 % l'associent avec « nation divisée », 29 % avec « Coupe du monde », 25 % avec « forte croissance économique » et 13 % avec « Jeux Olympiques ». Cette étude montre que les sports jouent un rôle majeur dans la construction de la marque Corée.

Accueillir des grands événements sportifs internationaux a été un tournant dans la construction de la marque de la nation. Les Jeux Olympiques de Séoul en 1988 ont permis à la République de Corée d'effacer l'image des ruines de la guerre de Corée et de montrer l'industrialisation de la nation. Cette évolution a été renforcée par l'organisation de la Coupe du monde de football Corée-Japon de 2002.

La Corée était perçue comme un petit pays situé quelque part entre la Chine et le Japon. Elle a maintenant l'image d'un peuple dynamique, qui produit une technologie de classe mondiale. La représentation d'une République de Corée dynamique est diffusée dans le monde entier par les media, grâce notamment aux retransmissions télévisées durant la Coupe du monde (Kim, 2004), et a supplanté l'image du « pays du matin calme ».

La participation à des événements sportifs internationaux, valorisée par d'excellents résultats, constitue également un facteur essentiel dans la construction d'une marque pour la nation. Par exemple, une étude récente sur l'impact économique des résultats lors des Jeux Olympiques d'hiver de Vancouver 2010 (SERI CEO Info, 2010), pour lesquels la Corée a été classée 5e au tableau des médailles, estime que le bénéfice économique de la promotion de la République de Corée fut approximativement de 1 000 milliards de dollars (1 209 600 000 000 wons coréens, en calculant [temps d'exposition * médailles gagnées * coût commercial par minute]). Une telle exposition médiatique améliore l'image de la République de Corée et renforce la marque de la nation. En considérant la réaction des médias étrangers, on estime que l'image de la Corée a été améliorée à travers les Jeux Olympiques d'hiver de Vancouver.

Par ailleurs, le taekwondo, l'art martial traditionnel coréen, constitue une des clés de l'image de la Corée (SERI Report, 2010). Depuis 1972, le gouvernement coréen envoie des entraîneurs et des équipes pour des démonstrations dans les pays étrangers. Ces opérations de promotion attirent l'attention du public au niveau international et sont devenues maintenant l'une des images prééminentes de la Corée (Jung, 2009).

B. *Lier le sport olympique avec la stratégie de marque de la nation de la Corée*

Conscient du fait que la marque de la République de Corée est encore faible par rapport à sa puissance nationale, ainsi que de l'importance de l'image de marque pour le développement du pays au niveau national et international, le gouvernement a créé en 2009 le Conseil présidentiel pour la marque de la nation (Presidential Council of Nation Branding, PCNB). L'objectif du PCNB est de promouvoir l'image globale de la République de Corée ; de corriger les idées reçues sur ce pays, sa culture, ses produits et son peuple ; et d'augmenter le respect pour la République de Corée, afin de soutenir les entreprises coréennes au niveau national et international, à travers les stratégies et politiques initiées par le gouvernement.

Trois fonctions principales du PCNB incluent : 1) être la tour de contrôle concernant la marque de la nation pour le gouvernement coréen ; 2) mettre en œuvre de façon efficace les politiques de marque pour la nation et les projets qui y sont associés et 3) renforcer et étendre des partenariats public-privé et encourager les Coréens à participer aux activités concernant la marque de la nation.

Kim (2011) indique que les stratégies pour atteindre ces objectifs sont de , 1) développer les capacités de la nation à l'aide de la coopération entre les gens, les entreprises et le gouvernement, 2) de gérer la marque de la nation en établissant un *master plan* et en créant un indice de marque, 3) de poursuivre des politiques différenciées en accord avec les besoins des différents secteurs et 4) de créer une motivation dans le pays pour sa marque, à travers le développement d'une capacité de réponse commune au niveau national. Le plan d'action pour faire de la Corée une marque contient dix points incluant la promotion du taekwondo, qui est l'art martial le plus populaire du pays (Kim, 2011).

Pour le KOC, cette situation constitue une réelle opportunité de collaboration avec le PCNB au niveau de la marque institutionnelle. Le KOC contribuera à créer de la valeur pour la marque nationale coréenne. En retour, il bénéficiera d'une image plus attractive de la République de Corée et de ressources fournies par le PCNB pour mettre en œuvre sa stratégie. Cette stratégie doit être intégrée dans un programme de marketing relationnel impliquant le KOC, Team Korea, le POCOG 2018, l'IAGOC 2014, la Fédération coréenne de taekwondo et le PCNB. Il est également souhaitable d'associer le ministère de la Culture, des Sports et du Tourisme, en tant qu'agence gouvernementale centrale responsable pour les secteurs du tourisme, de la culture, de l'art, de la religion et des sports. Cela permettra de mettre en place un marketing relationnel à orientation réseau, afin de renforcer les marques composant ce système en coordonnant l'utilisation des ressources et les actions des diverses parties prenantes (figure 7.5).

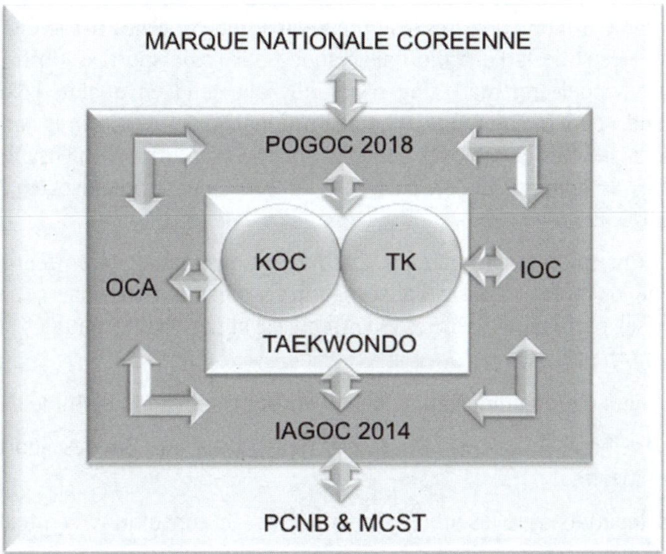

Figure 7.5 - Stratégie collaborative de la marque « nation » avec le mouvement olympique

Dans ce type de scénario, la gouvernance du système constitue un point critique ; celle-ci doit prendre en compte le PCNB, qui constitue l'acteur le plus influent. Le KOC occupe néanmoins une position centrale dans le système des parties prenantes sportives pour les raisons suivantes : 1) il contrôle l'équipe de Corée, 2) toutes les fédérations nationales (dont le taekwondo) affiliées aux fédérations internationales qui régissent des sports inclus dans le programme des Jeux Olympiques, ou leurs représentants, sont une de ses composantes et 3) l'organisation des Jeux Olympiques est confiée par le CIO au CNO du pays de la ville hôte, ainsi qu'à la ville elle-même. Dans ce contexte, le KOC peut se positionner comme la structure de coordination des marques sportives en Corée.

2.2 Structurer les programmes de marketing pour créer de la valeur au sein d'une constellation de parties prenantes : le modèle du DOSB

Nous avons choisi d'analyser le marketing du Deutscher Olympischer SportBund car il s'agit d'un modèle très abouti, permettant de créer de la valeur au sein d'une constellation de parties prenantes. Le CNO allemand a créé avec la DSH (Stiftung Deutsche Sporthilfe, Fondation allemande pour l'aide sportive) la société DSM, Deutsche Sport-Marketing GmbH, pour gérer le marketing de ces deux organisations. Cette société est détenue à 48,7 % par le DOSB et à 51,3 % par la DSH. En 2008, les revenus marketing ont été de 15,2 millions d'euros, soit une progression de + 78,8 % par rapport à l'année 2004. Ceux-ci ont été redistribués entre ces deux organisations.

DSM développe cinq lignes d'action marketing :

1. Olympia

   Ce programme exploite à la fois les droits marketing concédés par le CIO sur le territoire allemand et ceux de la Fondation allemande pour l'aide sportive. L'offre est fondée sur l'usage du symbole du marketing olympique allemand en qualité « d'Olympia Partner Deutschland » pour la communication institutionnelle des partenaires nationaux, la participation des athlètes olympiques aux programmes institutionnels, l'usage des différentes plateformes de communication ainsi que les événements organisés en Allemagne sous l'égide du DOSB et de la DSH.

   Il existe six niveaux de partenariats : partenaires olympiques (4 entreprises), partenaires de l'équipe olympique (3 entreprises), fournisseurs (4 entreprises), partenaire média (1 entreprise), partenaires associés (9 entreprises) et partenaires pour les licences (7 entreprises). Les offres combinent :

   - des services (*i.e.* communication, billets, voyages, activation et étude de marché) ;
   - des événements DOSB (*e.g.* Deutsches Haus), DSH (*e.g.* Bal des Sports) et DSM (*e.g.* Partner Meeting) ;
   - des partenariats avec les athlètes olympiques (*i.e.* consulting, recrutement, opérations de marketing) ;
   - des activités de consulting (*i.e.* stratégie de développement, mise en œuvre du sponsoring).

2. Sporthilfe

   Il s'agit du programme de marketing pour la Fondation allemande pour l'aide sportive. Les ressources proviennent de trois sous-programmes présentés dans le tableau 7.2.

Tableau 7.2 • Les sous-programmes de marketing pour la Fondation allemande pour l'aide sportive

Sous-programmes	Caractéristiques
Donateurs	300 donateurs soutiennent financièrement les athlètes avec des montants annuels fixes. Ces parties prenantes bénéficient en retour d'offres de services et d'événements qui dépendent du montant annuel versé.
Partenaires	La Bibliothèque du sport olympique, la Lufthansa et Mercedes-Benz se sont engagés à soutenir un certain nombre de domaines et d'activités tels que le sport de haut niveau, les équipes juniors... à partir des trois valeurs principales : performance, fair-play et esprit d'équipe.
Actions et événements de charité	Diverses actions sont mises en œuvre (*e.g.* donation en fonction de la performance, ventes d'objets...) et des événements récurrents sont organisés (*e.g.* Bal des sports, pyramide d'or du sport, trophées des juniors...).

3. Sport pour tous

   Le sport est un phénomène de société dont la pratique apporte des bénéfices sociaux, tout en contribuant à la santé des pratiquants. Le DOSB développe quatre campagnes (*i.e.* sport social, étoiles des sports, préparation des jeunes athlètes, récompenses des jeunes athlètes). Celles-ci peuvent être intégrées dans le cadre des actions de communication, en relation avec la responsabilité sociale des entreprises.

4. Handicap et sport

   Cette ligne d'action concerne l'équipe allemande paralympique, les Jeux paralympiques allemands, la Confédération des sports et le Programme des partenaires paralympiques.

5. Événements et services

   Suite à une initiative du CIO, la plupart des CNO organisent une journée olympique afin d'encourager les diverses initiatives sportives, culturelles et éducatives lancées sur leur territoire par les organisations sportives avec lesquelles ils sont en relation. À l'instar des autres CNO majeurs, le DOSB a créé un certain nombre d'événements. Il s'agit de la maison de l'Allemagne lors des JO de Pékin, l'accueil de l'équipe olympique, le champion des jeunes, les Sporthilfe Golf-Masters internationaux, la cérémonie de présentation de la tenue de l'équipe olympique et la réunion annuelle des partenaires. Le DSM propose également des services à ses partenaires, tels qu'un partenariat exclusif avec des athlètes, l'emploi d'athlètes, le développement de concepts sponsoring et communication, des études marketing, la négociation de droits avec les médias et, plus généralement, des prestations de *consulting*.

Chaque ligne d'action est fondée sur une collaboration avec des parties prenantes. La structuration du marketing du DSM présentée dans la figure 7.6 montre qu'il est organisé selon une organisation matricielle. Les domaines d'actions figurent en colonne et les programmes avec les parties prenantes concernées sont présentés en ligne.

Le marketing du DSM est basé sur les trois piliers que sont les Jeux Olympiques, la notoriété et les valeurs associées à sa marque. Il développe des axes qui lui sont propres, tels que les services

Figure 7.6 - Structuration des programmes de marketing du DSM

associés qui sont en relation avec ses cinq lignes d'actions. Cette stratégie témoigne de la mise en œuvre d'un marketing dans lequel les partenaires associent leurs droits respectifs et les gèrent dans une société qu'ils détiennent conjointement. Cela permet de créer un avantage concurrentiel fondé sur les relations entre les parties prenantes, dans le cadre d'un marketing à orientation commerciale et sociale.

2.3 Créer de la valeur dans le cadre d'un marketing relié à une cause : le cas du CNO de Trinidad-et-Tobago

Trinidad-et-Tobago a participé pour la première fois aux Jeux Olympiques d'été en 1948, avant d'obtenir son indépendance de la Grande-Bretagne. Trinidad-et-Tobago est une petite nation située dans les Caraïbes, qui a été capable de se positionner au niveau sportif international. Le Comité olympique de Trinidad-et-Tobago (Trinidad and Tobago Olympic Committee, TTOC) est une organisation indépendante, qui fournit aux athlètes de ce pays les ressources pour leur permettre d'atteindre leurs objectifs aux Jeux Olympiques, aux Jeux Olympiques de la jeunesse, aux Jeux d'Amérique centrale et des Caraïbes (Central American and Caribbean Games, CAC Games), aux Jeux panaméricains (Pan Am Games), aux Jeux du Commonwealth et aux Jeux de la jeunesse du Commonwealth. Le TTOC promeut activement l'activité physique encadrée, ainsi que l'histoire et les valeurs du mouvement olympique, à travers une variété de programmes culturels et éducatifs sous l'égide de son Académie olympique.

Le TTOC est une organisation financièrement stable, financée principalement à travers les subventions de l'Organisation sportive panaméricaine (Pan American Sport Organization, PASO), le CIO et le sponsoring d'entreprise. Organisation sans but lucratif, le TTOC est indépendant du gouvernement et de ses financements, à l'exception de la contribution du ministère du Sport pour la participation de l'équipe nationale aux compétitions internationales.

Le TTOC est impliqué auprès des athlètes de Trinidad-et-Tobago à travers le développement de la haute performance sportive. Son rôle consiste également à promouvoir l'éducation physique encadrée, le développement durable et à diffuser les idéaux olympiques dans la communauté.

La mission du TTOC consiste à soutenir les organisations sportives nationales pour atteindre l'excellence sportive de manière durable, en préservant les idéaux olympiques et en inspirant et impliquant tous les Trinidadiens. Sa vision est « d'améliorer tous les aspects du sport en relation avec nos parties prenantes, de fournir des voies pour la conception et la mise en œuvre réussie du programme « Sport pour Tous » à Trinidad-et-Tobago, de créer et de maintenir durablement un environnement éducatif pour l'apprentissage et le développement à l'aide d'une structure olympique, de soutenir les athlètes de Trinidad-et-Tobago ainsi que les organisations sportives nationales, en parvenant à des niveaux durables de développement et d'excellence compétitive » (TTOC, 2011). Ces déclarations relatives à la mission et à la vision conduisent la stratégie et les activités quotidiennes de l'organisation. Elles constituent les fondations du programme « Shape the community » (« Modeler la communauté »).

2.3.1 Un programme concernant une cause qui traduit la mission et la vision du TTOC

Le TTOC a été impliqué dans le développement d'un programme sportif et récréatif fondé sur la communauté durant les 13 dernières années. Cette initiative est fondée sur la volonté de faire évoluer les comportements des citoyens, en les impliquant dans des pratiques sportives qui incarnent les valeurs olympiques telles que l'engagement, le fair-play, le dévouement, le respect et les habitudes saines. Trinidad-et-Tobago a un taux de criminalité élevé, les liens familiaux et sociaux sont détériorés, il y a peu d'opportunités d'évolution professionnelle, la population est désenchantée et ce sont les jeunes qui sont les plus affectés par cette situation difficile.

Suite à ce diagnostic, le TTOC a considéré que le sport constituait une alternative permettant de contribuer à changer cette situation. En effet, le sport offre une lumière d'espoir, donne un but et une direction, favorise l'engagement et débouche sur une récompense ; tout le monde peut être impliqué et contribuer ainsi à la construction d'une société plus harmonieuse. Le programme « Shape the community » est fondé sur le marketing des parties prenantes. Il a débuté il y a 13 ans et a été développé en quatre phases, en cohérence avec le modèle de Sheth et Parvatiyar (2000) qui est présenté dans le sixième chapitre : 1) construction des relations entre les parties prenantes, 2) management et gouvernance du programme, 3) évaluation de l'impact et 4) développement du programme à partir des relations sources de valeur.

A. *Étape 1 : construction des relations entre les parties prenantes*

« Shape the Community » est le programme le plus ambitieux entrepris par le TTOC. Il a été développé en collaboration avec toutes les parties prenantes qui pouvaient être intégrées dans le processus, y compris les membres de la communauté, des organisations sportives nationales, des leaders du monde des affaires et le gouvernement.

La philosophie est que si nous pouvons entraîner et éduquer les résidents de la communauté locale à être les entraîneurs et les administrateurs du sport et des activités récréatives, ainsi nous serons à la base de la création d'un processus durable et continu pour le développement, tout en fournissant dans le même temps des opportunités pour l'emploi sur le long terme au sein de la communauté. Le TTOC fonde ses programmes sur le principe consistant à former des personnes appartenant aux communautés locales, pour qu'elles deviennent des entraîneurs du sport et des activités de loisir ainsi que des administrateurs du sport. Les organisations sportives nationales ont été sollicitées pour être force de proposition par l'intermédiaire des entraîneurs nationaux. Ces derniers ont été identifiés comme étant les mieux placés pour enseigner aux populations locales les règles, les éléments techniques et tactiques de leurs sports respectifs. Le TTOC met également en œuvre tout au long de l'année des programmes éducatifs pour soutenir le travail réalisé par les entraîneurs nationaux.

Par respect pour les participants des communautés qui ont développés leurs compétences pour devenir des leaders et des entraîneurs sportifs communautaires, le TTOC et les NSO ont donné la priorité aux résidents locaux possédant un bon niveau sportif, aux éducateurs physiques déjà actifs dans les écoles, aux diplômés de l'Université des West Indies et de l'Université de Trinidad et Tobago, aux Instructeurs entraînés par la force de défense de Trinidad et Tobago, aux entraîneurs et administrateurs des NSO déjà résidents dans la communauté.

Le point critique au cours de la phase initiale de ce programme a concerné le moment ou les dirigeants des entreprises de la communauté ont été contactés pour financer une partie des actions concernant l'entraînement et l'éducation. Le TTOC a signé un accord de soutien du programme sur quatre ans avec le British Petroleum Trinidad & Tobago. En retour, il s'agissait d'une opportunité unique pour cette entreprise de promouvoir sa philosophie et sa marque auprès des enfants des écoles, des parents, des leaders de la communauté, des clubs et des athlètes de haut niveau. De plus, le TTOC a facilité le développement des relations entre l'entreprise et ses parties prenantes primaires. Les clients, les actionnaires et le personnel de BPTT ont ainsi contribué à améliorer la santé des personnes des communautés concernées, à augmenter leur niveau d'éducation et contribuer ainsi au développement de Trinidad-et-Tobago.

La vision pour le programme a été établie comme suit : « développer le sport et les activités récréatives de la communauté en intégrant l'intelligence des organisations sportives nationales avec les entraîneurs, les leaders sportifs et les partenaires privés au sein de la communauté ». Afin de mettre en œuvre cette vision, cinq finalités (tableau 7.3) ont été définies, avec leurs objectifs opérationnels et leurs indicateurs de performance.

B. *Étape 2 : Management et gouvernance du programme*

Le TTOC a assuré le pilotage du programme et a coordonné l'action des différents partenaires. La phase initiale du programme s'est déroulée sur une période de trois ans et a impliqué 3 000 enfants et 200 personnes âgées. Les enfants ont eu l'opportunité de pratiquer des sports qu'ils n'auraient pas normalement eu l'occasion d'essayer, parce que leur école n'avait pas un programme sportif structuré, ou parce que les activités sportives extrascolaires sont chères. Les personnes âgées ont été également visées compte tenu du fait qu'un exercice physique insuffisant peut créer, ou aggraver des problèmes de santé. Les programmes d'exercice physique pour les personnes âgées étaient rares ; par conséquent, des programmes de ce type ont dû être développés et coordonnés, de façon à toucher toute la communauté..

Tableau 7.3 • Les finalités du programme « Shape the community »

1e finalité	Améliorer la santé et le bien-être des enfants des écoles en augmentant les opportunités pour pratiquer le sport, les activités récréatives et l'éducation physique.
2e finalité	Fournir à la communauté locale du personnel qualifié capable de développer de manière indépendante et durable des programmes sportifs au sein de la communauté.
3e finalité	Enrichir la vie de la communauté en développant un esprit communautaire où le sport, les activités récréatives et l'éducation physique sont vus par toutes les parties prenantes comme une composante clé dans le développement du bien-être économique, social et physique de la société.
4e finalité	Construire une capacité à long terme pour créer des opportunités dans le sport, les activités récréatives et l'éducation physique dans la communauté, en créant des relations de travail entre toutes les parties prenantes et en établissant des liens à travers les organisations sportives.
5e finalité	Augmenter la conscience de l'importance du sport, des activités récréatives et de l'éducation physique dans toute la population de Trinidad-et-Tobago.

Un autre objectif du programme « Shape the community » était de créer des emplois viables dans les secteurs en dehors du sport, tel que des chauffeurs de bus, des cuisiniers et des prestataires de services indirects. En conformité avec la vision du programme de sponsoring, qui consiste à investir dans les ressources humaines de la communauté et à créer un développement durable, l'ensemble des volontaires ont été recrutés au sein des communautés locales.

C. *Étape 3 : Évaluation des résultats*

Le partenariat entre le TTOC et l'université de Trinidad-et-Tobago comprenait un volet concernant l'évaluation de l'impact de ce programme. L'évaluation a été menée par les chercheurs de l'Académie du sport et des loisirs de l'université de Trinidad-et-Tobago. Il a été nécessaire, pour cela, de concevoir un système de contrôle et d'évaluation de l'impact du programme. Celui-ci fournit un retour sur son contenu, sa mise en œuvre et sa viabilité.

Le programme a amélioré la communication entre les parents, les enseignants et les étudiants, la santé et la forme physique des participants, ainsi que la sécurité dans la communauté. Il a réduit l'absentéisme et les conflits. Il a développé le fair-play, la conscience de l'environnement et amélioré l'image institutionnelle des sponsors. Mis en œuvre à Point Fortin, « Shape the community » a créé des relations collaboratives au sein de la communauté. Il a rassemblé la municipalité de Point Fortin, les directeurs d'écoles, les enfants, les enseignants, les organisations sportives, les entraîneurs et les organisations sportives nationales. La plupart de ces relations ont été construites de manière informelle. Néanmoins, le TTOC est en train de créer un comité de direction pour les formaliser.

D. *Étape 4 : Développement du programme à partir des relations sources de valeur*

La quatrième étape a consisté à assurer la pérennisation et le développement de ce programme. Cela a été réalisé par le gouvernement, à travers le ministère du Sport et de la Jeunesse et la Compagnie du sport de Trinidad-et-Tobago, qui utilisent des programmes de développement communautaire pour procurer de l'emploi aux leaders et aux entraîneurs sportifs qui ont terminé leur formation, et dont les compétences ont été validées par le TTOC et les organisations sportives nationales. De plus, le gouvernement s'assure également que des équipements appropriés seront construits et entretenus.

Ce programme pilote a été initié dans la communauté de Point Fortin, en partenariat avec Atlantic LNG et le Conseil de la communauté de Point Fortin. Il a été récemment étendu aux communautés de Mayaro et Trincity, et des discussions sont entamées pour le mettre en œuvre dans d'autres communautés.

3. ÉTUDE DE CAS : LE MARKETING DU COMITÉ NATIONAL OLYMPIQUE DES ÉTATS-UNIS (USOC)

Michael J. O'Conor
Directeur du développement des affaires
Comité national olympique des États-Unis (USOC)

Faits principaux concernant le département marketing de l'USOC :

- 32 personnes travaillent à temps complet pour le département marketing de l'USOC ;
- 9 % du budget de l'organisation est consacré au marketing ;
- 38 % des revenus totaux de l'USOC sont générés à travers le sponsoring ;
- 56 % du budget du département est dédié au marketing (versus ventes).

L'USOC est reconnu par le CIO comme la seule entité aux États-Unis supervisant l'ensemble des activités olympique. Sa mission est de soutenir l'entraînement, l'inscription et la prise en charge de toutes les dépenses des équipes américaines aux Jeux Olympiques, paralympiques, panaméricains et parapanaméricains. De plus, étant l'administrateur du mouvement olympique américain, l'USOC soutient aux États-Unis les sports qui sont représentés aux Jeux Olympiques, paralympiques, panaméricains et parapanaméricains. En 1976, le Congrès des États-Unis a renforcé l'engagement du pays pour soutenir le mouvement olympique avec une résolution. Voté après la proposition du sénateur Ted Stephens, la loi confère la supervision de tous les sports olympiques, paralympiques, panaméricains et parapanaméricains à l'USOC, et stipule qu'il est le seul à pouvoir monétiser toutes les marques déposées dans le territoire.

La stratégie marketing de l'USOC comporte trois grandes orientations :

1. Développer l'intérêt pour la marque dans le mouvement olympique en augmentant l'engagement parmi les fans actuels, et cultiver l'intérêt de la prochaine génération.

2. Construire notre image de marque auprès de tous les Américains, en préservant notre position de marque sportive prédominante aux États-Unis par rapport à toutes les autres.
3. Finalement, augmenter la valeur de notre marque telle qu'elle est mesurée par les études marketing et générer des revenus supplémentaires à l'aide du sponsoring et des licences, via des programmes marketing appropriés qui nous aident, ainsi que nos organisations sportives nationales (NGB).

Afin de réussir cela, nous avons organisé le département autour de deux fonctions générales : 1) développement des affaires et partenariats marketing et 2) services marketing. La fonction développement des affaires et partenariats marketing emploie 14 personnes à plein temps et subvient aux besoins de 27 sponsors et à plus de 25 détenteurs de licences. Par ailleurs, deux cadres seniors appartenant à la direction du développement des affaires sont complètement dédiés au développement du sponsoring dans des catégories ouvertes, ainsi que de nouvelles sources de revenus. Les sponsors existants sont gérés par des équipes travaillant à temps plein à la gestion des comptes et sont divisés en trois groupes : les produits de grande consommation et les marques pour la vente au détail au consommateur, les sponsors dans le business et la technologie ainsi que les licences. Cela permet aux équipes de développer une expertise poussée dans les différents secteurs et de se familiariser avec les régulations ainsi que la structuration spécifique de ces domaines. L'équipe de développement des affaires est responsable de la gestion des partenariats dans des catégories ouvertes, ainsi que de la création d'opportunités au sein de toute l'organisation, en créant une structure de vente cohérente, des marques et des droits de marques avec l'ensemble des parties prenantes. L'équipe de licence de l'USOC est chargée de superviser toutes ses marques déposées sur le territoire américain, de leur conception à leur exploitation. Elle travaille en étroite collaboration avec le CIO pour s'assurer de la conformité avec la Charte olympique, ainsi que de l'exploitation efficace de nos marques pendant les Jeux. Elle fournit une assistance et un soutien à nos NGB, incluant la conception et le design pour nos plus petits NGB, qui ont besoin de cette aide. Elle travaille avec les comités d'organisation des Jeux à venir pour établir des accords de marketing communs permettant aux COJO de vendre leurs produits dérivés sur le territoire américain, et que nous obtenions également ce privilège dans les pays d'accueil. Ce secteur a constitué une zone de croissance pour nous au cours de ces dernières années, car nous avons développé une marque multicanal et une architecture de licence qui nous permettent de participer à la croissance de notre activité de licence dans le sport aux États-Unis. Puisque certains des distributeurs majeurs américains (*e.g.* WalMart) traversent les frontières du pays, il est impératif que nous partagions les meilleures pratiques avec d'autres CNO, particulièrement avec le Canada et le Mexique, pour un bénéfice mutuel.

La performance de l'équipe développement des affaires et partenariats marketing est évaluée à partir du montant de revenus générés au cours du quadriennal, du taux de renouvellement et de la satisfaction des clients mesurée chaque année par une étude auprès des sponsors.

Le deuxième département est la division services marketing. Ce département a un effectif total de 18 personnes, pour atteindre les objectifs marketing et soutenir tous les autres départements de l'USOC qui ont besoin d'une aide concernant le marketing et sa mise en œuvre. Les fonctions spécifiques dans ce département incluent les programmes management/marketing de marque, les services médias comprenant la gestion de notre activité dans le domaine du numérique et les services concernant les réunions et les événements. De plus, nous apportons un soutien en fournissant des services à nos fédérations nationales (organisations sportives nationales ou NGB). Une équipe de trois personnes soutient 46 NGB recouvrant le sport olympique, le sport panaméricain et nos sports de base (tels que le lacrosse version USA). Travaillant directement avec les NGB, elle fournit un soutien pour les événements clés des NGB et un service en tant que centre d'excellence pour l'appui au programme commercial combiné des NGB (*e.g.* les études de marché), crée des relations entre les sponsors de l'USOC et d'autres opportunités de développement d'affaires et supervise les propriétés lors des épreuves qualificatives aux Jeux Olympiques, pour certaines équipes nationales. Elle possède une expertise dans le sport, particulièrement au niveau local. L'objectif du groupe est d'améliorer les capacités commerciales des NGB à tous les niveaux, en augmentant les revenus, afin d'améliorer la viabilité de l'organisation et de générer plus de succès sur les terrains de sport.

En raison de notre statut 501c3, à but non lucratif aux États-Unis, nous opérons avec un effectif assez réduit par rapport aux autres propriétés sportives. Par exemple, notre ratio sponsors/employés est de 3 : 1 (nombre de sponsors gérés par un gestionnaire) contre un ratio de 2 : 1 à la National Football League. Grâce à notre propre *benchmarking*, nous nous assurons que 82 % des revenus que nous générons vont directement au soutien des athlètes, soit directement, soit à travers nos NGB. Nos budgets marketing sont réduits par rapport aux autres propriétés, ce qui constitue un désavantage par rapport à la concurrence, étant donné que nous sommes en concurrence avec les sports professionnels pour les sponsors.

3.1 Caractéristiques territoriales

Le territoire des États-Unis diffère de celui des autres CNO parce qu'il s'agit d'un marché à la fois mature et très concurrentiel. La plupart des Américains se considèrent comme des fans de sport, presque tous les télédiffuseurs majeurs ont pénétré fortement le marché et il existe des groupes de médias sportifs très profitables. En fait, les États-Unis furent le premier pays à donner naissance à une chaîne télévisée diffusant « tous les sports tout le temps » (ESPN), qui a été une véritable réussite dans la programmation des sports majeurs dans le monde, en raison de l'appétit des fans de sport américains. Il existe de nombreuses ligues professionnelles (NFL, MLB, NHL, MLS et NASCAR), qui ont construit des entités sportives prospères autour d'un seul sport. Malgré le ralentissement de la croissance américaine, il s'agit toujours d'un marché important et très lucratif, qui justifie les investissements d'entreprises mondiales dans le sport. Au cours des dernières années, nous avons recruté des personnes issues des ligues et des médias en dehors du mouvement olympique, pour tirer parti de nouvelles idées et de nouvelles connaissances, créer de nouvelles relations avec le mouvement olympique (*e.g.* Procter & Gamble) et associer de nouveaux talents extérieurs avec une importante expérience olympique à nos efforts pour développer une organisation dotée d'un marketing sportif de classe mondiale. Cela apporte également des bénéfices, car beaucoup de nos sponsors olympiques sont aussi des partenaires des ligues professionnelles.

Alors que la programmation sportive à la télévision continuera à dominer le paysage américain pour les années à venir, l'espace digital se développe rapidement et voit un investissement énorme de fonds en provenance des médias, des sponsors et des consommateurs. Tous les télédiffuseurs majeurs investissent dans leur capital numérique, et les mastodontes du numérique (Google, Yahoo, Facebook et Twitter) renforcent leurs stratégies de développement du contenu sportif, celui-ci étant l'une des manières les plus efficaces de capter l'intérêt des annonceurs. Nous assistons également à l'émergence d'une nouvelle phase concernant un contenu construit autour de « l'athlète-célébrité » compte tenu du fait que les fans sont attirés par la possibilité de s'impliquer avec leur athlète favori via une communication directe. Les réseaux sociaux permettent cette innovation, avec des millions de fans qui suivent la réussite sportive de leurs athlètes favoris en temps réel. Par ailleurs, les Américains montrent une forte propension à l'engagement sur les réseaux sociaux. En effet, 120 millions sur les 600 millions de membres de Facebook sont américains. Dans ce contexte, les propriétés sportives doivent évoluer rapidement pour capitaliser sur ce phénomène de croissance, sans cannibaliser la lucrative audience télévisée, qui nourrit leurs contrats de télédiffusion.

3.2 Propriétés et droits marketing

Nos propriétés marketing constituent un secteur de croissance que nous nous efforçons de développer. Ces propriétés doivent nous permettre d'atteindre nos objectifs marketing, mais elles doivent constituer également des opportunités de sponsoring pour nos partenaires, qui les soutiennent avec des sponsors et des dollars relatifs à la publicité. Notre programme le plus important est le programme « Route vers », qui est lancé six mois avant les Jeux d'été et quatre mois avant les Jeux d'hiver et se concentre sur le voyage des athlètes de notre équipe américaine quand ils concourent et qu'ils se qualifient pour les Jeux Olympiques à venir. Nos athlètes n'ont pas la notoriété de leurs homologues professionnels. Nous investissons donc dans l'événement, les médias, ainsi que dans des opportunités concernant la collecte de fonds et la promotion, qui impliqueront les Américains dans les histoires de nos athlètes qui poursuivent leurs rêves. C'est aussi une initiative majeure, qui maintient les Américains impliqués dans le mouvement olympique entre les Jeux. La popularité et l'importance de ce programme augmentent en même temps que nous développons plus d'atouts pour les sponsors, et que nous associons plus d'opportunités d'activation pour les sponsors avec nos propres objectifs. Le second programme majeur est un programme annuel de collecte de fonds directement auprès des consommateurs. Il permet de développer les possibilités de dons directs des Américains, en relation avec le jour de la Fête de l'Indépendance, le 4 juillet, qui constitue notre période la plus patriotique de l'année.

3.3 Stratégie de marque

Notre stratégie de marque est directement liée à notre stratégie marketing. La force de la marque est l'outil de mesure, ainsi que le standard avec lequel nous évaluons toute notre activité. Nos domaines prioritaires sont le développement de l'intérêt et de l'engagement avec notre marque, l'amélioration de notre image de marque et l'augmentation de sa valeur.

L'augmentation de l'intérêt pour la marque passe par des actions permettant d'accroître l'engagement au-delà de la période traditionnelle des Jeux, avec un accent sur les jeunes fans. Notre stratégie consiste à développer les segments des supporters et des « évangélistes »[2], de lier étroitement le consommateur américain aux athlètes et à notre cause. Alors que la notoriété de notre marque est élevée, l'implication est forte uniquement pendant la période des Jeux. Cependant, notre recherche montre que l'attrait de nos athlètes se prolonge au-delà des Jeux. Les Américains sont intéressés par leur voyage pour les Jeux et il existe un intérêt endémique pour le sport en lui-même. La chaîne NBC Sports est un partenaire important pour notre action visant à

2. Les évangélistes sont des personnes très impliquées, qui effectuent la promotion de l'olympisme dans leur réseau social.

augmenter la notoriété de nos athlètes et des sports. Il est également essentiel que l'USOC développe ses propres plateformes, pour faire entrer notre marque dans les nouveaux médias. Nous réalisons cela notamment lors des épreuves de qualification pour les Jeux Olympiques, des événements qualificatifs pour l'équipe olympique, et à l'aide des nouveaux médias numériques et des programmes télévisés portant sur l'olympisme et qui traduisent l'espoir olympique. Les efforts publicitaires pour présenter les athlètes olympiques constituent également une activité marketing importante au moment des Jeux.

Notre deuxième mission consiste à préserver notre leadership de marque. Nos efforts au niveau du marketing et des relations publiques se concentrent sur nos athlètes, qui constituent le meilleur point de contact avec notre propriété. Les associations concernant nos athlètes sont fortes, compte tenu du fait que la plupart des Américains reconnaissent que leur comportement visant à atteindre l'excellence constitue un objectif plus noble que leurs équivalents professionnels. Cependant, en Amérique, l'aptitude de notre équipe à éveiller le sentiment de fierté nationale chez les Américains constitue le moteur essentiel que nous exploitons. Augmenter notre lien avec des événements relatifs à la nation américaine, tels que la Fête du jour de l'Indépendance américaine le 4 juillet, nous aide à améliorer notre image de marque d'une manière qu'aucune autre propriété sportive ne peut le faire. Dans nos efforts commerciaux, nous insistons sur les éléments de différenciation de notre propriété par rapport aux sports professionnels qui concernent egalement nos athlètes, ainsi que la diversité de la base de fans des Jeux Olympiques aux États-Unis. Par exemple, plus de la moitié de notre base de fans est constituée par des femmes, ce qui est un gros avantage concurrentiel pour les sponsors qui souhaitent atteindre des consommatrices.

Construire la valeur de marque est le troisième pilier de notre stratégie marketing. Cela signifie que nous avons besoin d'investir dans des plateformes qui bénéficient uniquement aux sponsors et aux organisations sportives nationales qui possèdent des actifs dont les sponsors peuvent tirer profit tout au long de l'année. Développer une activité de licence à l'année fondée sur l'habillement de l'équipe des USA constitue également une priorité, car il s'agit d'une source de revenus entièrement nouvelle, dont nos titulaires de licences et nos sponsors peuvent bénéficier. Il est important pour nous de rester compétitifs sur le marché par rapport aux sports professionnels qui continuent d'innover.

3.4 Stratégie marketing de l'USOC

3.4.1 Focalisation sur le marché

Il y a 300 millions d'Américains et l'ensemble du pays constitue l'audience cible pour nos efforts marketing. Il s'agit d'une audience très attractive pour nos parties prenantes, compte tenu du fait qu'aucune offre ne peut attirer tous les Américains, les hommes, les femmes, les jeunes et les plus âgés. Alors que tous les Américains connaissent les Jeux, nous savons que presque la moitié (130 millions) regardent les Jeux sur NBC. Notre propre étude de marché montre qu'au sein de cette population, nous avons environ 40 millions d'Américains qui représentent notre audience la plus impliquée et suivent assidument nos athlètes et notre sport, au-delà des retransmissions télévisées. Ces fans sont très intéressants pour nos parties prenantes et, en particulier, pour les sponsors car ils influencent une grande partie des Américains par leurs opinions et leurs actions. Ce sont les « évangélistes », qui racontent l'histoire de notre sport et de nos valeurs et sont les avocats de notre marque, des produits et services de nos sponsors et des athlètes eux-mêmes. Notre recherche nous montre également qu'ils sont très actifs dans l'espace numérique et, par conséquent, qu'ils sont très intéressants pour nos sponsors. Ces fans, ainsi que leur influence, constituent une grosse part de notre proposition de valeur. Nous les appelons les « fangélistes »... Les fans du mouvement olympique qui évangélisent nos valeurs.

Nous profitons de nos éléments de différenciation vis-à-vis des autres sponsors. La plupart des sponsors ont diverses propriétés au sein de leur portefeuille, et ce sont nos différences qui nous rendent plus convaincants que la concurrence. Notre forte capacité d'attraction des femmes et des jeunes nous différencie de la plupart des sports professionnels et universitaires. Notre mission, fondée sur nos valeurs, nous rend attractifs pour l'audience « C-suite »[3], qui voit notre mission comme complémentaire de ses objectifs d'entreprise. Notre rayonnement global nous donne un énorme avantage par rapport aux ligues telles que la NFL, la NHL, la NBA et la MLB, qui n'offrent pas ou peu d'opportunités d'implication en dehors des États-Unis. Nos athlètes ont un rôle de modèles pour les enfants, ce qui étend notre attractivité aux entreprises touchant les jeunes. Finalement, notre statut à but non lucratif nous permet de justifier facilement l'investissement auprès des sociétés.

3.4.2 Focalisation sur les relations avec le réseau des parties prenantes

Nous avons choisi d'offrir différents niveaux de sponsoring, afin d'augmenter le nombre d'entreprises avec lesquelles nous pouvons faire des affaires, et pour préserver nos droits marketing premiums. Actuellement, un sponsor peut s'impliquer dans un des trois niveaux de sponsoring, avec des droits et une exclusivité personnalisée pour chaque niveau. Notre niveau le plus élevé est le programme TOP, géré par le CIO. Ses sponsors obtiennent des droits mondiaux, ainsi que des droits dans le pays d'accueil des Jeux qui ont la plus grande valeur. Ces sponsors sont les « partenaires » exclusifs du mouvement olympique, et seules ces entreprises peuvent associer les anneaux olympiques à leurs marques. Dans notre deuxième niveau, les partenaires domestiques rassemblent des entreprises qui ont des droits territoriaux propres aux États-Unis, avec des relations indépendantes des autres CNO, COJO et NGB. Elles montrent leur profond engagement envers notre mouvement. Les sponsors domestiques sont également situés à ce niveau sans avoir nécessairement à désigner un partenaire, sauf s'ils témoignent d'une implication plus large avec le mouvement. Ils peuvent seulement se présenter comme sponsor de l'équipe des USA, avec les anneaux olympiques. Enfin, nous avons un niveau correspondant uniquement aux marques de l'équipe des USA. Il ne bénéficie pas des anneaux olympiques, afin de permettre à des entreprises plus petites d'entrer dans le mouvement olympique. Ce troisième niveau est aligné avec la valeur que nos NGB fournissent.

Nous travaillons en collaboration avec nos NGB, qui souhaitent également augmenter leur valeur ainsi que l'exposition de leur sport. Nous avons 46 fédérations nationales et pas deux ne sont semblables. Leurs empreintes diffèrent, ainsi que leurs capacités d'attraction au niveau sociodémographiques, les actifs en leur possession et le type d'audience américaine qu'elles attirent. L'un des plus importants facteurs différenciants parmi les NGB est le niveau de pratique du sport parmi la population américaine. Des sports tels que le tennis, le bowling, le ski, la natation ou l'athlétisme ont une attractivité importante pour les participants eux-mêmes, et peuvent générer des revenus très importants en relation avec les adhésions. D'autres sports tels que la gymnastique ne bénéficient pas d'une base importante de participants, mais offrent un fort attrait pour les téléspectateurs. Les

3. Concerne les décideurs des grandes entreprises.

plus difficiles à gérer sont les sports qui ont un attrait, ou une base de participants plus réduits, mais qui sont très populaires au sein du mouvement olympique au niveau mondial.

3.4.3 Focalisation sur l'interne

Notre réputation au niveau institutionnel a fortement progressé au cours des deux dernières années. Cela est dû au fait que nous avons refocalisé notre stratégie marketing, porté plus d'attention à notre position au sein de la communauté internationale et renforcé les relations avec nos fédérations nationales. La clé de cette amélioration a été l'attitude et la culture de service qui se répandent au sein de notre organisation, stimulée par les actions de nos leaders Scott Blackmun et Larry Probst. Comme nous avons démontré notre engagement vis-à-vis de la qualité de service, nous avons construit des ponts au sein du mouvement et avec nos composantes. Nous collaborons activement avec nos NGB sur les programmes marketing et commerciaux. Nous développons des fonctions de service pour aider les petits NGB, ou ceux qui luttent pour survivre, à redémarrer leur activité. Nous participons activement aux événements internationaux, où notre présence démontre à nos collègues internationaux que nous attachons de la valeur à notre collaboration. Un des meilleurs indicateurs de succès dans ce domaine est le ton de la couverture presse. Avant 2010, presque la moitié des articles écrits sur l'activité de l'USOC avaient un ton négatif ou neutre. Aujourd'hui, ce pourcentage est tombé à un seul chiffre. Notre amélioration la plus significative au niveau de la collaboration concerne le CIO, avec lequel nous négocions ouvertement des accords concernant des intérêts conjoints, nous échangeons au sujet des meilleures pratiques et nous coopérons au niveau des contrats de sponsoring. Un domaine de collaboration particulier porte sur le renforcement de la protection anti-*ambush*. Durant les Jeux de Vancouver, deux entreprises (McDonalds et AT&T) furent choisies comme cibles par des concurrents dans leurs secteurs d'activité. Nous avons collaboré avec le CIO au niveau des communications, des relations publiques et des actions préventives futures, qui sont maintenant en place avant les Jeux Olympiques de Londres.

3.5 Perspectives d'avenir

La structure internationale du mouvement olympique, fondée sur la collaboration et la coopération, est plus informelle que la majorité des autres propriétés sportives. La plupart des propriétés basées aux États-Unis sont des organisations, avec un statut juridique qui fixe les conventions collectives ainsi que le processus de prise de décision entre le propriétaire de l'équipe ou les athlètes organisés en syndicats. La gouvernance est fondée sur une résolution collective. Au sein du mouvement olympique, le besoin de collaboration est urgent et la meilleure collaboration est basée sur de fortes compétences relationnelles. Il faut quelquefois beaucoup de temps pour négocier un accord, et le contrat doit être construit de manière à garantir une situation gagnant/gagnant pour les deux parties. Les accords contraignants durent jusqu'au terme du contrat et chaque partie à la capacité de s'en aller lorsque celui-ci est arrivé à échéance. Le *must* en matière d'habileté relationnelle exige des compétences différentes. Comprendre les nuances culturelles, avoir des capacités linguistiques multiples, être capable de construire un consensus et avoir une approche à long terme sont des compétences qui ont une grande valeur au sein du mouvement olympique. L'USOC est en passe de renforcer ses relations avec le CIO et avec nos collègues des CNO. Nos leaders Larry Probst et Scott Blackmun sont exemplaires de ce point de vue. Depuis qu'ils ont rejoint l'USOC, tous deux se dévouent pour être présents à tous les événements internationaux. Nous avons entrepris la négociation d'un nouvel accord de partage des revenus, qui se déroule dans d'excellentes conditions. Nous sommes à l'écoute des CNO pour partager notre expertise dans le domaine du sport et du marketing, afin de construire un mouvement mondial plus fort.

Conclusion

Les 204 CNO sont des acteurs essentiels du système olympique. S'ils bénéficient des mêmes droits, il existe de grandes différences concernant leur marketing, compte tenu de leurs caractéristiques et de l'environnement dans lequel ils opèrent. Ils mettent en œuvre un marketing à finalité sociétale, qui vise à améliorer la vie des personnes par le biais du sport et de l'activité physique, en cohérence avec les valeurs et la vision de l'olympisme. Les ressources générées ne constituent pas une finalité en elles-mêmes, mais elles sont un moyen pour développer des programmes permettant d'atteindre les objectifs de l'organisation.

Les exemples que nous avons présentés montrent que les CNO cocréent de la valeur avec leurs parties prenantes. En effet, ces organisations ont compris l'importance de leurs parties prenantes au sein du système dans lequel elles opèrent. C'est pourquoi elles conçoivent et mettent en œuvre des stratégies qui prennent en compte l'ensemble des intérêts des acteurs concernés. Ainsi, le KOC met en place une stratégie de marque qui s'appuie sur « Team Korea » et qui peut être étendue au système de marque composé du POCOG 2018, de l'IAGOC 2014, de la Fédération coréenne de Taekwondo et du ministère de la Culture et des Sports. Ces actions pourront ensuite s'intégrer dans la stratégie de marque de la nation pilotée par le PCNB. Cela illustre la coproduction de valeur entre des organisations qui collaborent au niveau de leur stratégie marketing. Pour sa part, le DSM a structuré son marketing pour intégrer les intérêts des parties prenantes appartenant au système sportif, au monde de l'entreprise, aux collectivités territoriales ainsi qu'à la société civile. Le programme « Shape the community » initié par le CNO de Trinidad-et-Tobago constitue un exemple de programme collaboratif de marketing sociétal. Sa structuration et son développement se sont effectués selon les quatre étapes du modèle de Sheth et Parvatiyar (2000). Enfin l'exemple de l'USOC montre que ces principes s'appliquent également à une organisation très importante.

POINTS CLÉS

- Bien que disposant de droits identiques, les CNO sont très hétérogènes au niveau de leur marketingn compte tenu de leurs caractéristiques et du contexte dans lequel ils opèrent.
- Les CNO ont perçu l'importance des parties prenantes et prennent en compte leur intérêt lorsqu'ils conçoivent et mettent en œuvre leur marketing.
- Les ressources générées par le marketing leur permettent de mettre en œuvre des programmes à finalité sociétale.
- Les CNO privilégient un marketing orienté vers la cocréation de valeur avec leurs parties prenantes.

Références

Apostolopoulou, A. & Papadimitriou, D., (2004), « Welcome Home : Motivations and Objectives of the 2004 Grand National Olympic Sponsors », *Sport Marketing Quarterly*, 13, 180-192.

BMW, (2011a), *Communiqué de presse 16/12/2010,* consulté le 27 octobre 2011 https ://www.press.bmwgroup.com/pressclub/p/fr/pressDetail.html?outputChannelId=24&id=T0093013FR&left_menu_item=node__2200.

BMW, (2011b), BMW at the London 2012 Olympic and Paralympic Games, consulté le 26 octobre 2011 *www.bmw.co.uk/london2012/.*

Cadbury, (2011a), *Cadbury – Official Treat Provider to the 2012 Olympic and Paralympic Games,* consulté le 26 octobre 2011 http://www.cadbury.co.uk/home/london2012/Pages/london2012.aspx.

Cadbury, (2011b), *More about Cadbury and London 2012,* consulté le 26 octobre 2011 http://www.cadbury.co.uk/home/london2012/Pages/moreaboutcadburyand2012.aspx.

Cornwell, B., Weeks, C.S. & Roy, D.P., (2005), « Sponsorship-linked Marketing : Opening the Black Box », *Journal of Advertising,* 34 (2), 21-42.

Coca-Cola, (2011), *Making a difference,* consulté le 26 octobre 2011 http://www.thecoca-colacom pany.com/heritage/olympicgames_difference.html.

Cushnan, D., (2010), *Vancouver 2010 : An Olympic Investment,* consulté le 25 octobre 2010 http://www.sportspromedia.com/notes_and_insights/vancouver_2010_an_olympic_investment/.

Ferrand, A., Torrigiani, L. et Camps i Povill, A., (2008), *Routledge Handbook of Sports Sponsorship : Successful Strategies,* Abingdon : Routledge.

IOC, (1989), IOC Commission Report, *Olympic Review,* 441-446.

IOC, (2011a), *Sponsorship,* consulté le 26 octobre 2011 http://www.olympic.org/sponsorship.

IOC, (2011b), *Olympic Charter,* consulté le 26 octobre 2011 http://www.olympic.org/Documents/olympic_charter_en.pdf.

IOC, (2011c), *Marketing facts and files 2010.* consulté le 26 octobre 2011 http://www.olympic.org/Documents/fact_file_2010.pdf.

IOC, (2011d), *Commercial partnership,* consulté le 27 octobre 2011 http://www.olympic.org/commercial-sponsorships.

Kraft Food, (2010), *Annual report,* consulté le 26 octobre 2011 http://www.annualreports.com/Company/1050.

LOCOG, (2009), « London 2012, Food vision for the London 2012 Olympic Games and Paralympic Games », December 2009, consulté en octobre 2011 http://www.london2012.com/documents/locog-publica tions/food-vision.pdf.

LOCOG, (2011), *Cadbury becomes London 2012 Supporter,* consulté en octobre 2011 http://www.london2012.com/press/media-releases/2008/10/cadbury-becomes-london-2012-supporter.php.

McDonalds, (2011), *Values in practice,* consulté le 16 octobre 2011 http://www.aboutmcdonalds.com/mcd/csr/about/community/sponsorships.html.

Meenaghan, T., (1991), Understanding sponsorship effects, *Psychology and Marketing,* 18, 2, 95-122.

Meenaghan, T., (2005), « Evaluating sponsorship effects », *In* : Amis, J., Cornwell, T.B., (éds.), *Global sport sponsorship,* Berg : New York, 243-264.

Olkkonen, R., (2001), « Case Study : The Network approach to international sport sponsorship in the sport industry », *Sport Marketing Quarterly,* 6 (2), 9-16.

O'Reilly, N. & Séguin, B., (2009), *Sport Marketing : A Canadian Perspective.* Toronto : Thomson Nelson.

-, T. (2011), « Rio 2016 Olympics Secures $700 Million in Local Sponsorships », Bloomberg News, consulté le 15 septembre 2011 http://www.bloomberg.com/news/2011-04-06/rio-2016-olympics-secures-700-million-in-local-sponsorship-contracts.html.

RBC, (2008a), *Coca-Cola Canada and RBC join VANOC in sharing the 2010 Olympic Torch Relay with communities Canada-wide,* consulté le 16 octobre 2011 http://www.rbc.com/newsroom/20080128vanoc.html.

RBC, (2008b), *RBC Invites Canadians to be a 2010 Olympic Torchbearer by pledging to create a better Canada,* consulté le 16 octobre 2011 http://www.rbc.com/newsroom/2008/1121-torch.html.

RBC, (2010), *Legacy of Vancouver 2010 Olympic Torch Relay includes a helping hand from the RBC Foundation across Canada,* consulté le 16 octobre 2011 http://www.rbc.com/newsroom/otr/0210-torch.html.

RBC, (2011a), *60 Years of Support*, consulté le 16 octobre 2011 http://www.rbc.com/sponsorship/olym pics/60-years-of-support.html.

RBC, (2011b), *Corporate Profile*, consulté le 16 octobre 2011 http://www.rbc.com/aboutus/index.html.

Séguin, B., (2003),*Représentations d'acteurs sociaux sur les relations entre le marketing et les Jeux Olympiques*, Thèse de Doctorat non publiée. Université Marc Bloch (Strasbourg II), Strasbourg, France.

Séguin, B. & O'Reilly, N., (2008), « The Olympic brand, ambush Marketing and Clutter », *International Journal of Sport Management and Marketing*, 4(1/2), 62-84.

Speed, R. & Thompson, P., (2000), « Determinants of Sport Sponsorship Response », *Journal of the Academy of Marketing Science*, 28 (Spring), 226-238.

Unilever, (2011a), *Introduction to Unilever*, consulté le 26 octobre 2011 http://www.unilever.com/aboutus/introductiontounilever/.

Unilever, (2011b), *Our company*, consulté le 26 octobre 2011 http://www.unilever.be/fr/notre_entreprise/sponsoring/COIBetCPB/default.aspx.

Unilever, (2011c), *Sustainable living*, consulté le 26 octobre 2011 http://www.sustainable-living.unilever.com/.

Unilever, (2011d), *Vitality News*, consulté le 26 octobre 2011 http://www.unilever.nl/Images/UNILE.NL.8003_Vitality_lees_EN_tcm164-135506.pdf.

Visa, (2011a), *Brand and sponsorship*, consulté le 26 octobre 2011 http://corporate.visa.com/about-visa/brand-and-sponsorships/sponsorships.shtml.

Visa, (2011b), *Olympic Games media kit*, consulté le 26 octobre 2011 http://corporate.visa.com/mediacenter/media-kits/olympic.shtml.

Visa, (2011c), *Visa coporate*, consulté le 26 octobre 2011 http://corporate.visa.com/about-visa/brand-and-sponsorships-index.shtml.

Visa, (2011d), *Fact sheet : Visa and the Olympic Game*, consulté le 26 octobre 2011 http://corporate. visa.com/_media/olympic-games-media-kit/visa-and-the-olympic-games.pdf.

Visa Europe, (2011a), *A golden opportunity : London 2012 Olympic and Paralympic Games expenditure and economic impact*, consulté le 26 octobre 2011 www.visaeurope.com/.

Visa Europe, (2011b), *News*, consulté le 26 octobre 2011 http://www.visaeurope.com/en/newsroom/news/articles/2011/samsung_and_visa_enable_mobile.aspx.

Willis, A., (2010, February 9), « How the torch lit the way for RBC », *The Globe and Mail*, consulté le 16 octobre 2011 http://www.theglobeandmail.com/globe-investor/investment-ideas/streetwise/how-the-torch-lit-the- way-for-rbc/article 1460954/.

Ressources internet

Organisations	Sites Internet
Deutscher Olympischer SportBund	www.dosb.de
2014 Incheon Asian Games Organizing Committee	incheon2014ag.org/main/publish/view.jsp?menuID=002002001001
Korea Brand Net	www.koreabrand.net/en/how/how_search_ index.do
Korean Ministry of Culture, Sports and Tourism	www.mcst.go.kr/english/index.jsp
Korean Olympic Committee	www.sports.or.kr/eng/
Olympic Council of Asia	www.ocasia.org/
Trinidad and Tobago Olympic Committee	www.ttoc.org/
United States Olympic Committee	www.teamusa.org/

Chapitre 8

Marketing des sponsors au sein du système olympique

SOMMAIRE

RÉSUMÉ

Ce chapitre présente les stratégies de marketing des sponsors au sein du système olympique. Il s'agit de coproduire de la valeur dans le cadre d'une orientation sociétale, commerciale et/ou environnementale. Le sponsoring olympique est modélisé à partir des six dimensions suivantes : 1) la convergence entre le sponsor et l'organisation sponsorisée, 2) les objectifs poursuivis, 3) le mode de création de valeur, 4) la gestion et la protection des marques, 5) les parties prenantes impliquées, 6) l'activation et l'expérience procurée. Les cas de Visa, sponsor du programme Top, de Cadbury, sponsor de Londres 2012 et d'Unilever, sponsor du COIB (Comité olympique et interfédéral belge) et du CPB (Comité paralympique belge), illustrent des configurations spécifiques issues de ce modèle. Le cas de la Royal Bank of Canada illustrera la mise en œuvre ces principes dans le cadre du marketing relationnel à orientation réseau.

Introduction

« Sans le soutien de la communauté des affaires, sa technologie, son expertise, ses employés, ses services, ses produits, ses télécommunications et son financement, les Jeux Olympiques ne pourraient pas exister. Sans ce soutien, les athlètes ne pourraient pas concourir et battre leurs records au cours du plus grand événement sportif au monde. » Jacques Rogge, président du Comité international olympique.

Le CIO met en avant le fait que les Jeux Olympiques constituent l'une des plateformes marketing internationales les plus efficaces du monde, atteignant des milliards de gens dans plus de 200 pays et territoires à travers le monde (site web du CIO). Au total, 11 entreprises sont sponsors du programme de parrainage mondial des partenaires olympiques (TOP), géré par le CIO. Il s'agit du plus haut niveau de sponsoring olympique, et il fournit aux sponsors des droits marketing exclusifs dans le monde entier pour les Jeux Olympiques d'été, d'hiver et de la jeunesse.

Les entreprises sponsorisent également les COJO, qui gèrent sous la direction du CIO leurs propres programmes commerciaux destinés à soutenir l'organisation des Jeux. Ainsi, le programme de sponsoring du LOCOG a 7 partenaires officiels, 6 sponsors officiels et 12 fournisseurs officiels. Ces entreprises bénéficient des droits dans des catégories de produits non concurrentes de celles des sponsors du programme TOP pendant la durée des Jeux, et seulement à l'intérieur du pays hôte. Les CNO gèrent également des programmes de parrainage locaux, dans des catégories non concurrentes de celles des sponsors TOP. Ces programmes soutiennent le développement de leurs activités sportives ainsi que leurs équipes olympiques. Ces programmes de parrainage donnent des droits de marketing uniquement dans le pays, ou le territoire, du CNO.

La part du sponsoring au niveau des ressources du CIO, des COJO et des CNO a beaucoup progressé depuis que le CIO s'est ouvert au partenariat, au milieu des années 1980. En effet, en 1981, 95 % des revenus du CIO provenaient des droits de télévision. Le sponsoring est maintenant une source importante de revenus. Certaines organisations sont devenues dépendantes du sponsoring, car il représente 40 % du budget du CIO, 30 % de celui des COJO et 38 % des revenus de l'United States Olympic Committee (USOC). Il faut également ajouter les prestations de services et les produits donnés dans le cadre d'un échange en nature (value in kind).

Le sponsoring a d'abord été considéré comme une transaction entre le sponsor et la personne ou l'organisation sponsorisée. Meenaghan (1991 : 36) décrit le sponsoring comme « un investissement, en numéraire ou en nature, en retour d'une activité permettant d'exploiter le potentiel commercial associé avec cette activité ». Il peut permettre aux organisations d'agir dans différents domaines tels que l'image de l'entreprise, la responsabilité sociale d'entreprise (RSE), l'exposition de la marque, stimuler les ventes, construire une image de marque, créer un sentiment bienveillant et changer l'attitude vis-à-vis de l'entreprise (Meenaghan, 2005). À l'instar du marketing, dans lequel il s'intègre, le sponsoring est appréhendé dans une perspective relationnelle créatrice de valeur au sein du réseau de parties prenantes. En se fondant sur l'approche du réseau interorganisationnel, Olkkonen (2001 : 309) montre que lorsqu'elles « planifient un sponsoring international, les entreprises ont besoin d'accéder non seulement à l'événement/organisation sponsorisé (ses ressources) mais aussi à son réseau (aptitude à lier les activités et les ressources avec celles des autres acteurs), i.e. « l'identité de réseau » du sponsorisé ». Il s'agit d'un cadre pertinent pour analyser et gérer le sponsoring au sein d'un système comprenant un grand nombre de sponsors, dont les droits diffèrent selon l'organisation sponsorisée. Comme cela est discuté dans le chapitre 4, le sponsoring peut aussi être considéré comme une forme d'alliance de marques, où à la fois le sponsor et le sponsorisé sont impliqués dans une relation étroite générant le transfert de valeurs inhérentes à l'activité vers le sponsor. En d'autres termes, le sponsoring permet à la valeur d'être extraite des multiples relations créées.

Ce chapitre a pour objectif de présenter les stratégies de marketing des sponsors au sein du système olympique, afin de créer de la valeur au sein de la constellation des parties prenantes. Dans cette perspective, nous analyserons plus particulièrement les sponsors du programme mondial TOP, des COJO et des CNO. Nous présenterons dans un premier temps les parties prenantes concernées, ainsi que leurs relations dans le cadre du sponsoring au sein du système olympique. Nous détaillerons ensuite les propriétés et les droits marketing des sponsors en fonction des différentes catégories. Nous modéliserons dans un troisième temps le sponsoring olympique et nous illustrerons différentes configurations liées à ce modèle, avec des sponsors des différents programmes olympiques. Nous présenterons enfin le cas du sponsoring de la Royal Bank of Canada, afin de présenter un exemple de bonne pratique managériale mettant œuvre ces principes dans le cadre du modèle fondé sur le marketing relationnel à orientation réseau.

1. QUELS SONT LES ACTEURS CONCERNÉS, AINSI QUE LEURS DROITS AU NIVEAU DU SPONSORING ?

Les parties prenantes qui ont un rapport contractuel dans le cadre du sponsoring sont le CIO, les COJO, les CNO, les sponsors du programme international et des programmes nationaux. Leurs relations sont représentées dans la figure 8.1.

Dans le deuxième chapitre, nous avons présenté d'une manière exhaustive les propriétés et la gestion des droits marketing dans le système olympique. Nous avons également analysé spécifiquement les droits du CIO, des COJO et des CNO, ainsi que leur gestion dans les chapitres que nous leur avons consacrés. Nous allons décrire maintenant les relations au sein de ce système de parties prenantes du point de vue des sponsors.

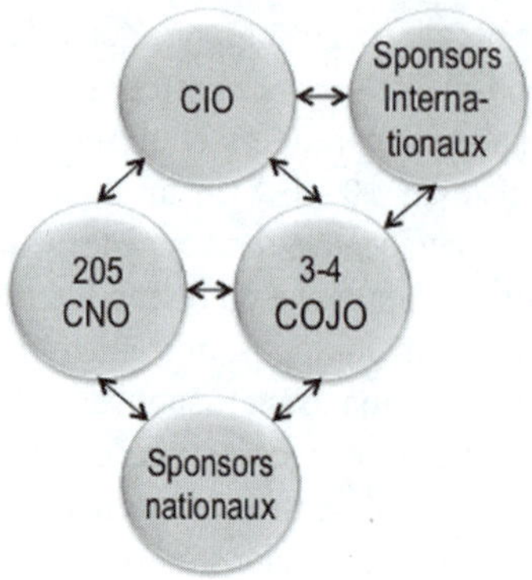

Figure 8.1 - Les parties prenantes primaires du sponsoring

1.1 Les sponsors du programme de parrainage mondial (TOP)

Le programme TOP est un des programmes de marketing sportif les plus importants au niveau mondial. Il s'agit aussi d'un des plus sophistiqués et des plus complexes. Sa création en 1985 a satisfait les vœux des sponsors internationaux majeurs déjà impliqués dans le mouvement olympique, pour rendre le processus de sponsoring international beaucoup plus simple, en donnant une exclusivité sur une base mondiale (Pound, 1986). Le challenge à cette époque était, pour le CIO, de convaincre ses 167 CNO de renoncer à leurs droits dans un certain nombre de catégories de produits très recherchées. Cela s'avéra être particulièrement contesté par quelques CNO, qui avaient déjà développé des programmes marketing performants. À la suite de négociations longues et complexes, notamment avec l'USOC, 159 CNO (95 %) furent d'accord pour participer au programme. Conformément à l'accord avec les CNO, le CIO réserva 44 catégories de produits pour les sponsors TOP, la plupart demeurant aujourd'hui. Le CIO a lancé TOP I en 1985, avec un total de neuf entreprises multinationales fournissant 96 millions de dollars. Le programme TOP évolua rapidement comme l'une des sources de revenus les plus importantes des Jeux Olympiques modernes. Le programme TOP VII, qui couvre le quadriennal 2009-2012 (Vancouver et Londres), est censé générer un revenu de 1 milliard de dollars pour le mouvement olympique, en provenance de 11 firmes multinationales.

Le programme TOP rassemble dans un seul package les droits marketing et les bénéfices du CIO, des 204 CNO et de 3 COJO. En échange des droits marketing « exclusifs » au niveau mondial pour des catégories de produits spécifiques, les sponsors fournissent des technologies de pointe et des services aux organisateurs olympiques, aux athlètes et aux spectateurs. L'objectif premier du CIO pour le sponsoring est d'assurer le développement des Jeux, de permettre une organisation efficace des Jeux, d'avoir plus d'athlètes présents et une audience en hausse à la fois dans les enceintes sportives, mais aussi partout dans le monde.

En plus des opportunités marketing exclusives au niveau mondial, les partenaires reçoivent :

- le droit d'utiliser toutes les images olympiques, ainsi que les désignations olympiques sur les produits ;
- des opportunités d'hospitalité aux Jeux Olympiques ;
- des opportunités de publicité directe et promotionnelle, incluant l'accès préférentiel à la publicité olympique télévisée ;
- des opportunités de concessions et de franchises, ainsi que de ventes et d'exposition de produits ;
- une protection contre *l'ambush marketing* au niveau mondial ;
- un remerciement pour leur soutien à travers un programme global de reconnaissance du sponsoring olympique.

Il est important de rappeler que, contrairement aux autres propriétés sportives, les sponsors ne peuvent pas afficher leur marque à l'intérieur des sites olympiques. En effet, la règle 50 de la Charte olympique (IOC, 2011b : 94) stipule qu'« aucune forme d'annonce publicitaire ou autre publicité ne sera admise dans et au-dessus des stades, des enceintes et autres lieux de compétition qui sont considérés comme faisant partie des sites olympiques. Les installations commerciales et les panneaux publicitaires ne seront pas admis dans les stades, les enceintes et autres terrains sportifs. Par contre, les fabricants d'équipements (chronométrages, tableaux de résultats) et de vêtements (t-shirts, chaussures, etc.) peuvent s'afficher mais doivent respecter les règles qui s'appliquent (IOC, 2011b).

En retour, les entreprises partenaires du programme TOP paient en numéraire et en nature. En effet, ce sont des multinationales capables de fournir un soutien direct, des services de parrainage ou leur expertise afin d'organiser les Jeux. Il s'agit d'une spécificité, car tous les sponsors des autres événements et organisations sportives n'effectuent pas systématiquement une prestation de service visant à offrir la meilleure qualité possible dans le cadre d'une démarche innovante. Le parrainage représente plus de 40 % des revenus du marketing olympique, ce qui porte à penser que les entreprises se situent en position de force pour négocier. En fait, il s'agit généralement d'un partenariat au cours duquel les entreprises collaborent avec le CIO au cours d'une longue période, pour coproduire de la valeur. Cela explique sans doute le fait que ce programme a le taux de renouvellement des contrats le plus élevé dans tout le monde sportif, et que la durée des accords couvre des périodes de plus en plus longues. Par exemple, en 2005, Coca-Cola a renouvelé son contrat pour une période sans précédent de 12 ans (2009-2020), portant la durée de son partenariat avec les Jeux Olympiques, qui a vu le jour en 1928, à 92 années consécutives. Depuis, plusieurs sponsors (General Electric ou GE, Visa, Dow, Omega, Procter & Gamble ou P&G) ont fait de même.

1.2 Les sponsors nationaux — COJO et CNO

Les sponsors de programmes nationaux contractent avec les COJO et les CNO. Le programme de sponsoring des COJO est géré par chaque COJO, sous la direction du CIO. Il y a actuellement quatre COJO actifs : Londres 2012, Sotchi 2014, Rio 2016 et Pyeongchang 2018. Cependant, seulement deux COJO (*e.g.* Londres 2012 et Sotchi 2014) peuvent activement faire leur promotion en tant que villes des prochains Jeux d'été et d'hiver (c'est le moment‡ de briller). Les autres peuvent commencer à collecter de l'information sur les sponsors et à signer des accords avec certains (*e.g.* Rio 2016) ; quand le drapeau passe à l'hôte suivant, alors cet hôte s'implique totalement dans l'action et la promotion. Les sponsors disposent de droits dans le pays où sont organisés les Jeux et dans des catégories de produits qui ne sont pas concurrentes de celles des sponsors du programme TOP. Les négociations sont généralement plus difficiles, car certaines catégories de produits sont bloquées par le CIO et les sponsors ne bénéficient que de droits nationaux. Cependant, l'attractivité des Jeux Olympiques et la puissance de la marque olympique facilitent généralement les négociations avec les sponsors. En fait, les revenus de sponsoring domestique génèrent maintenant autant, et quelquefois plus de revenus, que le programme TOP. Par exemple, le COJO pour les Jeux Olympiques 2008 de Beijing a généré 1,2 milliard de dollars, tandis que TOP VI (2005-2008) a été estimé à 866 millions de dollars (IOC, 2011c). Il est aussi à noter que Rio 2016 a déjà quasiment atteint un montant de 700 millions de dollars pour le sponsoring domestique, en seulement deux accords (Panja, 2011). Ils sont évalués à plus de 320 millions de dollars chacun et atteignent un record pour le sponsoring domestique. Le COJO de Rio vise maintenant atteindre un sommet pour le sponsoring domestique, à 1,2 milliard de dollars, avec le but de réduire le nombre de sponsors pour créer plus de valeur. Ce serait une stratégie bien accueillie par les sponsors, qui ont souvent considéré l'espace olympique comme très « encombré » (Séguin et O'Reilly, 2008).

Nous avons souligné la grande diversité des CNO au niveau de leur sponsoring. Certains CNO tels que l'USOC ont un programme de sponsoring qui leur procure d'importants revenus, alors que d'autres ne réussissent pas à trouver un seul sponsor. Ces sponsors commercialisent des droits marketing olympiques au sein du pays, ou du territoire du CNO, seulement dans les catégories non concurrentielles avec les sponsors du programme TOP. Ils soutiennent les activités de développement du mouvement olympique et les équipes olympiques. Le rapport de force est généralement favorable au sponsor et le CNO se trouve dans une position plus faible lors des négociations. Nous avons également signalé que les Comités de candidature avaient également des sponsors. En cas de succès, ils constituent une base importante pour le partenariat. Il est important de noter qu'à la suite d'une candidature réussie, tous les droits marketing d'un CNO sont remis au COJO dans un « programme de marketing conjoint ». Il s'agit de s'assurer que toutes les initiatives marketing au sein d'un pays d'accueil sont centralisées et coordonnées par une organisation. Cela évite d'avoir deux « programmes de sponsoring olympique » concurrents dans un marché et ajoute de la valeur pour les sponsors. Il est intéressant de noter que l'équipe olympique du pays d'accueil participe au programme de sponsoring du COJO.

1.3 Sponsoring, désordre et *ambush marketing*

La valeur de la marque olympique a rendu possible, pour le CIO, les COJO et beaucoup de CNO, le développement des programmes de sponsoring attractifs. En offrant « l'exclusivité » à leurs sponsors, ces organisations ont généré des milliards en revenus, en numéraire et en nature. Mais, comme suggéré par Pound (1989), les sponsors apportent beaucoup plus au mouvement olympique que de l'argent. À travers des programmes d'activation extensive, les sponsors fournissent à la marque olympique des milliards de dollars évalués en valeur publicitaire et, en faisant cela, contribuent grandement à construire et à créer de la valeur pour la marque. De manière intéressante, le capital marque très élevé atteint par la marque olympique a augmenté le nombre d'organisations qui songent à s'associer, légitimement ou pas, avec la marque olympique. Cela a généré de nombreux défis pour le CIO au niveau de la gestion des marques, principalement en contrôlant le

« désordre » et en protégeant « l'exclusivité » des sponsors de l'*ambush marketing*. Ensemble, le désordre et l'*ambush marketing* constituent une menace susceptible de faire diminuer la valeur du sponsoring générée par la marque olympique. En bref, cela se produit quand les organisations qui ne sont pas les sponsors officiels du CIO construisent leurs promotions autour des idéaux olympiques, « embusquant » ainsi les sponsors officiels du CIO. Ceci permet aux firmes « de naviguer dans le marché encombré à travers l'association avec la marque olympique, ce qui menace de diluer son efficacité promotionnelle et de diminuer sa valeur » (Séguin et O'Reilly, 2008). En réponse à cette menace, le marketing du CIO va au-delà de la simple augmentation des revenus et s'inscrit dans un management discipliné de la marque la plus puissante du monde (IOC, 1999 : 7).

2. LE MARKETING DES SPONSORS

Nous avons souligné précédemment que le sponsoring olympique vise à produire et à coproduire de la valeur dans le système de parties prenantes. Dans la première section, nous présenterons les sponsors du système olympique. Nous rappellerons les principes d'action du sponsoring au niveau stratégique et opérationnel et nous modéliserons le sponsoring olympique. Ce modèle permet de concevoir et de mettre en place différentes configurations. Nous présenterons dans une deuxième section des exemples de configurations avec les sociétés Visa, sponsor du programme TOP, Cadbury, sponsor du LOCOG et Unilever, sponsor du COIB. Nous présenterons enfin le cas du sponsoring de RBC lors du relais de la torche olympique à Vancouver.

2.1 Pourquoi le sponsoring olympique ?

Compte tenu de l'importance de l'investissement (numéraire et en nature) requis pour devenir un sponsor olympique (plus de 100 millions de dollars dans certains cas), la décision de concourir pour de tels droits est stratégique et suit un processus d'évaluation globale, à la fois des sponsors et des sponsorisés potentiels (CIO, COJO ou CNO). Les idéaux de l'olympisme tels que le fair-play, l'excellence, l'amitié et l'effort fournissent les types d'extensions (reliées au sport ou non) que les sponsors recherchent lorsqu'ils achètent des droits. En fait, les Jeux Olympiques constituent une plateforme vraiment unique, sans équivalence.

Pour un sponsor du programme TOP, la nature de la propriété olympique, qui est simultanément une propriété multinationale et une propriété très locale, est attractive. Par exemple, avoir les droits de 204 CNO a une puissance incroyable pour les partenaires, parce que l'essentiel du travail est accompli à un niveau local (du pays), où on soutient l'équipe olympique du pays. En d'autres termes, alors que les Jeux Olympiques sont une propriété globale, elle est démultipliée et activée au niveau de chaque pays et territoire. Pour John Lewicki (Head of Global Alliances, McDonald's Corporation), « dans tous nos pays clés, nos relations avec le CNO local est importante. Je m'attends à ce qu'ils comprennent mon business et ce qui est le plus important pour moi et pour mon sponsoring. Les relations avec l'USOC sont importantes pour nous, parce que nous sommes une société basée aux États-Unis et que nous avons un grand nombre de magasins dans ce pays » (McDonald, 2011). Ceci constitue un avantage concurrentiel de la marque olympique, qui possède une combinaison d'associations unique (voir chapitre 4) ; ses consommateurs, dans le monde entier, considèrent que les Jeux Olympiques sont à la fois équitables, pertinent et porteurs de sens pour leur vie. Pour les sponsors, cela représente une opportunité unique de se connecter avec les consommateurs (du point de vue de la langue, de la culture, du genre) à un niveau émotionnel élevé et dans une variété de contextes. Par ailleurs, la capacité à s'associer avec les athlètes « locaux » dans leurs efforts de performance contient tous les composants qui font des Jeux Olympiques une propriété très spéciale.

Pour un sponsor du COJO, les Jeux Olympiques sont aussi attractifs pour un certain nombre de raisons. Les entretiens réalisés par l'un des auteurs de ce livre avec six grands sponsors nationaux du VANOC après les Jeux suggèrent qu'ils ont trouvé les Jeux de Vancouver attractifs pour les raisons suivantes : (i) les valeurs associées avec la marque olympique, (ii) la croyance que la marque olympique est la plus forte et qu'elle possède le plus de supporters dans le sport (fort capital de marque), (iii) son énorme attractivité (toutes les catégories sociodémographiques, urbaines et rurales, toutes les cultures, toutes les langues), (iv) sa transmission à d'importantes audiences cibles, (v) les énormes audiences télévisuelles qui en font la plus importante plateforme de marketing disponible, (vi) son « pouvoir d'incitation à l'achat sur les consommateurs, (vii) l'exclusivité et (viii), les programmes de développement durable et environnemental mis en œuvre par le VANOC. Ce programme de sponsoring a également donné l'opportunité aux sponsors de « se connecter » avec les Canadiens à un niveau émotionnel intense, conférant ainsi une valeur qu'ils n'ont pas trouvée dans d'autres propriétés. Comme suggéré par l'un des sponsors interviewés : « le fait que nous ayons joué un rôle dans ce chapitre incroyablement important dans l'histoire canadienne, cela va au-delà de la valeur marketing, il s'agit d'une sorte de construction de valeur pour la nation, cela constitue le bénéfice énorme des Jeux Olympiques qui ne peuvent pas être répliqués sous d'autres formes ». Cette opinion converge avec les résultats d'une précédente recherche relative à Athènes 2004, et semble être une raison importante pour les sponsors des futurs Jeux (*e.g.* Rio 2016). L'opportunité, pour les sponsors domestiques, de conduire des programmes d'*incentive* pour leurs employés et un marketing *business-to-business* (B2B) dans une variété de lieux d'hospitalité sont également considérés comme d'importants bénéfices pour le sponsoring olympique. La large gamme d'émotions liées à la marque olympique est unique et fournit une multitude de possibilités d'extension de marque pour les partenaires. En fait, il a été suggéré par un des sponsors domestiques de Vancouver 2010 que l'une des choses que le sponsoring des Jeux Olympiques fournit (ce que la plupart des opportunités de sponsoring ne font pas) est « [l]a flexibilité dans la façon dont vous voulez vous positionner autour du sponsoring, d'une manière qui est vraiment en adéquation avec vos valeurs ». Il y a également d'importantes opportunités pour se mettre en relation avec les consommateurs à un niveau symbolique (anneaux olympiques, drapeau du Canada, etc.) et socio-émotionnel (fierté, nationalisme, etc.).

Pour un sponsor de CNO, le sponsoring olympique fournit une opportunité de se lier avec les valeurs de la marque olympique et de générer des revenus. La capacité de faire évoluer les produits au-delà de leurs frontières traditionnelles et de développer des programmes de promotion des ventes performants constitue un bénéfice important. La taille et l'étendue de l'audience télévisuelle (hommes et femmes) sont aussi significatives pour certains pays. Comme suggéré plus tôt, l'opportunité de se rendre dans le pays, de développer une relation émotionnelle avec les consommateurs constitue également un important bénéfice associé au sponsoring olympique. D'un point de vue stratégique, les sponsors nationaux sont souvent confrontés à des décisions relatives aux types de soutien nécessaire pour le sponsoring : *i.e.*, des dollars doivent-ils être investis sur le long terme en démultiplication/activation, avec une difficulté pour quantifier les bénéfices de marque, ou faut-il cibler le court terme, avec plus de facilité pour quantifier les bénéfices pour les ventes ? Il n'y a ni bonne ni mauvaise réponse, cela dépend souvent de la personne qui a la responsabilité de gérer le sponsoring : un cadre junior peut être plus intéressé dans l'amélioration de la performance commerciale, un cadre senior peut être plus concerné par des objectifs de construction de la marque. Cependant, pour beaucoup de CNO, l'opportunité de démultiplier la puissance de la marque olympique au niveau national peut générer d'importantes ressources.

Il n'y a aucun doute sur le fait que les valeurs associées à la marque olympique sont essentielles pour tout programme de sponsoring (*i.e.* TOP, d'un COJO ou d'un CNO). Il convient de souligner que les valeurs actuellement liées à la marque vont au-delà du consumérisme ; bien que la marque soit employée commercialement, le cadre entourant la marque est autant social que commercial. Selon les termes d'un ancien responsable du marketing du SOCOG (Sydney 2000), « c'est la marque commerciale qui rencontre la marque spirituelle sous la forme d'un marketing et d'un événement sportif » (Séguin, 2003).

2.2 Qui sont les sponsors du système olympique ?

Si l'on prend en compte l'ensemble des organisations olympiques, CIO, COJO, Comités de candidature, CNO, il existe un très grand nombre de sponsors opérant dans le système olympique. Il est cependant très facile de catégoriser les sponsors du programme (TOP), ainsi que ceux des COJO.

Il y a actuellement 11 entreprises partenaires du programme TOP pour les Jeux Olympiques de Londres en 2012 (tableau 8.1). Ces firmes sont des organisations multinationales qui sont capables de fournir un soutien direct, des services et/ou leur expertise pour l'organisation des Jeux. En plus de soutenir le CIO et les comités d'organisation, les partenaires du programme TOP soutiennent les CNO et leurs équipes olympiques.

Tableau 8.1 • Les partenaires du programme TOP

Entreprise	Exclusivité dans la catégorie de produits ou de services
Coca-Cola	Boissons non alcoolisées
ACER	Équipement informatique
ATOS	Technologies d'information
DOW	Chimie
GE	Systèmes de génération d'énergie, systèmes de distribution d'énergie, services médicaux (diagnostic d'image, technologie de contrôle et de rapports médicaux électroniques), installations & systèmes d'éclairage, moteurs d'avion, transport ferroviaire, installations & services de traitement de l'eau, gestion des équipements et des transports
McDonald's	Services de restauration
Omega	Appareils et services de chronométrage (par exemple, montres, chronomètres et montres avec compte à rebours officielles), systèmes/services de chronométrage, de prise en compte de l'évolution du score et de tableaux d'affichage électroniques
Panasonic	Audio/TV/Équipement vidéo
Procter & Gamble	Produits de soin personnel et de ménage
Samsung	Équipement de communication sans fil
Visa	Systèmes de paiement pour les consommateurs

Comme nous l'avons déjà signalé, il y a actuellement quatre COJO actifs. Nous allons prendre l'exemple du LOCOG, dont le programme est pratiquement bouclé, alors que ce n'est pas le cas pour Sotchi 2014, Rio 2016 et Pyeongchang 2018. 41 entreprises sont partenaires du programme de marketing conjoint associant le LOCOG et le BOA. Elles se répartissent en trois niveaux : les Partenaires olympiques officiels de Londres 2012 (London 2012 Official Olympic Partners), les Supporters olympiques officiels de Londres 2012 (London 2012 Official Olympic Supporters) et les Fournisseurs et offreurs olympiques officiels de Londres 2012 (London 2012 Official Olympic Providers and Suppliers) (tableau 8.2).

Tableau 8.2 • Les sponsors du LOCOG

Partenaires olympiques officiels de Londres 2012	Supporters olympiques officiels de Londres 2012	Fournisseurs et offreurs olympiques officiels de Londres 2012
7 entreprises	7 entreprises	17 entreprises
Adidas, BMW, British Petroleum, British Airways, British Telecom, EDF, Lloyds TSB	Adecco, ArcelorMittal, Cadbury, Cisco, Deloitte, Thomas Cook, UPS	Airwave, Atkins, The Boston Consulting Group, CBS Outdoor, Crystal CG, Eurostar, Freshfields Bruckhaus Deringer LLP, Holiday Inn, Mondo, Populous, John Lewis, McCann Worldgroup, Next, The Nielsen Company, Technogym, Ticketmaster, Trident

Il est à noter que 64 entreprises ont été partenaires du Comité de candidature pour Londres 2012. Elles étaient regroupées en cinq catégories : Premier Partners, Majors Partners, Champions, City Partners et Supporters. Seulement quatre d'entre elles sont devenues des sponsors du LOCOG. Il s'agit de British Airways, d'EDF, de Freshfields Bruckhaus Deringer et de John Lewis.

Aucune étude exhaustive n'a été réalisée pour identifier et caractériser les sponsors des CNO. Ceux-ci peuvent être cependant classés en deux catégories : les sponsors qui sponsorisent uniquement un CNO et ceux qui développent des partenariats avec plusieurs organisations au sein du système olympique. Le cas du CNOSF permet d'illustrer ce point. En effet, 13 entreprises sont partenaires du CNO français. Elles se répartissent également en trois niveaux : partenaires nationaux, fournisseurs officiels et prestataires officiels (tableau 8.3).

Tableau 8.3 • Sponsors du CNOSF

Partenaires nationaux	Fournisseurs officiels	Prestataire officiel
9 entreprises	3 entreprises	1 entreprise
Adidas, EDF, Française des Jeux, Orange, Tarkett, Groupe BPCE, BMW, Somfy, Allianz	Brossard, Eurostar, Eventeam	Dppi Images de sport

Parmi ces 13 partenaires, 4 sont également des sponsors du LOCOG. Il s'agit d'Adidas, d'EDF, de BMW et d'Eurostar. À l'instar de BMW, ces entreprises développent des partenariats au sein du réseau de parties prenantes olympiques pour créer un avantage concurrentiel sur les marchés ciblés, en agissant notamment sur l'identité de la marque. En effet, lors de la signature du partenariat avec le CNOSF, le président du directoire de BMW Group France s'est exprimé en ces termes : « Nous sommes extrêmement fiers et heureux de cet engagement qui s'inscrit dans un véritable partage de valeurs. La quête de la performance ultime dans le respect d'autrui et de l'environnement, tel est en effet l'objet de toute notre stratégie BMW EfficientDynamics. » Ce partenariat s'inscrit dans le prolongement de récents accords de partenariats signés entre BMW Group et les CNO américain (USOC) et chinois (Chinese Olympic Committee). La collaboration avec les partenaires permet de coproduire de la valeur. Celle-ci concerne la marque institutionnelle ou *corporate* et elle est fondée sur le renforcement et le transfert de valeurs, d'attributs et de bénéfices liés à l'olympisme.

2.3 La mise en œuvre d'un sponsoring basé sur le marketing relationnel

À l'instar du marketing, dans lequel il s'intègre, le sponsoring peut avoir une orientation transactionnelle fondée sur l'échange de valeur, ou peut s'inscrire dans une perspective relationnelle fondée sur la cocréation de valeur au sein de la constellation des parties prenantes. Ces quatre formes de sponsoring sont présentées dans la figure 8.2. Le sponsoring olympique s'inscrit principalement dans la constellation de valeurs dans laquelle les parties prenantes partenaires collaborent pour coproduire de la valeur dans le réseau.

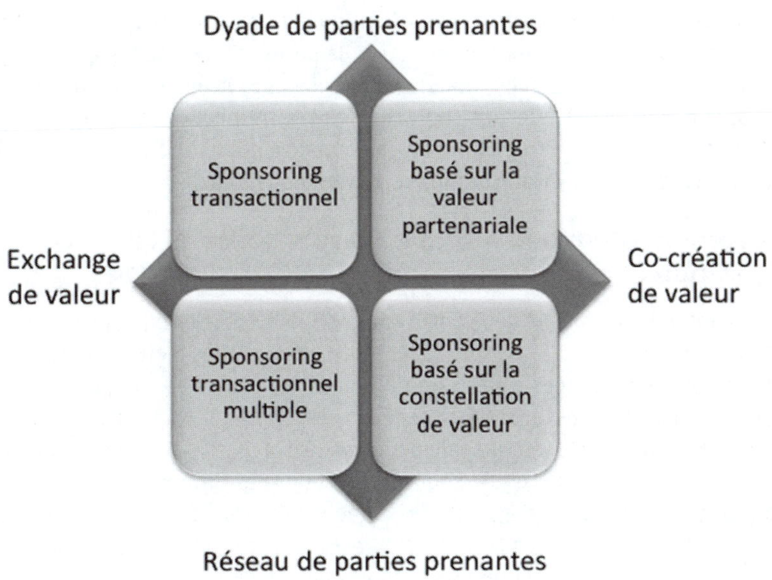

Figure 8.2 - Typologie des formes de sponsoring fondée sur le mode de production de la valeur, le nombre et la nature de la relation entre les parties prenantes

Ferrand, Torrigiani et Camps (2008) ont identifié sept dimensions à prendre en compte pour construire et mettre en œuvre une stratégie de sponsoring.

1. Convergence entre les objectifs des sponsors et des sponsorisés ;
2. Convergence entre la marque du sponsorisé et l'identité de marque désirée par le sponsor ;
3. Acceptabilité et gratitude ressentie relative à l'association entre le sponsor et le sponsorisé ;
4. Possibilités d'activer la marque du sponsor parmi les cibles de communication par le sponsor ;
5. Les ressources engagées, leur agrégation et leur gestion ;
6. Expérience liée à la marque ;
7. Compétitivité de l'offre en relation avec la concurrence directe (sponsoring) et indirecte (autres actions marketing).

Nous allons développer les points les plus importants dans le cadre du sponsoring olympique.

2.3.1 Convergence au niveau des objectifs

La première dimension concerne la capacité à atteindre les objectifs stratégiques et/ou marketing de l'entreprise à partir du sponsoring. Le sponsoring peut être à finalité commerciale, sociétale et environnementale. Nous avons souligné l'importance grandissante de la RSE en relation avec le développement durable. Dans ce contexte, les sponsors olympiques poursuivent des finalités sociétales auxquelles ils peuvent associer des objectifs commerciaux et/ou environnementaux. Ainsi, BMW, sponsor du LOCOG, s'inscrit dans une logique de développement durable sur laquelle il veut fonder ses performances commerciales. « Nous sommes fiers d'avoir été choisis en tant que partenaire automobile officiel pour les Jeux Olympiques et paralympiques de Londres 2012. Et tous les remerciements reviennent à notre programme EfficientDynamics. En combinant une performance maximale avec une dépense énergétique minimale, nous étions plus que capables de satisfaire les seuils d'émission de CO_2 fixés comme un défi pour les Jeux (...). Derrière nos technologies intelligentes se trouve la compréhension que même le plus petit changement peut faire une grande différence au niveau de la performance ; quelque chose que chaque athlète connaît. Dans les mois à venir, nous travaillerons autour des espoirs des Jeux pour voir comment nous pouvons activement les soutenir à travers notre expertise technique de leader mondial. Nous appelons cela le Programme de performance pour Londres 2012 de BMW. Observez cet espace. Cela va être un voyage étonnant. » (www.bmw.co.uk)

2.3.2 Convergence entre la marque du sponsorisé et l'identité de marque désirée par le sponsor

Nous avons indiqué dans le deuxième chapitre que le sponsoring constituait une alliance de marques. Dans ce contexte, la convergence entre les deux entités a été plus souvent examinée dans la perspective des personnes ciblées, afin d'évaluer le sens ou la logique d'une association particulière entre un sponsor et un sponsorisé (Cornwell, Weeks et Roy, 2005 ; Speed et Thompson, 2000). Cette convergence est globalement évaluée à partir du degré d'acceptation du sponsor dans l'environnement de l'entité sponsorisée et de la gratitude ressentie. Au niveau qualitatif, la convergence est analysée à partir des caractéristiques spécifiques et communes associées par les personnes ciblées aux entités concernées en relation avec les mécanismes psychologiqures de renforcement et de transfert. Ces caractéristiques peuvent être des attributs (*e.g.* Jeux Olympiques, anneaux olympiques), des conséquences ou bénéfices associés (*e.g.* performance, divertissement) et des valeurs (*e.g.* fair-play, respect).

Dans l'interaction entre un sponsor et la marque olympique, il existe des caractéristiques spécifiques à la marque olympique, des caractéristiques spécifiques à la marque du sponsor et des caractéristiques communes. Cette association, combinée à un processus d'activation de la marque du sponsor, est susceptible de renforcer les associations existantes ou de générer de nouvelles associations au niveau de la marque du sponsor. La figure 8.3 présente les trois processus résultant de cette interaction :

1. Transfert de certaines caractéristiques du sponsorisé vers le sponsor.
2. Renforcement des dimensions communes entre le sponsorisé et le sponsor.
3. Transfert de certaines dimensions du sponsorisé vers l'événement.

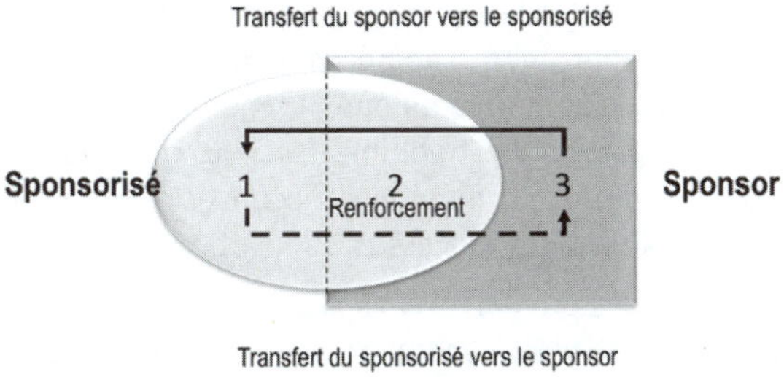

Figure 8.3 - Mécanismes de renforcement et transfert au niveau des associations

La compagnie Coca-Cola soutient les Jeux Olympiques, « principalement parce que nous partageons les valeurs de l'olympisme qui, en plus d'embrasser la vision d'un monde meilleur et plus paisible, encourage la découverte des capacités de chacun et promeut l'esprit de compétition, la poursuite de l'excellence et le sens du fair-play »[1].

2.3.3 L'activation de la marque du sponsor

L'activation du sponsoring constitue un facteur clé de succès. La façon avec laquelle celle-ci est mise en œuvre et gérée est aussi importante que l'investissement réalisé. Selon le manager du sponsoring de Coca-Cola, « l'activation consiste à rendre la marque plus active que passive. Quand une marque figure sur un panneau autour d'un stade, elle est passive. Quand les consommateurs peuvent la toucher (*e.g.* une bouteille ou canette de soda, un chapeau, un t-shirt avec une photo d'une équipe sportive sur lui, etc.), alors elle est active. C'est aussi le cas quand les consommateurs peuvent jouer aux jeux proposés par le sponsor au cours d'une démonstration. Chaque marque est activée par les moyens qui sont les plus profitables pour le sponsor. L'activation de la marque du sponsor est particulièrement importante pour les sponsors du programme TOP et des COJO, car ils ne peuvent pas apparaître dans les sites de compétition.

1. http://www.thecoca-colacompany.com/heritage/olympicgames_difference.html.

2.3.4 Lier la marque avec l'expérience olympique

Nous avons souligné l'importance de l'expérience olympique pour le CIO, les COJO et leurs parties prenantes. Les sponsors sont également particulièrement sensibles à cet aspect, car il s'agit pour eux de créer des expériences positives et uniques avec la marque. Par exemple, Coca-Cola s'est évertuée à « créer des expériences uniques et mémorables lors des Jeux Olympiques dans ses partenariats avec le CIO, les CNO et les comités d'organisation locaux dans les pays d'accueil des Jeux de chaque Olympiade. Nous avons, d'une façon proactive, élargi l'expérience du consommateur des Jeux Olympiques à travers des programmes innovants pour les personnes à travers le monde, indépendamment du fait qu'ils peuvent ou non assister à l'événement. Tandis que nos produits régénèrent les athlètes et les entraîneurs, le personnel et les bénévoles, et les médias et spectateurs des Jeux Olympiques, nos innombrables programmes promotionnels et communautaires dans les pays autour du globe aident à créer simultanément des souvenirs irremplaçables des Jeux pour les citoyens au niveau local. Par exemple, notre soutien du relais de la flamme olympique a permis à des millions de gens dans de nombreux pays – des personnes qui sinon n'auraient pas eu l'opportunité d'apprécier l'expérience olympique de près – d'être exposés à l'un des symboles les plus puissants dans le monde, la flamme olympique, et d'être témoins ou même de prendre part à une tradition des Jeux Olympiques »[2]. Cette stratégie de marketing expérientiel permet de lier la marque du sponsor avec l'expérience olympique des parties prenantes ciblées, en utilisant des processus d'activation.

Cet exemple montre que les parties prenantes ciblées peuvent être des clients de la marque avec une orientation marché en *B to B* (*e.g.* les supermarchés distribuant les produits Coca-Cola) et/ou *B to C* (*e.g.* les jeunes consommateurs de Coca-Cola) ; le personnel, dans une perspective de responsabilisation, de fidélisation et/ou de recrutement (*e.g.* les jeunes diplômés des universités) ; des partenaires qui collaborent avec une orientation réseau (*e.g.* une opération conjointe entre McDonald's et Coca-Cola).

2.3.5 Le modèle de sponsoring olympique

Les relations entre l'ensemble de ces dimensions s'intègrent dans le modèle du marketing olympique, que nous avons présenté dans le quatrième chapitre (figure 8.4). Celui-ci comprend au centre la convergence entre le sponsor et le système constitué par les trois parties prenantes olympiques. Il existe différentes combinaisons, selon qu'il s'agisse d'un programme de sponsoring national ou international.

Les parties prenantes concernées mettent en place un processus collaboratif visant à cocréer de la valeur au sein des différents systèmes de parties prenantes (*i.e.* marché, réseau, interne). Cette valeur peut avoir différentes orientations :

- sociétale (*e.g.* le Jeu des champions de McDonald's pour les Jeux Olympiques, qui rassemblera des enfants issus de tous les pays du monde pour vivre une expérience unique à Londres. Ce programme est conçu pour favoriser une approche équilibrée de la nutrition et pour encourager les enfants à pratiquer une activité physique) ;
- commerciale (*e.g.* McDonald's offrira un grand choix d'articles populaires du Royaume-Uni) ;
- environnementale (*e.g.* McDonald's montrera des fermes au Royaume-Uni qui travaillent pour minimiser leur impact environnemental et être aussi autosuffisantes que possible).

2. *Ibidem.*

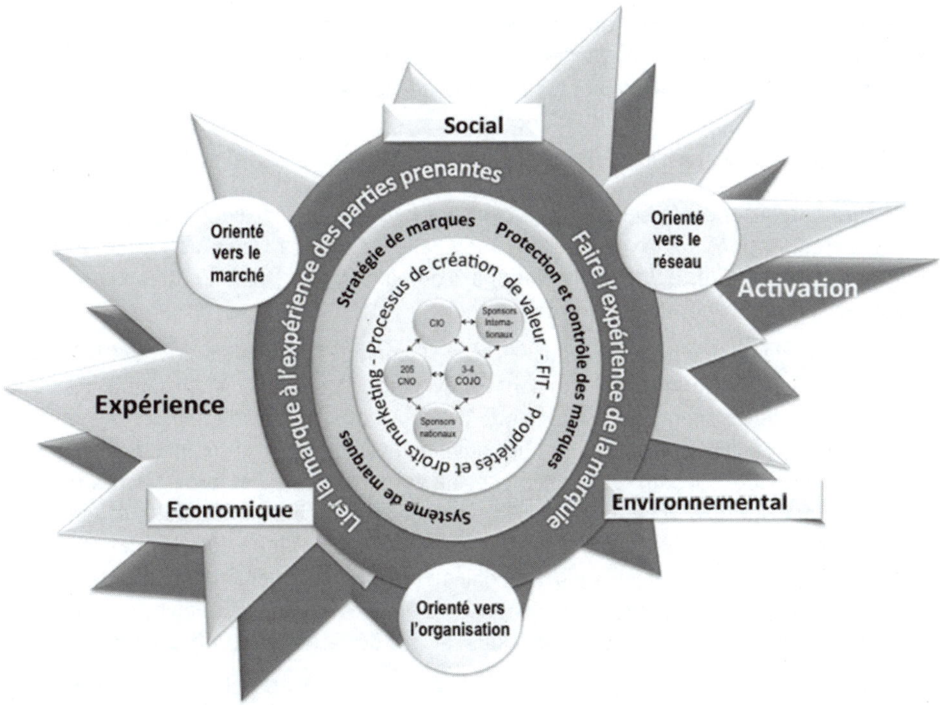

Figure 8.4 - Le modèle du sponsoring olympique dans une perspective relationnelle

La stratégie de marque occupe une place importante dans cette configuration, puisqu'il s'agit de développer le capital de la marque olympique et des marques qui y sont associées. Deux stratégies sont combinées : 1) faire l'expérience de la marque olympique, ainsi que les marques puissantes de certains sponsors et 2) lier les marques des sponsors qui sont moins attractives avec l'expérience olympique. Ces deux stratégies sont intimement liées à la force et à l'unicité de l'expérience olympique, ainsi qu'au processus d'activation du sponsoring. Les partenaires engagent et combinent pour cela des ressources financières, humaines, technologiques et matérielles.

Ce modèle permet de concevoir différentes configurations combinant les dimensions qui le constituent. Nous allons illustrer ce modèle en présentant les exemples de sponsors du CIO, d'un COJO et d'un CNO. Chaque exemple porte sur une configuration particulière conçue et mise en œuvre dans le cadre du sponsoring olympique.

2.4 Stratégie de Visa, sponsor du programme TOP

Visa est une entreprise mondiale qui facilite les paiements en apportant aux consommateurs, aux commerçants, aux banques, aux services publics et à tous les fournisseurs de services plus de rapidité, de sécurité et de simplicité. Elle leur permet d'utiliser de la monnaie digitale au lieu des chèques et des espèces, dans plus de 200 pays et territoires. Visa Inc. est le réseau de paiements électroniques de détail le plus large au monde, avec 5 600 milliards de dollars traités à l'aide de ses produits de paiement aux quatre coins du globe (au 30 juin 2011). La carte Visa joue un rôle pivot dans le développement des technologies et des produits de paiements novateurs, qui profitent à ses 15 500 établissements financiers membres et à leurs détenteurs de cartes.

2.4.1 Stratégie de sponsoring de Visa

Pour soutenir et renforcer sa marque, Visa a négocié des partenariats exclusifs avec un ensemble d'organisations sportives de classe mondiale, incluant la Fédération internationale de football association (FIFA), le CIO et la National Football League (NFL). L'entreprise motive ses choix dans la section *corporate* de son site Internet.

« Visa sponsorise des événements, tels que les Jeux Olympiques et paralympiques et la Coupe du monde de la FIFA (FIFA World Cup™), qui sont les événements sportifs les plus appréciés et célébrés dans le monde. Le sponsoring stratégique de VISA nous permet d'atteindre des audiences globales et locales et d'initier des programmes qui bénéficient à notre entreprise. Il permet également à nos clients de célébrer ces événements et de participer à des programmes marketing visant à développer notre activité. Ces opérations de sponsoring permettent d'augmenter le chiffre d'affaires de nos parties prenantes et de construire une affinité pour Visa et ses produits avec une audience globale. Elles facilitent également le développement et la progression de l'infrastructure de paiement dans les villes hôtes des Jeux Olympiques et aident à s'ouvrir à des économies dans des marchés émergents où nous faisons des affaires. » (Visa, 2011a)

Depuis 1986, Visa est sponsor du programme TOP. Il sera le sponsor exclusif de services de paiements et la seule carte acceptée dans les infrastructures des Jeux jusqu'en 2020. Cela concerne les Jeux Olympiques de Londres 2012, les Jeux d'hiver de Sotchi en 2014 (Russie), les Jeux de Rio de Janeiro en 2016 (Brésil), les Jeux d'hiver de Pyeongchang en 2018 (Corée du Sud), et les Jeux d'été de 2020. De plus, Visa était un partenaire des premiers Jeux Olympiques de la jeunesse à Singapour en 2010.

Selon Joseph Saunders (directeur général et président, Visa Inc.), « les Jeux Olympiques transcendent les frontières politiques et géographiques pour offrir une exposition internationale incomparable et un intérêt en termes d'audience sur une base globale, qui les rend attractifs pratiquement pour toutes les démographies. Ils se positionnent comme un des événements sportifs et culturels de premier ordre dans le monde et nous sommes enchantés de prolonger notre sponsoring jusqu'en 2020 » (Visa, 2011b [3]).

En tant que marque de services financiers la plus connue au monde, Visa recherche des partenariats qui correspondent à sa taille, à ses idées et à ses valeurs, ce qui est le cas du programme TOP.

2.4.2 Une forte convergence entre les marques

Visa croit que le sport a la capacité d'unir des personnes, des communautés et des nations. Il enrichit les vies des personnes et crée des opportunités pour le développement économique. « Dans le monde actuel, où la marque et la confiance ont tellement de sens, les Jeux Olympiques reflètent ce capital présent chez Visa – reconnaissance dans le monde entier, fiabilité, flexibilité et leadership. Sponsoriser les Jeux Olympiques apparaît un choix raisonnable en termes

3. http://corporate.visa.com/media-center/media-kits/olympic.shtml.

commerciaux pour Visa et pour nos clients. » (Visa, 2011c) Ainsi, les choix de cette entreprise en matière de sponsoring et de partenariat se concentrent sur le meilleur en matière de sport et de loisir, ainsi que sur des événements qui font écho à ses valeurs d'excellence, d'innovation, d'universalité et de performance. C'est le cas du CIO, des Jeux Olympiques et, globalement, du mouvement olympique.

Visa intègre donc le sponsoring olympique dans la stratégie relative à sa marque institutionnelle, afin de renforcer les valeurs associées et de légitimer son concept d'essence de marque, « Better Money for Better Living » (« un meilleur argent pour vivre mieux »), ce qui soutient la vision de Visa, « The Universal Currency of Life » (« la devise universelle de la vie »). L'entreprise précise cependant qu'elle ne porte pas seulement l'esprit et les valeurs des Jeux, mais qu'elle utilise aussi ce partenariat pour démontrer le leadership de la marque et accroître la préférence pour ses produits et services. Ainsi, en s'ancrant sur les valeurs d'excellence, d'innovation et de performance, Visa veut accroître ses parts de marché au niveau mondial.

Dans ce contexte, le sponsoring olympique et ses partenariats lui permettent de renforcer sa position de marque leader du marché, d'accroître l'acceptation de ses cartes sur de nouveaux marchés et d'améliorer la préférence pour ses produits et services. Pour atteindre cet objectif, il s'agit d'apporter des bénéfices tangibles tels qu'un système de paiement convivial, de confiance, commode, sûr et fiable, qui légitime le concept de « Better Money » (« meilleur argent »). Il est également essentiel de procurer une expérience émotionnelle positive avec la marque, ainsi qu'une « responsabilisation du choix, la richesse d'une expérience porteuse de sens et la paix intérieure liée au fait que votre carte Visa est acceptée et sécurisée, partout où vous allez » (Visa, 2011a).

2.4.3 Un partenariat étendu avec le mouvement olympique

Afin d'atteindre ses objectifs, Visa a développé en premier lieu un marketing relationnel à orientation réseau avec un certain nombre d'organisations du système olympique, afin d'avoir un impact sur les vies. L'engagement de Visa dans le sponsoring et son soutien au mouvement olympique, aux CNO et aux équipes nationales a contribué à assurer le succès permanent des Jeux Olympiques. Visa a fourni un apport financier direct pour organiser les Jeux, ainsi qu'une aide considérable à des milliers d'athlètes olympiques, à travers le soutien des CNO.

En outre, Visa apporte son aide aux équipes et aux athlètes olympiques à travers son programme global d'Équipe Visa (Team Visa), qui fournit à des athlètes une aide financière, des compétences relatives à la vie quotidienne ainsi qu'une exposition marketing, pendant qu'ils poursuivent leurs rêves olympiques. Team Visa sponsorise également un programme de conseil qui permet aux espoirs olympiques et paralympiques d'apprendre et d'être inspirés par les athlètes des Jeux précédents.

2.4.4 Un marketing relationnel avec une forte orientation vers le marché

Ce partenariat étendu avec le monde olympique lui donne la crédibilité et la légitimité nécessaire à la mise en œuvre d'un marketing relationnel, avec une forte orientation vers le marché. L'étude intitulée « Une opportunité en or : les dépenses et l'impact économique des Jeux Olympiques et paralympiques de Londres 2012 » (A golden opportunity : London 2012 Olympic and Paralympic Games expenditure and economic impact), réalisée en 2011 et commanditée par Visa Europe, estime qu'en termes de dépenses de consommation additionnelles nettes sur une période de sept semaines, la hausse nette en dépenses de consommation est estimée à 750 millions de livres, incluant une augmentation de 41 millions de livres au niveau des dépenses domestiques et une hausse de 709 millions de livres pour les dépenses internationales. Au cours de la présentation de cette étude, Colin Grannell, à la tête du marketing de partenariat de Visa Europe, a souligné l'importance de cet aspect. « Visa occupe la place idéale pour analyser l'impact des dépenses des consommateurs pendant Londres 2012 : plus de 1 £ sur 4 £ dépensées au Royaume-Uni est dépensée avec une carte Visa. C'est 1 € pour 8 € en Europe, où il y a actuellement 430 millions de cartes de débit, de crédit et commerciales Visa. Au cours des 12 mois jusqu'à mars 2011, ces cartes ont été utilisées pour faire des achats et des retraits d'argent pour un montant total de 1 600 milliards d'euros. Plus de 70 % de ces dépenses sont effectuées avec des cartes de débit Visa. Cette expertise dans les paiements électroniques et les 25 années d'histoire de Visa en tant que sponsor des Jeux Olympiques signifient que nous avons une intelligence et une perspicacité inégalée pour analyser et présenter les conditions de dépenses spécifiques créées par les événements sportifs majeurs. »

Ces données montrent l'importance de l'impact économique pour Visa. De plus, Visa est la carte de paiement exclusive, ainsi que le réseau de paiement officiel des Jeux Olympiques. En tant que seule carte de paiement acceptée, les cartes Visa de crédit, de débit, et prépayées doivent être utilisées pour acheter des billets pour les Jeux Olympiques, des produits dérivés officiels des Jeux, ou de la nourriture et des boissons dans les enceintes.

Lors de chaque édition des Jeux Olympiques, Visa met en œuvre et gère l'infrastructure et tout le réseau concernant le système de paiement dans les installations olympiques. Pour les Jeux de Vancouver, Visa a déployé plus de 800 terminaux dans les points de vente dans plus de 250 emplacements commerciaux olympiques au sein des enceintes, incluant toutes les installations pour les compétitions sportives, le centre de télédiffusion international, le centre de presse principal, le village des athlètes et le supermarché olympique. Visa installe aussi des distributeurs automatiques de billets au sein de l'enceinte des Jeux et, pour aider les visiteurs assistant aux Jeux, il y a deux distributeurs automatiques de billets mobiles itinérants disponibles, qui acceptent les cartes Visa.

2.4.5 « Building Business, Uniting the World »

Ce slogan témoigne que le marketing relationnel de Visa est également orienté vers le réseau, avec une finalité commerciale. Partout dans le monde, les partenaires de Visa peuvent utiliser le sponsoring olympique pour leurs campagnes de marketing, de communication et de promotion dédiées aux produits et services destinés aux titulaires de cartes, aux commerçants et aux employés. Les institutions financières et les marchands bénéficient grandement de la plateforme marketing des Jeux Olympiques de Visa, qu'ils utilisent pour se mettre en relation avec les détenteurs de cartes à un niveau qui va au-delà du commerce. Durant les Jeux Olympiques 2008 de Pékin, 573 institutions financières et 491 partenaires commerciaux du monde entier ont participé directement aux programmes promotionnels des Jeux Olympiques de Visa.

Visa fut aussi le premier à concevoir des programmes marketing liés à la ville d'accueil des Jeux Olympiques. Pour les Jeux Olympiques d'hiver 2010 de Vancouver, Visa s'est associé à Vancouver Tourisme et Whistler Tourisme pour promouvoir à la fois les séjours domestiques et internationaux dans ces magnifiques destinations.

Ces types d'initiatives sont développés et adaptés aux Jeux Olympiques de Londres, tout en s'inscrivant dans une démarche innovante. Les paiements mobiles constituent un axe prioritaire. Cela a conduit Visa et Samsung, sponsors mondiaux des Jeux Olympiques et paralympiques et acteurs majeurs du paiement sans contact, à unir leurs forces pour faire de Londres 2012 un tremplin pour cette technologie. Cette alliance a pour objectif de développer les paiements sans contact mobiles au Royaume-Uni et partout dans le monde. Samsung a spécialement conçu un téléphone mobile pour cette occasion, équipé d'une application de paiement sans contact Visa. Ce téléphone, disponible en amont des Jeux et jusqu'à la fin de l'événement, permettra d'effectuer des paiements de moins de 20 € de façon rapide, pratique et sûre.

L'alliance stratégique de Visa et Samsung est conçue pour perdurer sur le marché au-delà des Jeux Olympiques de 2012. Ces deux entreprises travailleront en collaboration avec les établissements financiers, les commerçants et les opérateurs de réseaux mobiles, afin d'offrir la simplicité, la sécurité et la fiabilité de la technologie sans contact Visa aux utilisateurs de téléphones mobiles partout dans le monde. Peter Ayliffe, directeur général de Visa Europe, a déclaré à ce propos que « Visa et Samsung partagent une même vision : tirer avantage de la notoriété que leur offre le parrainage des Jeux Olympiques et paralympiques pour le bénéfice des banques, des commerçants, des opérateurs mobiles et des consommateurs. Notre initiative nous permet non seulement d'ouvrir de nouvelles perspectives dans les partenariats olympiques, mais également de mettre à la disposition des consommateurs les solutions de paiement mobile et sans contact dès 2012, et au-delà. (...) Nous nous réjouissons à l'idée de travailler avec Samsung, les établissements financiers et les opérateurs mobiles pour assurer la réussite de cette initiative ».

2.4.6 La configuration stratégique du sponsoring olympique de Visa

Dans son document d'information aux médias, l'entreprise souligne les bénéfices liés au sponsoring et au partenariat avec le mouvement olympique.

- « Durant les 13 dernières éditions des Jeux Olympiques d'été et d'hiver, le sponsoring olympique a fourni à Visa une plateforme globale pour amplifier son message de marque parmi une base de fans passionnés au niveau mondial.
- La plateforme de sponsoring génère des transactions, soutient des objectifs de haut niveau pour la marque, promeut des attributs de produits spécifiques et facilite le développement et le progrès de l'infrastructure de paiement dans les villes d'accueil olympiques.
- Le partenariat olympique de Visa renforce la préférence pour ses produits et services et étend sa valeur à ses parties prenantes.
- Le sponsoring développe l'utilisation des produits, renforce l'image globale de Visa et augmente la notoriété de la marque.
- Le sponsoring fournit des opportunités marketing et publicitaires sur une base mondiale.
- Les programmes marketing uniques de Visa augmentent la notoriété, ainsi que la valeur de la propriété, pour les clients et les commerçants de Visa. » (Visa, 2011d : 1)

Ces résultats sont obtenus en mettant en œuvre un sponsoring dans le cadre d'un marketing relationnel à finalité commerciale, avec une forte orientation vers le marché et le réseau de partenaires. La convergence existe à la fois au niveau de la marque et des valeurs partagées avec l'olympisme (*i.e.* excellence, innovation, universalité, performance), ainsi qu'au niveau de l'impact mondial de l'événement sur les plans économique et socioémotionnel. Afin de générer l'expérience souhaitée avec la marque et générer des profits, Visa met en place des actions d'activation en direction de ses clients et de son réseau de partenaires. Ces différentes actions sont un levier supplémentaire pour apporter encore plus de valeur et d'intérêt aux porteurs de cartes, aux commerçants, aux différents acteurs du système de paiement ainsi qu'aux partenaires.

2.5 Stratégie de sponsoring d'un sponsor de COJO : Cadbury, sponsor du LOCOG

En octobre 2008, Cadbury devient sponsor officiel de Londres 2012. Il s'agit du second partenaire de deuxième niveau des Jeux de Londres 2012. En tant que sponsor officiel et fabricant de confiseries et de glaces, Cadbury a acquis les droits pour utiliser les marques de Londres 2012 sur ses produits, ainsi que les droits de marketing concernant les équipes britanniques olympiques et paralympiques. Pendant les Jeux, Cadbury fournira toutes les confiseries et les glaces vendues sur les sites et dans le parc olympique. Le montant du contrat avec le LOCOG est estimé à 507 millions d'euros, auquel s'ajoute une campagne de marketing d'un montant de 6,5 millions de livres, ce qui constitue une partie du total de 50 millions de livres investi par Cadbury dans l'initiative « Spots v Stripes », qui est partagée entre la publicité télévisée, l'activité numérique[4], les événements, les programmes communautaires, les relations publiques et la publicité extérieure.

Todd Stitzer, directeur général de Cadbury plc, a déclaré à cette occasion : « Depuis bientôt 200 ans, Cadbury fait partie de la société britannique et nous sommes extrêmement fiers de parrainer les Jeux Olympiques et paralympiques de Londres 2012. Depuis que John Cadbury a ouvert une chocolaterie à Birmingham en 1824, nous nous efforçons d'être une société performante guidée par des valeurs et une philosophie identiques à celles de l'esprit traditionnel des Jeux, à savoir inspiration, optimisme et communauté. » Il s'agit d'une opération de sponsoring qui associe la performance de l'entreprise à sa responsabilité sociale. La convergence avec les Jeux Olympiques de Londres est donc liée aux valeurs précitées. De plus, il est juste qu'une compagnie britannique qui fait figure d'icône soutienne les Jeux 2012 de Londres quand ils ont lieu dans le pays. Cadbury a une forte expérience dans le parrainage de grands événements sportifs, ainsi que des initiatives communautaires. Lors des Jeux Olympiques 2000 de Sydney, des Jeux du Commonwealth 2002 à Manchester et des Jeux du Commonwealth 2006 à Melbourne, Cadbury a réussi à impliquer les communautés ainsi que les volontaires pour soutenir ces événements.

Le 2 février 2010, Cadbury est devenue une partie de Kraft Foods, la deuxième plus grande entreprise alimentaire dans le monde, avec des revenus annuels de 49,2 milliards de dollars. Sa PDG, Irene B. Rosenfeld, insiste sur le fait que les produits de Kraft Foods sont délicieux. « Mais, pour nous, c'est plus que cela. Délicieux est aussi notre but d'entreprise... l'état d'esprit et la détermination que nous appliquons à tout ce que nous faisons et comment nous le faisons. C'est aussi pourquoi nous avons intitulé notre rapport « Créer un monde plus délicieux ». En tant qu'entreprise alimentaire mondiale, nous pouvons contribuer faire sortir les gens de la faim, de la pauvreté, et les conduire vers des styles de vie plus sains, à travers ce que nous faisons *et* comment nous le faisons (...). Nos priorités globales sont la sécurité alimentaire, la santé, le bien-être et la durabilité. Au-delà, nous sommes d'accord sur les buts, les stratégies et les actions. » (Kraft Foods, 2010 : 2) Le sponsoring de Cadbury s'est pleinement intégré dans le positionnement global de

4. L'activité numérique inclut les jeux en ligne, les annonces Facebook, VoD et SEO, à côté d'une campagne nationale de publicité en plein air.

Kraft Foods en incarnant son slogan « délicieuse est notre différence », en combattant la faim et en encourageant des styles de vie plus sains. Il s'agit d'un challenge car Cadbury est connu pour ses confiseries et ses barres de chocolat qui apportent du plaisir, mais qui en cas de consommation excessive conduisent à une alimentation déséquilibrée.

2.5.1 Cadbury, fournisseur officiel de plaisir des Jeux Olympiques et paralympiques 2012

En termes de business, l'accord pour devenir un partenaire de second niveau, signé à l'automne 2008, fait de Cadbury le fournisseur officiel de confiseries et de crèmes glacées préemballées de Londres 2012, et donne à cette entreprise le droit d'utiliser les marques de Londres 2012 sur son packaging, aussi bien que les droits marketing concernant l'équipe olympique et paralympique de Grande-Bretagne, au Royaume-Uni seulement. En dehors du Royaume-Uni, chaque droit est sujet à un accord local avec les CNO, les fédérations sportives, etc. Au moment des Jeux, Cadbury aura le droit exclusif d'offrir toutes les confiseries et les crèmes glacées préemballées au sein du parc olympique et dans les autres installations olympiques et paralympiques. Au printemps 2009, Cadbury a aussi annoncé que sa marque de chewing-gum Trident deviendrait un partenaire de troisième niveau pour Londres 2012.

L'entreprise travaille en collaboration avec le LOCOG et le gouvernement britannique pour faire partager l'expérience olympique à toutes les personnes résidant dans les zones où Cadbury opère. À Birmingham et dans les West Midlands, tout d'abord, où se trouve le siège de l'entreprise, mais également dans tous les lieux où l'entreprise possède un site. Cadbury s'inscrit dans le cadre d'un marketing social, qui s'appuie sur le fait que les Jeux Olympiques et paralympiques inspirent, et que les jeunes athlètes handicapés contribuent à changer les perceptions et les mentalités. « Les valeurs de Cadbury sont en ligne avec la philosophie des Jeux Olympiques portant sur l'inspiration, l'optimisme et la communauté et nous apporterons un esprit d'amusement, d'enthousiasme et d'excitation aux Jeux. ». Cadbury est également fortement lié aux valeurs paralympiques de courage, de détermination, d'inspiration et d'égalité. Ce sont les « valeurs qui ont soutenu nos affaires et nos collègues depuis près de 200 ans et nous avons l'intention de faire un effort important pour soutenir les athlètes paralympiques ».

Conformément à la politique générale de Kraft Foods, qui conçoit des produits délicieux tout en encourageant un mode de vie sain, les produits de Cadbury sont des cadeaux, qui apportent un moment d'amusement et de plaisir et un sourire sur le visage. Nous voulons apporter le même amusement, plaisir et sourire aux Jeux 2012. Ces produits pourraient être appréciés convenablement en tant qu'éléments d'une alimentation équilibrée et d'un mode de vie actif et sain. L'entreprise ne cible pas les jeunes enfants pour ces produits, et cela fait partie de la vision concernant l'alimentation pour Londres 2012. Cette vision « vise à saisir l'opportunité d'utiliser le pouvoir de changement des Jeux pour célébrer et promouvoir la variété et la qualité de la nourriture régionale britannique, afin d'insuffler un changement positif et durable dans l'événement, la restauration et l'hospitalité ; et de contribuer au programme d'action publique pour un mode de vie sain » (LOCOG, 2009 : 7).

2.5.2 L'activation du programme de Cadbury « Spots v Stripes »

La stratégie d'activation de Cadbury s'appuie essentiellement sur le programme « Spots v Stripes », qui vise à toucher des millions de gens de tous les âges et de toutes les couches de la société, redécouvrant le bonheur de jouer. Il s'agit d'un grand jeu gratuit. Les participants doivent s'inscrire dans l'un des deux camps : les Spots ou les Stripes, afin de participer à toute une série de jeux à la fois drôles et décalés. Il s'agit de se filmer en pleine représentation « cadburienne », de proposer des jeux pouvant être intégrés à la compétition, de participer aux événements organisés en parallèle de l'opération « Spots v Stripes on Tour », de devenir fan sur Facebook, de suivre le challenge sur Twitter ou Youtube, et enfin de voter pour ses vidéos préférées. Chaque victoire rapporte des points à l'internaute qui a joué et ceux-ci s'accumulent sur le compteur du camp qu'il a choisi. Cela permet de gagner des places pour assister aux Jeux Olympiques de Londres 2012.

« Spots v Stripes » est déjà en tournée dans le pays dans le cadre d'événements locaux et a accueilli cinq événements dans des grandes villes pendant l'été 2010. Cadbury a une tradition consistant à investir dans des communautés et dans le temps de loisir, c'est pourquoi « Spots v Stripes » a lancé une initiative de terrain consistant à jouer avec une équipe de plus de 2 000 employés et volontaires, soutenant les événements et réunissant les communautés à travers le jeu. En fait, Cadbury a inventé la première plateforme de jeu de marque en ligne et hors ligne, avec laquelle ses fans peuvent se divertir tout en participant à un challenge global.

Cadbury travaille en association avec le « National Charity Groundwork » et ces deux organisations ont conjointement :

- apporté des jeux à différentes personnes à travers le Royaume-Uni et l'Irlande, incluant des populations difficiles à atteindre et des groupes défavorisés ;
- réalisé cela en utilisant un réseau d'ambassadeurs des jeux communautaires ;
- recruté et formé 2 000 volontaires ;
- organisé 2 000 événements populaires, touchant 500 000 personnes, jusqu'en 2012 ;
- réhabilité six espaces proches de nos sites, financés par la Fondation Cadbury ;
- travaillé avec des centaines d'organisations communautaires.

Cadbury, qui a une longue histoire visant à encourager le volontariat, a créé un réseau d'ambassadeurs et de volontaires pour les jeux « Spots v Stripes ». Ils sont chargés d'impliquer les personnes ciblées et notamment des groupes défavorisés en utilisant la participation à ces jeux comme un catalyseur qui crée de la relation entre ces gens, qui impacte leurs vies et les aide à construire des communautés plus fortes. Cadbury travaille avec des organisations de volontaires locales, des groupes communautaires, des associations charitables, des jeunes et du personnel des clubs et des conseils locaux pour organiser des événements avec des jeux imaginatifs et pour stimuler la participation dans leurs secteurs. Les ambassadeurs encouragent et inspirent les employés à s'impliquer dans un ensemble d'action de volontariat, dans le cadre du programme de Cadbury pour Londres 2012.

Les commerçants peuvent utiliser « Spots v Stripes » pour construire des liens encore plus forts avec les communautés locales. Cette implication peut aider à renforcer la singularité d'un lieu de vente et favoriser la fidélité des consommateurs et leur appréciation concernant le service qui est offert. Les commerçants sont au cœur de la communauté, leurs magasins sont des lieux où les habitants se réunissent et découvrent ce qui se passe. C'est pourquoi il est important de renforcer cela.

Cadbury est également le sponsor officiel du programme « Games Maker » de Londres 2012. L'entreprise aidera le LOCOG à former d'excellentes équipes de « Games Maker » grâce à des jeux divertissants et conviviaux, organisés dans le cadre de programmes tels que la campagne « Spots v Stripes ». Les volontaires seront aussi récompensés pour leur travail intense avec un cadeau en chocolat. À travers « Spots v Stripes », Cadbury réactive aussi un héritage relatif au volontariat dans les communautés britanniques.

2.5.3 La configuration stratégique du sponsoring olympique de Cadbury

Le sponsoring de Cadbury est fondé sur une convergence au niveau des valeurs entre les Jeux Olympiques et paralympiques et la marque, ainsi qu'à une volonté d'associer une marque anglaise au plus grand événement sportif organisé dans ce pays. Il s'agit de susciter un engagement sans précédent autour de la marque, en permettant à l'ensemble de la population britannique de faire l'expérience de l'esprit des Jeux Olympiques.

Cadbury fonde également sa performance commerciale sur un engagement sociétal envers les communautés. Ce sponsoring est orienté vers le réseau, avec des partenaires tels que le gouvernement, les collectivités locales, les distributeurs de la marque, les ambassadeurs ; mais aussi une orientation interne, en promouvant notamment le volontariat auprès de son personnel, ainsi qu'une orientation vers le marché en cherchant à développer une relation avec les consommateurs en proposant des produits délicieux, combattant la faim et encourageant des styles de vie sains.

L'association de Cadbury avec les Jeux Olympiques en tant que fournisseur officiel de confiserie pour les Jeux Olympiques et paralympiques de Londres 2012 consolide l'engagement commercial, marketing et relatif au merchandising de l'entreprise et de ses employés, jusqu'à Londres 2012 et au-delà. L'activation est fondée essentiellement sur le programme « Spots v Stripes », qui joue le rôle de catalyseur pour la participation aux jeux ainsi qu'aux événements communautaires.

2.6 Le sponsoring d'Unilever, sponsor du COIB et du CPB

Unilever est une entreprise anglo-néerlandaise qui possède de nombreuses marques mondiales de produits de grande consommation dans les domaines de l'alimentation, des boissons, des produits de nettoyage et d'hygiène de la personne. En 2010, son chiffre d'affaires au niveau mondial était de 44,3 milliards d'euros. Ses produits sont vendus dans plus de 180 pays et les consommateurs du monde entier achètent 170 milliards de produits Unilever chaque année. Plus de 167 000 personnes travaillent pour Unilever. La diversité est une composante majeure de cette entreprise. Celle-ci s'applique à construire une véritable culture d'intégration, sans distinctions liées au sexe, à la nationalité ou au handicap.

« Depuis qu'Unilever a été créée, dans les années 1890, les marques avec une mission sociale ont été au cœur de notre entreprise, et maintenant la responsabilité sociale d'entreprise conditionne notre stratégie. En 2010, nous avons lancé le programme de vie durable d'Unilever (Unilever Sustainable Living Plan). Un groupe de cibles ont été déterminées pour nous aider à atteindre notre objectif, qui consiste à faire croître notre activité tout en minimisant notre impact sur l'environnement. Pour enraciner le développement durable à chaque étape du cycle de vie de nos produits, nous travaillons avec nos fournisseurs pour soutenir des approches responsables de l'agriculture. Nous apprenons aussi des ONG *(organisations non gouvernementales)* et autres organisations, reconnaissant que construire une activité vraiment durable n'est pas quelque chose que nous pouvons faire sans les conseils d'experts. Nous croyons qu'en tant qu'entreprise, nous avons une responsabilité vis-à-vis de nos consommateurs et des communautés dans lesquelles nous opérons. Au niveau mondial, nous investissons dans les économies locales et nous développons les compétences des personnes dans et en dehors d'Unilever. À travers notre activité et nos marques, nous gérons une gamme de programmes pour promouvoir l'hygiène, la nutrition, la responsabilisation et la conscience environnementale. » (Unilever, 2011a)

2.6.1 La stratégie de sponsoring et de partenariat d'Unilever

Conformément à la mission d'Unilever, qui consiste à ajouter de la vitalité à la vie des personnes, les partenariats doivent permettre à cette entreprise d'apporter une contribution à la communauté. « Avec nos marques et nos partenariats, nous souhaitons aider les gens à se sentir mieux, à avoir bonne mine et à profiter davantage de la vie. » (Unilever, 2011a) Ainsi, les actions en matière de sponsoring et de partenariats se concentrent sur trois secteurs qui contribuent, chacun à leur manière, à cet apport de vitalité : le sport et l'exercice physique, la nature et l'environnement et la culture.

Unilever développe des partenariats au niveau local et mondial. Au niveau mondial, Unilever sponsorise notamment le programme alimentaire mondial des Nations Unies. Cette société agit également dans ce cadre en Belgique. Dans le secteur sportif, elle est le partenaire du COIB (Comité olympique et interfédéral belge) et du CPB (Comité paralympique belge). En effet, la vitalité est le fruit non seulement d'une bonne alimentation et de soins personnels attentionnés, mais également de la pratique d'un sport. En soutenant la pratique sportive en Belgique à l'aide de partenariats avec ces deux organisations, Unilever contribue activement à la vitalité des personnes.

2.6.2 Unilever, partenaire du mouvement olympique et paralympique belge

Comme nous l'avons indiqué, le partenariat d'Unilever avec le COIB et le CPB se situe dans le cadre de la responsabilité sociale de l'entreprise (RSE). Il a pour objectif de soutenir le sport, d'améliorer la vitalité des personnes, d'œuvrer pour qu'elles se sentent bien et qu'elles profitent mieux de la vie en étant physiquement actives en pratiquant une activité sportive, tout en ayant une alimentation et des soins personnels de qualité. Dominique Leroy, Managing Director d'Unilever Benelux, détaille les raisons de ce partenariat. « Le COIB et le CPB sont des valeurs établies en Belgique. En partenariat avec ces deux comités, Unilever soutient le sport de haut niveau en Belgique afin que nos sportifs nationaux puissent briguer des podiums lors de grandes compétitions comme les Jeux Olympiques et les Jeux paralympiques. En Belgique, Unilever est également synonyme de grande marque, de talent reconnu et d'excellentes performances. Bref, une combinaison idéale. En tant qu'entreprise, nous sommes convaincus qu'alimentation saine et activité physique vont de pair dans un mode de vie sain. Unilever et le COIB, Unilever et le CPB : partenaires dans le sport, partenaires dans la vitalité. » (Unilever, 2011d)

Ces deux partenariats constituent les fers de lance de la politique de sponsoring d'Unilever en Belgique. Selon Unilever Belgique, le sport est important pour trois raisons principales.

- « Nous voulons œuvrer à un avenir meilleur, jour après jour. Avec nos marques bien connues, nous aidons les gens à se sentir bien, à avoir bonne mine et à mieux profiter de la vie. Cela nécessite non seulement une alimentation et des soins personnels de qualité, mais également la pratique d'un sport. Par ces partenariats, nous voulons attirer l'attention sur l'importance de l'activité physique. »

- « Ce sponsoring nous permet, en Belgique, d'associer les anneaux olympiques à plusieurs de nos marques grand public. Nous voulons ainsi renforcer et développer la position de nos marques sur le marché belge, par des campagnes ludiques et de qualité. »
- Le sponsoring procure à Unilever Belgium une base à partir de laquelle nous pouvons continuer à développer en interne une culture d'entreprise placée sous le signe de la vitalité. » (Unilever, 2011b)

Ce partenariat permet à Unilever de s'intégrer dans le réseau du COIB et du CPB. Le COIB est une structure interfédérale qui est l'émanation des 76 fédérations sportives nationales, généralement divisées en deux, voire trois, ligues communautaires. Ce réseau regroupe 20 000 clubs sportifs et 1 500 000 sportifs actifs. Le Belgian Paralympic Committee s'adresse, aux sportifs souffrant d'un handicap moteur, visuel, auditif ou intellectuel, à tous les niveaux : du sport de loisir jusqu'au sport de haut niveau. Il a deux membres : la Ligue handisport francophone et la Vlaamse Liga Gehandicaptensport (flamande).

2.6.3 La configuration stratégique du sponsoring olympique d'Unilever

La stratégie de sponsoring d'Unilever s'intègre totalement à la stratégie de l'entreprise, qui fonde son développement sur une politique de responsabilité sociale, afin de contribuer à améliorer la santé et le bien-être des gens, tout en réduisant l'impact environnemental de l'entreprise et en améliorant les conditions de vie de ses partenaires dans les pays en développement. Selon le plan de vie durable d'Unilever :« Nous avons des plans ambitieux pour faire croître notre entreprise, en créant des emplois et des revenus pour tous les foyers qui sont liés à notre succès. Mais la croissance à n'importe quel coût n'est pas viable. Nous devons développer de nouvelles manières de faire du commerce, qui augmenteront les bénéfices sociaux des activités d'Unilever, tout en réduisant dans le même temps nos impacts environnementaux. C'est pourquoi nous avons créé le plan de vie durable d'Unilever. » (Unilever, 2011c)

Le choix du partenariat avec le COIB et le CPB permet à l'entreprise de promouvoir le sport et la pratique physique sur l'ensemble du territoire belge, avec ses 20 000 clubs et ses 1 500 000 licenciés, et de soutenir le sport de haut niveau en permettant aux athlètes de participer aux Jeux Olympiques et paralympiques, ce qui permet de lier grandes marques, talents et excellentes performances.

Par ailleurs, les événements mondiaux que constituent les Jeux Olympiques permettent d'activer certaines de ces marques, en collaboration avec des chaînes de magasins. Ainsi, pour les Jeux de Pékin, Rexona for Men a par exemple lancé le Sudorimètre Rexona aux Pays-Bas. Des efforts intenses permettaient de gagner un voyage VIP dans la capitale chinoise, pour soutenir les joueurs de l'équipe olympique néerlandaise de football entraînée par Foppe de Haan. En Belgique, Unilever s'est mis en quête des deux « familles les plus olympiques », en collaboration avec la chaîne Delhaize, sponsor du COIB, en proposant des jeux interactifs sur Internet et en organisant ensuite un véritable camp d'entraînement pour dix familles, en compagnie de l'équipe athlétique belge. Elles pouvaient remporter un voyage pour Pékin afin d'encourager l'équipe olympique.

3. SPONSORING DE VANCOUVER 2010 : RBC ET LE RELAIS DE LA FLAMME OLYMPIQUE

La Banque Royale du Canada (RBC) est la plus importante banque au Canada et fait partie des plus grandes banques du monde (RBC, 2011b). Elle emploie plus de 74 000 personnes et revendique plus de 15 millions de clients à l'échelle de la planète (RBC, 2011b). La Banque Royale du Canada est un partenaire de longue date du sport amateur et du mouvement olympique au Canada. Elle est, en réalité, le sponsor le plus constant de tous les comités nationaux olympiques du monde, grâce à son partenariat avec le Comité olympique canadien, qui a débuté en 1947 (RBC, 2011a). En fait, la RBC avait sponsorisé le club de hockey les Flyers de l'ARC (Aviation royale canadienne), afin de leur permettre d'assister aux Jeux Olympiques d'hiver à Saint-Moritz en Suisse, au titre de représentants du Canada (RBC, 2011a). Depuis cette époque, la banque a continué de s'impliquer activement dans le mouvement olympique au Canada en sponsorisant des activités olympiques connexes telles que les Jeux olympique d'été 1976 à Montréal, l'académie olympique canadienne et les Jeux Olympiques d'hiver 1988 à Calgary. RBC a aussi créé ses propres programmes olympiques, y compris le « Programme des olympiens RBC », dans lequel la banque offre de l'aide et des emplois aux athlètes canadiens, ainsi qu'une série de pièces de monnaie courantes et de collection pour les Jeux de Vancouver 2010. Le sponsoring des Jeux olympiques d'hiver 2010 a été un franc succès. La manager de la marque de RBC, M. Jim Little, l'exprime en ces termes : « Le parcours de la flamme olympique, et l'engagement total de RBC dans les Jeux de Vancouver a surpassé tout ce que nous pensions réaliser. » (Willis, 2010)

3.1 Pourquoi le sponsoring olympique ?

La décision de RBC de s'impliquer dans les Jeux Olympiques de Vancouver 2010 représentait une extension naturelle de son soutien à long terme des sports amateurs et du mouvement olympique au Canada. De plus, RBC était un des sponsors importants de la candidature de Vancouver pour les JO de 2010. Il devenait logique que RBC tienne à acquérir les droits de sponsoring suite à l'obtention des Jeux par Vancouver. En 2005, on annonça que RBC devenait le tout premier partenaire national du COVAN pour les JO de Vancouver, avec un engagement de 110 millions de dollars (Willis, 2010). Dans son rôle de sponsor olympique, RBC a utilisé son partenariat au niveaux interne et externe grâce à la création de ses propres programmes olympiques reliés aux JO, à l'équipe olympique du Canada et à son engagement dans les trois programmes d'extension de la marque au Canada, qui incluent :

- Programme scolaire olympique canadien : programme d'apprentissage axé sur l'école pour les élèves des niveaux 2-12, conçu dans le but d'inspirer les jeunes à devenir « plus vifs, meilleurs et plus forts », en encourageant les élèves à explorer les valeurs olympiques tout en assurant la promotion d'un mode de vie sain et actif. Ces programmes ont atteint plus de 10 000 classes à l'échelle du Canada.
- À nous le podium 2010 : lancé en 2005, à titre d'initiative nationale soutenu par toutes les organisations de sport d'hiver et les partenaires de financement principaux (COVAN, gouvernement du Canada, Comité olympique canadien, Comité paralympique canadien et les sponsors) et conçue dans le but d'aider les athlètes d'hiver canadiens à remporter le plus grand nombre de médailles lors des Jeux Olympiques d'hiver 2010 à Vancouver.

- Le relais de la flamme Olympique (RFO) de Vancouver 2010 : une course de 106 jours qui était essentiel pour la vision du COVAN de faire des Jeux de 2010 les Jeux du Canada. Le relais olympique a parcouru plus de 25 000 km et a été transporté par plus de 12 000 porteurs de flambeau. RBC est devenue un partenaire du relais en 2008, avec le partenaire TOP Coca-Cola.

3.2 Objectifs de sponsoring et relais de la flamme olympique (RFO)

Les objectifs de RBC concernant leur sponsoring des Jeux Olympiques d'hiver englobent trois facettes principales : 1) *objectifs d'affaires* – afin d'agir positivement sur les indicateurs de mesure de la fidélité, d'augmenter la considération ainsi que le chiffre d'affaire. 2) *objectifs concernant les employés* – engagement des employés et fierté ; 3) *objectifs relatifs à la marque* – la réaffirmation des valeurs de la marque en ce qui concerne le rendement et l'excellence, tout en renforçant les valeurs de la marque pour les rendre accessibles et empathiques (Cushnan, 2010). Ces trois objectifs primordiaux se situaient au cœur de tous les programmes de commercialisation/activation de RBC élaborés autour des Jeux Olympiques d'hiver 2010, y compris le RFO. Mais il est important de noter que le RFO a été offert en tant que propriété distincte et, comme tel, n'était pas incorporé dans le sponsoring olympique original de RBC d'une valeur de 110 millions de dollars, signé avec le COVAN en 2005. La décision de sponsoriser le RFO est venue en 2008, alors que les campagnes de commercialisation olympique étaient planifiées et financées et que le monde faisait l'expérience de l'un des pires effondrements financiers des récentes années. En réalité, la situation était si mauvaise que Jim Little de RBC décrivait la situation comme suit : « Plusieurs cadres dirigeants de la banque étaient recroquevillés sous leurs bureaux, dans une position fœtale, lorsque ces décisions de sponsoring étaient examinées. Les banques réduisaient les dépenses à gauche et à droite. » (Willis, 2010) Malgré ces moments particulièrement difficiles, les cadres dirigeants de RBC ont reconnu qu'une association avec le RFO permettrait à l'entreprise de se valoriser dans le cadre des JO à l'échelle du pays. Tout comme l'explique Jacqueline Ryan, directrice de la commercialisation des JO de RBC, « le défi dans un pays de l'importance du Canada est de jauger l'influence des Jeux Olympiques et de rendre le tout pertinent dans toutes les composantes de notre pays, parce que les Jeux, franchement, se déroulent à Vancouver, sur la côte ouest, et pas sur la côte est, et quelquefois nous nous débattons au niveau de la pertinence dans le cadre de notre activation de la commercialisation. Le relais de la flamme olympique offre un intérêt immédiat » (Cushnan, 2010).

3.3 Programmes d'activation : le relais de la flamme olympique

Alors que RBC élaborait un certain nombre de programmes de commercialisation qui soutenaient ses principaux objectifs en tant que sponsor olympique, ce sont des valeurs plus douces et plus axées sur la communauté, soit « d'être accessible et empathique », qui ont offert la meilleure convergence entre RBC et les objectifs du RFO. Le relais de la flamme olympique est sans aucun doute une des propriétés clés dans le cadre du mouvement olympique, qui s'adresse directement aux valeurs sociales principales ; en faisant le lien avec ces propriétés, RBC a été en mesure d'atteindre plusieurs des objectifs cités. Le parcours de la flamme olympique pour les Jeux de Vancouver a duré plus de 3 mois (106 jours), et la torche s'est déplacée d'un océan à l'autre, couvrant plus de 45 000 km, à travers 1 000 villes et villages. Celle-ci a été transportée par plus de 12 000 Canadiens (RBC, 2008b).

L'implication de RBC dans le relais concernait plusieurs facettes et comprenait :

- une aide au niveau du financement général et pour le développement global du relais de la flamme olympique ;
- le concours du porteur de la flamme olympique : RBC a invité les Canadiens « à créer un Canada meilleur » en partageant leur engagement personnel sur Internet, dans le but de réaliser quelque chose de petit ou de grand dans leur vie quotidienne, qui ferait du Canada un endroit encore meilleur pour vivre. Les Canadiens qui avaient fait part de leur engagement en ligne avaient la chance de devenir porte-flambeaux ;
- RBC a jumelé son concours national du porteur de la flamme olympique avec le programme scolaire olympique canadien, en donnant aux étudiants et aux professeurs du Canada une chance supplémentaire pour faire partie du relais de la flamme olympique, réalisant ainsi un engagement de groupe afin de créer un Canada meilleur. Les engagements devaient respecter un des trois thèmes suivants, soit la communauté, la durabilité ou la santé.
- les autochtones ont aussi été sélectionnés par RBC, grâce à divers programmes au Canada ;
- les employés, les clients et d'autres invités d'honneur de RBC ont aussi été invités à participer au RFO.

D'autres programmes RFO ont été créés par RBC, y compris des mesures qui ont été prises afin de réduire l'empreinte carbone du relais, et un engagement de plus de 5,3 millions de dollars de la Fondation RBC, afin d'offrir de l'argent à des causes, ou charités locales, dans 180 villes ou villages sur le parcours de la flamme olympique (RBC, 2010). Les concours de porteurs de la flamme étaient l'une des plus grandes opérations d'activation de RBC dans le contexte du RFO et ont permis aux Canadiens, employés, clients, enfants d'âge scolaire, enseignants et autres (anciens olympiens, personnalités, etc.) de faire partie des personnes qui ont transporté le flambeau. Les porteurs de la flamme de RBC englobaient plus de 2 300 Canadiens sélectionnés dans le cadre de concours RFO, 16 écoles gagnantes avec 20 enfants et enseignants de chaque école, 800 employés et plus de 800 clients, leur permettant ainsi de s'engager activement dans le mouvement olympique et de placer RBC au cœur du soutien, au niveau communautaire, pour les valeurs sociales des Jeux. Le Programme RFO a été entièrement appuyé par RBC grâce à un programme de promotion qui englobait la publicité (annonces éclairs à la télévision, journaux, revues, etc.), des campagnes ciblées et de marketing direct, plus de 1 200 succursales et bureaux avec les thèmes olympiques « aspect et convivialité », Internet, les groupes de médias sociaux, etc. Le RFO a donné à la RBC une plateforme incroyable pour créer un réseau avec de nombreux intervenants, tel que décrit dans le tableau 8.4. Le tout englobait des officiels du gouvernement du Canada, des gouvernements provinciaux, des chefs de file de plus de 1 000 municipalités impliquées dans le RFO, d'autres sponsors nationaux et fournisseurs, des milliers d'écoles, des partenaires médiatiques, des officiels clés du Comité olympique canadien et du COVAN. De plus, tous ces acteurs ont activement assuré la promotion du RFO, tel que décrit dans la figure 8.5.

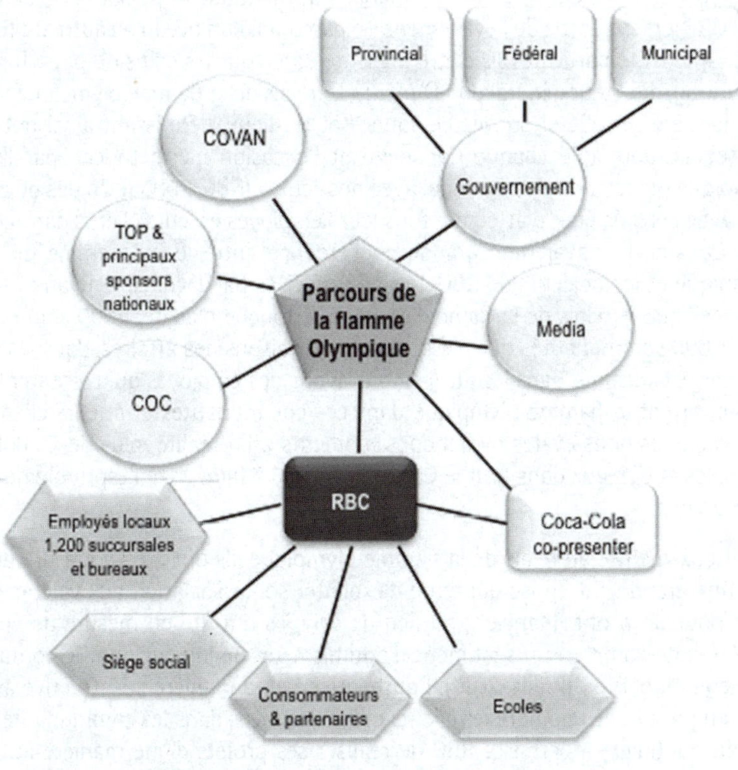

Figure 8.5 - Acteurs impliqués dans le Parcours de la flamme olympique 2010

3.4 Résultats

Pour RBC, un des résultats essentiels du parrainage du relais a été non seulement l'opportunité de se différencier des autres banques au Canada, mais aussi une chance de trouver sa place dans une longue liste de sponsors possédant un profil élevé, tels que McDonald's et Visa. Le relais de la flamme olympique a permis d'atteindre un niveau de notoriété inespéré auprès du public canadien, avant même que les Jeux ne débutent. Ceci a permis de positionner RBC comme un partenaire de premier plan, longtemps avant que les autres partenaires TOP et nationaux ne commencent à exploiter et à valoriser leur sponsoring. Tel que stipulé par RBC, « il s'agissait d'une victoire même avant que les Jeux ne débutent » (Willis, 2010).

Même si la différenciation était importante, le résultat le plus notable pour RBC était sans aucun doute sa capacité à puiser dans le cœur social des valeurs olympiques et à se connecter directement avec la mission consistant à organiser les « Jeux du Canada ». Le relais de la flamme olympique a été perçu par les sponsors et les organisateurs comme la clé pour traduire la vision stratégique de la marque pour Vancouver 2010. Les Jeux ont été affichés comme les Jeux du Canada, mais dans un pays aussi grand, les organisateurs ont fait face à des obstacles importants pour offrir les JO à tous les Canadiens d'une manière authentique et personnelle, et leur permettre de faire véritablement partie de l'événement. Le parcours d'un océan à l'autre du RFO a cependant permis à une petite partie des JO d'être présente dans tous les coins du pays. Tout comme le disait John Furlong, directeur général du COVAN : « Le relais de la flamme olympique verra plus de 100 jours de lumière se refléter sur les personnes et les lieux, définissant ainsi notre caractère national (...) et assurant que chaque Canadien ait l'occasion d'être touché par l'esprit de la flamme olympique et crée un lien personnel avec nos Jeux. » (RBC, 2008a) Un des objectifs principaux de RBC avec le relais était d'atteindre tous leurs employés et leurs clients dans chaque communauté du Canada. Il y avait une grande convergence entre le programme du relais de la flamme olympique et les objectifs de RBC, tels que précisés par Jacqueline Ryan : « Il est important de souligner que le relais de la flamme olympique touche plus de 1 000 communautés, qui représentent 1 000 communautés dans lesquelles nous faisons des affaires, dans lesquelles nous avons des agences bancaires, dans lesquelles nous avons des employés qui ressentent de la fierté parce qu'ils apportent la flamme olympique dans ces communautés et à leurs clients avec lesquels ils ont vécu des bons et des moins bons moments ». En réalité, plus de 55 000 employés, 1 200 succursales et bureaux dans tout le Canada ont aidé à faire vivre l'esprit olympique au sein de leur communauté.

En s'associant eux-mêmes au relais de la flamme olympique, ils ont été en mesure de dissiper le stéréotype d'une grande entreprise qui tente d'exploiter son association aux valeurs sociales des JO purement pour un profit financier ; au lieu de cela, ils ont été en mesure de créer quelque chose qui a été noté comme « un sentiment d'optimisme et de joie incluant le contact du client dans chaque communauté » (Willis, 2010). L'authenticité et la manière constructive avec lesquelles RBC a été en mesure de rejoindre les clients et les employés dans les communautés où ils font des affaires au quotidien, a permis à RBC de réaliser ses projets d'une manière authentique et constructive pour ses intervenants. Tel que suggéré précédemment, les employés de RBC étaient fiers d'avoir apporté la flamme dans leur propre ville, et des communautés entières se sont senties directement impliquées dans un événement qui se tenait, dans plusieurs cas, à plusieurs kilomètres d'eux. Ceci leur a permis de « participer à la célébration et à l'excitation des JO... en réussissant à relier tous les Canadiens avec Vancouver 2010 et ce que cela représentait » (RBC, 2008a). Cet événement a offert à RBC une occasion unique d'être présent dans des communautés, ce qu'elle ne pouvait pas réussir avec ses autres activités commerciale (RBC, 2010). À la fin, il s'agissait d'un partenariat mutuellement bénéfique pour le COVAN et RBC, ce qui a permis la cocréation de valeur pour la marque, dans le cadre de cette opération de sponsoring. Le comité d'organisation des Jeux a été en mesure d'atteindre son objectif consistant à promouvoir les Jeux Olympiques de Vancouver comme les « Jeux du Canada », et RBC a été en mesure d'utiliser les valeurs sociales situées au cœur du mouvement olympique, ce qui reflète bien son engagement vis-à-vis des communautés, des personnes et des lieux qui représentent le fondement de cette entreprise.

3.5 La configuration stratégique du sponsoring olympique de RBC

Le sponsoring de RBC se fonde sur la convergence entre les valeurs de la marque et celles du RFO, avec le désir partagé d'associer sa marque avec les JO et l'un de leurs plus importants symboles, la flamme olympique. Ceci a permis à RBC de générer un lien émotionnel sans précédent avec la marque, en permettant à ses 1 200 succursales et 75 000 employés de se mettre en relation avec des millions de Canadiens et de faire l'expérience de l'esprit des Jeux Olympiques.

Telle qu'illustrée dans la figure 8.5, la configuration sponsoring de RBC avait clairement une orientation de réseau (*e.g.* gouvernements, clients, écoles, sponsors) ; une orientation interne (*e.g.* implication du siège social, en plus de 1 200 succursales et bureaux dans tout le Canada) ; et une orientation de marché qui visait le développement de liens avec les clients, en offrant une « expérience d'une vie » en participant au relais de la flamme olympique. De plus, RBC a utilisé un certain nombre de programmes (*e.g.* programmes récompensant la fidélité, programmes d'encouragement, etc.), qui ont contribué à atteindre les objectifs commerciaux et qui ont eu un impact positif sur les indicateurs d'affaires, de fidélité, de considération et de revenus.

3.6 Quel a été le niveau de réussite du sponsoring olympique de RBC ?

Selon le système de suivi de la notoriété de la marque de Neilson, RBC demeurait constamment au quatrième rang parmi les partenaires olympiques en ce qui concerne la notoriété, au cours des années qui ont conduit au relais de la flamme olympique. Cependant, à la fin du RFO, il avait surclassé McDonald's et figurait au premier rang des sponsors des Jeux reconnus par le public (Willis, 2010). Ce qui était encore plus prometteur, c'est le fait qu'il a maintenu sa position comme sponsor numéro un des JO au niveau de la notoriété spontanée de la marque auprès des consommateurs, durant et après les JO (RBC, 2010). De la même façon, dans le suivi de l'évolution de la valeur du capital marque, RBC s'est aperçu que non seulement il s'était classé pour la première fois au premier rang parmi les institutions financières canadiennes, mais qu'il avait surclassé un concurrent auquel il est constamment confronté (RBC, 2010). On peut affirmer sans aucun doute que ce programme de marketing olympique mis en œuvre par le sponsor national RBC durant les Jeux Olympiques d'hiver 2010 a été fructueux pour lui-même, le COVAN et tous les intervenants.

Conclusion

Nous avons montré, au cours de ce chapitre, l'importance des sponsors dans le système olympique. Des entreprises s'intègrent dans ce réseau en signant un contrat avec une organisation qui détient des droits marketing. La distribution actuelle des droits définit deux catégories de sponsors. Il s'agit des partenaires du programme international TOP, géré par le CIO, et des sponsors des programmes nationaux des COJO et des CNO. Le système hiérarchique est piloté et contrôlé par le CIO. La priorité est accordée aux sponsors internationaux qui bénéficient de l'exclusivité dans des catégories de produits qui leur sont réservées. Les sponsors nationaux ne peuvent s'intégrer que dans les catégories de produits laissées libres par le CIO.

Nous avons modélisé le sponsoring olympique à partir de six dimensions. La première concerne la convergence entre l'entité sponsorisée et le sponsor. Cette convergence est liée généralement aux caractéristiques de la marque relatives à ses valeurs, à ses attributs ainsi qu'aux bénéfices liés à ces attributs. Il est important de souligner que certains sponsors, tels que BMW, choisissent de sponsoriser plusieurs entités dans le cadre du système olympique, pour être présents sur leurs marchés clés.

La deuxième dimension est relative aux objectifs du sponsoring. Il s'agit généralement d'une combinaison entre des finalités sociétale, commerciale et environnementale. Il est important de souligner l'importance de la finalité sociétale pour les sponsors. Celle-ci sert souvent de base à leur développement commercial, comme c'est le cas pour Unilever.

La troisième dimension concerne le mode de création de valeur entre les parties prenantes. Les exemples que nous avons présentés montrent que les organisations détentrices des droits et leurs sponsors conçoivent et mettent en œuvre des stratégies de coproduction de valeur au sein de la constellation des parties prenantes. Dans ce contexte, sponsors et sponsorisés combinent leurs ressources financières, humaines, techniques et matérielles. Le sponsoring peut néanmoins s'effectuer dans le cadre d'un marketing transactionnel fondé sur l'échange de valeur.

La quatrième dimension prend en compte les parties prenantes ciblées et impliquées dans cette opération. Ainsi, pour les Jeux Olympiques de Londres, McDonald's cible ses consommateurs (orientation marché), ses partenaires et fournisseurs (orientation réseau) et son personnel (orientation interne).

Les deux dernières dimensions concernent l'activation du sponsoring et l'expérience procurée aux parties prenantes ciblées. L'activation est l'élément essentiel pour atteindre les objectifs poursuivis et valoriser l'action du sponsor au niveau de son marché, de son réseau et/ou au niveau interne. Il s'agit pour cela de créer et de développer une relation avec les personnes selon un mode crédible et authentique, pour exprimer les valeurs et valoriser les caractéristiques de la marque, tout en procurant des expériences mémorables. Le marketing olympique est expérientiel au sens de Holbrook et Hirschman (1982). La valeur créée est liée à l'interaction entre les parties prenantes. Elle est préférentielle parce qu'elle incarne un jugement de préférence ; elle est relative parce qu'elle requiert une comparaison entre cette expérience et une autre ; et elle est expérientielle parce que la valeur, qui implique des bénéfices émotionnels, symboliques et/ou socioculturels, peut seulement être obtenue en expérimentant la situation. Ce modèle peut être décliné avec des configurations diverses. Celles-ci ont été illustrées par les exemples et l'étude de cas.

POINTS CLÉS

- Les sponsors sont des partenaires essentiels pour le développement du mouvement olympique, car le sponsoring représente 40 % du budget du CIO, 30 % de celui des COJO et 38 % des revenus de l'United States Olympic Committee (USOC).
- Il existe un très grand nombre de sponsors opérant dans le système olympique. Ils appartiennent à deux catégories : les sponsors bénéficiant de droits au niveau international et ceux qui ont des droits uniquement au niveau national.
- Le sponsoring olympique vise à produire et à coproduire de la valeur dans le système des parties prenantes.
- Les finalités sociétales sont à la base du sponsoring olympique, tout en permettant un développement commercial et/ou environnemental.
- Le sponsoring olympique peut être modélisé à partir de six dimensions : la convergence, les objectifs du sponsoring, le mode de création de valeur, les parties prenantes ciblées et impliquées, l'activation et l'expérience procurée aux différents acteurs.
- Chaque sponsor combine les relations entre ces six dimensions pour concevoir et mettre en œuvre une configuration qui lui est propre.

Références

Apostolopoulou, A. & Papadimitriou, D., (2004), « Welcome Home : Motivations and Objectives of the 2004 Grand National Olympic Sponsors », *Sport Marketing Quarterly*, 13, 180-192.

BMW, (2011a), *Communiqué de presse 16/12/2010*, consulté le 27 octobre 2011 https ://www.press.bmwgroup.com/pressclub/p/fr/pressDetail.html?outputChannelId=24&id=T0093013FR&left_menu_item=node__2200.

BMW, (2011b), BMW at the London 2012 Olympic and Paralympic Games, consulté le 26 octobre 2011 *www.bmw.co.uk/london2012/*.

Cadbury, (2011b), *More about Cadbury and London 2012*, consulté le 26 octobre 2011 http://www.cadbury.co.uk/home/london2012/Pages/moreaboutcadburyand2012.aspx.

Coca-Cola, (2011), *Making a difference*, consulté le 26 octobre 2011 http://www.thecoca-colacom pany.com/heritage/olympicgames_difference.html.

Cornwell, B., Weeks, C.S. & Roy, D.P., (2005), « Sponsorship-linked Marketing : Opening the Black Box », *Journal of Advertising*, 34 (2), 21-42.

Cushnan, D., (2010), *Vancouver 2010 : An Olympic Investment*, consulté le 25 octobre 2010 http://www.sportspromedia.com/notes_and_insights/vancouver_2010_an_olympic_investment/.

Ferrand, A., Torrigiani, L. et Camps i Povill, A., (2008), *Routledge Handbook of Sports Sponsorship : Successful Strategies*, Abingdon : Routledge.

IOC, (1989), « IOC Commission Report », *Olympic Review*, 441-446.

IOC, (2011a), *Sponsorship*, consulté le 26 octobre 2011 http://www.olympic.org/sponsorship.

IOC, (2011b), *Olympic Charter*, consulté le 26 octobre 2011 http://www.olympic.org/Documents/olympic_charter_en.pdf.

IOC, (2011c), *Marketing facts and files 2010*, consulté le 26 octobre 2011 http://www.olympic.org/Documents/fact_file_2010.pdf.

IOC, (2011d), *Commercial partnership*, consulté le 27 octobre 2011 from http://www.olympic.org/commercial-sponsorships.

Kraft Foods, (2010), *Annual report*, consulté le 26 octobre 2011 from http://www.annualreports.com/Company/1050.

LOCOG, (2009), « London 2012, Food vision for the London 2012 Olympic Games and Paralympic Games December 2009 », consulté en octobre 2011 http://www.london2012.com/documents/locog-publica tions/food-vision.pdf.

LOCOG, (2011), « Cadbury becomes London 2012 Supporter », consulté en octobre 2011 http://www.london2012.com/press/media-releases/2008/10/cadbury-becomes-london-2012-supporter.php.

McDonalds, (2011), *Values in practice*, consulté en octobre 2011 http://www.aboutmcdonalds.com/mcd/csr/about/community/sponsorships.html.

Meenaghan, T., (1991), « Understanding sponsorship effects », *Psychology and Marketing*, 18, 2, 95-122.

Meenaghan, T., (2005), « Evaluating sponsorship effects », *In* : Amis, J., Cornwell, T.B., (éds.), *Global sport sponsorship*, New York : Berg, 243-264.

Olkkonen, R., (2001), « Case Study : The Network approach to international sport sponsorship in the sport industry », *Sport Marketing Quarterly*, 6 (2), 9-16.

O'Reilly, N. & Séguin, B., (2009), *Sport Marketing : A Canadian Perspective*. Toronto Thomson Nelson.

-, T. (2011), « Rio 2016 Olympics Secures $700 Million in Local Sponsorships », Bloomberg News, consulté le 15 septembre 2011 http://www.bloomberg.com/news/2011-04-06/rio-2016-olympics-secures-700-mil lion-in-local-sponsorship-contracts.html.

RBC, (2008a), « Coca-Cola Canada and RBC join VANOC in sharing the 2010 Olympic Torch Relay with communities Canada-wide », consulté le 16 octobre 2011 http://www.rbc.com/newsroom/20080128vanoc.html.

RBC, (2008b), « RBC Invites Canadians to be a 2010 Olympic Torchbearer by pledging to create a better Canada », consulté le 16 octobre 2011 http://www.rbc.com/newsroom/2008/1121-torch.html

RBC, (2010), « Legacy of Vancouver 2010 Olympic Torch Relay includes a helping hand from the RBC Foundation across Canada », consulté le 16 octobre 2011 http://www.rbc.com/newsroom/otr/0210-torch.html.

RBC, (2011a), *60 Years of Support*, consulté le 16 octobre 2011 http://www.rbc.com/sponsorship/olympics/60-years-of-support.html.

RBC, (2011b), *Corporate Profile*, consulté le 16 octobre 2011 http://www.rbc.com/aboutus/index.html.

Séguin, B. (2003), *Représentations d'acteurs sociaux sur les relations entre le marketing et les Jeux Olympiques*, Unpublished doctoral dissertation, Université Marc Bloch (Strasbourg II), Strasbourg, France.

Séguin, B. & O'Reilly, N., (2008), « The Olympic brand, ambush Marketing and Clutter », *International Journal of Sport Management and Marketing*, 4(1/2), 62-84.

Speed, R. & Thompson, P., (2000), « Determinants of Sport Sponsorship Response », *Journal of the Academy of Marketing Science*, 28 (Spring), 226-238.

Unilever, (2011a), *Introduction to Unilever*, consulté le 26 octobre 2011 http://www.unilever.com/aboutus/introductiontounilever/.

Unilever, (2011b), *Our company*, consulté le 26 octobre 2011 http://www.unilever.be/fr/notre_entreprise/sponsoring/COIBetCPB/default.aspx.

Unilever, (2011c), *Sustainable living*, consulté le 26 octobre 2011 http://www.sustainable-living.unile ver.com/.

Unilever, (2011d), *Vitality News*, consulté le 26 octobre 2011 http://www.unilever.nl/Images/UNILE.NL.8003_Vitality_lees_EN_tcm164-135506.pdf.

Visa, (2011a), *Brand and sponsorship*, consulté le 26 octobre 2011 http://corporate.visa.com/about-visa/brand-and-sponsorships/sponsorships.shtml.

Visa, (2011b), *Olympic Games media kit*, consulté le 26 octobre 2011 http://corporate.visa.com/media-center/media-kits/olympic.shtml.

Visa, (2011c), *Visa coporate*, consulté le 26 octobre 2011 http://corporate.visa.com/about-visa/brand-and-sponsorships-index.shtml.

Visa, (2011d), *Fact sheet : Visa and the Olympic Games*, consulté le 26 octobre 2011 http://corporate.visa.com/_media/olympic-games-media-kit/visa-and-the-olympic-games.pdf.

Visa Europe, (2011a), *A golden opportunity : London 2012 Olympic and Paralympic Games expenditure and economic impact*, consulté le 26 octobre 2011 www.visaeurope.com/.

Visa Europe, (2011b), *News*, consulté le 26 octobre 2011 http://www.visaeurope.com/en/newsroom/news/articles/2011/samsung_and_visa_enable_mobile.aspx.

Willis, A., (2010, February 9), « How the torch lit the way for RBC », *The Globe and Mail*, consulté le 26 octobre 2011 http://www.theglobeandmail.com/globe-investor/investment-ideas/streetwise/how-the-torch-lit-the-way-for-rbc/article 1460954/.

Ressources Internet

Organisations	Sites Internet
BMW	www.bmw.co.uk
Cadbury UK	www.cadbury.co.uk/
Programme « Spots v Stripes » de Cadbury	www.spotsvstripes.com/default.aspx www.spotsvstripes.com/events.aspx
COIB	www.olympic.be
Unilever	www.unilever.com
Visa	http://usa.visa.com
IOC	www.olympic.org/

Conclusion et perspectives

Cet ouvrage vise à présenter les fondements et la mise en œuvre de stratégies applicables par les praticiens, les étudiants en gestion et en management du sport travaillant, ou ayant l'intention de travailler, dans le système olympique au sens large. Il s'agit, pour cela, d'agir en accord avec un certain nombre de principes, qui sont en relation avec des dimensions constitutives du modèle relatif au marketing olympique.

- La valeur est cocréée à partir d'un processus itératif, qui prend en compte les intérêts et les relations entre les parties prenantes.
- Les stratégies marketing mises en œuvre par les parties prenantes du système olympique sont fondées sur une répartition des propriétés et des droits qui est définie et contrôlée par le CIO et protégée au niveau mondial.
- La création de valeur s'effectue en relation avec des finalités sociétale, financière et environnementale en direction des parties prenantes internes aux organisations, de celles qui appartiennent à leur réseau de partenaires et/ou qui se situent au sein de leur marché.
- Le marketing olympique est fondé sur un système de marques au centre duquel se trouve la marque *corporate* du CIO (les anneaux entrelacés), les marques créatrices de valeur telles que les Jeux Olympiques et les Jeux Olympiques de la jeunesse, ainsi que des marques liées à des alliances (CNO, COJO, sponsors, diffuseurs de télévision).
- Le marketing olympique est expérientiel. Il est donc essentiel de procurer une expérience olympique à la fois unique et extraordinaire à l'ensemble des parties prenantes.
- L'expérience olympique conduit les parties prenantes à faire l'expérience de la marque *corporate* et des marques créatrices de valeur (JO et JOJ), et à lier cette expérience aux marques associées.

Ce modèle permet de générer différentes configurations du marketing olympique, que nous avons présentées et illustrées au cours des différents chapitres de cet ouvrage. Cela nous a permis de souligner la diversité des pratiques, ainsi que leur évolution.

Nous allons dans le cadre de cette conclusion proposer une typologie du marketing olympique et identifier des perspectives d'évolution au sein de ce système.

1. VERS UNE TYPOLOGIE DU MARKETING OLYMPIQUE

L'analyse des programmes de marketing mis en œuvre par les différents acteurs du système olympique traduit une grande diversité des pratiques. En adoptant le cadre d'analyse de Ferrel *et al.* (2010), nous avons constaté qu'il y avait deux orientations du marketing dans le système olympique. Une orientation vers le marché, qui se focalise sur les consommateurs, les concurrents et indirectement sur d'autres catégories de parties prenantes, et une orientation vers les parties prenantes. Cette dernière orientation n'établit pas de priorité au niveau des groupes. Elle considère les intérêts d'un grand nombre d'acteurs : employés, volontaires, fournisseurs, régulateurs, communauté locale et, plus largement, la société. Visa s'inscrit dans une orientation marché en étant le fournisseur officiel de services de paiement des Jeux Olympiques et paralympiques de Londres 2012. Le programme « Shape the Sport Community » s'inscrit dans la seconde orientation, car il a pour objectif d'apporter des bénéfices aux populations ciblées et à l'ensemble des partenaires impliqués. Ferrel *et al.* (2010) insistent sur le fait que le modèle orienté vers les parties prenantes et celui orienté vers le marché ne sont pas mutuellement exclusifs. Il y a ainsi des chevauchements.

Les programmes de marketing peuvent être également catégorisés selon le mode de création de la valeur. Celle-ci peut être créée dans le cadre d'un simple échange, comme c'est le cas lorsque le sponsor d'un CNO signe un contrat durant l'année des Jeux Olympiques pour soutenir l'équipe olympique et bénéficier du programme de relations publiques mis en place. La valeur peut être également cocréée dans le cadre d'une collaboration avec les partenaires. C'est le cas lorsque McDonald's met en œuvre le programme « McDonald's Champions of the play for the Olympic Games » avec le CIO, le LOCOG et les athlètes. Cette initiative a pour objectif de promouvoir une nutrition saine et l'activité physique auprès des enfants. Elle permettra à des milliers d'enfants âgés de 6 à 10 ans de pratiquer des activités sportives dans les pays participants et à 200 d'entre eux de vivre l'expérience des Jeux Olympiques à Londres.

La combinaison de ces deux dimensions nous conduit à proposer une typologie permettant de caractériser quatre conceptions du marketing, qui peuvent être mises en œuvre par différentes parties prenantes au sein du système olympique (figure 9.1).

Le marketing traditionnel correspond à la définition de l'Association américaine de marketing en 1985, pour qui le marketing et le processus de planification et d'exécution de la conception, de la fixation du prix, de la communication et de la distribution d'idées, de biens et de services pour créer des échanges qui satisfont des objectifs individuels et organisationnels (AMA, 1985). Le sponsor qui s'engage l'année des Jeux Olympiques avec un CNO pour soutenir son équipe se situe dans ce cadre.

Le marketing social a été défini par Kotler et Lee (2002). Il s'agit de l'utilisation des principes et techniques marketing pour influencer une audience cible à accepter, rejeter, modifier ou abandonner volontairement un comportement pour le bénéfice d'individus, de groupes ou de la

Figure 9.1 - Typologie du marketing olympique

société dans son ensemble. C'est le cas de la campagne de marketing social « Go London 50-plus », qui vise à attirer l'attention sur les Londoniens inactifs âgés de plus de 50 ans. Le but de la campagne a été de donner de l'énergie au système pour mettre en oeuvre une campagne de promotion de l'activité physique, en ciblant ceux qui sont capables de faire de l'activité physique de manière indépendante et non encadrée.

Le marketing relationnel basé sur le réseau correspond à la définition de Parvatiyar et Sheth (2000). Pour ces auteurs, il s'agit du processus continu conduisant à s'engager dans des activités et programmes coopératifs et collaboratifs avec un client pour créer, ou renforcer, une valeur économique mutuelle, à un coût réduit. L'alliance entre Visa et Samsung pour les Jeux Olympiques de Londres 2012, afin de promouvoir un mode de paiement sans contact à partir d'un téléphone mobile, entre dans cette catégorie.

Selon Smith et Williams (2010), le marketing des parties prenantes (*stakeholder marketing*) implique la conception, la mise en œuvre et l'évaluation d'actions marketing afin de maximiser le bénéfice de tous les *stakeholders* : clients, employés, actionnaires, offreurs (c'est-à-dire toute personne impliquée dans la chaîne de l'offre), aussi bien que l'environnement, la société en général, les organisations à but non lucratif impliquées, ainsi que ceux et celles qui bénéficient des efforts des organisations non lucratives. Le programme de marketing mis en œuvre par le comité de candidature des Jeux Olympiques de Londres 2012, que nous avons présenté dans le chapitre 6, constitue un exemple de bonne pratique dans ce domaine.

La combinaison du modèle du marketing olympique avec la typologie relative aux diverses conceptions du marketing permet d'appréhender la complexité des actions de marketing au sein du système olympique (figure 9.2).

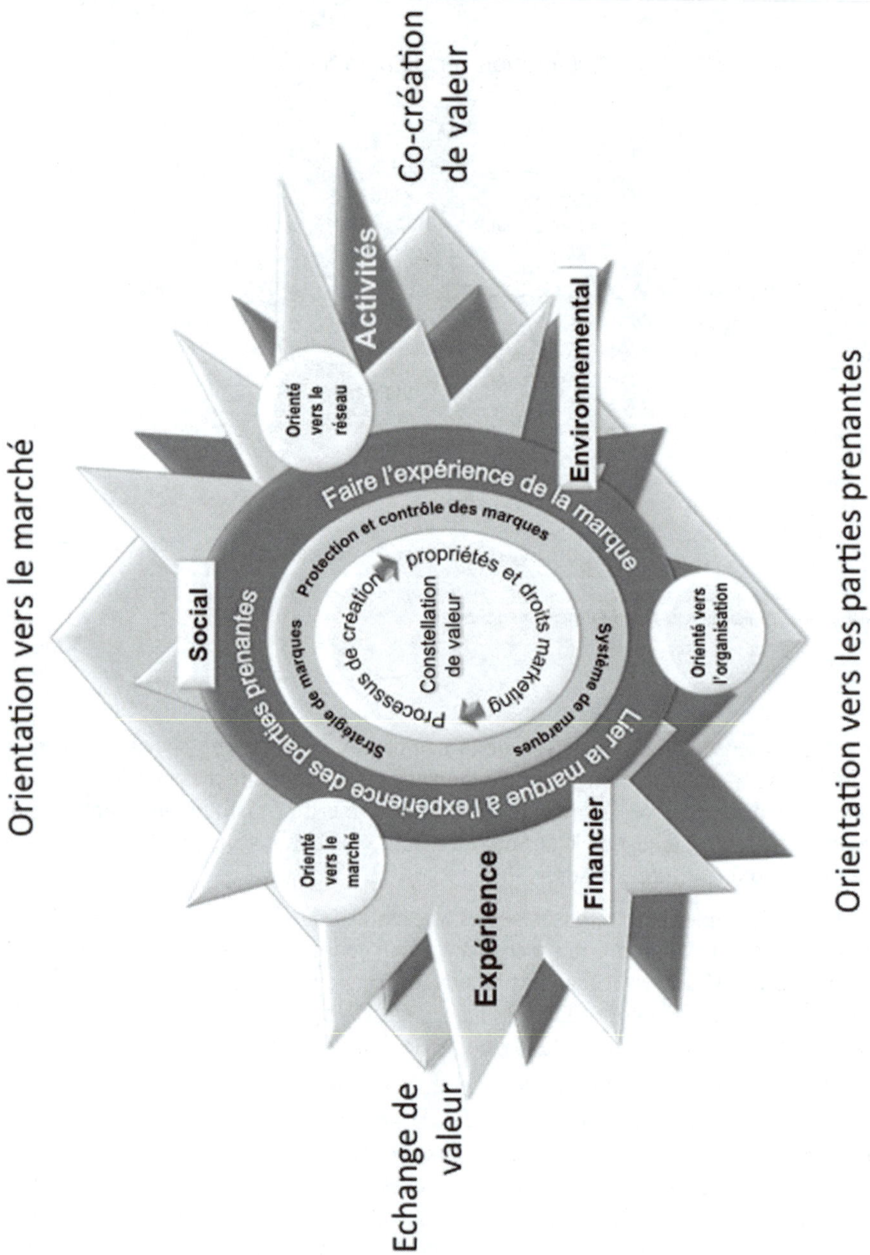

Figure 9.2 - Les diverses conceptions du marketing au sein du système olympique

Le marketing olympique est une réalité multiforme. Il continuera sans doute à évoluer, compte tenu de la dynamique du système dans lequel il s'inscrit et des changements au sein de l'environnement.

2. PERSPECTIVES D'ÉVOLUTION DU MARKETING OLYMPIQUE

2.1 Une adaptation du système de gestion du marketing olympique

Nous avons montré, au cours des différents chapitres, que les organisations constituant le système olympique ont sans cesse adapté leur marketing en fonction de leurs objectifs, de leurs ressources disponibles et de l'environnement dans lequel elles opèrent. L'adaptation correspond à un équilibre, et à la façon dont cet équilibre s'établit entre les actions de l'organisation et le milieu ; mais aussi entre les actions du milieu et l'organisation. Cela renvoie à l'ensemble des mécanismes qui permettent cet équilibre. Ceux-ci font appel à deux types de processus.

L'organisation peut tout d'abord intégrer des éléments nouveaux au système existant. C'est le cas du CIO lorsqu'il prend en compte le développement des nouveaux médias dans la gestion des droits et la communication. Cela renvoie à un mécanisme d'assimilation par lequel le système marketing intègre de nouveaux éléments, sans être fondamentalement modifié.

L'adaptation peut être beaucoup plus importante et conduire à une modification des pratiques en matière de marketing. C'est le cas lorsqu'il faut passer d'un processus d'échange de valeur à celui de co-création de valeur dans le cadre d'un marketing des parties prenantes. Nous avons montré que les comités de candidature doivent concevoir et mettre en œuvre un projet prenant en compte les intérêts d'un très grand nombre de parties prenantes, alors que ni eux, ni les organisations concernées ont l'expérience de ce type de projet. Cela renvoie à un processus d'accommodation par lequel l'organisation doit s'ajuster en fonction des caractéristiques de l'objet et de la situation. Nous avons montré la pertinence d'une approche basée fondée sur les théories de l'acteur réseau et de la traduction pour analyser et gérer les pratiques innovantes nécessitant une accommodation de l'organisation et de ses parties prenantes.

2.2 Quelle évolution du marketing olympique dans le futur ?

L'adaptation fait appel aux mécanismes d'assimilation et d'accommodation. Elle peut être liée à une évolution de la configuration du marketing olympique et de l'environnement dans lequel les organisations mettent en œuvre leur action marketing. Un certain nombre de facteurs peuvent conduire à une évolution du marketing olympique au cours des prochaines années.

2.2.1 Saillance et relations entre les parties prenantes au sein du système olympique

Les revenus du CIO dépendent largement de l'action des COJO. Ils sont devenus des organisations très puissantes, pouvant employer plusieurs milliers de personnes et soutenues par le gouvernement de leur pays. Selon les rapports effectués par les commissions d'évaluation du CIO, les budgets opérationnels des comités d'organisation pour les Jeux Olympiques et les Jeux paralympiques s'élevaient à 2,46 milliards de dollars pour le LOCOG, 1,517 milliard de dollars pour le SOCOG, 2,82 milliards de dollars pour Rio et 1,53 milliard de dollars pour Pyeongchang. Il faut ajouter à ces budgets le coût des infrastructures, la construction ou l'amélioration des stades, des structures d'accueil, des réseaux énergétiques, des voies de communication, etc. Ces budgets prévisionnels s'élevaient respectivement à 15,8 milliards de dollars pour Londres, 8,8 milliards de dollars pour Sotchi, 11,1 milliards de dollars pour Rio et 6,3 milliards de dollars pour Pyeongchang.

Nous assistons à une montée en puissance des BRIC (Brésil, Russie, Inde, Chine, auxquels on peut ajouter l'Afrique du Sud). Ces pays sont considérés comme de grandes puissances émergentes. Il s'agit respectivement des neuvième, sixième, quatrième, deuxième et vingt-cinquième puissances économiques mondiales. Ils comptent 40 % de la population de la planète et, en 2015, ils devraient, selon le FMI, générer 61 % de la croissance mondiale. La vitalité de leur économie permet de produire d'importantes ressources au niveau du partenariat et cela peut créer des tensions au niveau du mode de gestion des droits marketing. Pour l'instant, un seul partenaire TOP est issu de ces pays (Lenovo pour 2008 et Acer pour 2012).

Certaines associations olympiques continentales sont également très puissantes. Elles mettent en œuvre une stratégie de marketing fondée sur le développement de leur marque et des événements. C'est le cas de l'Olympic Council of Asia (OCA), qui représente un continent majeur au niveau économique, démographique et sportif. L'OCA organise les Jeux asiatiques d'hiver et d'été, dont il détient les droits. Il a décidé par ailleurs de créer une série d'événements tels que les Jeux asiatiques indoor, les Jeux asiatiques des sport de plage, les Jeux asiatiques des arts martiaux et les Jeux asiatiques de la jeunesse. Il a souhaité intégrer des sports non olympiques comme le cricket, ou non traditionnels tels que des sports régionaux, les e-sports et les sports extrêmes, pour impliquer les jeunes. Cette montée en puissance peut créer des conflits tant au niveau de la définition du périmètre de l'olympisme qu'au niveau du sponsoring.

Il existe également des conflits potentiels avec certaines fédérations internationales, qui gèrent des sports à fort impact médiatique (*e.g.* FIFA, FIBA, IAAF). Comme nous l'avons souligné, leurs revenus proviennent de la commercialisation des droits télévision et marketing des compétitions internationales dont elles sont propriétaires. Elles développent en toute indépendance un marketing spécifique, tout en collaborant avec le CIO. Elles ne souhaitent pas voir cannibaliser leurs événements par les Jeux Olympiques. Ainsi, les CNO ne peuvent présenter au tournoi olympique de football que les concurrents qui se sont qualifiés suivant le système établi [1] par la FIFA et le CIO. Cependant, pour beaucoup de FI, la plateforme olympique continue de fournir une valeur substantielle, qui nourrit leurs propres programmes marketing.

Le désir du CIO d'avoir les « meilleurs athlètes » participant aux Jeux Olympiques continuera très probablement à créer des tensions entre le CIO et certaines FI, qui doivent négocier avec les ligues sportives professionnelles (*e.g.* NHL, NBA) et leurs unions respectives de joueurs pour assurer leur présence. La participation des joueurs de la Ligue nationale de hockey sur glace (NHL) aux Jeux Olympiques d'hiver de Sotchi en 2014 est un exemple illustrant cette tension. Alors que les joueurs de hockey sur glace professionnels ont participé à chaque tournoi olympique depuis les Jeux de 1998 à Nagano, la poursuite de leur participation après Vancouver 2010 dépend de négociations délicates entre le CIO, la Fédération Internationale de hockey sur glace (International Ice Hockey Federation, IIHF), la NHL et l'Association des joueurs de NHL. Certains des problèmes clés concernent la compensation financière des propriétaires d'équipes liée à la perturbation de la

1. Pour le tournoi olympique de football masculin de Londres 2012, seuls les joueurs nés le 1er janvier 1985 ou après peuvent participer au tournoi préliminaire et à la rencontre finale. Cependant, chaque CNO peut inscrire au maximum trois joueurs ne répondant pas à ce critère d'âge dans la liste officielle des joueurs de la compétition finale.

saison régulière de la NHL, le manque de contrôle de la NHL sur le tournoi olympique, les règles strictes du CIO pour les détenteurs de droits et la localisation des Jeux dans des marchés sans hockey sur glace.

Le problème relatif à la perturbation de la saison régulière de la NHL est important. Beaucoup de propriétaires d'équipes s'interrogent sur l'intérêt de suspendre la saison pendant deux semaines, juste avant que la course pour les *playoffs* ne soit exacerbée. La question d'une « compétition injuste » est également posée, particulièrement pour les équipes qui doivent envoyer au moins 10 joueurs aux Jeux, alors que d'autres n'en envoient aucun. Dans un sport exigeant au niveau physique comme le hockey sur glace, où les joueurs jouent souvent en dépit de blessures, une pause de deux semaines avant les *playoffs* peut être grandement bénéfique pour les joueurs et les performances sportives et financières de leurs équipes. Par ailleurs, la possibilité que des joueurs stars puissent se blesser ou juste être physiquement trop sollicités durant les Jeux peut avoir un impact très négatif pour leurs équipes en NHL ; en outre leurs salaires (en millions de dollars) proviennent de leur participation à la compétition de la NHL. Dès lors, la déclaration du CIO selon laquelle les propriétaires d'équipes ne seront pas compensés financièrement pour la participation de leurs joueurs aux Jeux est importante au niveau des enjeux financiers.

Le problème de la NHL concernant le manque de contrôle sur le tournoi olympique est aussi intéressant dans une perspective marketing. La NHL aimerait avoir plus d'accès aux joueurs durant les Jeux, pour fournir du contenu à ses plateformes médias telles que NHL.com et la chaîne NHL. Elle aimerait aussi accéder aux « highlights TV olympiques », pour être montrée dans les résumés. Cependant, les règles strictes du CIO pour les détenteurs de droits sont un obstacle majeur à surmonter. Le problème de la localisation des Jeux est également important pour la NHL. Les bénéfices liés à la participation aux Jeux Olympiques quand ils ont lieu à Salt Lake City ou à Vancouver sont très différents lorsque les Jeux se passent au Japon ou en Corée, par exemple. Évidemment, étant une ligue nord-américaine, la NHL s'attend à bénéficier au mieux de l'exposition média et de l'intérêt du public quand les Jeux sont en Amérique du Nord. Finalement, le problème de savoir si les joueurs concourront en Russie aux Jeux d'hiver de 2014 sera abordé au cours des négociations collective entre la NHL et son Association des joueurs, puisque l'accord actuel expire à la fin de la saison 2011-2012. Les joueurs ont clairement exprimé leur désir de participer aux Jeux Olympiques, et la NHL pourra utiliser la participation olympique comme une monnaie d'échange dans la négociation.

Le cas de la NHL illustre clairement l'un des défis d'avenir clés pour le marketing du CIO et ses parties prenantes. Les enjeux sont importants pour ce qui concerne la valeur du capital marque du CIO, qui est fondée sur la participation des meilleurs athlètes aux Jeux (voir chapitre 3). De plus, la capacité des parties prenantes à cocréer de la valeur pourrait être réduite si les meilleurs athlètes ne participent pas aux Jeux.

2.2.2 La gestion des droits marketing

Des tensions peuvent apparaître au niveau de la relation centrale entre le CIO et les COJO. Chappelet et Kübler-Mabbott (2008) considèrent que l'activité des COJO est de plus en plus contrôlée par le CIO, par le biais de la commission de coordination, des visites du président de cette commission et des différents directeurs du CIO, dont le directeur exécutif des Jeux Olympiques. Il y a quelques années, les COJO pouvaient être considérés comme des franchisés de la franchise olympique. Le CIO les considère maintenant comme des partenaires qui travaillent et qui engagent des ressources importantes pour assurer le succès de cette organisation. De leur côté, les COJO, ainsi que les gouvernements et les collectivités territoriales qui les soutiennent, sont frustrés par la limitation de leurs droits marketing, alors qu'ils prennent des risques financiers.

La propriété et la répartition des droits marketing entre les différents acteurs a été un des facteurs clés du succès et a assuré une croissance constante des revenus, ainsi que la stabilité du système. Malgré cela, le modèle « génération des revenus et de distribution des revenus » mis en place par le CIO est fondé sur la commercialisation centralisée des droits de retransmission télévisée et des nouveaux médias par le CIO, ainsi que des droits marketing au niveau international, gérés centralement depuis Lausanne. Les COJO et les CNO ne bénéficient que de droits nationaux dans un certain nombre de catégories de produits. Ce système est viable, dans la mesure où les ressources générées sont supérieures à la somme de celles qui seraient créées par chaque partie prenante, si elles négociaient individuellement leurs droits et si la clé de redistribution des ressources est considérée comme juste par l'ensemble des acteurs. Les CNO et les FI protestent par exemple contre la part des droits de retransmission télévisée (20 %) et des droits du programme TOP (12,75 %) revenant au CNO des États-Unis. Le CIO mène depuis plusieurs années des négociations avec ce CNO pour faire baisser ces pourcentages à partir de 2022. Cette négociation provoque des réactions hautement émotionnelles de certains membres du CIO et pourrait avoir eu un effet négatif sur la candidature de Chicago à l'accueil des Jeux Olympiques 2016 (USA Today, 2008).

La vitalité de l'économie chinoise a permis au BOCOG de générer 1,22 milliard de dollars pour les Jeux de Pékin et le SOCOG a dépassé le milliard de dollars, ce qui constitue un record pour les Jeux Olympiques d'hiver. Malgré le fait que le CIO se réserve les catégories de produits les plus intéressantes pour son programme TOP, le programme de sponsoring national de Rio 2016 a déjà généré 648 millions de dollars avec deux contrats, pour un objectif de 1,2 milliard de dollars. Andrea Shaw (vice-président en charge de la commercialisation du sponsoring et du marketing pour le VANOC) souligne le fait que les relations entre le CIO et les COJO doivent être améliorées. « Ce n'est pas une critique, mais le CIO travaille parfois de façon isolée quand il conclut des accords TOP, créant ainsi un manque de clarté sur qui détient quelles catégories. » (Shaw, 2011) Cette situation provoque des tensions sur la question de la centralisation des droits mondiaux et de la gestion des catégories de produits.

Les FI, FN et athlètes ne bénéficient pas de droits en relation avec les Jeux Olympiques. Cette situation ouvre la porte à des opérations d'*ambush marketing*, principalement dans les pays qui n'accueillent pas les Jeux Olympiques, car les gouvernements des pays où sont organisés les Jeux promulguent des lois pour prévenir l'exploitation commerciale non autorisée de ces droits valorisables (*e.g.* loi de 2006 pour les Jeux Olympiques de Londres). John Lewicki (à la tête des alliances globales pour la Corporation McDonald's, 2011) soulève le problème concernant les droits marketing des athlètes : « Le CIO a besoin de trouver une manière de mieux protéger son sponsor par rapport aux concurrents utilisant les athlètes pour nous léser ». Une des solutions consiste à regrouper les droits au niveau national et à les commercialiser. Bien qu'intéressante en théorie, cette stratégie est très complexe à mettre en place. Par exemple, le Comité olympique canadien a déjà considéré une telle approche, mais il n'a pu convaincre les fédérations nationales les plus influentes (*e.g.* Hockey Canada, Patinage Canada, Curling Canada) des bienfaits d'une telle stratégie. Il se peut que, dans un marché limité comme le Canada, où l'intérêt pour le hockey sur glace se compare avantageusement à l'intérêt porté aux Jeux Olympiques (Séguin *et al.*, 2005), une fédération comme Hockey Canada ne tire pas de bénéfices d'une telle stratégie. Le KOC a également songé à négocier avec les fédérations nationales coréennes pour le programme de marketing conjoint des Jeux Olympiques de Pyeongchang.

La relation avec le Comité international paralympique (IPC), qui est propriétaire des droits des Jeux paralympiques, peut se détériorer. L'IPC a transféré tous les droits locaux de sponsoring, de licensing ainsi que les droits internationaux relatifs à la billetterie et à la diffusion télévisuelle au COJO, en échange d'une somme préalablement définie. Il a été également décidé que l'IPC, les Comités nationaux paralympiques et le Comité national paralympique accueillant les Jeux offriraient une protection mondiale pour les catégories de produits concernées des sponsors du programme TOP du CIO, incluant les activités d'*ambush marketing*. Cependant, si un sponsor souhaite mettre en œuvre de façon autonome une promotion spécifique en dehors du pays d'accueil, il doit obtenir l'accord de l'IPC et du Comité national paralympique concerné pour le développement d'un tel programme. Il est à noter que les règles concernant les droits de marketing de l'IPC diffèrent de celles du CIO. Par exemple, il est possible pour les sponsors des Jeux paralympiques d'obtenir de la visibilité à l'intérieur des sites de compétitions et lors de la retransmission des compétitions à la télévision. Afin de développer la valeur de la marque paralympique, l'IPC renégocie en ce moment avec le CIO la gestion de ses droits, et le contrat pour les Jeux Olympiques de 2018 n'est pas encore signé (à l'été 2011).

L'usage commercial des symboles olympiques peut également poser problème. Après des années d'efforts, le CIO a réussi à faire protéger le symbole olympique par un traité interétatique conclu à Nairobi le 26 septembre 1981, sous l'égide de l'International Property Organization (WIPO). Ce traité, qui fait obligation à chaque État contractant de refuser ou d'invalider, en l'absence de l'autorisation du CIO, l'enregistrement du symbole comme marque, quel que soit le but de cet enregistrement, et d'interdire, dans les mêmes conditions, l'utilisation du symbole si elle est destinée à des fins commerciales, a été signé par 46 pays et ratifié par 30 pays, mais pas par les principales puissances commerciales, dont les États-Unis, qui ont accordé ces droits à leur CNO, l'USOC. Certains CNO souhaitent utiliser leur logo institutionnel à des fins commerciales et ils ne peuvent pas le faire. D'autres ont décidé de créer un logo commercial à cet effet.

L'USOC est le comité olympique le plus puissant. Nous avons mentionné auparavant qu'il a conclu dans les années 1980 un accord avec le CIO stipulant qu'il perçoit 20 % des droits télévisés générés aux États-Unis et 12,75 % des revenus marketing globaux, soit autant que tous les autres CNO réunis. Cet avantage est lié au fait qu'à cette époque, les partenaires du programme TOP et les chaînes de télévision américaines généraient la quasi-totalité des revenus olympiques et que l'USOC avait le pouvoir légal d'empêcher le CIO, ses sponsors et ses diffuseurs télévisés d'utiliser les anneaux olympiques sur le territoire des États-Unis. Le CIO et les CNO réclament une redistribution plus juste des revenus olympiques, tandis que l'USOC argue du fait que les États-Unis restent la principale source de revenus. L'USOC a accepté le principe de revoir sa participation aux coûts des Jeux Olympiques et de négocier, en 2013, avec le CIO, un accord sur la redistribution des revenus des Jeux qui entrera en vigueur après 2020. Cette négociation provoque des tensions et il est important d'aboutir à un système qui sera jugé plus équitable par la famille olympique.

La protection des droits des sponsors (TOP et COJO) reste un problème important pour le CIO et ses partenaires (Séguin *et al.*, 2008). À cette fin, on peut soutenir que le rôle de la législation anti-*ambush marketing* est un thème émergent dans ce domaine. Dans les années récentes, les universitaires ont adopté une approche plus en profondeur en examinant les problèmes et les bénéfices de faire bouger le combat contre l'*ambush marketing* dans cette direction (Ellis, Scassa, Séguin, 2011). Un des problèmes de l'utilisation de la législation comme outil pour combattre l'*ambush marketing* est qu'une telle législation fait courir le risque d'étouffer l'engagement au niveau communautaire, dans les villes/pays où les Jeux Olympiques ont lieu. Compte tenu des importantes contributions publiques (municipales, régionales et nationales) pour l'accueil des Jeux et de la subjectivité d'une telle législation, il sera intéressant de voir comment les responsables du renforcement de la législation (*i.e.* les COJO) l'interpréteront et, ainsi, agiront sur elle. Il y a le risque d'un contrecoup au niveau des relations publiques, lié à une législation de ce type qui peut être perçue comme une atteinte à la liberté de parole des personnes (Scassa, 2011). Le CIO et les COJO devront s'assurer que la protection d'un groupe de parties prenantes (*e.g.* sponsors) ne se fasse pas au détriment d'autres parties prenantes (*e.g.* athlètes, fédérations nationales de sport, commerçants locaux, etc.). Dans un tel cas, le concept de cocréation de valeur serait mis à l'épreuve. Les organisateurs de Vancouver (VANOC) semblent avoir trouvé un équilibre entre renforcer la législation (*e.g.* protéger les sponsors) tout en donnant suffisamment de flexibilité, afin de permettre aux entreprises locales de s'impliquer dans les Jeux et de tirer avantage de l'événement. À la fin, le combat contre l'*ambush marketing* (incluant l'utilisation de la législation) fait partie de la stratégie de management de la marque et, comme tel, il implique un examen des responsabilités de chaque partie prenante intervenant dans le sponsoring, pour protéger la marque (Preuss, Gemeinder & Séguin, 2008 ; Séguin & O'Reilly, 2008).

Enfin, le développement des nouveaux médias complexifie la gestion et le contrôle des droits. Le pouvoir bascule progressivement du centre vers la périphérie, où l'on trouve les sites d'athlètes, les blogs de particuliers, des outils de microblogging et de réseautage social (*e.g.* Twitter), des sites de partage vidéo (*e.g.* You Tube), des réseaux sociaux (*e.g.* Facebook). La position du CIO peut se trouver fragilisée quant à la question essentielle de la propriété et du contrôle des droits des symboles olympiques.

2.2.3 Conception du marketing et mode de création de la valeur

Les exemples et les cas que nous avons présentés montrent qu'il se produit actuellement un basculement duparadigme de l'échange de valeur vers celui de la cocréation de valeur. En effet, les organisations opèrent au sein d'un réseau et développent des relations visant à coproduire de la valeur en interne, au niveau de leur réseau et de leur marché. Gummesson (2006 : 10) indique qu'« en pratique, les relations, les réseaux et l'interaction ont été au cœur des affaires depuis un temps immémorial ».

Par ailleurs, les organisations détentrices des droits marketing, CIO, CNO et COJO, ont une finalité sociétale. Celle-ci trouve un écho favorable auprès des gouvernements, des collectivités territoriales et de certains sponsors, dans le cadre de leur stratégie de RSE (responsabilité sociale de l'entreprise). Il existe donc une convergence réelle, qui porte à concevoir et à mettre en œuvre un marketing des parties prenantes. Cette évolution peut provoquer des tensions lorsqu'il faut arbitrer entre les différents intérêts des parties prenantes pour trouver un compromis entre les finalités sociétales et les objectifs financiers.

2.2.4 Expérience et propriétés olympiques

Après les Jeux d'Athènes et de Turin, le CIO a initié une réflexion sur le futur des Jeux Olympiques. Il a valorisé jusqu'à présent le spectacle télévisuel. Cela s'explique par une audience potentielle cumulée record de 4,7 milliards de téléspectateurs pour les JO de Pékin, et par le fait que les droits télévisés représentent plus de 50 % des revenus. Il s'agit maintenant d'améliorer l'expérience des spectateurs, tout en valorisant la marque olympique. Ainsi, le CIO considère maintenant que les Jeux ont quatre composantes fondamentales, en plus des compétitions sportives : le relais de la flamme olympique, les cérémonies (*i.e.* ouverture, clôture et remise des médailles), le programme culturel et les activités organisées à l'extérieur des sites de compétitions par la ville hôte des Jeux Olympiques, telles que la diffusion des compétitions sur les écrans géants, les concerts, les animations (sur des lieux appelés « live sites », équivalents des *fan zones* du football). Ce dernier point constitue un axe stratégique essentiel.

Cette réflexion a conduit le CIO à diversifier ses événements en créant les Jeux Olympiques de la jeunesse, sur le modèle des Festivals olympiques européens de la jeunesse (FOJE-EYOF) organisés par l'Association des comités olympiques européens, qui était présidée par Jacques Rogge avant son accession à la présidence du CIO. La vision des Jeux Olympiques de la jeunesse « est d'inciter les jeunes du monde entier à s'adonner au sport ainsi qu'à adopter et appliquer les valeurs olympiques »[2]. Il s'agit d'un événement sportif pour les jeunes, qui fonctionne comme un catalyseur dans ce domaine à travers tout le mouvement olympique. Cet événement réservé aux athlètes âgés de 14 à 17 ans se positionne à l'intersection du sport, de l'éducation et de la culture. Il permet d'ancrer l'olympisme au niveau des jeunes générations et il offre une plateforme de marketing à orientation sociétale pour les parties prenantes du système olympique. Dans ce contexte, les propriétés olympiques ne devraient pas évoluer à moyen terme et l'effort se poursuivra pour améliorer l'expérience olympique, qui est unique et qui constitue un des avantages concurrentiels du système olympique. Il s'agit maintenant de l'étendre à l'ensemble des programmes

2.2.5 Marques, système de marque et expérience olympique

Le marketing olympique est fondé sur une marque *corporate* possédant un fort capital, deux marques créatrices de valeur (Jeux Olympiques et Jeux Olympiques de la jeunesse) et des alliances de marques avec les COJO, les CNO et les sponsors. Timo Lume (directeur de IOC Television & Marketing Services) insiste sur le fait qu'il est important d'augmenter la valeur des propriétés olympiques. Il déclare que « ce que le CIO peut faire, et ce que ITMS peut faire, est qu'ils peuvent continuer à démontrer leur leadership au sein du mouvement olympique en développant la marque olympique » (Lume, 2011).

La force de la marque olympique est un gage de stabilité du système. Elle exprime l'olympisme en tant que philosophie de vie, qui exalte et combine en un ensemble équilibré les qualités du corps, de la volonté et de l'esprit. Elle allie le sport à la culture et à l'éducation, afin de créer un style de vie fondé sur la joie dans l'effort, la valeur éducative du bon exemple et le respect des principes éthiques fondamentaux universels. Le périmètre de la marque olympique va bien au-delà des Jeux Olympiques. En conséquence, il devient de plus en plus difficile de spécifier dans quel domaine d'activité le CIO opère. Dans ce contexte, il est essentiel que la marque olympique maintienne sa consistance.

3. DU MARKETING OLYMPIQUE AU MARKETING DES PARTIES PRENANTES OLYMPIQUES

Nous avons intitulé ce livre *Marketing Olympique* car il analyse les stratégies marketing des organisations opérant au sein du système olympique, qui sont autant de parties prenantes. Cela nous a permis de montrer, d'une part, qu'il existait une pluralité de conceptions du marketing qui sous-tendaient les stratégies des acteurs et, d'autre part, que les affaires correspondaient à la façon dont les parties prenantes interagissent pour créer de la valeur.

---

2. www.olympic.org/fr/news/olympic_news/full_story_fr.asp?id=2477.

Adoptant une perspective liée aux parties prenantes, Parmar *et al.* (2010 : 406) insistent sur le fait que « les affaires peuvent être comprises comme un ensemble de relations au sein des groupes qui ont un enjeu dans les activités constituant les affaires ». La compétence distinctive des organisations au sein du système olympique consiste à gérer et à mettre en forme ces relations, afin de cocréer de la valeur. C'est pourquoi nous pensons que le marketing olympique s'inscrira de plus en plus dans le cadre du paradigme du marketing des parties prenantes et que ce livre aurait pu s'intituler *Marketing des parties prenantes olympiques*. Selon cette conception, la responsabilité première du management est de créer la plus grande valeur possible pour les parties prenantes, sans privilégier les intérêts d'une organisation et en n'écartant aucun acteur du processus de création de valeur. Cela apporte de la force et de la cohésion au marketing olympique. Cette idée peut s'exprimer avec une simple métaphore.

« Il est facile de briser un à un une dizaine de crayons de papier, alors que c'est impossible lorsque ceux-ci sont liés. »

Références

- AMA (1985). The American Marketing Association Definition of Marketing. Disponible http://www.marketingpower.com/Pages/default.aspx, consulté le 5 mai 2002.
- Chappelet, J.-L. et Kubler-Mabbott, B. (2008). *The International Olympic Committee and the Olympic System: The Governance of World Sport.* London : Routledge.
- Ellis, D., Scassa, T. et Séguin, B. (2011). Framing Ambush Marketing as a Legal Issue: An Olympic perspective. *Sport Management Review.* 14(3), 297-308.
- Ferrell, O.C., Gonzalez-Padron, T.L., Hult, G.T.M. et Maignan, I. (2010). From Market Orientation to Stakeholder Orientation. *Journal of Public Policy & Marketing*, 29 (1), 93–96.
- Gummerson, E. (2006). *Total relationship marketing, 2nd ed.* Oxford: Butterworth-Heinemann.
- Kotler, P., Roberto, N. et Lee, N. (2002). *Social marketing: Improving the quality of life* (2nd ed.). Thousand Oaks, CA: Sage Publication
- Lewicki, J. (2011). Interview réalisé par Michael O'Conor le 8 avril.
- Lume, T. (2011). Interview réalisé par Michael O'Conor le 22 mars.
- Parmar, B.J., Freeman, R.E., Harisson, J.S., Wicks, A.C., Purnell, L. et De Colle, S. (2010). Stakeholder Theory : The State of the Art. *Academy of Management Annals*, 4(1): 403–445.
- Preuss, H., Gemeinder, K. et Séguin, B. (2008). Ambush Marketing in China: Empirical Evidence and Theoretical Explanations. *Asian Business and Management*, 7(2), 243-263.
- Scassa, T. (2011). Ambush marketing and the right of association: Clamping down on references to that big event with all the athletes in a couple of years. *Journal of Sport Management.* 25(4), 354-370.
- Séguin, B., Teed, K. et O'Reilly (June, 2005). National Sport Organizations and Sponsorship: An Identification of Best Practices. *International Journal of Sport Management and Marketing*, 1(2). 69-92.
- Séguin, B. et O'Reilly, N. (2008). The Olympic brand, ambush Marketing and Clutter. *International Journal of Sport Management and Marketing.* 4(1/2), 62-84.
- Séguin, B., Richelieu, A. et O'Reilly, N. (2008). Leveraging the Olympic Brand through the Reconciliation of Corporate Consumers Brand Perceptions. *International Journal of Sport Management and Marketing*, 3(1/2), 3-22.
- Shaw, A. (2011). Interview réalisé par Michael O'Conor le 8 mars.
- Sheth, J.N. et Parvatiyar, A. (2000). *The handbook of relationship marketing.* Thousand Oaks: Sage Publications.
- Smith, C. et Williams, E. (2011). *Responsible consumers and stakeholder marketing: building a virtuous circle of social responsibility.* Universia Business Review, segundo trimestre, 1-11.
- USA Today. (2008, 3 juin). Dispute over Olympic revenue sharing may impact Chicago bid. Disponible : http://www.usatoday.com/sports/olympics/2008-06-03-chicago- share_N.htm, consulté le 14 Octobre 2011.

Liste des figures

Liste des tableaux

Table des matières

Chapitre 1

Chapitre 2

Chapitre 5

Chapitre 8

Marketing des sponsors au sein du système olympique